NÃO QUERO FALAR SOBRE ISSO

NÃO QUERO FALAR SOBRE ISSO

TERRENCE REAL

Tradução
Bruno Fiuza e Roberta Clapp

COMO SUPERAR O LEGADO DA DEPRESSÃO MASCULINA

intrínseca

I Don't Want to Talk About It © 1997, Terry Real

TÍTULO ORIGINAL
I Don't Want to Talk About It

PREPARAÇÃO
Anna Beatriz Seilhe

REVISÃO
Luana Luz de Freitas
Rodrigo Dutra

DIAGRAMAÇÃO
Mayara Kelly

DESIGN DE CAPA
Elisa von Randow

CIP-BRASIL. CATALOGAÇÃO NA PUBLICAÇÃO
SINDICATO NACIONAL DOS EDITORES DE LIVROS, RJ

R223n

Real, Terrence
    Não quero falar sobre isso : como superar o legado da depressão masculina / Terrence Real ; tradução Roberta Clapp, Bruno Fiuza, . - 1. ed. - Rio de Janeiro : Intrínseca, 2025.
    336 p. ; 23 cm.

    Tradução de: I don't want to talk about it
    Inclui índice
    ISBN 978-85-510-1337-3

    1. Psicoterapia. 2. Homens - Psicologia. 3. Homens - Depressão mental. I. Clapp, Roberta. II. Fiuza, Bruno. III. Título.

25-96124   CDD: 616.8900811
                  CDU: 616.89-055.1

Gabriela Faray Ferreira Lopes - Bibliotecária - CRB-7/6643

[2025]
Todos os direitos desta edição reservados à
EDITORA INTRÍNSECA LTDA.
Av. das Américas, 500, bloco 12, sala 303
22640-904 – Barra da Tijuca
Rio de Janeiro – RJ
Tel./Fax: (21) 3206-7400
www.intrinseca.com.br

Com gratidão,
este livro é dedicado à minha esposa,
Belinda Berman,
e aos nossos filhos,
Justin e Alexander,
que me fazem lembrar que a esperança
é a celebração do futuro.

A pedra que meu filho
pintou com spray dourado
repousa na minha palma, um presente,
e ele pergunta em uma voz temporária
nítida e aguda
quem me ensinou que a minha vida
é a base e precisa de imenso sofrimento
para se transformar em ouro?
E quem lhes ensinou?
E por quais motivos e de quem?

— Richard Hoffman,
History

Deixe que os mortos orem por seus mortos.

— James Wright,
Inscriptions for the Tank

Nota do autor

Todas as histórias apresentadas neste livro são uma miscelânea de casos embaralhados com o objetivo de proteger a confidencialidade e a privacidade dos meus pacientes. Nenhum paciente descrito neste livro corresponde a uma pessoa de verdade, viva ou morta.

Agradecimentos

Faz sentido que este livro, cuja ênfase é nos relacionamentos masculinos, deva tanto a tantas pessoas. As reflexões apresentadas aqui não teriam sido possíveis sem a genialidade de duas mulheres muito diferentes: Olga Silverstein e Pia Mellody, figuras lendárias em suas respectivas áreas de atuação. Tomei emprestado a ousadia de Olga ao abandonar as teorias atuais sobre o desenvolvimento masculino. Foi ela quem primeiro concebeu a ideia deste livro, e eu o encaro como um complemento à obra *A coragem de criar grandes homens*, seu excelente trabalho sobre mães e filhos. Assim como no caso de Olga, minha dívida com Pia é evidente em todo o livro. Seu trabalho não apenas guiou minha prática com pacientes como mudou minha vida. Jack Sternbach me ensinou a maior parte do que sei sobre a condução de grupos de homens. Foi ele quem primeiro me elucidou sobre a perspectiva revolucionária de Joe Pleck; ele também me apresentou à ideia de responsabilizar os homens com amor, tratando os homens como "feridos que ferem". Também quero agradecer aos meus colegas e amigos do Family Institute of Cambridge, instituição de ensino responsável pelo treinamento de três gerações de terapeutas familiares em toda a Nova Inglaterra, Estados Unidos. Em especial, gostaria de homenagear meus mentores: Charles Verge, Caroline Marvin, Richard Chasin, Rick Lee, David Treadway, Sally Ann Roth e Kathy Weingarten. Toda luz que atravessa meu trabalho com homens e suas respectivas famílias vem sobretudo de vocês. Sou imensamente grato.

Minha agente, Beth Vesel, uma das arquitetas iniciais desta empreitada, tem sido uma guia poderosa, protetora e musa inspiradora durante todo o processo, além de uma leitora de extraordinária perspicácia. Minha colaboração inicial com Elizabeth Stone merece um agradecimento especial, assim como os esforços tenazes de pesquisa de Rina Amiri. Gostaria de agradecer a Per Gjerde, da Universidade de Stanford, pela orientação e pelo apoio calorosos; a Bessel van der Kolk por sua sabedoria, abertura e lucidez; e a David Lisak e Ron Levant por suas muitas ideias positivas.

Muitos editores merecem minha mais profunda gratidão: Virginia LaPlante foi orientadora, crítica e colaboradora essencial; Gail Winston moldou o projeto desde o início com a marca de sua inteligência; Nan Graham e Gillian Blake, da Scribner, levaram o trabalho à plena realização, dando-lhe o formato final; a visão de Nan Graham engrandece a minha; e Gillian Blake trouxe uma roupagem incisiva ao texto. A percepção e a energia aguçada dessas quatro mulheres fluem em cada página.

Muitos amigos gentis e amorosos ficaram por perto durante esse período difícil: Jeffrey e Cheryl Katz; Scott Campbell e Richard MacMillan; Rick Thomson e Judy Wineland; Denise e Kenneth Malament; Margie Schaffel e Peter Belson; Carter, Susan e Jessica Umbarger; Jeffrey Kerr; Mora Rothenberg; Winthrop Burr; Meredith Kantor; Mel Bucholtz; Gerry Schamess; Kristin Wainwright; Joan Wickersham; Alan e Deborah Slobodnik — todos amigos muito, muito pacientes.

Quero agradecer a todos — homens, mulheres, meninos e meninas — com quem tive a honra de trabalhar ao longo dos anos. Este livro é, acima de tudo, um registro do heroísmo de vocês.

Por fim, presto homenagem à minha maior fonte de inspiração, minha alma gêmea, Belinda Berman. Além das horas de dedicação e do apoio, agradeço também por sua paixão, perspicácia e inteligência infalível. Amar você é a experiência mais sublime da minha vida. Aos meus filhos, Justin e Alexander, sou grato pela tolerância e pelo entusiasmo. Sempre que minha mente ficava entorpecida ou meu ânimo se enfraquecia, a presença brilhante de vocês me reanimava.

Em cada passo de minhas viagens por um bosque escuro, eu me beneficiei de ajuda e boa companhia. Um viva a todos os meus companheiros de viagem.

Sumário

	Prólogo	15
1.	A depressão oculta dos homens	19
2.	Filhos de Narciso: autoestima, vergonha e depressão	38
3.	Homens ocos: depressão oculta e vícios	52
4.	Uma atadura ao redor do coração: trauma e biologia	76
5.	A perpetuação da masculinidade	99
6.	A perda da capacidade relacional	120
7.	Danos colaterais	141
8.	Duas crianças interiores	169
9.	A vitória do equilíbrio: a cura do legado	201
10.	Atravessando a Terra Desolada: como curar a nós mesmos	232
11.	Aprendendo a ter intimidade: como curar nossos relacionamentos	258
12.	Conclusão: onde estamos	284
	Epílogo	289
	Notas	300
	Índice remissivo	322

Prólogo

"O filho quer se lembrar do que o pai quer esquecer."
— Provérbio Iídiche

No ensino médio, meu pai testemunhou o afogamento de dois garotos que conhecia. Um deles foi arrastado por uma correnteza na costa de Nova Jersey, e um amigo mergulhou para salvá-lo. Essa tragédia se tornou uma das metáforas centrais de sua vida. "Uma pessoa que está se afogando vai se agarrar em você, se chegar muito perto", alertou meu pai. "Você vai afundar com ela. Jogue algo, uma corda, uma boia salva-vidas para ela, mas não toque na pessoa nem vá atrás dela." Ele costumava dizer isso ao meu irmão e a mim, de tempos em tempos, como se estivesse dando conselhos sobre direção ou hábitos de estudo, como se um afogamento fosse algo corriqueiro. Embora ouvisse aqueles conselhos, só fiquei sabendo da história dos dois rapazes muito mais tarde, porque meu pai nunca falava de si mesmo durante minha infância, apenas dos outros.

Levou vinte anos para meu pai me falar sobre a própria vida. Lembro-me do primeiro dia em que isso aconteceu. Recordo bem a sensação incômoda quando nos sentamos juntos no antigo sofá amarelo. Eu estava dolorosamente consciente do imenso volume que ele ocupava ao meu lado. Meu pai era um homem grande para sua geração, com quase 1,90 metro e bem mais de 90 quilos, braços fortes, um peito robusto e uma enorme barriga que se projetava para a frente e se espalhava como sua voz estrondosa, sua risada.

A maioria dos gestos e das expressões de meu pai era excessiva, abrutalhada, extravagante, como ele era, e também as figuras de argila que ele esculpia em nossa garagem (formas abstratas e imponentes com membros maciços), ou como sua raiva, que surgia de repente feito uma tempestade, sem nenhuma intenção ou reflexão específica, tal qual a de um animal sombrio, um urso.

Meu irmão gêmeo, Les, tinha o bom senso de ser um tanto reservado e manter os pés no chão, enquanto eu era o filhinho talentoso do papai. Eu era o sensível. Eu era o problemático. "Seu malcriado. Vou lhe dar uma surra", dizia meu pai. E houve momentos em que ele parecia decidido a cumprir a promessa. Sua violência deveria ter me afastado dele e, de maneira consciente, foi o que aconteceu. Entretanto, de forma mais primitiva, ela simplesmente me aproximou mais. Ele se enfurecia, perdia o controle, até me batia, mas nunca me afastei por completo dele. Mais do que a dor física, era o vórtice do sofrimento *dele*, da insanidade *dele*, da dor *dele*, que me assolava, me preenchia de um desespero sombrio, de um torpor. Eu mal via a hora de o ritual terminar para poder ir para a cama, entrar debaixo das cobertas e dormir.

Mais adiante, na adolescência, passei a encontrar essa mesma doce fuga nas drogas e na adrenalina de correr riscos. As coisas pioraram. Minha vida ficou mais perigosa. Ao fim dessa fase, comecei a me perguntar qual de nós, meu pai ou eu, sobreviveria.

Eu sou um magricela de 27 anos quando estendo uma manta pesada em meu colo e peço ao meu pai que me conte sobre sua infância. Ele começa com as táticas habituais: é rude, faz piada e, por fim, se esquiva. Contudo, desta vez, estou armado com as incipientes habilidades de um jovem terapeuta. Já havia aprendido um pouco sobre a arte de abrir um coração fechado.

— Sabe, sua mãe e eu tomamos a decisão de não contar nada disso a vocês — argumenta ele.
— Entendo — respondo.
— Não queríamos sobrecarregar vocês.
— Eu agradeço por isso.
— Mas acho que você já tem idade suficiente agora... — Ele hesita. Fico quieto. — Você nunca vai entender como era naquela época, a Crise de 1929, a Grande Depressão... — diz.

Ele fica em silêncio por um tempo e depois recomeça. Meu pai não tinha mais do que 6 ou 7 anos quando a mãe morreu de alguma doença crônica cujo nome ele não lembra. Ele tinha apenas imagens um tanto vagas dela na memória, que não chegavam a ser lembranças; recordava-se do calor, da risada contagiante dela.

Depois que sua mãe morreu, as coisas pioraram para meu avô, Abe, "um homem fraco e passivo". Abe perdeu o emprego, comprou uma lojinha de uma família, mas depois a perdeu. Sem condições de se sustentar, a família se separou. Meu pai e o irmão mais novo foram morar com uma prima. A "tia" Sylvie era má. Ela já era amarga antes da Crise de 1929, e ter acolhido meu pai, Edgar, e seu irmão, o jovem Phil, só a envenenou ainda mais. Ela era o tipo de pessoa que é cruel o tempo inteiro, até nas situações mais corriqueiras.

— Como assim, pai? — pergunto.
— Ah, sei lá — diz ele, dando de ombros.
— Como assim? — repito a pergunta.

Por fim, consegui que meu pai me contasse a humilhação que sentiu por usar roupas esfarrapadas de segunda mão, sobre como Sylvie, ao lhe dar comida, disparava frases do tipo: "Aqui está um pedaço grande de frango para Steven, porque ele é meu filho. E aqui está um pedaço pequeno de frango para você, Edgar. Porque você não é."

Quando tinha 11 ou 12 anos, a raiva que meu pai sentia, aliada à ausência da mãe e do pai, quase o levou ao limite. Seu irmão mais novo ainda era jovem e otimista o suficiente para se adaptar, mas meu pai passou a agir de forma estranha. Na escola, um "encrenqueiro"; em casa, um ladrãozinho. Depois de um ou dois "incidentes", tia Sylvie se livrou dele de uma vez por todas. Acabou sendo banido para a casa do avô e da avó, ambos idosos, em outra parte da cidade.

— O que você fazia? — pergunto.
— Como assim, o que eu fazia? Eu ia à escola. Trabalhava.
— Você tinha amigos?
— Fiz amizades.
— Você se encontrava com o Phil e com o seu pai?

Sim, eles se encontravam. Durante todo aquele inverno, depois da escola, meu pai caminhava quase 10 quilômetros na neve para jantar com eles na casa de Sylvie. Tomava uma xícara de chocolate quente e ficava até Sylvie pedir para que ele fosse embora. Depois, voltava sozinho.

Olho pela janela de nosso pequeno apartamento à beira-mar, para as árvores nuas do frio de novembro. Imagino aquele garoto de 12 anos caminhando para casa no meio da neve.

— Como era isso para você? O que sentia? — Meu pai dá de ombros. — O que você sentia? — insisto.
— Um pouco de frio, acho.
— Vamos lá, fala sério.
— Eu não guardo rancor, Terry — diz com um tom de voz sincero. — Eles fizeram o que tinham de fazer. Entende? Eram tempos difíceis. Além disso — seu tom amansa —, de alguma forma, eu entendo. Eu não era nada fácil.
— Você era uma criança.

Meu pai assente.
— Sim, bem, eu era duro na queda. Podia ser um sacana e tanto quando queria.
— Quão sacana você pode ter sido, pai? Você tinha 12 anos!

Ele vira o rosto para o outro lado.

— Sei lá.

Ele afunda no sofá.

— Olhe para mim — digo, segurando seus ombros. — Eu não dou a mínima para o que você fez, entende? Você era uma criança. Sua mãe tinha morrido; seu pai não era presente. Você não merecia nada disso, sabe? Você entende? Que você *não merecia nada disso*.

Meu pai me encara com seus olhos azuis ampliados pelas lentes grossas dos óculos.

— Está bem.

Ele suspira. Então, de modo tão repentino quanto um acesso de raiva, ele estende seus braços pesados e me puxa para si. Sem dizer uma palavra, meu pai deita a cabeça em meu ombro, tão carinhoso e inocente quanto uma criança. Ao abraçá-lo, respiro seu cheiro familiar, de café, cigarros e um toque do creme modelador que ele usa no cabelo. Ao sentir o peso de sua cabeça enorme, sinto-me um tanto desconfortável, mas, quando ele se afasta, eu o seguro com mais força por puro instinto. Com cuidado e relutante, acaricio suas costas e seu cabelo endurecido pelo gel.

— Está tudo bem, pai — murmuro.

Olho para as árvores a distância e me pergunto o que será de nós, meu pai e eu. Nesse dia, ainda não confiava nele nem o perdoava, mas algo começou a se desenrolar lá no fundo do meu ser.

Aquela noite foi o primeiro indício de um broto que irrompia em meio a uma parede de concreto. Outras vieram. Nos anos seguintes, à medida que nossa proximidade aumentou, minha vida se tornou mais bem-sucedida, e a vida de meu pai, mais desesperadora. Assisti, impotente, aos problemas financeiros, ao isolamento social e, por fim, a uma doença terrível que o esvaiu, sugou sua essência até a última gota e o afundou. Fiquei o mais próximo possível, dei o máximo de suporte que pude.

Enterrei meu pai em setembro de 1991. Na noite anterior, quando saí do lado de seu leito, ele me deu sua bênção e eu lhe dei a minha. Na manhã seguinte, entrei no quarto do hospital e o encontrei morto. Sua cabeça estava caída para trás; os olhos, fechados; e a boca, aberta. Não parecia o meu pai, só o corpo dele, uma coisa feita de barro, como suas estátuas. Toquei seus olhos e lhe dei um beijo. Sua pele teve um gosto amargo, terroso, nos meus lábios.

Sempre pensei nos garotos do ensino médio cujo afogamento ele testemunhou e no conselho que me deu: "Uma pessoa que está se afogando vai se agarrar em você, se chegar muito perto. Você vai afundar junto com ela." Como em muitas outras situações, seu conselho sobre esse assunto estava errado. Eu não afundei no vórtice sombrio com meu pai. Entretanto, também não me soltei de seu abraço.

CAPÍTULO 1

A depressão oculta dos homens

"No meio do caminho desta vida, me vi perdido numa selva escura."[1]

— DANTE

Quando estou entre pais e filhos problemáticos, muitas vezes me sinto inundado por uma sensação de reconhecimento. Todos os homens são filhos e, quer saibam disso, quer não, a maioria dos filhos homens é leal. Para mim, meu pai era um misto confuso de brutalidade e sofrimento. Ao longo da infância, meu caráter assumiu um vazio sombrio e cruel que me assombrou por quase trinta anos. Como outros pais fizeram com seus filhos, meu pai (por meio do olhar, do tom de voz, do jeito de tocar) passou para mim a depressão que não sabia que tinha, da mesma forma que meu avô passou para ele: uma cadeia de dor, conectando pai e filho ao longo de gerações, num legado tóxico.

Analisando agora, fica óbvio que, entre outros motivos, me tornei terapeuta para cultivar as habilidades necessárias para curar meu pai (ao menos o suficiente para que ele se abrisse comigo). Precisava saber sobre a vida dele para poder entender sua brutalidade e me livrar do ódio que nutria. No início, fiz isso de forma inconsciente, não por um amor profundo, e sim por instinto de sobrevivência. Queria que esse legado chegasse ao fim.

Seria possível considerar que eu teria agregado ao meu trabalho uma sensibilidade especial para questões envolvendo a depressão em homens, mas, a princípio, isso não aconteceu. Apesar de todo o conhecimento de caráter pessoal que conquistei a duras penas, passaram-se anos até que eu tivesse coragem de convidar meus pacientes a embarcar na mesma jornada que eu havia trilhado. Não estava preparado, nem em termos de treinamento, nem de experiência, para chegar tão fundo na dor que reside em um homem — para abraçá-lo e confrontá-lo bem ali. Fui ensinado, como a maioria dos terapeutas (na verdade, como a maioria das pessoas em nossa cultura), a proteger os homens ao me deparar com sua fragilidade oculta. Também me ensinaram que a depressão era uma doença de predominância feminina[2] e que sua incidência era de duas a quatro vezes maior entre as mulheres do que entre os homens. Quando iniciei na clínica, acreditava na simplicidade desses números, mas vinte anos de trabalho junto a homens e suas respectivas famílias me levaram a crer que a verdadeira história desse distúrbio é muito mais complexa.

Há um terrível conluio em nossa sociedade, uma dissimulação cultural em relação à depressão nos homens.

Uma das ironias a respeito da depressão masculina é que as próprias forças que ajudam a dar origem a ela nos impedem de enxergá-la. Não é esperado que homens sejam vulneráveis. A dor é algo que devemos superar. É provável que aquele que for assolado por ela veja a si mesmo como alguém digno de vergonha, assim como sua família, seus amigos e até os profissionais de saúde mental. No entanto, acredito que essa é a dor secreta que ocupa o centro de muitas das dificuldades na vida dos homens. A depressão oculta é responsável por várias questões que consideramos típicas dos homens: doenças físicas, abuso de álcool e drogas, violência doméstica, problemas para estabelecer intimidade, autossabotagem profissional.

Temos a tendência de não reconhecer a depressão nos homens porque o próprio distúrbio é encarado como algo não masculino. A depressão carrega, para muitos, uma dupla marca: o estigma da doença mental e também da sensibilidade "feminina". Pessoas que vivem um relacionamento com um homem deprimido costumam se deparar com um doloroso dilema. Podem confrontar a condição dele (o que pode deixá-lo ainda mais constrangido) ou podem ser coniventes ao minimizá-la, um caminho que não oferece nenhuma esperança de alívio. A depressão nos homens (uma condição vivenciada como algo vergonhoso e constrangedor) em grande parte dos casos passa despercebida e não é reconhecida tanto por aqueles que sofrem dela quanto por aqueles que os cercam. No entanto, o impacto dessa doença oculta é enorme.

Estima-se que no mundo 11 milhões de pessoas lutem contra a depressão todos os anos. Nos Estados Unidos, o efeito da baixa produtividade combinada às despesas médicas gera um custo de mais de 47 bilhões de dólares por ano, valor equivalente ao relacionado a doenças cardíacas.[3] Ainda assim, a maioria das pessoas que sofre dessa condição não é diagnosticada. Cerca de 60% a 80%[4] das pessoas com depressão não buscam ajuda.

O silêncio quanto à depressão é ainda mais desolador porque o tratamento tem uma alta taxa de sucesso.[5] As estimativas atuais são de que, com psicoterapia e medicação, entre 80% e 90% dos pacientes[6] podem obter alívio dos sintomas. Meu trabalho voltado aos homens e seus respectivos familiares me ensinou que, além da relutância em reconhecer a existência da depressão, muitas vezes esse distúrbio também não é diagnosticado porque *os homens tendem a manifestá-lo de maneira diferente*[7] *das mulheres.*

Poucas coisas são mais diferentes nos homens e nas mulheres do que a maneira de lidar com sentimentos. Por que a depressão, um distúrbio do sentimento (na linguagem psiquiátrica, um "distúrbio afetivo"), deveria ser tratada da mesma maneira em ambos os sexos,[8] quando a maioria das outras questões de ordem sentimental não é? Apesar de muitos homens a manifestarem de forma semelhante à das mulheres, há um número ainda maior que o fazem de maneiras menos evidentes, que na maioria das vezes são também ignoradas e mal compreendidas, gerando danos enormes. Quais são as manifestações masculinas da depressão? Quais são as causas? A etiologia do transtorno é a mesma para ambos os sexos? Acho que não. Assim como homens e mulheres em geral expressam a depressão de forma diferente, seus caminhos rumo a ela também parecem ser distintos.

A socialização tradicional de acordo com o sexo[9] em nossa cultura exige que meninos e meninas "se diminuam". As meninas têm permissão[10] para manter a expressividade emocional e cultivar a conexão, mas são sistematicamente desencorajadas a desenvolver e exercitar de forma plena seu "eu" público e assertivo — sua "voz", como costumamos chamar. Os meninos, em contrapartida, são incentivados a desenvolver seu "eu" público e assertivo, enquanto são sistematicamente afastados do exercício pleno da expressão de sentimentos e das habilidades necessárias para estabelecer e apreciar conexões profundas. Durante décadas, pesquisadoras e estudiosas feministas detalharam o grau de coerção exercido contra o desenvolvimento das meninas e os efeitos, às vezes devastadores, da perda do eu mais completo e autêntico. É hora de entender o processo que, de maneira análoga, se dá na vida de meninos e homens.

Em pesquisas recentes, evidenciou-se que a vulnerabilidade à depressão é, muito provavelmente, uma condição biológica hereditária. Qualquer menino ou menina, se tiver a combinação certa de cromossomos,[11] pode ser suscetível à doença. Entretanto, na maioria dos casos, a vulnerabilidade biológica por si só não é suficiente para desenvolver transtorno. O que lhe dá origem é a consequência da vulnerabilidade hereditária com o dano psicológico.¹² É nesse momento que as questões de gênero entram em jogo. A socialização tradicional prejudica tanto meninos como meninas, cada um de maneira particular e complementar. As meninas, e mais adiante as mulheres, tendem a internalizar a dor. Elas se culpam e causam sofrimento a si mesmas. Os meninos, e mais adiante os homens, tendem a externalizar a dor; é mais provável que se sintam vítimas uns dos outros e que descarreguem o sofrimento por meio de atitudes. Enquanto o número de pacientes mulheres supera o de homens no que se refere à automutilação, o número de pacientes psiquiátricos do sexo masculino hospitalizados supera em muito o de pacientes do sexo feminino quanto à taxa de incidentes violentos. Leves ou graves, a externalização nos homens e a internalização nas mulheres representam tendências preocupantes, inibindo a capacidade de cada um de estabelecer uma conexão genuína com a dor do outro. A internalização do sofrimento por uma mulher deprimida a enfraquece e prejudica sua capacidade de se comunicar. A tendência que um homem deprimido tem de extravasar o sofrimento via de regra gera mais prejuízos do que apenas incapacitá-lo para a criação de vínculos de intimidade. Pode fazer com que se torne perigoso no âmbito psicológico. Com muita frequência, o menino ferido cresce e se torna um homem ferido, infligindo às pessoas mais próximas a mesma angústia que ele se recusou a reconhecer em si mesmo. A depressão nos homens, a menos que seja tratada, tende a ser transmitida. Foi isso que aconteceu entre mim e meu pai. Essa era a situação enfrentada por David Ingles e sua família quando nos conhecemos.

— Então, o que acontece quando você cruza um advogado, um disléxico e um vírus? — pergunta David, ele próprio advogado, enquanto se acomoda na cadeira em que costuma se sentar em meu consultório.

A esposa, Elaine, também advogada, 40 e poucos anos, e o filho do casal, Chad, 17 anos, não demonstram nenhum sinal de curiosidade. Elaine fixa o olhar alguns centímetros acima da orelha esquerda do marido.

— *Não,* David — diz ela sem olhar para ele.

Todos passamos um tempo sentados em um silêncio tenso e desconfortável. David me olha de forma amável, um homem alto e rechonchudo de meia-idade, com um rosto largo, sombrio, e cabelos pretos ralos. Sentada em frente ao marido, Elaine afasta dele o corpo pequeno e musculoso o máximo que pode. Chad, magérrimo, de calça larga e camiseta, coloca um par de óculos escuros com armação de metal estilo John Lennon e gira a cadeira para ficar de frente para a parede.

— Tire os óculos — murmura David para Chad, que o ignora.

Enquanto David olha para o filho, Elaine me informa, mais uma vez, que David é um excelente pai, participativo e atencioso.

— *Tire* os óculos! — repete David.

Chad dá um grunhido e se afasta ainda mais.

David e Elaine estavam em tratamento comigo havia cerca de seis meses. Ela queria que eu falasse só com eles em um primeiro momento, não por causa de Chad, e sim porque sua demanda envolvia o casamento deles. Depois de vinte anos, ela precisava admitir que se sentia (e vinha se sentindo havia algum tempo) absurdamente sozinha. David era bem-humorado, prestativo e colaborativo. O problema é que ela não o sentia presente. Por um tempo, ela se perguntou se o marido estava tendo um caso, mas David parecia *distraído* demais para isso. Cada vez mais, ele atravessava a vida sem desfrutar de nada, nem dela, nem do filho, nem mesmo do próprio sucesso. Fazia anos que vinha trabalhando demais. Também tinha começado a beber além da conta e, em muitas ocasiões, a explodir. Elaine se preocupava com a raiva que ele sentia, com a saúde dele. Embora ainda não tivesse dito isso em voz alta, ela já sabia, quando me procurou, que estava prestes a se separar do marido.

David já havia resistido às reclamações da esposa antes. Sua estratégia sempre fora fechar as escotilhas e esperar até que tudo passasse. "Uma espécie de TPM prolongada" era como ele descrevia as insatisfações dela. Como terapeuta deles, eu o informei que, daquela vez, talvez ele precisasse mudar um pouco. Entretanto, quando David mostrou sinais de reação, Chad passou a se comportar mal. Com isso, pedi que levassem o filho, "como meu consultor". Estava interessado em ouvir o que o rapaz (que vivia no meio do casamento deles desde o dia em que nasceu) teria a dizer sobre o pai e a mãe. Só que Elaine tinha outro objetivo.

— David — diz Elaine, com firmeza —, você precisa contar que bateu no Chad.

— Eu não bati nele — argumentou David, mal-humorado.

— Tanto faz. — Elaine dá de ombros. — Isso precisa ser resolvido.

Por um momento, David oscila entre lutar e ceder. Em seguida, suspira, recosta-se na cadeira e me conta a história:

— Ontem à noite, Chad tentou sair pela porta dos fundos com a chave do carro. Elaine e eu estávamos na cozinha, e lhe fiz algumas perguntas, para onde ele estava indo... esse tipo de coisa.

— Aham, *com certeza* — comenta Chad, bufando.
O pai aponta o dedo para ele.
— Por acaso foi despropositado? — pergunta David. — *Foi*?
— Tudo bem — digo, acalmando David. — Conte o que aconteceu.
— Aí ele não respondeu. Eu e a Elaine fomos atrás dele na garagem — diz ele com um olhar de reprovação para o filho. — Ele começou a tentar me enrolar, não foi?
— Prossiga — peço com suavidade.
— Então falei para ele: "Tudo bem. Se vai continuar com essa conversa fiada, eu fico com o carro." Tipo "olha, a escolha é sua". Aí ele jogou as chaves no carro...
— No *chão* — completa Chad.
— No *carro* — corrige o pai. — Depois ouvi, baixinho: "Vai se foder."
David fica em silêncio.
Tento fazê-lo olhar para mim.
— E nesse momento você...? — pergunto.
— Eu o empurrei — conclui David.
— Você o empurrou — repito.
— É, sabe? Dei um empurrão nele. É isso. Eu o empurrei.
O olhar de David se concentra na faixa de tapete entre seus pés.
— Forte? — pergunto.
David dá de ombros.
— Forte o suficiente — diz Elaine.
Por um momento, olho para Chad. Por causa dos óculos, não consigo ver sua expressão, nem se ele está chorando. De repente, percebo o quão magro é, o quão jovem.
Eu me levanto, fazendo sinal para que David fique ao meu lado.
— Me mostre como foi — peço.
Na terapia individual convencional, as pessoas conversam com o terapeuta a respeito de coisas que acontecem com elas. Na terapia familiar, os principais participantes de tais acontecimentos costumam estar sentados lado a lado no consultório. Nessa modalidade, é uma tradição reencenar situações difíceis, em vez de falar sobre elas. Trazer a cena de forma palpável[13] até o consultório acrescenta uma carga emocional que o terapeuta pode usar em benefício de todos.
Com relutância, muitas salvaguardas e garantias, eles me permitem reproduzir a cena. Chad ainda está de óculos escuros. Quando eles chegam à parte em que Chad joga as chaves no chão e murmura "Vai se foder", David,

com uma velocidade alarmante, joga o filho contra a parede do meu consultório com tanta força que derruba um quadro de um dos ganchos, deixando o jovem sem fôlego. O antebraço de David está contra a garganta do filho, prendendo-o. Seus músculos estão tensos, e sua respiração, ofegante.

— Fale de novo! — ameaça ele. – Vamos lá. Fale de novo!

Chad está ofegante, com medo. Elaine está com medo. Meu coração também está batendo acelerado.

— David...

Toco seu ombro com delicadeza enquanto olho para Chad.

— Está tudo bem — afirmo. Sinto seus músculos relaxarem sob meu toque. — Eu entendo. De verdade. Bom trabalho.

Todos respiram fundo, e, depois de um tempo, nosso coração desacelera. Pergunto a Elaine se ela gostaria de interpretar o papel de David, e ela concorda. Eu a posiciono no lugar de David, com o antebraço contra a garganta de Chad. Em seguida, caminho com David até a extremidade mais distante da sala e peço a ele que dê uma bela olhada na cena. Ficamos um bom tempo ali, nossos ombros quase se tocando. Quer seja minha imaginação, quer não, sinto a tristeza irradiando dele, como calor, enquanto estamos lado a lado.

— O que você vê quando olha para isso? — pergunto. — O que sente?

David abaixa a cabeça.

— Acho que não está certo — responde ele depois de um bom tempo, envergonhado.

— Horrível, né? — concordo.

Depois de uma pausa, ele assente.

— Fala para *ele* — digo, apontando com a cabeça para Elaine, que está interpretando David, ainda com o braço pressionado contra a garganta de Chad. — Fala para ele o que ele precisa ouvir.

David fica inquieto.

— Você é um babaca — acusa, sem muita convicção.

— Não, é sério — digo, me aproximando. — *Fala* para ele.

David faz uma longa pausa, depois ergue a cabeça e se dirige ao seu "eu". Todos os traços de zombaria ou piada o abandonaram.

— Não faça isso — diz ele baixinho.

— Não faça o quê? — pressiono.

— Não o trate dessa maneira. — Sua voz é baixa e suave.

— Isso é o bastante para deter um cara desse? — pergunto.

— Não — concorda ele.

— Vai ser preciso um pouco mais de convicção — digo a ele. — Um pouco de *vigor*, entende o que quero dizer?

David assente.

— Quer tentar outra vez? — pergunto.

Sem responder com palavras, David com toda a obediência se prepara para o embate. Dessa vez, ele vai mais fundo, e sua voz ganha certo peso.

— Não o trate dessa maneira — solta ele.

— Alto — peço. — *Mais* alto.

— *Não* o trate dessa maneira — repete David.

— Ótimo! — incentivo. — Mais uma vez. Diga a ele por quê.

— Não se meta com ele. Não... — Então a barragem se rompe. — Ele é seu *filho*, caramba! — grita David, completamente envolvido. — Caramba! Ele é seu *filho*.

De repente, David fica abatido, cabisbaixo e profundamente triste. Nunca o tinha visto daquele jeito ao longo dos meses que vínhamos trabalhando juntos. Aquilo era uma abertura.

Sua tristeza cresce no espaço entre nós.

— Me diga: com quem mais você está falando neste momento? — pergunto. — Há mais alguém ao lado desse cara enquanto você diz isso? Um amigo? Um professor? Sua mãe? Seu pai?

David parece completamente derrotado.

— Acho que sim — admite ele.

— E quem é? — pergunto de maneira suave.

— Meu pai — responde David, constrangido e irritado.

— Me conte sobre ele — peço.

David esboça o retrato de um homem da classe trabalhadora, responsável e taciturno, que dedicava muitas horas a sustentar a família a que tanto amava (embora mal expressasse isso em palavras) e cujo temperamento explosivo às vezes o dominava.

— Acho que filho de peixe peixinho é — comenta David com um sorriso envergonhado.

— Estamos trabalhando nisso — asseguro a ele.

Olhamos juntos para a cena congelada do outro lado do cômodo, ambos pensativos.

— "Não o trate dessa maneira" — repito, refletindo. — David, consegue se lembrar de alguma memória específica, uma cena, uma síntese capaz de representar esse sentimento em relação ao seu pai?

De início, David não se lembra de nada, mas depois começa a me contar.

Ele se lembra de si mesmo como um menino de 7 ou 8 anos entregando ao pai um boletim escolar com uma nota baixa. Estava apreensivo por causa da nota baixa que tirara em uma matéria qualquer.

"Não tiramos três nesta família", entoou o pai na memória de David. Então, em um súbito acesso de raiva, o pai estende a mão, pega o boletim escolar e o rasga em pedaços.

"Devolva isto à sua professora", disse o pai.

Assustado e furioso, o pequeno David agarrou as mãos do pai. "Por que fez isso?!", gritou. Sem dizer uma palavra, o pai ergue o enorme punho e o acerta em cheio no peito, derrubando-o no chão.

— Faz anos que não penso nisso — diz David.

Eu me levanto outra vez.

— Mostre para mim — peço.

David e eu somos os primeiros a encenar a situação. Depois, Chad e Elaine concordam em encená-la. David e eu nos afastamos enquanto observamos Chad interpretar o pequeno David, e Elaine, o pai.

"*Não tiramos três nesta família!*", uma, duas, três vezes o punho é erguido até que a cena pareça real o bastante para que a violência possa ser sentida no ar.

— Muito bem, David — digo. — Corrija essa cena. Faça com que ela aconteça do jeito certo.[14]

David me encara por um segundo, com uma expressão confusa, e depois, sem dizer uma palavra, faz sinal para que a cena comece. Mais uma vez, o menino assustado entrega o ofensivo boletim. O pai o destrói. O menino protesta. O pai se prepara para o golpe, mas, naquele exato momento, David dá um passo à frente, pegando o punho com sua imensa mão e envolvendo-o em seus dedos.

— Não faça isso, pai. Não toque no menino — diz baixinho, olhando nos olhos do "pai", mas com total convicção.

Percebi que ele estava tremendo quando parei atrás dele.

— Não o machuque, pai — sugiro.

— Não o machuque — repete David, chorando.

— Ele é só um garotinho — digo.

— Ele é só um garotinho.

David se inclina para a frente e chora. É um choro estrangulado, sem som, que sacode seus ombros.

— Não se contenha, David — oriento. — Se conter só vai deixar você com dor de cabeça.

David se senta, ainda chorando, o rosto escondido entre as mãos. Elaine puxa sua cadeira para perto dele e coloca a palma da mão em sua coxa. Peço a Chad que passe os lenços de papel para o pai. Quando ele o faz, por um momento, muito breve, quase furtivamente, David segura a mão do filho. Chad tira os óculos escuros e os coloca no bolso da camisa.

David não sabia, mas estava deprimido. Aliada a alguma vulnerabilidade biológica que ele pudesse ter, sua depressão havia nascido da dor daquele menino — não apenas desse incidente com o pai, e sim de centenas, quem sabe milhares de circunstâncias semelhantes, pequenos acontecimentos envolvendo traição ou abandono, talvez mais sutis do que esse, porém prejudiciais na mesma proporção. Para aqueles com vulnerabilidade biológica ao transtorno, essas situações podem se tornar os tijolos da depressão, uma condição que, concebida no menino, irrompe mais tarde no homem. A dor não identificada de David era como o tique-taque de uma bomba, aguardando o momento certo. A força desse tique-taque o afastou de sua família. Levou David a buscar entorpecedores de humor e estimulantes de autoestima, como o trabalho, o álcool e a violência esporádica. Na época em que o conheci, Chad estava prestes a ser reprovado, e Elaine, prestes a pedir o divórcio. A bomba interna estava em vias de explodir, levando a vida dele junto. Nem ele, nem ninguém próximo a ele saberia o motivo. Entretanto, eu sabia.
Sabia qual era a sensação de ter o fôlego arrancado pelo próprio pai, o que significava ser jogado contra a parede e convocado a revidar. A intimidade com os fios pegajosos da violência afetuosa que unem pais e filhos ao longo de gerações me ajudou a reconhecer o segredo de David. Lá no fundo, por trás do bullying e da bebedeira, de suas preocupações e de sua fuga, havia aquele menino. A parte deprimida de David, a criança que não teve sua dor reconhecida, aguardava na escuridão, ressentida, por seu momento na luz, causando estragos em quem estivesse por perto. Demonstrando grande coragem, David permitiu, naquela tarde em meu consultório, que a dor que carregava dentro de si por décadas viesse à tona. Sua vulnerabilidade atraiu de volta as pessoas que ele amava. A revelação de sua depressão oculta permitiu que ele tocasse e fosse tocado, depois de um bom tempo atrás de uma armadura. David Ingles não está sozinho em sua batalha.

Para tratar um homem como David, antes preciso "chegar até ele", "fazê-lo se abrir". O paciente precisa de ajuda para trazer a depressão à tona. Mulheres deprimidas têm dores óbvias; homens deprimidos costumam ter "problemas".

Na maioria das vezes, eles não estão conscientes do sofrimento, mas as pessoas com quem convivem, sim.

Se alguém tivesse perguntado a David o que o incomodava antes daquela sessão, é difícil afirmar o que ele teria respondido, ou mesmo se teria dado uma resposta. Como muitos dos homens bem-sucedidos que trato, ele era inexperiente no quesito introspecção, acreditando que refletir sobre si mesmo era inútil.

O que David poderia ter dito é que estava infeliz no trabalho, onde tinha de lidar com um novo sócio sênior de quem não gostava tanto quanto de seu antigo mentor e por quem não se sentia favorecido. Poderia ter dito que, nos últimos anos, foi se sentindo cada vez mais inquieto — a ponto de ser difícil dormir à noite sem a ajuda de remédios, ou ainda jantar na casa de um amigo e não tomar alguns drinques. David sabia (embora não fosse capaz de entediar ninguém além de Elaine com os detalhes) que estava cada vez mais incomodado com dores de estômago e nas costas, que seu médico atribuía ao "estresse", uma opinião profissional que ele descartara, tratando-a como "a grande armadilha do século XX".

No entanto, o médico de David estava certo, apesar de seu diagnóstico não ter sido abrangente o suficiente. David estava "estressado". Aos 47 anos, começou a se sentir velho. Não gostava do pneuzinho saliente que nem todo raquetebol do mundo era capaz de queimar. Não gostava do avanço da calvície. E não gostava de olhar para o tipo de mulher que sempre admirou e perceber que elas passaram a desviar o olhar com desinteresse ou, às vezes, com desdém. Se lhe perguntassem, teria desabafado com prazer o quanto estava decepcionado com Chad, o filho problemático. Poderia até ter manifestado a sensação de ser traído pela "mãe superprotetora" do rapaz, que, desde o dia do nascimento do menino, havia minado suas tentativas de ser firme com o filho. Uma noite, depois de certa quantidade de drinques, David poderia ter confessado a infelicidade no casamento — como se sentia sem apoio, feito um desconhecido na própria casa. Nem uma única vez lhe teria ocorrido que ele poderia estar sofrendo de uma condição clínica. A depressão que David não percebia nem reconhecia, no entanto, estava perto de destruir sua família. Estava corroendo seu relacionamento com o filho e também seu casamento. Em seus esforços para escapar da própria depressão, David se deixou afundar em comportamentos (como irritabilidade, necessidade de controle, abuso de álcool e indisponibilidade emocional) que afastaram as pessoas que ele mais amava e de que mais precisava. Como Elaine descreveu, David não era mais ele mesmo.

Como o Lear de Shakespeare, seu marido, sem perceber, havia perdido seu patrimônio. "Alguém é capaz de dizer quem eu sou?", perguntou o rei desolado ao bobo, que respondeu:[15] "A sombra de Lear." A depressão o minguara, transformando-o em uma sombra, de maneira tão certa e inexorável como uma doença física. Como afirmou um dos meus pacientes, a depressão estava fazendo-o "desaparecer".

Não costumamos pensar em homens motivados como David como homens deprimidos. Temos a tendência de reservar o conceito de *depressão* para um estado de profunda disfunção, desespero absoluto, debilitação total. Um homem deprimido passaria a manhã inteira deitado na cama, olhando para o teto, apático demais para se arrastar ao longo de outro dia sem sentido. O que David enfrentava mal se qualificava como uma crise da meia-idade, por exemplo. Como Thoreau escreveu certa vez: "A grande maioria dos homens leva uma vida de silencioso desespero."[16] Outros não são tão silenciosos assim. Quando pensamos em depressão, são esses "outros não tão silenciosos" que nossa mente vislumbra.

Por quase vinte anos, tratei esses outros — homens com um tipo de depressão que a maioria de nós percebe com facilidade. Chamo essa condição de "depressão aparente". Aguda e dramática, a dor infligida pela depressão aparente é imensa. Em contrapartida, a depressão de David era leve, evasiva e crônica. Esse tipo de depressão nem sequer é mencionado na maior parte da literatura a respeito do transtorno. O guia[17] utilizado pela maioria dos profissionais de saúde em todos os Estados Unidos é o *Manual Diagnóstico e Estatístico de Transtornos Mentais* (DSM IV), da Associação Americana de Psiquiatria, que define que uma pessoa é acometida pela depressão apenas se apresentar, por um período de pelo menos duas semanas, sinais de tristeza, "abatimento" e "melancolia", ou de diminuição do interesse em atividades prazerosas, inclusive sexo. Além disso, a pessoa deve apresentar pelo menos quatro dos seguintes sintomas: perda ou ganho de peso, sono insuficiente ou excessivo, fadiga, sentimentos de inutilidade ou culpa, dificuldade para tomar decisões, esquecimento e pensamentos de morte ou suicídio.

A condição descrita no DSM IV é a forma clássica de depressão, pensada pela maioria de nós. Embora muitos homens relutem em admitir sofrer de depressão aparente, o distúrbio em si é reconhecido desde os tempos antigos. No século IV a.C., Hipócrates, "o pai da medicina", relatou uma condição cujos sintomas incluíam "insônia, irritabilidade, desânimo, inquietação e aversão à comida" (uma descrição da depressão aparente reconhecível com muita facilidade hoje em dia). Hipócrates considerava que a doença era causada por um desequilíbrio da bile negra,[18] um dos quatro temperamentos, e por isso chamou a doença de "bile negra", que em grego significa *melanae chole*, ou "melancolia".

A depressão aparente acomete homens, mulheres e, às vezes, crianças de qualquer posição social, classe e cultura. No mundo inteiro, tanto em sociedades desenvolvidas quanto naquelas em desenvolvimento, epidemiologistas se deparam com dados[19] que remetem a ela. O número de pessoas deprimidas parece estar aumentando. A pesquisadora Myrna Weissman e seus colegas verificaram registros médicos que remontam ao início do século e calcularam que, levando em conta o aumento de relatos, a cada geração, a suscetibilidade à depressão dobrou.[20] Essas tendências foram corroboradas no mundo todo, a partir de uma amostragem aleatória de 39 mil indivíduos de países diversos como Nova Zelândia, Líbano, Itália, Alemanha, Canadá e França. Os pesquisadores descobriram que a depressão está presente no mundo inteiro, não apenas em maior proporção como também em idades cada vez mais precoces.[21]

O National Institute for Mental Health relata que, nos Estados Unidos, algo entre 6% e 10% da população[22] (cerca de uma em cada dez pessoas) luta contra alguma forma da doença. No entanto, por mais preocupantes que sejam esses números, acredito que eles subestimam e muito o impacto geral da depressão na vida dos homens. Um homem como David Ingles, cuja condição se manifesta de maneiras mais sutis do que as descritas pelo DSM IV, não teria sido incluído nesses números, ainda que os efeitos do distúrbio, apesar de serem menos óbvios, sejam poderosos o suficiente para ameaçar sua saúde e separar sua família. Por que, além do público em geral, também a comunidade médica e psiquiátrica reconhece a depressão apenas em sua forma mais óbvia e mais grave? Em uma pesquisa americana recente, mais da metade dos entrevistados não considerava a depressão um problema de saúde importante. Em outra pesquisa, na qual 25% dos entrevistados tiveram depressão e outros 26% a vivenciaram por causa de membros da família, cerca de metade dos entrevistados ainda enxerga o distúrbio não como uma doença ou um problema psicológico que requer ajuda, e sim como um sinal de fraqueza.[23]

Nossos padrões atuais de julgamento e negação a respeito da depressão lembram as atitudes moralistas do passado em relação ao alcoolismo, que é uma doença, e a fonte da nossa minimização é a mesma daquela época. A questão é a vergonha. Embora a doença seja estigmatizada na sociedade como um todo, é pior para os homens serem associados a ela. A própria definição de masculinidade está em "enfrentar" o desconforto e a dor. É tristemente previsível que David reagisse à depressão se esforçando cada vez mais no trabalho em vez de ficar quieto por tempo suficiente para entrar em contato com os próprios sentimentos. Até ele começar a terapia, "render-se" à dor não teria sido um caminho para o alívio, e sim uma derrota humilhante. Por causa do orgulho masculino, a resignação prevalece. Com muita frequência, a negação é equiparada à tenacidade. "Sob os golpes do acaso, minha cabeça sangra, mas ainda erguida",[24] como diria William Ernest Henley em seu poema *Invictus*.

Ao fugir da própria angústia, David Ingles reproduzia os valores de nossa cultura a respeito da masculinidade. Como sociedade, temos mais respeito pelos feridos que se arrastam por aí (aqueles que negam suas dificuldades) do que por aqueles que "deixam" que suas condições "os afetem". Não costumamos apreciar que os homens sejam emotivos ou vulneráveis demais. Um homem que manifesta sua depressão é as duas coisas: alguém com sentimentos e que permitiu que estes dominassem sua competência. Um homem vencido pela vida já é ruim o suficiente. Contudo, para muitos, um homem vencido pelos próprios e incontroláveis sentimentos é indecoroso.

Essa atitude costuma agravar a condição do homem deprimido, de modo que ele fica deprimido por estar deprimido, envergonhado por se sentir envergonhado. Por causa do estigma associado à depressão, os homens em geral permitem que sua dor se intensifique cada vez mais. Em uma entrevista, o médico John Rush falou sobre a marca da "falta de masculinidade" associada à doença e suas possíveis consequências:

> [Ter depressão] não significa que eu seja fraco, não significa que o que tenho não tenha cura, não significa que eu seja louco. Significa que tenho uma doença, e é melhor que seja tratada. Um amigo me disse: "Depressão? Caramba, rapaz, isso é doença de frouxo." Doença de frouxo? Aham, é doença de frouxo. E acho que o mais frouxo de todos se mata.[25]

O que John Rush sugere está correto. Para muitos homens (que têm vergonha de seus sentimentos e recusam ajuda), a "doença de frouxo" pode matar. Os homens têm quatro vezes mais chances de tirar a própria vida do que as mulheres.[26]

Nos últimos vinte anos, pesquisadores investigaram a relação entre a masculinidade tradicional e doenças físicas, abuso de álcool e comportamentos de risco, e demonstraram o que a maioria de nós já sabe por experiência própria: muitos homens preferem se colocar em risco[27] a reconhecer o sofrimento, seja ele físico ou emocional. Em *The Things They Carried*, Tim O'Brien dá um exemplo explícito da força da vergonha masculina ao comentar sobre seus companheiros de exército no Vietnã:

> Eles carregavam suas reputações. Carregavam o maior medo de um soldado, que era o medo de enrubescer. Os homens matavam e morriam porque tinham vergonha de não o fazer. Foi isso o que os levou à guerra em primeiro lugar, nada de positivo, nenhum sonho de glória ou honra, apenas a tentativa de evitar o rubor da desonra. Rastejaram por trincheiras, expuseram-se e avançaram sob fogo. Estavam assustados demais para serem covardes.[28]

Preferindo a morte à ameaça de constrangimento, os homens que O'Brien descreve me fazem lembrar de Harry, o antiquado pai irlandês de um paciente meu, que tinha vergonha de ir ao médico, até o câncer corroer metade de um dos testículos.

A negação da vulnerabilidade "inerente ao homem" foi personificada por meu paciente Stan, um universitário de 21 anos que atendi por curto período. Em certa noite quente em Fort Lauderdale, durante as férias do meio do ano, Stan se envolveu em uma briga de bar estilo Hollywood com alguns moradores locais. Depois de "muitas cervejas" e "com um bando de amigos suados" para se exibir, Stan começou a gingar como nos filmes. Ele se gabou para mim de ter "dado muito trabalho naquela noite". Era evidente que alguém também dera trabalho a ele. Um soco fora suficiente para romper um nervo na bochecha e paralisar quase metade de seu rosto. A pele ficara pendurada feito couro. Stan, depois de ter visto nas telas de cinema tantos heróis levarem uma surra e depois se levantarem e sacudirem a poeira, jamais imaginou que o soco de outro homem pudesse lhe causar um dano assim.

A disposição dos homens para minimizar a fraqueza e a dor é tamanha que foi apontada como um fator que contribui para que eles vivam menos. Os dez anos de diferença na expectativa de vida entre homens e mulheres têm pouco a ver com genética. Homens morrem mais cedo porque não se cuidam. Homens esperam mais tempo para se dar conta de que estão doentes,[29] demoram mais para buscar ajuda e, quando recebem tratamento, não o seguem tão bem quanto as mulheres.

Por gerações, heróis masculinos literalmente não tinham corpos vulneráveis — Superman, "o Homem de Aço"; Robocop; Exterminador do Futuro I e II.

E nosso amor pela invulnerabilidade não dá sinais de diminuir. Tanto celebridades quanto homens comuns nos Estados Unidos desenvolveram um novo fascínio por músculos. Cada um dos 256 adolescentes do sexo masculino não musculosos estudados pelo psicólogo Barry Glassner demonstrou distúrbios de humor ou de comportamento relacionados a sentimentos de inadequação. Além disso, uma pesquisa nacional com 62 mil leitores realizada pela revista *Psychology Today* mostrou uma correlação direta entre autoavaliações de autoestima elevada em homens e autoavaliações de corpos musculosos. Essa preocupação com "corpos fortes" está adentrando domínios tradicionalmente femininos, como a anorexia e a bulimia. Pela primeira vez, um número significativo de homens passou a se juntar às mulheres no desenvolvimento de preocupações obsessivas com o tamanho e a forma do corpo.[30] Nos Estados Unidos, ao que parece, não existe mulher magra demais nem homem musculoso demais.

Tendências como essas ressaltam que, apesar das discussões atuais sobre o "novo homem" e o "homem sensível", qualquer deslize no rígido código de invulnerabilidade masculina talvez não passe de fachada. Embora alguns aspectos da masculinidade tradicional estejam mudando, o código de invulnerabilidade permanece igual há vinte anos, quando Pat Conroy escreveu seu romance autobiográfico *The Great Santini*. O coronel Frank Santini, depois de brutalizar o emocional do filho, dá um conselho crucial ao garoto: "Acima de tudo", diz Santini, "você deve proteger a retaguarda. Lembre-se: *sempre proteja a retaguarda*."[31]

A retaguarda a qual ele se referia era o vulnerável motor traseiro de um avião de combate — seu reto, seu calcanhar de Aquiles. Como terapeuta familiar, leio essa cena entre pai e filho com um misto de emoções. O código de invulnerabilidade de Santini perpetua a dor. No entanto, até que esse código mude, não podemos considerar tal conselho como algo ridículo e descartá-lo. O mundo dos homens e dos meninos pode ser muito difícil. Acontece, por exemplo, que os homens deprimidos são paranoicos por temerem a reação dos demais ao admitirem sua condição.

Considerando essa perspectiva, os pesquisadores Hammen e Peters entrevistaram centenas de colegas de quarto na faculdade[32] e descobriram que, quando estudantes universitárias pediam apoio às colegas de quarto por estarem deprimidas, eram acolhidas com carinho e atenção. Em contrapartida, quando estudantes do sexo masculino revelavam a depressão aos colegas de quarto, eram confrontados com o isolamento social e, muitas vezes, absoluta hostilidade. O "estudo sobre colegas de quarto" foi repetido[33] em várias outras universidades nos Estados Unidos, e os resultados foram muito semelhantes. É verdade que os homens não revelam a depressão com facilidade. Também parece ser verdade que muitos podem ter bons motivos para escondê-la.

"Meu primeiro terapeuta me orientou a me abrir com as pessoas", contou Steven, um paciente meu na casa dos 30 anos. "Na época, eu estava na faculdade, cursava medicina... Meu psiquiatra, inclusive, sabia como era, então achei que ele entendesse a situação. 'Abra-se', sugeriu ele. Então, o bom e velho Stevie, que sempre faz o que mandam, começou a se aproximar das pessoas. Caramba, como fui ingênuo! Bastava fazer isso para ser esmagado por alguém. Acho que meus amigos teriam ficado mais próximos se eu tivesse dito que tinha Aids. Meu irmão pareceu ocupado demais para conversar comigo durante os sete meses seguintes. Sabe aqueles caras deprimidos sobre os quais você lê que acham que exalam um mau cheiro? Como se fedessem? Bem, acho que entendo como eles se sentem."

O estigma em torno da depressão costuma afetar tanto o homem em sofrimento quanto sua família. Para os parentes, um impulso de "proteger o ego masculino" pode ser conivente com a ofuscação do sujeito. Em certa sessão, Elaine me disse que não queria "expor David" abordando a dor que sentia irradiar dele. As parceiras de homens deprimidos muitas vezes expressam o medo de falar sobre a condição do marido, por acreditarem que isso vá piorar a situação. É melhor apenas "seguir em frente"[34] e "não se torturar por causa dos aspectos negativos". No entanto, quando minimizamos a depressão de um homem por medo de constrangê-lo, somos coniventes com as expectativas cruéis de masculinidade impostas pela nossa cultura. Passamos a mensagem de que o homem que está enfrentando dificuldades não deve ter esperanças de receber ajuda. Ele precisa ser "autossuficiente". Deve resolver sua angústia por conta própria.

Da mesma maneira que familiares e amigos podem se sentir desconfortáveis, ou até cruéis, ao confrontar a condição de um homem deprimido, o mesmo ocorre com os profissionais de saúde, que não estão imunes aos preconceitos de nossa cultura. John Rush abordou a questão da seguinte forma:

> Os médicos ainda relutam em fazer o diagnóstico [de depressão] por partilharem do pensamento *Ah, você deve ter feito algo errado. Como se meteu nessa enrascada?*, o que de certa maneira significa que a culpa é do paciente. Tudo bem se você tiver uma doença neurológica[35] — Parkinson, Huntington, incontinência urinária, uma coluna vertebral

quebrada por conta de um acidente de carro —, mas, quando você passa para o córtex pré-frontal, aí não tem doença alguma: há apenas "problemas com que lidar"; você está apenas "se comportando mal".

Em certa sessão, Elaine relatou que havia insistido para que o marido se consultasse com o médico da família, um homem que, com o passar dos anos, se tornara um amigo. David descreveu a consulta como o caso do "relutante ajudando o desajeitado".

"Gosto muito do Bob", disse David, "mas vamos encarar os fatos. Ele se sente muito mais à vontade falando sobre os resultados dos exames do que perguntando sobre o meu estado emocional."

"Ou o quanto você anda bebendo", acrescentou Elaine.

"Ou o quanto ando bebendo", concordou David.

Profissionais de saúde mental, em tese treinados para enxergar além do relato de um homem sobre seus incômodos ou suas queixas corporais, não se saem muito melhor nessa questão do que outros profissionais. Muitos psicoterapeutas, sobretudo na atual estrutura de *managed care*, tratariam as manifestações da depressão de David — o consumo de álcool, as tensões conjugais ou os problemas no trabalho — com uma terapia focada e de curto prazo, sem identificar a causa subjacente desses sintomas.

Um fator que atrapalha o reconhecimento dessa condição é o fato de que profissionais de saúde mental, assim como qualquer outra pessoa, tendem a procurar o que esperam encontrar. O senso comum de que mulheres são deprimidas, mas homens, não, os afasta de uma avaliação precisa.

Vários estudos foram realizados nos Estados Unidos acerca de quem é rotulado como deprimido. Alguns, como o de Potts, que envolveu nada menos que 23 mil voluntários, foram realizados em grande escala. Os resultados da maioria deles mostram uma tendência dos profissionais de saúde mental a hiperdiagnosticar a depressão em mulheres e subdiagnosticar o transtorno em homens.[36]

Em um estudo de natureza diferente, os psicólogos receberam "históricos" de casos psiquiátricos hipotéticos de pacientes com uma variedade de queixas. Apenas uma variável foi alterada: o sexo do paciente. De forma consistente, os psicólogos diagnosticaram os "homens" deprimidos como mais gravemente perturbados do que as "mulheres" deprimidas. Em contrapartida, as mulheres alcoolistas eram vistas como mais gravemente perturbadas do que os homens. Esses resultados conflitantes mostram que uma sobreposição de expectativas de gênero confunde o julgamento dos terapeutas. Parece que eles estão punindo pacientes de ambos os sexos com um diagnóstico mais severo por cruzarem as linhas de gênero. Se não é masculino estar deprimido e não é feminino sofrer de alcoolismo,[37] então um homem deprimido deve estar *muito* perturbado, assim como uma mulher alcoolista.

Embora muitos homens ocultem do mundo exterior sua condição, e as pessoas próximas a eles — entes queridos, médicos e até psicoterapeutas — possam ignorar um diagnóstico de depressão aparente, a farsa de um homem como David Ingles vai ainda mais longe. Ele camuflou sua condição das pessoas ao redor e até de si próprio. Muitos nunca são considerados deprimidos porque sua depressão aparente não é diagnosticada. Outros, como David, não são ajudados porque expressam a doença de maneiras que não se encaixam no modelo clássico descrito no DSM IV. David sofre do que chamo de "depressão oculta" — oculta para as pessoas ao redor e, na maioria das vezes, para a própria consciência do sujeito, mesmo sendo responsável por muitas das atitudes negativas do depressivo. David Ingles se afunda no trabalho, embala sua inquietação em raiva e entorpece seu descontentamento com álcool. O fato de não expor sentimentos e vulnerabilidades promove comportamentos que deixam não apenas ele como também as pessoas ao seu redor cada vez mais alienadas. David é assolado por um sentimento de abandono não reconhecido quando sua esposa não reage a ele e a faz reagir com uma retaliação sutil, lançando o casal em um ciclo crescente de alienação. O desejo desesperado e não identificado que David sente de se aproximar de Chad — para ser o tipo de pai que o pai dele não foi — leva-o, em paralelo, a intimidar o filho, a reencenar o próprio drama que deseja evitar. Meu trabalho com famílias como a dos Ingles me convenceu de que muitos dos comportamentos complicados que observamos nos relacionamentos dos homens são motivados pela depressão.

Sob os nomes de "depressão mascarada", "depressão caracterológica subjacente" e "equivalentes da depressão", o tipo de condição da qual David sofre é mencionado apenas de forma esporádica há anos. Pouquíssimas vezes foi estudado de forma sistemática. O pesquisador Martin Opler observou, já em 1974: "A depressão mascarada é um dos transtornos mais prevalentes na sociedade norte-americana moderna. Apesar disso, talvez seja a categoria mais negligenciada na literatura psiquiátrica."[38] Essa negligência persiste. Se a *depressão aparente* em homens tende a ser ignorada, a *depressão oculta* se tornou quase invisível.

CAPÍTULO 2

Filhos de Narciso: autoestima, vergonha e depressão

> "Ele é o almejado e aquele que almeja; é o incendiário —
> e aquele que se queima."[1]
>
> — OVÍDIO

Embora a psiquiatria tenha se esforçado pouco para explorar a natureza da depressão oculta, a arte, a poesia e o teatro têm se beneficiado bastante dessa condição humana. O mito de Narciso se destaca como um arquétipo da doença, em que narra a história do filho adolescente de uma ninfa de água doce, que, quando menino, corria e caçava sozinho na floresta, até o dia em que se tornou, ele mesmo, uma armadilha.

"Narciso foi amado por muitos",[2] introduz o poeta Ovídio em sua fábula. "Tanto os jovens quanto as moças o desejavam; mas um orgulho frio vivia em seu corpo tenro: nenhum jovem, nenhuma moça jamais pôde tocar seu coração." Narciso é um jovem radiante e animado que instiga as paixões das ninfas, todas rejeitadas por ele. Uma de suas admiradoras desprezadas, por vingança, reza para que Narciso possa, um dia, conhecer o tormento de um amor não correspondido. O desejo da ninfa é realizado quando Narciso, com calor e sede depois de caçar, encontra uma fonte de água cristalina na floresta. Ele se inclina para beber e de imediato se encanta com o belo rosto que o encara de volta. Narciso aproxima os lábios para um beijo e mergulha as mãos para um abraço. Contudo, a imagem pela qual anseia foge de seu toque, retornando sempre que ele se afasta. Quando ele chora de frustração, as lágrimas que pingam perturbam a figura na água, e ele implora ao espírito que não o abandone. "Fique, eu lhe peço!', ele clama. 'Deixe-me ao menos olhar para você, já que não posso tocá-lo.'[3] Com isso", conclui o conto, "e muitas outras atitudes desse tipo,[4] ele alimentou a chama que o consumiu." Narciso perde a noção de fome ou sono. Paralisado, ele sofre, definha e morre.

Para entender esse estranho exemplo, precisamos compreender a verdadeira natureza da doença do jovem. As pessoas costumam pensar em Narciso como o símbolo do excesso de autoestima, mas, na verdade, ele exemplifica o oposto. Como o filósofo renascentista Marsilio Ficino[5] observou nos anos 1500, Narciso não sofria de uma superabundância de amor-próprio, e sim de uma falta. O mito é uma parábola sobre a paralisia. O jovem, que primeiro aparece inquieto, de repente fica enraizado em um ponto, incapaz de deixar o espírito arisco. Como Ficino observou, se tivesse mesmo amor-próprio, Narciso teria sido capaz de deixar de lado seu fascínio. A maldição de Narciso é a imobilidade, não por amor a si mesmo, e sim por uma dependência de sua imagem.

Assim como a obsessão de Narciso, a depressão oculta é, em sua essência, um distúrbio de autoestima. A autoestima saudável é interna. É a capacidade de valorizar a si mesmo diante das próprias imperfeições, e não por causa do que se tem ou do que se é capaz de fazer. Ela pressupõe que todos os homens e mulheres são semelhantes;[6] que o valor inerente de uma pessoa não pode ser maior nem menor do que o de outra. Essa visão de valor intrínseco não exige que percamos nossa capacidade de discriminação diferenciada. Ainda podemos reconhecer nossos dons e nossas limitações, bem como os dos demais. Entretanto, nossa noção fundamental de valor e importância não aumenta nem diminui com base em atributos externos. Pais e mães demonstram os princípios básicos da autoestima saudável quando falam sobre suas filhas e seus filhos pequenos. Eles notam que Sally é brilhante, enquanto seu irmão Bill tem uma inteligência apenas mediana, ou que Bill é um ótimo atleta, enquanto Sally não tem coordenação motora, mas nenhum pai saudável valorizaria um filho em detrimento de outro por causa dessas qualidades. Teóricos do desenvolvimento chamam esse componente crucial da parentalidade saudável de "consideração positiva incondicional". A afeição calorosa dos genitores, o "brilho nos olhos da mãe",[7] é internalizada pela criança pequena e se torna a semente de sua capacidade de autovalorização.

O que acompanha naturalmente as crianças costuma ser esquecido durante a vida adulta, inclusive quando nós mesmos somos os adultos em questão. A sociedade faz muitos de nós esquecermos nosso valor inerente e, em vez de exaltá-lo, suprimos a sua deficiência com suportes externos, como riqueza, beleza e status. Quanto maior a escassez da verdadeira autoestima, maior a necessidade de complementá-la.

Narciso, com seu "orgulho frio", parece intocável. O mito, porém, compreende sua vulnerabilidade secreta. Sem a capacidade de estabelecer um relacionamento autêntico, fica deslumbrado e escravizado pelo próprio reflexo. Em termos clínicos, podemos supor que esse jovem nunca desenvolveu a capacidade de metabolizar o amor, de absorvê-lo e apropriar-se dele. Um terapeuta especularia que, na fase inicial do desenvolvimento de Narciso, ele não foi valorizado, nunca recebeu o calor da afeição incondicional em seu íntimo. Em vez de ter um senso interno de valor, fica obcecado com a própria adoração refletida de fora para dentro. Isso jamais poderá reabastecê-lo,[8] porque não há validação externa, prestígio ou cuidado capaz de substituir os dele próprio.

O personagem apaixonado pela própria imagem é como um homem apaixonado por sua conta bancária, sua boa aparência ou seu poder. Narciso é um símbolo para todos os homens fascinados por qualquer coisa que não seja o seu eu mais profundo. Como a depressão oculta nesses homens decorre de uma falta de vitalidade interna, a defesa da glória refletida quase nunca dá certo. Toda vez que estende a mão para tocar seu objeto de desejo, Narciso faz apenas com que este se afaste. Até mesmo suas lágrimas, manifestação de sua dor, perturbam a bela imagem e não podem ser permitidas. Narciso deve colocar todos os seus verdadeiros sentimentos, todas as suas necessidades, sobre o altar de seu adorado reflexo. Deve "acalentar a chama que o consome". Tão inexoravelmente quanto qualquer viciado, Narciso está preso em um ciclo do qual não consegue se libertar, a ponto de morrer. Essas são as dinâmicas fundamentais da depressão oculta.

Por fora, Thomas Watchell, um executivo corpulento e calvo de 56 anos, parecia ser o mais distante possível de um Narciso radiante. No entanto, na época em que o conheci, o fascínio desse homem comum por sua glória havia destruído a própria família e o levara à beira do desespero.

Thomas entrou em contato comigo apenas depois de vários e esmagadores meses de *depressão aparente* que lhe tiraram o sono, a paz de espírito e a capacidade de se concentrar. Ele se sentia preocupado e desamparado, sem valor e deficiente. Não percebeu que aquela crise de *depressão aparente* aguda não era nada mais que a derradeira erupção de uma *depressão oculta* crônica de longa data. Quando me procurou pela primeira vez, Thomas afirmou não fazer ideia do motivo pelo qual vivia em um estado de angústia tão intenso. Era diretor financeiro de uma grande empresa varejista internacional com um salário de quase "400 mil dólares anuais mais benefícios". Ele viera de uma família de "pobre trabalhador", com o objetivo de proporcionar às três filhas tudo o que nunca tivera. Trabalhou com afinco em nome das meninas, que, diante de tanta opulência e mimos, sentiram falta de uma única coisa: o pai. Em casa — nas raras ocasiões em que estava presente —, ele tinha um estilo distante e autoritário. Sua ascensão meteórica exigira que a família se mudasse de casa onze vezes durante a criação das meninas, pois ele ia atrás de toda nova oportunidade que surgia na carreira. Thomas não refletia muito sobre o impacto de tantas mudanças para a esposa e as filhas, nem compartilhava com elas as tomadas de decisão. Simplesmente presumia que o que era bom para ele também seria bom para a família Watchell.

Por mais de três décadas, Thomas registrou uma média de oitenta horas semanais de trabalho, incluindo noites e fins de semana. E, com o passar dos anos, Thomas e sua esposa perceberam que estavam "se afastando". Quando chegou aos 50 e poucos anos, o fim do casamento não o surpreendeu nem foi motivo de alarde. Ele logo encontrou uma parceira mais jovem e que considerava mais bonita e carinhosa. No entanto, o que incomodava Thomas, o que o atingira de forma inesperada, era o afastamento quase completo das três filhas, todas na faixa dos 20 anos, que "tinham ficado do lado" da mãe. De acordo com Thomas, nenhuma das filhas manifestava muito interesse por ele, exceto quando precisavam de dinheiro.

É difícil para muitos homens bem-sucedidos como Thomas perceber os efeitos prejudiciais da compulsão pelo trabalho até que a conta chegue. O sentimento de ser abandonado atingiu Thomas com um impacto surpreendente e o mergulhou em um desespero agudo. Como um Rei Lear moderno, sentiu-se traído pelas filhas, ignorado por elas, apesar da dádiva que lhes fora concedida à custa do trabalho árduo e da generosidade do pai. No entanto, em um encontro inicial com a família, as filhas adultas de Thomas revelaram não sentir nenhuma grande hostilidade em relação ao pai. Na verdade, elas só não tinham muito o que sentir. Tendo desenvolvido, durante toda a infância, um relacionamento próximo e amoroso com a mãe, as jovens aprenderam a viver sem a presença dele. Uma filha o descreveu como um "autocrata que nos visitava de vez em quando"; outra o chamou de "um cheque em branco e um sorriso".

* * *

— O que quis dizer com "pobre"? — pergunto a Thomas durante uma sessão, enquanto ele e as filhas (todas com o mesmo físico e postura do pai) estão recostados na cadeira.

— Perdão? — diz Thomas, me encarando por cima dos óculos grandes e redondos, sempre educado.

— Ao fim da nossa última sessão — relembro —, você disse algo sobre ter crescido na classe trabalhadora. Lembra?

Thomas assente de leve.

— Quando lhe perguntei a respeito, sua resposta me intrigou. — Tento, sem sucesso, chamar a atenção dele. — Você disse que vinha de uma família de "pobre trabalhador". Você se lembra dessa frase?

Thomas tamborila os dedos atarracados na calça grossa de lã penteada e, então, olha pela janela.

— Disse? — pondera ele, tentando se esquivar. — Eu disse isso?

Ele fica em silêncio.

Diane, a filha mais velha e porta-voz da raiva da família, se mexe com impaciência na cadeira.

— Pai... — diz ela, mas eu a interrompo com gentileza, erguendo a mão.

— Dê um minuto a ele — peço.

Diane e as irmãs já haviam deixado bem evidente o que sentiam em relação à ausência do pai em nossas sessões anteriores. Thomas ouviu o que elas disseram, enquanto parecia imperturbável, demonstrando no consultório a mesma indisponibilidade emocional pela qual era censurado. Concluí que as filhas já haviam falado o suficiente. Estava na hora de algo mais acontecer.

— *Pobre* — repito, insistindo com gentileza. — Lembra, Thomas?

Ele franze a testa, ainda olhando pela janela.

— Não consigo me lembrar...

— Então, por que não começa do zero, já que não consegue reconstruir a conversa da semana passada? — sugiro. — Que tal me dizer o que você *acha* que quis dizer com isso?

Thomas cruza as pernas, refletindo.

— Olha, as meninas não sabem muito sobre esse assunto.

— Não me surpreende — respondo. — Em parte, é por isso que estou lhe perguntando agora.

Mais uma vez, ele fica inquieto e se remexe na cadeira. Por fim, após uma pausa considerável, ele se vira e me encara.

— Muito bem. — Ele se prepara, me olhando nos olhos. — O que quer saber?

— Bem... — respondo lentamente. — Pode começar com o que o fez decidir que a vida familiar era algo de que seria melhor fugir.

Ao me ouvir, Thomas parece sobressaltado. Respira fundo, ofendido, se preparando para uma discussão, e então faz uma pausa — e de repente sorri.

— Então *isto* é terapia — comenta ele, achando graça.

— Bem-vindo ao novo e rico mundo da introspecção — retruco.

Thomas junta e depois afasta as mãos.

— Sendo bem sincero, não esperava me envolver tanto com tudo isso — confessa, sério outra vez.

— Entendo — respondo, solidário ao seu constrangimento, seu instinto de proteção. Olho de relance para suas três filhas, todas atentas, esperando, suspendendo por enquanto o julgamento. — Thomas, quão bem você acha que suas filhas o conhecem?

— O mesmo que a maioria, suponho — diz ele.

— *Pai!* — Diane e Patricia, a mais nova, explodem em uníssono.

— Bem, talvez não — admite Thomas, a contragosto. — Talvez não tão bem quanto eu acreditava.

— É por isso que elas estão aqui, não é? — pergunto. — Suas filhas vieram aprender alguma coisa sobre quem você é.

— O que, aliás, não significa... — começa Diane, soberba, se empertigando e parecendo, em sua beligerância momentânea, exatamente como o pai.

— O que não significa nada — tranquilizo-a e alerto ao mesmo tempo. — Significa o que significar. Agora, ouçam. O que sabem sobre a infância do pai de vocês?

Por um instante, todos me olham fixamente.

Caroline, a filha do meio, apenas balança a cabeça.

— Não *muito* — reconhece Diane, por fim, bufando.

Todos olhamos para Patricia, a mais nova, que, sem dizer nada, estende as mãos e de repente começa a chorar. Diane lhe entrega um lenço de papel. Patricia abre a boca, mas nada sai.

— Por que está chorando, querida? — pergunta Caroline.

Ela balança a cabeça de modo violento.

— É que... — começa Patricia — sempre me sinto tão... eu fico *triste* quando penso no papai, só isso.

Eu me inclino para ela.

— Patricia, o quanto você sabe sobre a infância do seu pai?
— Na verdade, eu não sei *nada*. — Ela pega um maço de lenços de papel. — Só sei... ai, meu Deus, eu não sei...
— Lógico que sabe, Patricia. Vamos lá — insisto.
— Eu só... — gagueja ela. — Não tenho certeza, *exatamente*. A questão é que... eu só sei que foi *ruim*!

Patricia se curva, cobrindo o rosto. Por nenhuma razão que pudesse sequer articular, ela se inclina para a frente e chora.

Thomas encara a filha, preocupado. Ele olha para ela de lado, com medo de encará-la.

— Isso é seu, sabia? — digo a ele. Ele olha para mim. — Essa dor que ela está expressando agora — explico. — É sua dor.

Duas sessões depois, em uma demonstração de absoluta coragem, Thomas Watchell se senta de maneira confortável, com os olhos fechados, como solicitei, as mãos grossas apoiadas com os dedos entrelaçados em seu colo coberto pela calça de lã. Caroline, Diane e Patricia se sentam ao nosso lado, cada uma em um estado de repouso diferente. Contudo, a respiração delas é rasa, e os olhos estão fixos no rosto do pai. Thomas, em um estado de relaxamento profundo,[9] em leve transe hipnótico, começou a explorar uma memória, uma "imagem sensível" de sua infância. Incapaz de falar muito sobre o próprio passado usando os métodos comuns de conversação, pedi a Thomas que intensificasse o processo fechando os olhos e permitindo-se retroceder, reexperimentar em vez de simplesmente relatar.[10] Nessa técnica de reabilitação de traumas, Thomas seleciona uma cena primordial, um emblema de sua infância, e em seguida passa a habitá-la em termos emocionais. Vejo gotas de suor se acumulando em sua testa e em seu pescoço. Ele está descrevendo o "mausoléu" que era o quarto de sua mãe, na perspectiva de quando era apenas um menino.

— A coisa principal no quarto — lembra Thomas — é que é sufocante.
— Sufocante? — pergunto.
— Sim. — Assente. — Todas as cortinas estão fechadas.
— Prossiga — digo.
— Bem, não são só cortinas. Isso não resume bem a ideia. São uns tecidos bordados, imensos e pesados. Quilos de tecido. Espalhados por todo o cômodo. Nas paredes, acima da cama. Travesseiros e flores e... como chamamos essas coisas? Sachês.

Ele faz uma pausa, como se estivesse sentindo o cheiro outra vez.

— Thomas, quantos anos você tem? — pergunto.

— Ah, pequeno, eu acho... 4, talvez 5, 6, 7.

— Continue.

Thomas está sentado de olhos fechados, os pés apoiados no chão, as mãos em repouso como as de uma criança.

— Você quer saber como é? — pergunta ele.

— Quero. — Balanço a cabeça em afirmação, ainda que ele não possa me ver. — Me dê detalhes.

— Bem, é quente. Na minha lembrança, é absurdamente quente. Está tudo fechado, sabe? As janelas. As persianas. Quero dizer, nesta linha do tempo, estamos em pleno verão.

— Continue. Como é o cheiro?

Ele enruga o nariz.

— Não tenho nenhum interesse...

— São cheiros que você associa a ela? — pergunto, conduzindo-o às lembranças que tem da mãe. — As roupas, o hálito dela?

Thomas sorri, ainda com os olhos fechados, como se soubesse do que estou falando.

— As roupas, o hálito? — repete ele. — A *bebida*, você quer dizer? — repreende-me por influenciar a testemunha. — Não... Você tem razão, é óbvio, mas não sinto nenhum cheiro. Vodca pura era a bebida preferida dela. Não deixava um cheiro forte. Talvez um leve odor de antisséptico, mas eu gostava, para ser sincero. Isso me fazia lembrar das enfermeiras da enfermaria da escola.

— Ela está se movendo? Está falando? — pergunto.

— Na minha lembrança? — Thomas quer saber e nega com a cabeça. — Ah, não. Não. Ela está desmaiada. Totalmente apagada. Deitada na cama, ressonando feito um bebê.

Ele se distrai.

— E você, Thomas? — Tento trazê-lo de volta.

— Eu?

Ele espera, depois se distrai mais uma vez.

— Thomas?

— Eu só estou lá. — Ele dá de ombros, por fim. — Sabe como é... Só sentado lá. Uma sentinela.

— Como assim?

— Tipo um guarda — explica ele. — Um soldado de guarda. O soldadinho de chumbo da mamãe. — Ele se estica na cadeira. — As costas eretas. Olhando fixamente.

— Olhando fixamente... — repito. — Olhando fixamente para o quê?

— Bem, para *ela*, eu acho — responde Thomas. — Para a respiração dela, sabe. Apenas o peito dela, para cima e para baixo, para cima e para baixo. — Ele faz outra pausa. — Era muito pacífico, na verdade.

— Não havia nada de pacífico nisso — rebato, enfático. — Era o seu *trabalho*.

— O quê?

— Sentado ali daquele jeito. Tomando conta dela. — Percebo que minha voz soa quase irritada. — Tomando conta da respiração dela.

— Bem, sei lá. — Ele fica na defensiva. — Tomando conta de modo geral, eu diria. Para ter certeza de que ela estava bem, só isso.

— Para ter certeza de que ela ainda estava viva — retruco.

Quando pergunto a Thomas com que frequência ele ficava sentado assim, vigiando a mãe bêbada, ele responde "Todos os dias", como se fosse uma pergunta idiota. Entretanto, quando lhe peço a para imaginar como o garotinho em sua lembrança deve se sentir, sentado daquele jeito ao lado dela, Thomas, depois de muitas sessões juntos, em silêncio, enfim deixa cair uma lágrima.

— Vazio. — Ele se permite dizer por fim, após uma longa e incômoda pausa. — Muito vazio, na verdade. — Em seguida, acrescenta por conta própria: — Às vezes, eu me enrolava ao lado dela, sabe. Deitava a cabeça em cima dela, só para senti-la.

Embora seus olhos permaneçam fechados, Thomas desvia o rosto de nós para a parede, e temos sensibilidade o bastante para deixá-lo em paz. Em silêncio, para não perturbar o processo delicado do pai, suas filhas choram.

— Então? — pergunta Thomas, parecendo um pouco desalinhado, enquanto nós cinco nos levantamos ao fim da sessão. — Chegamos a algum lugar hoje?

Suas filhas se espremem ao redor dele.

— Ah, papai. — Caroline cruza o próprio braço com o do pai. — Você não faz ideia.

* * *

Fico extremamente satisfeito com a única lágrima de Thomas e seu trabalho árduo na tentativa de recordar. Dois meses antes, ele não teria se permitido ser conhecido dessa forma pelas filhas. Três meses antes, ele estava no pronto-socorro da vizinhança intimidando um jovem residente de plantão para que lhe desse algo que o ajudasse a dormir. Thomas acha que nossos encontros têm o objetivo de resolver a situação dele com as filhas, e têm mesmo. Contudo, nosso objetivo também é o tratamento de sua recente *depressão aparente* aguda e de sua *depressão oculta* crônica.

A depressão aparente de Thomas era uma bomba prestes a explodir, assim como a de David Ingles, embora por motivos diferentes. Uma vida inteira de desatenção às próprias emoções e aos seus relacionamentos estava sobreposta a uma infância de profunda negligência psicológica. Embora mantivesse um foco direto em seus "objetivos de vida", no futuro que desejava, Thomas havia desconsiderado a própria história por completo. Tinha dado as costas ao passado, já que não queria mais fazer parte dele. O problema com sua estratégia de renegar a dor foi que seus sentimentos não colaboraram. David Ingles deu as costas ao menino deprimido e vulnerável que havia dentro de si, mas acabou repetindo a cena de sua mágoa com o próprio filho. Thomas, em um dos muitos momentos sombrios ao lado da cama da mãe, sem dúvida havia feito um voto de nunca submeter sua futura família a nada semelhante. Entretanto, a vida proporcionada por ele acabou sendo quase tão desequilibrada quanto a vida da qual havia escapado. Enquanto o repúdio de David desencadeou um acontecimento violento, o de Thomas o levou à negligência. Ambos, sem nenhuma intenção malévola, infligiram à família uma versão do que eles próprios haviam passado.

A *depressão oculta* de longa data de Thomas se transformou em uma *depressão aparente* aguda e grave quando seu frágil senso de autoestima se estilhaçou contra a borda afiada da rejeição das filhas. A depressão que ele carregava por tantos anos enfim explodiu. Como o próprio Thomas admitiu por fim, ela sempre estivera com ele, uma temida presença à espreita.

"Não era como se eu estivesse me *divertindo*", confessou Thomas mais tarde na terapia. "Era mais como se eu estivesse evitando uma catástrofe. Cada novo sucesso só me deixava um pouco mais tranquilo. Mas sempre havia o medo do que me esperava na estrada adiante. Debaixo das pedras. Nunca senti muito alívio, na verdade."

Com poucos amigos, sem interesses externos e perambulando feito um desconhecido dentro da própria casa, Thomas se consolava com comida, sucesso profissional e um portfólio "importante". "Acho que não foi uma vida muito boa, agora que estou olhando para ela", admitiu com pesar.

Ciente disso ou não, ele estava fugindo. Correndo para a meta de segurança financeira, com certeza, mas também correndo da dor e do vazio que sentira quando criança, fugindo da sensação de indignidade e pobreza emocional que o perseguira durante grande parte da vida.

Até a crise atual, Thomas havia curado suas feridas psicológicas em parte com grandes quantidades de suplementos externos de autoestima — dinheiro, conquistas, prestígio. Essas eram as drogas que o sustentavam, tomando o lugar de relacionamentos autênticos. Como a maioria dos homens secretamente deprimidos, Thomas tinha dificuldade em estabelecer intimidade com os outros porque não podia se dar ao luxo de estabelecer intimidade emocional consigo mesmo. Liriope, a mãe de Narciso, certa vez perguntou a um sábio se seu filho teria uma vida longa. "Sim", foi a resposta irônica. "Desde que ele nunca conheça a si mesmo." Como Narciso, os homens secretamente deprimidos não ousam se conhecer; a própria experiência do homem, a dor da depressão, é evitada. Ela é administrada e negada. Tanto David Ingles quanto Thomas Watchell tinham essa dor, mas nenhum dos dois se permitia senti-la.

A dor que David e Thomas se recusavam a sentir decorria de um relacionamento tóxico com o *eu*, o que a psiquiatria chama de "alteração da consciência da existência do eu". Chamo a depressão, tanto em sua forma aparente quanto em sua forma oculta, de "doença autoagressiva". Assim como condições raras que fazem o próprio sistema imunológico de uma pessoa atacar a si mesma, a depressão é um distúrbio em que o eu ataca o próprio eu. Na *depressão aparente*, o homem suporta o ataque; na *depressão oculta*, tenta se defender. Essas tentativas, porém, nunca são de todo bem-sucedidas. O ataque subjacente ao eu sempre ameaça atravessar as defesas.

Sigmund Freud foi o primeiro a sugerir que a depressão era uma espécie de violência internalizada — uma "agressão voltada contra o eu", como descreveu. Em seu clássico *Luto e melancolia*, Freud detalhou como a depressão ataca de maneira selvagem, em um tom alarmado e perplexo:

> O paciente representa seu ego para nós como sendo desprovido de valor, incapaz de qualquer realização e moralmente desprezível; ele se repreende e se envilece, esperando ser expulso e punido. Degrada-se perante todos e sente comiseração por seus próprios parentes por

estarem ligados a alguém tão desprezível. Não acha que uma mudança se tenha processado nele, mas estende sua autocrítica até o passado, declarando que nunca foi melhor. Esse quadro de um delírio de inferioridade[11] (sobretudo moral) é completado pela insônia e pela recusa a se alimentar, e — o que é psicologicamente notável — por uma superação do instinto que compele todo ser vivo a se apegar à vida.

Atualmente, na psiquiatria, o autoataque descrito por Freud[12] seria chamado de "vergonha", um sentimento de extremo desconforto por se perceber inferior ou menos digno que os outros. Para muitos homens que manifestam a depressão, esse estado de vergonha é, por si só, vergonhoso, o que aumenta a angústia e os leva a esconder a depressão dos outros. Os secretamente deprimidos, como Thomas e David, vão ainda mais longe, escondendo a depressão não apenas daqueles que se importam com eles como também de si mesmos. Até fazer terapia comigo, nenhum dos dois estava disposto a se aprofundar na própria dor ou a pedir ajuda. Ambos estavam completamente alienados, não apenas da possibilidade de serem confortados como também da realidade da própria condição. Embora muitos dos homens de que trato relatem os sintomas clássicos de depressão aparente — sentimentos de desesperança, desamparo e desespero —, vários outros experimentam a depressão como um estado de entorpecimento, que é conhecido na psiquiatria como "alexitimia". Nesse tipo de depressão,[13] não se trata tanto de sentir-se mal, e sim de perder a capacidade de sentir — como as almas no degrau mais baixo do Inferno de Dante,[14] que não foram queimadas pelo fogo, mas congeladas pelo gelo.

Na depressão aparente, o homem suporta a angústia provocada pela vergonha, pelo relacionamento tóxico com o eu. Na depressão oculta, o homem se defende desse ataque com todo o desespero. Um mecanismo de defesa comum contra a experiência dolorosa que é se sentir desvalorizado é inflar esse valor; e uma compensação comum para a vergonha de se sentir inferior é a fuga sutil ou flagrante para a grandiosidade, a tentativa de se sentir melhor que os demais. Vários teóricos apontaram essa espécie de "defesa narcisista" que é se utilizar da grandiosidade para evitar a vergonha. Uma equipe de pesquisadores realizou testes psicológicos para medir os sentimentos de grandiosidade e vergonha em uma amostra de cem estudantes universitários. Os resultados validaram observações clínicas de longa data. Os indivíduos que obtiveram alta pontuação em um dos aspectos tiveram baixa pontuação no outro. Os pesquisadores concluem:

A vergonha e a grandiosidade podem assumir dois padrões no narcisismo patológico: um em que a grandiosidade está na vanguarda da consciência e os sentimentos de vergonha são negados, e o outro, oposto, em que os sentimentos de vergonha são mais conscientes e os de grandiosidade, dissociados. O ponto central[15] é que a grandiosidade é uma defesa contra a imagem que se tem de si mesmo como alguém inútil e inferior.

Eles apontam também que os homens da amostra tiveram pontuação significativamente mais alta do que as mulheres no quesito grandiosidade, enquanto as mulheres tiveram pontuação mais alta no quesito vergonha. A fuga da vergonha[16] para a grandiosidade está no cerne da depressão oculta masculina. Os meios para fazer essa transição da vergonha para a grandiosidade são tão variados quanto a criatividade humana permite, tão diferentes em estilo quanto as diferenças entre Thomas Watchell e Brad Gaylor.

No Family Institute of Cambridge, onde leciono e trabalho como terapeuta, Brad causou comoção só de andar pelo corredor. Com seus olhos azuis, cabelos castanho-escuros e músculos protuberantes, ele era, como disse uma aluna, "um megagato". Jovem, charmoso e obviamente inteligente, Brad, na época em que o conheci, já havia tentado o suicídio seis vezes.

Durante a infância, ele não sofreu nenhum abuso do pai e da mãe de maneira ativa — os dois estavam ocupados demais para se preocupar com o filho. Como muitas crianças em lares negligenciados, não foi a violência causada pelas mãos das figuras parentais, e sim as surras frequentes de um irmão mais velho que transformaram a casa de Brad em um lugar de pavor e raiva. Aos 14 anos, ele começou a fazer musculação. Como muitos meninos vítimas de abuso físico, Brad queria se tornar invulnerável, "ficar grande". Ele aprendeu a se proteger de agressões físicas, mas seu tamanho pouco fez para aliviar sua angústia interna. Desde a infância, Brad lutava para se desvencilhar de uma depressão devastadora.

Aos 19 anos, com a ajuda de um cronograma de exercícios desumano e o aumento gradual do uso abusivo de esteroides anabolizantes, Brad havia vencido competições nacionais e até algumas internacionais de fisiculturismo. Não importava o quão "grande" ele se tornasse em termos físicos ou reputacionais, a ansiedade continuava a corroê-lo "como um câncer". Embora o sucesso como fisiculturista aliviasse a depressão oculta de Brad, não era capaz de eliminá-la. Aos 27 anos, com uma ingenuidade sem limites, ele imaginou que se tornar um astro de cinema poderia subjugar a ferocidade contra a qual vinha tentando se defender a vida inteira. Se fosse conhecido e amado por alguns milhões de pessoas, pensou, talvez enfim conquistasse a paz. E, assim, Brad pegou um avião para Los Angeles para ficar rico e famoso. Contudo, como outros antes dele, acabou apenas se prostituindo para ricos e famosos. Não se sentiu deprimido durante esse período; não sentiu quase nada. Mais tarde, quando começou a entender que não estava indo a lugar algum, apesar das "cenas" e da aparente intimidade com gente rica e famosa, o desespero que havia contido durante todos aqueles anos o dominou, destruindo planos e ilusões. Após essa constatação, em dois anos houve cinco tentativas de suicídio, todas elas graves, com o uso de métodos bastante competentes. Brad foi sedado, hospitalizado e chegou a ser submetido a terapia de eletrochoque. Então, certo dia, ele abandonou seus sonhos de adulação, sua versão do Narciso. Voltou a Boston, tentou se matar uma última vez quase como "por um sentimento de nostalgia" e depois enfim aceitou fazer uma terapia contínua.

Ficou evidente para nós dois que Brad só tinha uma opção: desistir do sonho de receber amor de fora, substituindo-o pela dura disciplina de aprender a praticar o amor-próprio; caso contrário, morreria de Aids, overdose de drogas ou suicídio. Depois de seis meses de intenso trabalho terapêutico, Brad tem um emprego "de verdade". Ele está tentando, como diz, "ficar limpo". Desistiu de fazer programa e, por enquanto, deixou de lado a necessidade de ser famoso (embora me diga que, às vezes, deseja embarcar em um avião de volta a Los Angeles e à vida agitada que deixou para trás). Nenhum de nós dois sabe, de fato, se Brad sobreviverá.

Assim como Narciso dependia de sua imagem refletida, e Thomas dependia de seu desempenho profissional e de sua conta bancária, Brad dependia dos músculos, da fama e do sexo, nessa ordem. De um irmão mais novo assustado, ele se transformou em um homem imponente em termos físicos. Correu atrás de fama e adoração e se contentou com a ilusão da ternura no sexo. Quando esses substitutos para a autoestima fracassaram, a violência que usou contra si mesmo foi rápida e obstinada. Essa é a dinâmica da depressão oculta.

CAPÍTULO 3

Homens ocos: depressão oculta e vícios

> "Nos recordam — se o fazem — não como violentas
> Almas danadas, mas apenas
> Como os homens ocos
> Os homens empalhados."[1]
>
> — T. S. ELIOT

A relação de Brad e Thomas com seus suportes de autoestima, assim como a de Narciso com seu reflexo, é viciante. O hábito de recorrer a qualquer substância, pessoa ou atitude para regular a autoestima pode ser chamado de "processo de dependência".[2] Nessa estrutura, termos e expressões como "vício", "transtorno narcisista" e "defesas na depressão oculta" são todos sinônimos. Quando a conexão entre um homem secretamente deprimido e o objeto de seu vício não sofre nenhuma perturbação, ele se sente bem consigo mesmo. Contudo, quando a conexão com esse objeto é interrompida (quando a cocaína acaba, os limites dos cartões de crédito são atingidos, o romance termina), a autoestima despenca, e a depressão oculta começa a se manifestar. Essa "abstinência" o leva de volta à droga, à realização profissional ou à próxima conquista sexual.

Na depressão oculta, quase tudo pode ser utilizado como mecanismo de defesa para aumentar a autoestima. O homem com depressão oculta pode tentar corrigir seu senso de valor próprio por meio de alterações químicas no próprio humor. Pode reforçar a autoestima obtendo-a de outras pessoas, de sua profissão ou de relacionamentos amorosos. Pode se envolver em uma série de práticas compulsivas, como sexo, jogos de azar, gastos ou até algo tão benéfico como exercícios físicos.

A diferença entre o uso regular e o vício nessas substâncias ou atividades está entre elevar uma autoestima minimamente adequada e tentar de maneira desesperada dar suporte a uma autoestima desajustada. A maioria de nós fica feliz por ganhar um prêmio, obter um ganho financeiro inesperado ou despertar o interesse de alguém atraente. Em circunstâncias normais, não dependemos dessas coisas para nos sentirmos bem com nós mesmos. Partimos de um sentimento básico a respeito da concepção que temos de nós que é razoavelmente positivo ou, no mínimo, neutro. O homem secretamente deprimido, em contrapartida, depende desses estimulantes externos para retificar uma linha básica interna baseada na vergonha.

Homens que não sofrem de depressão recorrem a comportamentos que alteram o humor, como beber, jogar ou fazer sexo para relaxar, compartilhar intimidades ou se divertir. Homens com depressão oculta recorrem a essas substâncias ou atividades para obter alívio da angústia. G. Alan Marlatt, diretor do Addictive Behavior Research Center da Universidade de Washington, descobriu que tanto os homens que bebem socialmente quanto os que têm um vício em bebida sentiam uma melhora positiva no humor graças aos efeitos fisiológicos do álcool. A diferença entre os dois grupos era que, ao começar a beber, os usuários recreativos partiam de sentimentos relativamente bons, enquanto os alcoolistas partiam de uma experiência de dor interna. No entanto, o alívio obtido com essas manobras defensivas é ilusório. Depois que a onda de intoxicação passa, o homem com depressão oculta volta ao mesmo estado inicial de angústia, ou pior. Com grande complexidade,[3] esse ciclo de sentimentos ruins, depois alívio e, em seguida, sentimentos piores se repete por dias, semanas e até mesmo por anos.

O romancista William Styron descreve uma relação entre álcool e depressão que, para ele, se estendeu por décadas:

> O álcool foi um fator central,[4] até onde sei, na minha depressão. Acredito que muitas pessoas depressivas por natureza, ou que têm uma tendência depressiva, usam álcool durante a maior parte da vida para, paradoxalmente, aliviar a depressão. Contudo, de repente, tornei-me incapaz de beber. Desenvolvi uma intolerância severa ao álcool. Na ausência desse banho de humor, como o chamo, que eu tomava todas as noites, passei a viver uma nova experiência — não ter o álcool para me dar essa sensação de euforia. E isso permitiu que a depressão se manifestasse.

Especialistas em dependência química chamam o "banho de humor" de Styron de "automedicação". Pessoas deprimidas que usam álcool para "manter demônios a distância" estão abusando de uma substância em uma tentativa equivocada, muitas vezes inconsciente, de se automedicar com um antidepressivo de venda livre e socialmente aceito — uma "dose de alegria". Ao longo da vida, durante anos, Styron aliviou sua depressão oculta todos os dias com a "euforia" do álcool e, aos 60 anos, desenvolveu uma repentina intolerância física a ele, algo comum no fim da vida de pessoas que sempre beberam muito. Nesse momento, a depressão que ele escondeu por décadas irrompeu com força quase letal.

As teorias sobre o que de fato as pessoas que se automedicam estão "medicando" variam: algumas se concentram na melhoria da autoestima, outras na regulação dos sentimentos, ou, ainda, na autossuficiência. A escolha de um adicto pode se basear nas propriedades medicinais específicas da droga. O álcool, por exemplo, alivia a sensação de vazio e frieza interior ao aquecer e desinibir, muitas vezes tornando a pessoa mais sociável. A primeira pessoa de que se tem notícia a reconhecer essas qualidades foi Aristóteles,[5] que argumentou que, como causa da depressão, a bile do humor era seca e fria, e as pessoas deprimidas usavam a bebida para trazer calor e vivacidade ao próprio organismo. Do ponto de vista psicológico, as observações de Aristóteles sobre os efeitos do álcool não estão muito longe da realidade. Em contrapartida, os opioides, como a heroína, não aquecem a pessoa, e sim a acalmam, tranquilizando a ferocidade da depressão, a inquietação e o ódio por si mesma. A cocaína ilumina a pessoa, dando-lhe energia, e rompe a sensação de entorpecimento e morte causada pela alexitimia. Talvez o aspecto da depressão sentido de maneira mais intensa (como vazio, inquietação ou entorpecimento) determine a escolha de uma droga específica. Apesar de as pesquisas sobre esse assunto ainda serem mais sugestivas do que conclusivas, talvez um dia sejamos capazes de mapear uma topografia de como os vícios são escolhidos.[6]

Embora a relação entre a depressão e o vício seja reconhecida há tempos, só agora estamos começando a explorar a ideia de outras escolhas viciantes, como o vício em pessoas, chamado de "erotomania", ou vício em amor, ou em atividades como jogos de azar, gastos ou violência. Em 1993, o juiz Sol Wachtler, ex-procurador-geral adjunto do estado de Nova York, casado e pai de quatro filhos, foi acusado e condenado por perseguir uma ex-namorada. O que poderia ter levado um homem de posição tão elevada a jogar tudo para o alto? Durante o julgamento, o psiquiatra Robert Spitzer testemunhou que Wachtler estava, na verdade, sofrendo de uma grave depressão oculta. O comportamento compulsivo dele exibia sintomas[7] de perda de prazer e de apetite, incapacidade de se concentrar, autocrítica severa e desânimo. Em um trabalho relacionado, o pesquisador Lewis Staner[8] relatou que o uso de antidepressivos eliminou o comportamento compulsivo de um paciente. A perseguição retornou quando a medicação foi interrompida e abrandou quando o tratamento foi retomado. Não há uma única resposta para problemas complexos como a violência contra a mulher, mas, se o juiz Wachtler tivesse recebido um tratamento eficaz para a depressão oculta, sua ruína e os danos causados à sua família poderiam ter sido evitados.

Vícios como assédio ou perseguição são fáceis de detectar por serem comportamentos condenados pela sociedade, além de potenciais ameaças à vida. Outros, como o vício em trabalho, no caso dos homens, ou a obsessão em perder peso, no caso das mulheres, são menos óbvios porque não são apenas são tolerados como também são, muitas vezes, recompensados de modo ativo na nossa cultura. Considerar esses casos como vícios pode parecer exagerado, além de uma hipótese fácil de ser descartada. Entretanto, a persistência de qualquer comportamento, mesmo quando se tem consciência dos prejuízos decorrentes dele, pode ser considerada vício. O fato de um suplemento para a autoestima ser recompensado pela sociedade não significa que ele não trará consequências desastrosas para o indivíduo que depende dele. Thomas Watchell, apesar de infinitamente mais próximo das filhas do que antes, jamais experimentará a mesma proximidade que elas têm com a mãe. Mesmo que o vício dos homens em trabalho seja aceitável no âmbito social, ainda assim pode causar estragos na vida pessoal, além de corroer a saúde física.

Em tese, é possível estabelecer uma relação de dependência com quase qualquer coisa, desde que a substância, pessoa ou atividade alivie a ameaça de depressão aparente. Para que isso aconteça, nossa defesa transforma o estado de vergonha em grandiosidade, passando de sentimentos de insignificância para sentimentos de extraordinário valor e bem-estar. Em termos coloquiais, essa mudança repentina na consciência é chamada de "intoxicação". Além do efeito óbvio das drogas ou do álcool, uma pessoa também pode ficar "chapada" com violência física, aplausos de uma plateia, uma conquista sexual ou ainda uma vitória no mercado de ações.

Na depressão oculta, a defesa ou o vício sempre leva o homem de "o pior de todos" para "o melhor de todos" — e não para um senso moderado de valor inerente. As compensações defensivas para a depressão oculta nunca são capazes de levar a pessoa da vergonha direto a uma autoestima saudável, porque essa mudança exige que o sujeito confronte os próprios sentimentos, em vez de evitá-los. A pessoa com depressão oculta não consegue simplesmente passar por cima da dor evitada e chegar sem qualquer desvio até a completude, por mais que tente. A única cura real para a *depressão oculta* é a *depressão aparente*. Apenas ao parar de fugir (como David fez por um breve momento naquele dia em meu consultório, ou Thomas, quando se permitiu chorar) é que será possível lidar com a dor que motivou o comportamento do indivíduo deprimido. É por isso que "consertar" a compulsividade em se defender nunca funciona. Para começar, a pessoa com depressão oculta precisa atravessar o incêndio do qual fugiu, além de permitir que a dor venha à tona. Em seguida, pode ser que ela encontre uma solução para sua depressão ao aprender sobre autocuidado e autoestima saudável.

Na estrutura defensiva da depressão oculta, os limites comuns do eu são transcendidos por meio da intoxicação, e isso pode ocorrer de duas maneiras. Na experiência de intoxicação que chamo de "fusão", os limites usuais em torno do eu são afrouxados ou até dissolvidos, causando sentimentos de abundância e falta de limites. Na psicanálise, essa experiência é chamada de "sentimento oceânico". O afrouxamento dos limites do eu está no cerne da intoxicação por drogas como álcool, morfina e heroína. Várias formas de compulsão (comer, gastar, transar) podem proporcionar essa mesma sensação de expansão. Esse êxtase também pode ser alcançado a partir da dependência do amor, na qual o objeto de amor é percebido como algo divino e, portanto, a fusão com essa pessoa proporciona euforia. Nesses casos, o indivíduo projeta a onipotência, ou a abundância divina, em outra pessoa e depois depende dela para ter o próprio valor reconhecido. Envolver-se em tal fantasia é, até certo ponto, uma parte universal e celebrada da paixão, mas o viciado em amor se apaixona pela intensidade da paixão em si. O romance não é um prelúdio para a intimidade, e sim uma droga administrada para aliviar a dor não reconhecida. De *E o vento levou...*, passando por *Instinto selvagem* a *Perdas e danos*, poucos assuntos são mais atraentes e perturbadores do que a obsessão sexual. Entretanto, embora filmes e romances possam exaltar as virtudes da paixão selvagem, o estado real da dependência do amor em geral não é nada agradável.

No filme *Camille Claudel*, o diretor Bruno Nuytten capta tanto a alegria do início quanto a degradação do fim de uma grave dependência amorosa.

Baseado em uma história real, o filme apresenta o caso entre o escultor Auguste Rodin e sua talentosa aluna Camille Claudel. A atração e a paixão de Camille se transformam em uma terrível obsessão, afundando-a cada vez mais na fantasia e, por fim, na psicose. Perto do fim do filme, Camille se agacha na lama sob uma chuva torrencial do lado de fora da casa de Rodin, gritando para que ele fale com ela, enquanto segura uma pedra enrolada em um xale que ela diz ser o bebê deles. As últimas cenas mostram Camille encostada na parede de um manicômio, onde passou os últimos anos de vida. Na dependência amorosa grave,[9] quando o objeto de amor se torna indisponível, a abstinência pode levar a resultados tão horríveis quanto os decorrentes do processo de desintoxicação de qualquer droga, incluindo crises de pânico, depressão, obsessão, surtos psicóticos, perseguição, assassinato e suicídio.

No outro tipo de experiência de intoxicação, que chamo de "elevação", o senso de poder do homem fica inflado, de modo que ele se sente extremamente talentoso, especial e até divino. A forma mais pura desse tipo de intoxicação é a mania. A intoxicação *elevadora* difere da mania pelo fato de que esta não requer objeto externo para desencadear uma violenta reação de defesa contra a vergonha. Enquanto o homem secretamente deprimido precisa consumir ou fazer algo para mudar o estado de sua autoestima, um homem com transtorno bipolar oscila de maneira aleatória entre a grandiosidade, na fase maníaca, e a vergonha, na fase depressiva. O transtorno bipolar é simplesmente uma versão mais extrema da elevação da depressão oculta, pois ambas dependem do impulso da autoestima inflada para afastar a depressão. O adicto em jogos tem essa sensação de escolha quando acredita que está "com sorte". O adicto em sexo tem esse mesmo sentimento de ser especial a partir de suas proezas no mundo da sedução. Talvez a forma mais simples[10] de intoxicação por *elevação* seja o vício em violência, quando o homem exerce sua posição de superioridade ferindo e controlando os outros.

Essas duas formas de intoxicação por dependência diferem no fato de que a *fusão* causa a ilusão de se misturar a uma força maior do que a vida, enquanto a *elevação* traz a ilusão de se tornar essa força. Ambas são espécies de grandiosidade. Ernst Becker as chamou de "posições *masoquista* e *sádica*".[11] Na posição masoquista, a pessoa busca a transcendência por meio da submersão do eu em um outro abundante. Uma pessoa na posição sádica também busca a transcendência, mas, em vez de se fundir com o divino, busca se tornar divina, estar acima da natureza. O exercício de um controle ilusório e a capacidade de torturar são dois aspectos centrais dessa posição. A psiquiatra Judith

Herman mostra em *Trauma and Recovery*[12] que a elevação do eu por meio do controle sobre os outros é um tema central que une a maior parte das formas de abuso (desde violência sexual infantil, passando pela violência doméstica e até tortura política). Em um estado totalitário, isso impede a dissidência e protege o poder ditatorial. Em uma família totalitária, o homem impõe sua vontade aos familiares e a subserviência dos demais fornece o pedestal para sua grandiosidade. Em formas graves ou leves, tanto de modo isolado quanto combinadas (o mais comum), as intoxicações por dependência de *fusão* e de *elevação* fornecem os meios pelos quais o homem com depressão oculta tenta com todo o desespero conter sua dor.

Jimmy, como a maioria dos agressores do sexo masculino com quem me deparei, sofria de ambas as formas de intoxicação por dependência: a necessidade de se fundir a um outro abundante e de tentar controlar a natureza, como exposto por sua esposa. Shirley me ajudou a enxergar a conexão entre as duas espécies de intoxicação em uma sessão de terapia de casal ao fazer uma sugestão.

— Se você quer mesmo ser útil para alguém — propõe Shirley, desdobrando as pregas de sua minissaia estilosa —, o que deveria fazer é um levantamento, sabe, uma rápida pesquisa, para descobrir qual é o problema dos homens quando a namorada passa um tempo falando ao telefone. Nunca conheci um homem que não tenha beirado a insanidade toda vez que eu passava mais de dez minutos ao telefone.

— Ei — balbucia Jimmy. — O bebê estava chorando. Tentei chamar a sua atenção. Você estava falando naquele maldito... — Ele desiste no meio, gesticulando com a mão. — Isso me chateia.

Na ocasião, Jimmy expressou sua "chateação" arrancando o fio do telefone da parede e entregando-o a Shirley. Um ano antes, ela teria ficado furiosa, a briga teria se intensificado e a polícia teria sido chamada. Com mais ou menos seis meses de terapia, Shirley simplesmente largou o telefone, pegou o bebê e foi para a casa da mãe, dizendo a Jimmy que não ligasse até que tivesse falado comigo. Com seis meses de terapia no currículo dele, incluindo um programa para agressores e muito trabalho focado no vício em bebida, ele conseguiu deixá-la sair da casa em vez de impedi-la ou de atacá-la. Algumas sessões mais tarde, depois que as coisas se acalmaram, pedi a Jimmy que descrevesse os sentimentos que o haviam dominado antes que cedesse à violência. Como é comum entre agressores, ele descreveu uma sensação momentânea de abandono absoluto.

Não foi difícil determinar as origens da hipersensibilidade de Jimmy a sentimentos de deserção. A mãe havia morrido de overdose de cocaína quando ele tinha 12 anos, e o pai vivia entrando e saindo da cadeia. Jimmy foi praticamente criado por membros leais da gangue de seu bairro. Certo de que teria uma vida curta e violenta, ele me disse uma vez: "Meu lema era morrer jovem e ser bonito para sempre." A reação dele ao surpreendente fato de ter sobrevivido foi uma depressão ao longo de seus 20 anos, acompanhada de crimes e muita bebida. Como um velocista, Jimmy mantinha sua dor sob controle, desde que pensasse que seria algo de curto prazo. Ao perceber que poderia ter um futuro à espera, entrou em colapso. Então, reencontrou Shirley, uma assistente social com quem havia crescido e, em um raro momento de bom senso, permitiu que ela o amasse. Agora sóbrio, com um bom emprego e um bebê, ficou tão desapontado quanto ela quando sucumbiu às crises de raiva. O telefone, para ele, era um código para que se sentisse excluído, traído, abandonado. Dizer que ele ficava "chateado" era brando demais; "inflamado" fazia mais sentido; "apavorado" talvez fosse ainda melhor. Jimmy se sentia uma vítima, sozinho nos minutos que antecediam uma explosão — como se estivesse de volta ao caos da própria infância.

— Senti que poderia parar na frente dela e cortar minha garganta que ela continuaria falando — diz ele.

— Sentiu como se ninguém se importasse com você — retruco.

— Como se ela não estivesse nem aí — completa ele.

Jimmy viveu um caso momentâneo, mas intenso, de dependência amorosa. Quando a conexão com Shirley foi interrompida pelo telefone, o abandono que o inundou e a depressão transitória, mas intensa, que o envolveu foram muito além do que ele era capaz de suportar. Então, Jimmy buscou outro mecanismo de defesa que causa dependência (a violência) para aumentar sua autoestima em queda. Assim como o álcool ou as drogas, a violência funcionava para ele como um elixir mágico que transformava sua vergonha em grandiosidade, fazendo-o passar de uma sensação de desamparo para uma de controle onipotente. Em substituição a uma autoestima saudável, Jimmy costumava recorrer a Shirley em busca de conforto. Quando ela, mesmo que por alguns minutos, "o traía", concentrando-se em outra coisa, ele se via enfurecido. Quando a defesa de *fusão* de Jimmy fracassava, ele se voltava à defesa de *elevação*. A raiva nunca o abandonou — como uma esposa ideal para ele, estava sempre disponível para ele, dia e noite, a qualquer momento. Essas são as dinâmicas comuns da violência doméstica.[13]

Ao agir de forma violenta[14] com Shirley, Jimmy estava, como diz um especialista em abuso, "se ofendendo a partir do lugar de vítima". Esse talvez seja o padrão mais comum de violência masculina contra as mulheres. Inundado pela depressão e por sentimentos de vitimização, Jimmy se valia da raiva para aumentar em termos fisiológicos sua sensação de esvaziamento. A partir de pesquisas, mostrou-se que a raiva libera ao mesmo tempo adrenalina, que acelera o sistema nervoso autônomo, e endorfinas, que agem como opioides naturais. Esse é um poderoso coquetel interno que, de maneira trágica, como qualquer outra forma de intoxicação, pode oferecer alívio de curta duração para o sofrimento causado pela depressão.

O padrão dos homens de passar da posição de impotente, deprimido, "por baixo" para uma posição transfigurada, grandiosa, "por cima" tornou-se uma das narrativas mais poderosas e onipresentes dos tempos modernos. O herói — um homem de princípios, manso, quieto e forte — é intimidado e posto contra a parede. Ele é humilhado e maltratado, muitas vezes fisicamente. Então vem a reviravolta. Clark Kent rasga seu terno de trabalho para se tornar o Superman; David Banner se transforma, quando irritado, no Incrível Hulk. O "fraco" se levanta. Em uma cena do filme *Taxi Driver*, Robert De Niro olha para o espelho e desafia um inimigo imaginário — um comportamento recorrente na vida real. "Você está falando comigo?", ameaça ele. "*Você está falando comigo?*" Invariavelmente, rimos na primeira vez que essa cena é exibida, pois reconhecemos o garoto fanfarrão de nosso passado diante do espelho. No entanto, logo De Niro aparece armado e cada vez mais psicótico, até surgir totalmente diferente e transtornado. De cabeça raspada e coberto de tatuagens, carrega armas suficientes para atacar uma pequena fortaleza. A pergunta que ele repete uma última vez — "*Você está falando comigo?*" —, então, passa a causar um arrepio diabólico. De Niro fica diante do espelho como um Narciso enlouquecido curvado sobre um poço de escuridão.

A transformação masculina remete a heróis arquetípicos, como Ulisses, Orfeu, Sidarta e Jesus. Como o mitologista Joseph Campbell aponta,[15] a jornada do herói em geral leva a uma provação difícil, muitas vezes envolvendo dor e humilhação, por meio de uma experiência de transformação até um retorno triunfal. Na maioria das culturas e das épocas, essa mutação de um estado de desamparo para a sublimidade ocorre a partir de um despertar espiritual. Na mitologia ocidental moderna, a mesma transformação é incitada com mais frequência pela força da raiva e da vingança. No filme *Um dia de fúria,* Michael Douglas interpreta um nerd reprimido e conservador que realiza nossas fantasias mais sombrias ao descompensar no meio de um engarrafamento e dar vazão a uma fúria sangrenta. Todos os famosos filmes da série *Rambo* seguem esse padrão de ferimentos rituais seguidos de uma grande vingança. Em *Rambo I*, Sylvester Stallone é injustamente perseguido e alvejado por policiais fanáticos. Em *Rambo II*, é torturado com fios elétricos. Em *Rambo III*, o lado direito de seu corpo é dilacerado por estilhaços. Em todos os filmes da franquia, o personagem sai mais forte do que nunca e pronto para dar o troco. Em *Os imperdoáveis*, Clint Eastwood é espancado com selvageria e se arrasta para fora da cidade, apenas para voltar e matar seu agressor. De fato, quase todas as aventuras recentes de Hollywood[16] de alguma maneira têm a vingança como tema.

Essas cenas de ferimentos rituais remetem à crucificação e ao esquartejamento de Dionísio, Mitra, Jesus e outros heróis de grandes cultos misteriosos. No entanto, para os heróis espiritualmente abastados da Antiguidade, é o ego, o "eu" comum, que é rompido para dar lugar ao sublime. Em nossa versão, o eu do herói não é transmutado pelo espírito, e sim inflado pela violência.[17] Esse é um rumo perigoso para o heroísmo.

A mesma mudança da vergonha para a grandiosidade por meio da violência que é celebrada nos filmes invade nossos lares na forma de violência doméstica desenfreada. A partir de pesquisas, mostrou-se que uma característica que distingue agressores do sexo masculino[18] é uma sensibilidade muito maior aos sentimentos de abandono, que muitas vezes pode se traduzir em dependência amorosa. Agressores como Jimmy usam a conexão com a parceira sexual para medicar sua depressão oculta. Mesmo não reconhecendo isso, esses machões violentos dependem da união com a parceira para suprir deficiências de autoestima. Quando elas "falham com eles",[19] esses homens são inundados pela depressão e pela vergonha. A raiva, tanto a psicológica quanto a fisiológica, "medica" o mergulho naquele momento em que o sujeito experimenta a depressão. Os sentimentos de desamparo desaparecem com a ilusão de poder desmedido. O direito grandioso de atacar outro ser humano fortalece seu senso de autovalorização — e eles vão para cima. Por trás de tudo isso está a depressão, como a de Jimmy, que, em primeiro lugar, torna o homem vulnerável ao abandono. Em alguns homens, essa dinâmica é violenta e óbvia; em outros, violenta e discreta. Damien Corleis era um desses casos.

Damien Corleis era um arquiteto bonito e bem-sucedido — o mais distante possível da imagem comum de um agressor. Sua esposa, Diane, era bonita e inteligente. Ambos haviam sido criados em ambientes difíceis, em famílias da classe trabalhadora. Diane havia transformado os ganhos do marido em uma fortuna significativa por meio de investimentos inteligentes. Aos 40 e poucos anos e com os quatro filhos crescidos ou na faculdade, eles deveriam estar no melhor momento como casal. Era nisso que Damien acreditava, até que Diane saiu de casa. De início, ele achou que ela havia simplesmente enlouquecido. Quando os dois chegaram ao meu consultório, quase dois meses depois da separação, Diane compartilhou com ele alguns pensamentos que teve muita vergonha de compartilhar antes, ou Damien não estava disposto a ouvir. A questão era o sexo.

Diane me explicou que, se eles não transassem a cada duas ou três noites, Damien ficava ansioso, irritado e mal-humorado. Se três noites se estendessem para quatro ou cinco, ele começava a pressioná-la para transar e a atacava verbalmente. Brigas tempestuosas se iniciavam, sobre qualquer outro assunto, e não apenas sexo. Muitas vezes, isso acontecia em público. Muitas vezes, ele a humilhava. Damien "surtou" uma vez por eles terem se sentado na seção de fumantes de um restaurante. "Surtava" se não gostasse do serviço do hotel, se Diane os "atrasasse", ou se ela o interrompesse com muita frequência durante o jantar. Ela vivia sob o risco de estar exposta a crises de raiva, reclamações de que não amava o marido e um misto de crueldade e insistência em receber atenção.

— Mas ele não é um homem ruim — comenta Diane. — Sei que ele me ama. Ele é um bom pai, um ótimo provedor. Sei que tem boas intenções.

— Então, como você lida com tudo isso? — pergunto.

Diane olha para o chão, os olhos marejados.

— Eu *disse* que não ia chorar — murmura ela, irritada com as próprias lágrimas.

— Algumas mulheres choram quando estão com raiva — digo.

— Ah, estou com raiva, sim — retruca ela. — Não é preciso ser especialista para saber isso.

— Então, como você tem lidado com isso? — pergunto outra vez, já certo da resposta.

— Eu cedo, óbvio. — Ela chora sem tentar esconder as lágrimas. — Deixo-o fazer o que quer. Porra, faz 23 anos. *Merda* — murmura e pega um lenço de papel. — Por que *diabos* passei rímel?

Damien fica parado o tempo que aguenta. Parece uma pantera em uma coleira. Por trás de sua fachada de bom moço, sua boa aparência e suas boas maneiras, é um pouco assustador interagir com ele.

— O que *eu* não entendo... — começa a dizer, mas eu o interrompo.

— O mais importante agora, Damien... posso chamar você de Damien?

Ele assente e se inclina para a frente, impaciente para que eu termine e ele possa discutir com Diane.

— O mais importante para mim é que sua esposa parece estar prestes a se divorciar de você. É isso que me chama a atenção. Estou exagerando? — pergunto a Diane. Ela balança a cabeça em negativa. — Então, preciso saber dela agora mesmo, porque... bem, pressuponho que você a queira de volta. Você quer? — pergunto.

Damien olha para mim, assustado.

— Desesperadamente — responde.

Olho para ele por um tempo, para seu rosto bronzeado e bonito, para os olhos que não se desviam dos meus. Por trás de sua arrogância, ele parece magoado e inquieto.

— Acredito em você — digo com suavidade, ainda sustentando o olhar dele. — Você *parece* bastante desesperado. — Viro-me para Diane. — Ele sempre interrompe você desse jeito? — pergunto.

— Sempre — responde ela com ênfase.

— Não, não interrompo — protesta Damien.

— *Sempre* — repete ela, elevando o tom de voz.

— Ah, que se foda. — Damien se levanta da cadeira.

— Escute — digo com suavidade. — Estou do seu lado. Você a quer de volta. Quero que você a tenha de volta. Agora, por favor, Damien, sente-se.

Damien me encara por longos quinze segundos, como se quisesse arrancar minha traqueia. Em seguida, solta o ar com força e se senta.

— O que preciso fazer? — pergunta. Por enquanto, ele decidiu me deixar vencer.

— Vire sua cadeira para este lado, fique de frente para Diane — peço. — Coloque as mãos no colo, respire pelo nariz e ouça.

Ao ver o marido corpulento se inclinar para ela, Diane dá uma gargalhada. Ela tem uma risada absolutamente contagiante.

— Acha que estou feliz por estar aqui? — pergunta Damien, abrindo um sorriso para ela.

— Você precisa estar em outro lugar? — devolve Diane.

— Podemos começar? — pergunto aos dois.

* * *

Ao ouvir Diane, tive certeza de que ela tinha razão. Damien estava acostumado a fazer o que queria, e não apenas em relação ao sexo como também ao tipo de música que ouviam, à temperatura do aquecedor, ao local onde passariam as férias e — se eu não tivesse sido cauteloso naqueles primeiros dez minutos — em relação a quem se encarregaria da terapia do casal.

Ela também tinha razão quanto à questão sexual. Damien tinha um vício em sexo, leve e relativamente contido. Pode ser chocante ouvir isso — sem dúvida chocou Damien, embora Diane tenha ficado ao mesmo tempo desconfortável e aliviada. Como acontece com todos os outros vícios, tendemos a pensar no vício em sexo apenas em sua forma mais grave. No entanto, nem todos os adictos em sexo estão fora de controle, como Steve, um executivo de 40 anos que atendi, que não conseguia passar por uma longa reunião de negócios sem ir atrás de alguma mulher. Da mesma maneira, em geral não pensamos em um adicto em sexo como alguém monogâmico, mas é bem possível ser adicto em sexo tendo um único parceiro. Um professor universitário de direito, agora há anos em recuperação, foi até meu consultório com a esposa para se curar de uma época, anos antes, em que era tão viciado em sexo que, a princípio, a persuadiu e, no fim das contas, a estuprou no dia seguinte à sua dupla mastectomia.

Damien não era tão perturbado assim. Na maioria das vezes, era um homem amoroso. Na cama, era um amante generoso e atencioso. Fora dela, havia flores, presentinhos, passeios surpresa, desde que, em suas palavras, suas "necessidades fossem atendidas". Demorou um pouco para convencê-lo de que o sexo não se resumia a satisfazer as próprias necessidades, que Diane tinha de ser mais do que uma ferramenta sexual bem cuidada; que, por exemplo, ela tinha o direito de negar. A propósito, demorou um pouco para que a mesma mensagem — chamada de "estabelecimento de limite sexual"[20] — fosse transmitida a Diane também. Junto com o ressentimento, o medo de Diane de que qualquer sinal de afeto pudesse excitar o marido fez com que ela deixasse de ser carinhosa e se mantivesse fisicamente distante por décadas. Embora nunca tenha se negado a transar, desde o nascimento dos filhos ela não tivera nenhum orgasmo.

Para não sair do foco, falei para Damien que, embora não precisássemos discutir se ele era ou não um "adicto" em si, eu acreditava piamente que a relação que ele tinha com o sexo e com a energia sexual era viciante. Ele usava o ato para se acalmar e, no fundo, para medicar sentimentos ruins. Damien disse que não tinha consciência de que tinha tantos sentimentos ruins. Prometi a ele que, se ficasse comigo por tempo suficiente, compreenderia melhor esse ponto.

A crise veio cerca de dois meses e meio após o início da terapia. Damien estava se saindo muito bem. Era como se ele tivesse acordado de um sonho. Em todos os aspectos, moderou de maneira ativa o comportamento controlador. À medida que seu bullying sutil diminuía, sua receptividade aumentava. Segundo o próprio, ele se viu "adorando menos Diane e amando-a mais". Por sua vez, Diane, sentindo algum controle pela primeira vez em anos, voltou a se abrir. Nesse clima, Damien foi pego de surpresa quando as crises de ansiedade começaram. Logo foram seguidas por insônia, mau humor e irritabilidade intensa.

— Que porcaria é essa? — perguntou-me ele.
— Abstinência — respondi.

Damien ficou assustado. Começou a desmoronar. Eu o vi sozinho e sem apoio. Pensamos em recorrer à medicação, mas ele preferiu não tomar remédios. No pior momento, chegamos a considerar uma breve hospitalização. Damien entrou em uma depressão tão profunda que precisava da ajuda de Diane para se levantar e se vestir de manhã, até para fazer a barba. Surgiu a preocupação com a possibilidade de suicídio, que logo se tornou assustadoramente forte. Em certa sessão de casal, Damien olhou para mim com reprovação e raiva, as lágrimas escorrendo pelo rosto. Ele estendeu os braços, desamparado e desgrenhado, como se dissesse: "Está vendo o que você fez?"

— Era disso que eu tinha medo — disse ele.

Toquei seu ombro enquanto ele se encolhia em sofrimento.

— Eu sei — respondi. — Eu sei.

Entre os 7 e os 13 anos, Damien Corleis foi passado de mão em mão entre seu irmão mais velho, Peter, a quem adorava, e um vizinho do bairro, que abusavam sexualmente dele. Até então, Damien não se lembrava disso. Não se lembrou disso nem mesmo quando, no primeiro ano da faculdade, ficou tão deprimido que foi hospitalizado e recebeu terapia de eletrochoque (uma parte de sua história que em um primeiro momento não foi compartilhada comigo). Enquanto conversávamos, ficou evidente que o pai e a mãe dele suspeitavam dos abusos, mas eram incompetentes demais para tomar uma atitude. Eles o abandonaram.

Nas semanas que se seguiram, Damien regrediu até ficar completamente disfuncional. Quando estava à beira de uma segunda internação, Diane e eu fizemos tudo para marcar uma reunião de emergência com a família dele. Por ser terapeuta familiar, tenho uma vantagem específica em relação a terapeutas de orientação individual nesses momentos de crise. Enquanto eles precisam retrabalhar as questões de abuso precoce de forma lenta e dolorosa dentro dos limites do tratamento, meu treinamento me permite convidar os próprios abusadores até o consultório — para curar, como família, os traumas do passado coletivo. Nesses casos, é preciso avaliar se há a possibilidade de o grupo lidar com a verdade sobre a própria experiência de forma positiva. Depois de ouvir Damien descrever sua família, que, apesar das dificuldades, parecia ter recursos no que se refere a amor e inteligência, acreditei que havia uma boa chance de que conseguissem.

Era uma aposta de alto risco, mas o estado de Damien também era. O pai e a mãe dele pegaram um avião de Detroit; o irmão, de Washington; e a irmã mais nova, da Georgia. Passamos três dias inteiros reunidos. A princípio, Peter protestou de forma violenta, alegando inocência, mas se abriu na metade do segundo dia, admitindo tudo o que havia feito. Mais adiante, disse que não conseguia suportar nem mais um minuto das lágrimas inconsoláveis de Damien. Sob minha orientação, de joelhos,[21] Peter expressou seu total remorso ao irmão. Ao fim dessas sessões familiares, Damien concordou, a pedido da família, em tentar um curto período de medicação antidepressiva. Em um mês, o pior já havia passado.

Damien Corleis tinha bons motivos para ser controlador. De maneira inconsciente, o que ele sentia necessidade de controlar era a depressão que já o havia incapacitado uma vez e, por trás disso, o trauma que ameaçava destruí-lo. Como muitos adultos com histórico de violência sexual, o comportamento de Damien — insistir em fazer sexo — tanto o acalmava quanto, de forma mascarada, reproduzia seu trauma. Assim como David e Thomas, os meios que Damien escolheu para manter a depressão sob controle quase lhe custaram sua família.

O tratamento de Damien ilustra o princípio de que a cura para a depressão oculta é a depressão aparente. Para começar, o mecanismo de defesa que causa dependência deve ser confrontado e interrompido. Em seguida, a dor oculta vem à tona. Por trás do vício de Damien estava a depressão, e, por trás da depressão, o trauma. Durante o tratamento, Damien permitiu de maneira corajosa que sua defesa de grandiosidade fosse abandonada, que sua depressão viesse à tona e que o trauma por trás de ambas fosse confrontado.

A essa altura, passei a me preocupar mais com Peter. Ele havia reprimido quase totalmente de sua consciência tanto o abuso quanto o crime. De acordo com todos os relatos, ele era um homem equilibrado, motivado até. Com o ressurgimento de tudo o que havia acontecido, bem como de tudo o que havia feito, Peter precisava desesperadamente de aconselhamento, e trabalhamos juntos para garantir que ele o recebesse na cidade em que morava.

Peter não é o vilão dessa história. Ele começou a ser abusado sexualmente pelo vizinho mais ou menos na mesma idade que Damien tinha quando, posteriormente, Peter abusou dele. Esse é um padrão comum, no qual os molestados mudam de lado e passam a molestar. Minha experiência clínica me levou a supor que, por trás de um irmão que comete incesto, há uma experiência de violência sexual, ou, no mínimo, uma transgressão violenta de limites. Crianças não "inventam" esse tipo de comportamento por conta própria.

Peter me fez lembrar de um caso que supervisionei no qual cinco meninos britânicos foram atraídos até uma praia deserta por um homem da região que sodomizou dois deles enquanto os outros assistiam. Fiéis às normas culturais impostas aos homens, nenhum dos meninos disse uma palavra a ninguém, nem entre si, sobre a experiência. O que fizeram, entretanto, nos cinco anos seguintes, mais ou menos, foi se revezarem sodomizando uns aos outros. Não se tratava de uma experimentação homossexual normal entre crianças, nem todos aqueles meninos eram coincidentemente gays. Eles estavam reproduzindo o sofrimento e, de uma forma tristemente complicada, consolando uns aos outros. Há algo de terrível e comovente nessa história. Ao repetir o abuso uns com os outros, os meninos tentavam normalizá-lo, compartilhar o fardo. É de se perguntar se um impulso semelhante pode, em parte, estar por trás da brutalidade universal dos ritos de iniciação dos meninos à masculinidade. Talvez a tradição da comunidade masculina de "dar as boas-vindas" a um garoto o machucando não seja apenas um teste para provar que o garoto é forte o suficiente para ser digno de fazer parte dela; talvez seja também uma demonstração, uma necessidade de comunicar a própria noção do quanto os homens estão feridos, uma dramatização ritual de quanta dor todos eles carregam dentro de si.

Peter passou adiante a ferida que fora passada a ele. Por uma ironia, Damien, assim como seu irmão, aprendeu a usar o sexo como um calmante para controlar a depressão, para compensar a fragilidade do eu, que o abuso sexual havia ajudado a criar. Essa depressão o dominou poucas semanas depois de parar com o comportamento que gera dependência. A história de Damien ilustra um padrão comum, em que os mecanismos de defesa aos quais os homens com depressão oculta recorrem em geral agravam suas dificuldades. Damien magoou Diane e quase destruiu seu casamento. Contudo, ele não sentia o dano que causava. Entre a vergonha sem limites da depressão e a relativa ausência de vergonha da grandiosidade,[22] existe a *vergonha apropriada*, que é sentir-se proporcionalmente mal por algo que se fez de errado. Homens abusivos devem em um primeiro momento ser conduzidos da ausência de vergonha para a experiência relacionada à sua vergonha esquecida e apropriada. Eles precisam ser descongelados. Caso contrário, os mecanismos de defesa que causam dependência levam a comportamentos que são, na melhor das hipóteses, desconectados e, na pior, irresponsáveis — o tipo de comportamento que meu pai adotou durante grande parte da vida.

Meu pai, por mais pobre que fosse, conseguiu se formar na Philadelphia College of Art com a ajuda do G. I. Bill, um programa educacional do governo. Quando eu e meu irmão gêmeo nascemos, meu pai tinha dois empregos, além das tarefas da faculdade. Durante três anos, dormiu apenas algumas horas por noite. Falava com muito orgulho que havia entrado para a "lista do reitor" durante os difíceis anos de faculdade e dos elogios que havia recebido por seu trabalho artístico, em especial com esculturas, que eram sua grande paixão. Entretanto, meu pai tinha três pessoas famintas para sustentar e, por isso, trocou o curso de belas artes pelo de desenho industrial. Anos mais tarde, ele me contou que parte dele havia morrido no dia em que foi à secretaria fazer a mudança de curso. Embora fosse aterrorizador demais admitir isso, ele nunca perdoou nenhum de nós (minha mãe, meu irmão ou eu) por privá-lo de seu sonho. Desde a infância, ficou evidente para mim que meu pai se via como uma vítima nossa.

    Meu pai medicava sua sensação de estar acorrentado e preso com doses regulares de arrogância. Ele era adicto em raiva constante. Seu padrão durante minha infância era conseguir um emprego projetando letreiros ou armazéns e, em poucos meses, comportar-se de forma tão áspera com os colegas que acabava sendo demitido. Depois, parecendo infeliz, mas na realidade feliz por passar o tempo todo esculpindo em nossa garagem convertida em ateliê, ele procrastinava para encontrar um novo emprego.

Minha mãe sustentava a família com trabalhos esporádicos como enfermeira, enquanto nossas finanças degringolavam ao ponto do desespero.

Os dois protagonizavam brigas amargas durante a maior parte desse ciclo. Quando estava trabalhando, meu pai ficava nervoso e reativo porque se sentia pressionado. Quando era demitido, os dois brigavam por preocupação e frustração. E, por fim, minha mãe brigava com ele, obrigando-o a sair da garagem e enviar alguns currículos pelo correio. Uma onda de esperança de um novo começo surgia a cada novo emprego, mas então o ciclo se repetia.

Papai usava noções como o status da "verdadeira arte", como ele dizia, para justificar a própria irresponsabilidade. Durante as horas que passava na garagem lidando com gesso, estava curando sua depressão não reconhecida com sonhos de realização artística. Ele evitava muitas das exigências concretas da vida familiar enquanto ficava na garagem, longe de nós, revivendo seus momentos de ouro na faculdade e fantasiando sobre ganhar prêmios mais uma vez. Meu pai nunca mais voltou a ganhar prêmios, mas sua paixão ardia com intensidade desde os dias de glória. Quando eu tinha 8 ou 9 anos, ele levou toda a família ao santuário de sua antiga vitória, o Philadelphia Museum of Art. Parecia um magnífico templo grego. Ao subirmos os maiores degraus que eu já tinha visto, papai segurou minha mão e a do meu irmão. Mamãe ficou para trás — pelo que entendemos, por se ver irrelevante naquela visita. No topo da escadaria, havia uma estátua do escultor favorito de papai e, em algum momento, seu mentor, Jacques Lipchitz. Era uma peça imensa e rústica que mostrava Prometeu atormentado depois de roubar o fogo dos Titãs para dar ao homem. Eu sabia, porque papai havia nos contado, que ele mesmo se sentia como Prometeu, tentando em vão levar a luz da racionalidade e da arte às pessoas fracas e estúpidas que o cercavam. Na escultura, o herói emerge da pedra apenas de modo parcial, os braços abertos tentando em vão conter a águia que arranca sem piedade seu fígado. Prometeu e sua nêmesis se fundem e se unem, obscurecendo a linha onde um termina e o outro começa.

Sob a luz do sol de outono, lembro-me de olhar para o meu pai, que observava a estátua. Os pensamentos dele estavam longe dali. Completamente alheio às pessoas ao redor, ele esticou os braços enquanto olhava. Vê-lo daquela maneira me assustou.

"Vamos, papai", falei, puxando-o. "Vamos entrar." Olhando para aqueles braços estendidos, os ombros poderosos e as mãos grossas, não sei se pensei mais nos braços do herói ou nas asas do pássaro vingador.

* * *

Desde muito cedo, eu sabia instintivamente, embora não fosse capaz de expressar isso em palavras, que meu pai estava nas garras de algo grande e violento, algo do qual ele dependia. Era perigoso entrar no caminho dessa coisa ou chegar muito perto dela. Nem meu irmão nem eu jamais lhe pedimos, por exemplo, que nos ensinasse a desenhar ou pintar. Apesar de nunca termos sido proibidos, nenhum de nós jamais explorou a garagem. Tínhamos muito medo de mexer em qualquer coisa que estivesse lá.

A cada novo fracasso, meu pai se tornava mais agressivo e arrogante. E, à medida que seu comportamento piorava, ele achava cada vez mais difícil ter sucesso. Os mecanismos de defesa que uma pessoa escolhe para evitar a vergonha costumam proporcionar alívio e, ao mesmo tempo, gerar mais vergonha. Especialistas em vício chamam esse padrão de "ciclo da vergonha".[23] As manobras defensivas ou os vícios de um homem secretamente deprimido podem ser vivenciados por ele como vergonhosos em si mesmos ou podem criar dificuldades que intensificam seu senso de inferioridade, levando, em ambos os casos, a uma ânsia crescente pelas defesas. Esse ciclo me faz lembrar de uma piada que eu e meus amigos achávamos engraçada quando éramos jovens:

— Por que você bebe?
— Porque estou deprimido.
— E por que você está deprimido?
— Porque bebo.

Pesquisas atuais sobre bebida e depressão confirmam esse padrão cíclico. A partir delas, indica-se que pessoas deprimidas[24] podem sentir os efeitos do álcool e de outras drogas com mais intensidade do que as que não sofrem de depressão, além de terem uma expectativa maior de que essas substâncias as ajudarão a se sentir melhor. Em outras pesquisas, no entanto, o relato é que a alta incidência de depressão em alcoolistas não decorre de um transtorno de humor subjacente, e sim do fato de que o álcool em geral, e o consumo prolongado em particular, de fato causa depressão. O debate tem sido enquadrado como: a depressão leva ao abuso de álcool ou vice-versa? Uma forma de sintetizar essas perspectivas, bem como a aparente contradição nas descobertas, é entender que o álcool proporciona alívio para a depressão e, ao mesmo tempo, a agrava.[25] O que vale para o alcoolismo vale para todos os mecanismos de defesa utilizados na depressão oculta. Vícios fazem com a vergonha o que a água salgada faz com a sede. As defesas empregadas na depressão oculta tendem a crescer, proporcionando quantidades cada vez menores de alívio e exigindo quantidades cada vez maiores de indulgência.

O âncora Jim Jensen, ao falar sobre sua luta contra a cocaína e a depressão, descreveu sua experiência nessa escalada:

> Você nunca consegue reproduzir a sensação que teve na primeira vez e precisa usar cada vez mais, e nunca mais consegue voltar. O vício ganha vida própria. Depois, controla você. E, ao parar de usar cocaína, vem a depressão. Sendo que a depressão estava no cerne de tudo isso.[26]

Devido à traiçoeira capacidade que os suplementos de autoestima têm de "ganhar vida própria", a terapia deve começar por tratar o comportamento que gera dependência como um vício em si. Antes que o Alcoólicos Anônimos (A.A.) e outros programas de recuperação de vícios ganhassem a aceitação relutante do *establishment* médico, muitas vidas foram prejudicadas quando profissionais de saúde mental tentaram lidar com esses comportamentos como qualquer outro problema tratado com terapia. Em meus primeiros anos como terapeuta familiar, muitas vezes deparei com indivíduos que passaram anos em psicoterapia, sem nunca confrontar seus vícios descontrolados. O adicto falava toda semana com o terapeuta sobre inúmeras questões interessantes — traumas de infância, tensões conjugais, novas áreas de crescimento em sua personalidade — enquanto levava a família à beira do desespero com o excesso de bebida e drogas e outros comportamentos compulsivos. Muitos acreditavam que era possível curar esses comportamentos utilizando técnicas tradicionais de terapia que abordavam a dinâmica emocional subjacente do paciente. No entanto, a evolução dos conhecimentos especializados em recuperação de vícios convenceu a maioria dos profissionais de saúde mental de que não é possível curar comportamentos que geram dependência passando cinco dias por semana no divã, assim como não é possível simplesmente entupi-los de antidepressivos. Só depois que o ciclo da vergonha for interrompido, depois que o próprio padrão viciante for quebrado e a pessoa tiver passado para a "sobriedade" é que o sofrimento da depressão oculta poderá ser tratado.

Essa abordagem de dois gumes, interrompendo o ciclo do vício e lidando com a depressão emergente, exige o "diagnóstico duplo" tanto da depressão quanto do vício. Homens secretamente deprimidos que se automedicam com substâncias têm maior chance de obter um diagnóstico correto e de receber tratamento eficaz para ambos os aspectos do transtorno.

Menos afortunados são os homens com depressão oculta que se automedicam não com substâncias, e sim com pessoas, como no vício em amor, ou com comportamentos, sobretudo a violência. Nesses casos, a maioria dos profissionais de saúde mental não diagnosticaria da maneira correta nem o comportamento que gera dependência, nem a depressão oculta que o alimenta. Homens secretamente deprimidos que recorrem a pessoas ou a comportamentos para aliviar a vergonha costumam ser rotulados como portadores de *transtornos de personalidade*. Muitos dos que aparecem neste livro seriam classificados como portadores de transtornos de personalidade de acordo com o pensamento psiquiátrico convencional.

O *transtorno de personalidade* não denota uma doença, e sim uma variedade de problemas graves no caráter básico de uma pessoa, um desenvolvimento insuficiente da própria psique. A neurose, ao contrário, envolve conflitos entre diferentes partes da psique, como o clássico conflito freudiano entre pulsões sexuais incivilizadas e o superego, a sede do princípio moral. Neuroses envolvem conflitos psíquicos; transtornos de personalidade envolvem danos estruturais. Pessoas com transtorno de personalidade são descritas como impulsivas e incapazes de regular os sentimentos, sendo ainda portadoras de uma capacidade de julgamento deficiente ou de uma consciência não desenvolvida.

Em seu nível de gravidade, dificuldade de tratamento e grau de comprometimento, os transtornos de personalidade ocupam, segundo a psiquiatria, um domínio entre os neuróticos, como aqueles que habitam os filmes de Woody Allen, e os psicóticos, como o protagonista de *Taxi Driver*, ou aqueles que sofrem de esquizofrenia. Acredita-se que pessoas com transtorno de personalidade estejam em melhor situação do que os psicóticos, por não perderem contato com a realidade. Entretanto, acredita-se também que seu desenvolvimento seja mais "primitivo" do que o dos neuróticos, porque tendem a localizar suas dificuldades fora de si. Demonstram pouca percepção ou capacidade de responsabilidade emocional. Culpam o mundo por seus problemas e muitas vezes se envolvem em conflitos violentos com seu ambiente, como fez meu pai. Todos são, de uma forma ou de outra, antissociais.

O problema com essa tradição psiquiátrica bem estabelecida é que ela ignora os efeitos do gênero. Em nossa sociedade, mulheres são criadas para sugar a dor para dentro de si mesmas (tendem a se culpar, a se sentir mal). Homens são socializados para externalizar a angústia; tendem a não se considerar imperfeitos, e sim tratados de modo injusto; a não ser sensíveis à sua participação nas dificuldades relacionais e a não estar tão em contato com seus sentimentos e suas necessidades. Na psicologia, foram criadas medidas para calcular essas tendências, chamadas de "escalas de internalização/externalização". Mulheres têm alto índice de internalização, e homens, de externalização.[27] Descobriu-se que a internalização tem alta correlação com a depressão aparente.[28] Ao compararem as altas taxas de externalização nos homens às baixas taxas de depressão, os pesquisadores especularam que a capacidade de externalização dos homens poderia, de alguma forma, protegê-los da doença. No entanto, embora a capacidade de externalizar a dor proteja alguns homens de *se sentirem* deprimidos, ela não os impede de *estarem* deprimidos; apenas os ajuda a se desconectarem ainda mais da própria experiência. A capacidade de externalizar ajuda os homens a escapar da depressão aparente apenas para levá-los à depressão oculta.

No sistema de valores da psiquiatria tradicional, a dor internalizada é encarada como menos perturbadora do que a dor externalizada e inconscientemente "representada" (quando é possível falar sobre ela e vivê-la de forma lúcida). A menina deprimida e retraída no fundo da sala de aula é encarada como menos problemática do que o menino agitado e desordeiro na primeira fileira. Como a psicoterapia, desde Freud, tem sido "a cura pela fala", ela se baseia na percepção do paciente sobre seus problemas e sentimentos como principal agente terapêutico. Um problema dessa metodologia é que está muito mais de acordo com as habilidades tradicionais das mulheres do que com as dos homens. Os homens não dispõem do mesmo nível de percepção emocional que as mulheres, porque nossa cultura age com afinco para deslocá-los desses aspectos de si mesmos. Eles não estão acostumados a expressar questões emocionais, porque lhes é ensinado que isso não é algo próprio dos homens. Até uma análise superficial da socialização de gênero em nossa cultura indica que um homem estaria muito mais propenso a agir a partir da angústia do que a falar sobre ela, enquanto uma mulher teria as habilidades, o apoio e a facilidade para discutir seus problemas. Ao afastar nossos meninos e homens do exercício e do desenvolvimento dessas habilidades psicológicas, jogamos sal na ferida quando os rotulamos de mais perturbados e menos evoluídos do que as mulheres, que foram incentivadas a mantê-las.

A depressão aparente, predominante nas mulheres, pode ser encarada como opressão internalizada enquanto experiência psicológica da vitimização. Já a depressão oculta, predominante nos homens, pode ser encarada como uma desconexão internalizada — a experiência de vitimização evitada por meio da grandiosidade, talvez por meio da vitimização. Moralmente, pode-se fazer um julgamento desigual desses transtornos relacionados. A automutilação pode parecer mais evoluída do que a agressão, sendo o masoquismo preferível ao sadismo. Sem dúvida, para as vítimas inocentes de um agressor, a implosão é preferível à explosão. No entanto, de uma perspectiva puramente psicológica, devemos entender que a dor internalizada e a externalizada são duas faces da mesma moeda. Podemos considerar a dor externalizada mais complicada, ou até mesmo repugnante, mas isso não a torna uma condição diferente, e sim a mesma condição expressa da forma como os homens foram ensinados a expressá-la.

Percebemos isso em crianças do sexo masculino. Sabemos que o menino desorganizado não é menos deprimido do que a menina complacente. Os comportamentos "inadequados" em geral são justamente os sintomas que buscamos ao fazer um diagnóstico de depressão em meninos. No entanto, por motivos que nunca vi explicados, como profissão, decidimos que, quando o menino atinge a idade mágica de 18 anos, ele não está mais deprimido; é como se ele tivesse cruzado a fronteira para a terra dos transtornos de personalidade. Isso não é racional, é julgamento moral. Esse é o equivalente psiquiátrico de fazer um garoto menor de idade responder por seus crimes "como um homem de verdade".

Isso não quer dizer que os homens com depressão oculta não sejam também responsáveis por seus comportamentos ofensivos. Entretanto, a proporção estável de mulheres em terapia e homens na prisão tem algo a nos ensinar sobre como cada sexo é ensinado pela sociedade a lidar com a dor. Os homens representam cerca de 93% da população carcerária, o que levou um líder do "Men's Movement" a dizer[29] que o local onde há mais homens reunidos nos Estados Unidos é a Penitenciária Estadual de San Quentin.

De acordo com as estatísticas americanas, considerando transtornos mentais, as mulheres superam os homens na proporção de dois para um entre aqueles diagnosticados apenas com depressão. A incidência de um episódio depressivo mais grave ao longo da vida em mulheres é de 21,3% da população total, enquanto nos homens o distúrbio atinge apenas 12,7%. Contudo, se incluirmos na equação os "transtornos de personalidade" e a dependência química, os totais se igualam. A frequência de personalidade antissocial entre mulheres corresponde a 1,2%, enquanto nos homens é de 5,8%. A dependência de drogas nas mulheres corresponde a 5,9%, enquanto nos homens é de 9,2%. E o alcoolismo nas mulheres corresponde a 8,2%, enquanto nos homens é de 20,1%. Quando a incidência desses transtornos é somada à incidência da depressão, o nível de patologia em cada sexo se equilibra[30] (veja o gráfico).

INCIDENTES RELACIONADOS A TRANSTORNOS MENTAIS AO LONGO DA VIDA[31]

(porcentagem da população americana)

	Homens	Mulheres	Ambos
TRANSTORNOS AFETIVOS			
Episódio depressivo grave	12,7	21,3	17,1
Episódio de mania	1,6	1,7	6,4
Distimia ("depressão leve")	4,8	8,0	6,4
TRANSTORNOS DE ANSIEDADE			
Síndrome do pânico	2,0	5,0	3,5
Agorafobia	3,5	7,0	5,3
Fobia social	11,1	15,5	13,3
Fobia simples	6,7	15,7	11,3
Transtorno de ansiedade generalizada	3,6	6,6	5,1
TRANSTORNOS POR ABUSO DE SUBSTÂNCIAS			
Abuso de álcool	12,5	6,4	9,4
Dependência de álcool	20,1	8,2	14,1
Abuso de drogas	5,4	3,5	4,4
Dependência de drogas	9,2	5,9	7,5
OUTROS DISTÚRBIOS			
Personalidade antissocial	5,8	1,2	3,5
Psicose não afetiva (esquizofrenia)	0,6	0,6	0,7
TOTAL	48,7	47,3	48,0

É hora de conceituar a depressão em homens como um espectro amplo, com muitas variações e diferenças. Homens manifestamente deprimidos, como William Styron, ocupam um lugar nesse espectro. Homens secretamente deprimidos, como David, Jimmy e Damien, ocupam outro lugar. O denominador comum que conecta todos eles é a violência. Todos esses homens são violentos consigo mesmos, como Styron foi a ponto de quase se suicidar, ou violentos com os outros, como David foi com Chad, e Damien, com Diane. E as origens de tanta violência podem ser rastreadas até a violência comum e cotidiana na qual nossos meninos estão imersos como aspecto central de sua socialização. Para entender a depressão nos homens, precisamos nos confrontar com as condições que a criam, as maneiras pelas quais, em nome da masculinidade e muitas vezes com a melhor das intenções, traímos e deformamos nossos filhos.

CAPÍTULO 4

Uma atadura ao redor do coração: trauma e biologia

Para o homem com depressão oculta, o que está no centro da defesa ou do vício é a depressão aparente da qual ele fugiu. E no centro da depressão aparente está o trauma. Para alguns homens, os danos subjacentes são flagrantes e extremos. Para outros, são aparentemente leves, até mesmo comuns. No entanto, em ambos os casos, o dano à capacidade de sustentar a conexão consigo mesmo e com os outros pode ser grave. Sejam os danos silenciosos ou explícitos, homens deprimidos carregam dentro de si um menino ferido e desnorteado de quem mal sabem como cuidar. O momento de contato com essa dor repudiada é o primeiro passo para a restauração.

— Aconteceu muita coisa esta semana — avisa Michael antes mesmo que eu tenha tempo de fechar a porta e me sentar.

Ele chegou alguns minutos atrasado para o grupo de quarta-feira à noite, uma reunião de oito homens que venho intermediando há quase três anos. Membros mais antigos às vezes deixam o grupo. Novos membros chegam. Um núcleo formado por quatro homens se manteve. Convidei Michael para se juntar a nós cerca de quatro semanas atrás, e sua chegada foi tensa.

— Preciso falar — diz Michael.

Com cerca de 45 anos, ele é pequeno e magro, de rosto ansioso e pontiagudo, e cabelos escuros e cacheados. Seus grandes olhos azuis como centáureas estão voltados para mim, ávidos, famintos. Quando resisto ao impulso de desviar o olhar, os olhos que encontram os meus são opacos. Não há porta de entrada para eles. Ainda que não houvesse outras pistas, aqueles olhos vorazes e nada receptivos denunciariam Michael. Os outros homens do grupo se afastam dele como que por instinto, talvez sem saber ou sem se perguntar por quê. Contudo, eu sei o motivo. Michael é invasivo e fechado ao mesmo tempo. Ultrapassa os limites das outras pessoas[1] e depois não aceita o que elas oferecem. É difícil conviver com essa necessidade de controle, uma combinação de urgência e rejeição, e sua esposa, Virginia, decidiu há algumas semanas que não queria mais tentar.

Eu os tinha visto juntos como casal apenas duas vezes antes de Virginia lhe dar a notícia no meu consultório certa manhã. Depois de ouvi-la, Michael se curvou para a frente em sua cadeira e ficou imóvel, a cabeça entre as mãos.

— Michael? — chamei. — Michael?

Ele não chorou. Não gritou. Mesmo depois de Virginia contar que estava dormindo com outro homem havia mais de um ano e que estava saindo de casa para viver com ele, Michael permaneceu em silêncio. Tiveram uma conversa tranquila sobre o que dizer às crianças e concordaram em voltar para me ver no fim daquela semana. Michael garantiu a nós dois que estava bem. Não foi nenhuma surpresa, na verdade. Ele meio que já sabia havia um tempo. Sim, ele me ligaria se precisasse conversar.

Michael telefonou na manhã seguinte. Ligou para contar sobre a arma que havia comprado logo após a última sessão. Sussurrava porque as crianças ainda estavam dormindo no andar de cima e não queria incomodá-las. Michael e eu, dois progressistas assumidos de Massachusetts, compartilhamos do mesmo sentimento de consternação diante do fato de alguém poder obter uma pistola com tanta facilidade, mesmo na velha e pacata Boston. Ele me contou os detalhes de quando adquiriu a arma. Perguntei contra quem pretendia usá-la, e Michael ficou desconfiado, irônico.

— Se eu tivesse coragem — respondeu —, usaria naquele destruidor de lares.

"Destruidor de lares", pensei. Uma definição tão incongruente, tão hollywoodiana. Uma expressão de outra geração.

— Mas também — continuou Michael —, se eu tivesse coragem, não estaria nessa confusão para início de conversa, não é?

Não respondi.

— Sendo o idiota que sou, se for para usar isso contra alguém, sem dúvida será em mim mesmo.

— Você está pensando em fazer isso? — perguntei.

— Estou pensando nisso, sim. Pensando.

— Onde está a arma agora?

— Na minha mão. Estou olhando para ela. Sabe — confidenciou ele —, gosto muito de senti-la na minha mão. É pesada. Tem peso.

— Michael, você vai assustar seus filhos se eles descerem e virem você assim.

— Eu sei — disse ele com um suspiro, petulante. — Para dizer a verdade, foi por isso que liguei. Acho que talvez tenha sido o *único* motivo por que liguei.

— O que acha de guardar a arma em uma gaveta? — sugeri.

— Está bem — respondeu, sem qualquer esforço, como se estivesse esperando que eu lhe dissesse para fazer isso. Ouvi a gaveta abrir e fechar. — Sabe, eu nem comprei munição.

— Isso é bem sensato da sua parte — retruquei.

Providenciamos para que Michael fosse com o irmão a um pronto-socorro local. A cunhada ficou com as crianças, e o irmão se livrou da arma. O psiquiatra do pronto-socorro o avaliou e decidiu interná-lo por alguns dias para iniciar o uso de medicação e verificar o potencial de suicídio. Michael colaborou e logo foi liberado. A tempestade imediata havia passado. À medida que os pensamentos de suicídio foram se dissipando, a depressão aparente se instalou como um caso grave de pneumonia ambulante. Ele não conseguia dormir. Não conseguia comer. Não conseguia se concentrar o suficiente para trabalhar, ou mesmo para dirigir sem se envolver em um acidente.

Como muitos homens, Michael, embora parecesse independente, havia usado o casamento para evitar sua depressão oculta. Com o trauma da notícia dada pela esposa e o luto pelo casamento, Michael estava na fase aguda da abstinência do vício em amor. Seu mecanismo de defesa contra a depressão oculta tinha acabado de ir embora com outro homem.

Os antidepressivos o ajudaram assim que "fizeram efeito". Também permiti que ele transferisse parte de sua dependência de Virginia para mim, encontrando-me com ele duas ou três vezes por semana para ajudá-lo. Embora eu quisesse que ele sobrevivesse àquela crise, não tinha pressa em fazer com que ela chegasse ao fim. Trabalhar com homens com depressão oculta me ensinou a respeitar a crise como uma aliada em potencial. Michael levou 45 anos para se revelar. Embora eu quisesse ajudá-lo a se recompor, não queria simplesmente retornar ao antigo *status quo*. Se ele iria sofrer a dor daquele caos, pelo menos poderia fazer bom uso dela. Em seis semanas, Michael havia se "estabilizado" o suficiente para que nosso verdadeiro trabalho começasse. Eu suspeitava que o apoio, o conhecimento e o encontro com outros homens poderiam ajudá-lo. Por isso, o convidei para se juntar a nós.

— Tenho *muita coisa* para falar — repete Michael, ignorando os outros membros do grupo, impaciente por eu ter demorado tanto para me sentar.

Os outros homens se acomodam na cadeira. A maioria é veterana nesse processo, já tem bagagem no quesito recuperação. Eles sabem esperar. Michael se inclina para a frente na beirada do assento, as mãos entrelaçadas pendendo entre as pernas abertas, como se estivesse se inclinando na lateral de um barco. Ele puxa a cadeira para apenas alguns centímetros de distância da minha e move seu peso para se aproximar ainda mais.

— Michael — digo depois de encostar minha cadeira na parede —, um de nós vai ter que se mover, ou eu não vou conseguir respirar.

— Hã?

— Mova sua cadeira para trás — solicito.

Irritado, Michael recua sua cadeira 0,5 centímetro e começa a contar sua história.

— Mais — digo, interrompendo-o.

Dois centímetros.

— Aqui. — Levanto-me, peço que ele se levante e coloco a cadeira dele a uma distância que me deixe mais confortável. — Sente-se e recoste. Se você chegasse mais perto, cairia da cadeira.

— Tá — diz ele, sem fôlego. — Bem, onde eu estava...

— Como você se sente, neste momento? — interrompo-o outra vez.

Observo sua mandíbula se contrair e a ponta de suas orelhas ficar vermelha de raiva.

— Bem — responde ele. — Bem. Eu estou bem. Só quero começar.

— Já começamos.

— Eu não estou entendendo...

— Por que suas necessidades não devem ser mais importantes do que as minhas? — pergunto.

— Eu quero *ajuda*! — grita ele, sentindo-se encurralado.

Volto a me sentar. Respiro fundo.

— Estou ajudando — respondo. — É isso.

— Michael, por que isso tudo, você faz ideia? Essa coisa de querer ficar grudado em mim? Toda essa urgência em começar? O que acha que acontece com você em momentos assim?

— Não sei — responde ele.

— Bem, isso aqui é terapia, então pense — digo. Ele balança a cabeça. — O que você sentiu?

— Quando?
— Agora.
— Frustração — confessa ele com um gemido.
— Frustração — reflito. Uma das palavras favoritas dos homens para descrever sentimentos, assim como *interessante*. ("Doutor, fiquei frustrado quando o avião caiu[2] e foi interessante quando minha perna foi esmagada.")
— Posso ajudar? — indago.
— Com certeza.
— Muito bem, eis o que você está sentindo: imagino que se sinta irritado. Bloqueado. Não ouvido. Deixado de lado. Como se eu fosse fazer o que quisesse, independentemente das suas necessidades...
Ao me ouvir, Michael abre um leve sorriso.
— Já estou até vendo — comenta.
— Imagino que tenha se sentido controlado — concluo.
— Como eu sabia que você ia dizer isso? — pergunta ele, sorrindo, assim como alguns dos outros.
— E aí? — pergunto. — Temos uma questão com controle, não acha?
— Quando diz *controle*, você está se referindo à força por meio da qual consegui afastar minha esposa e arruinar minha família? A força com a qual acordo e me deito todos os dias? *Essa* força?
— Michael.
— Sim?
— Você é o que chamamos, na linguagem técnica da psiquiatria moderna, de "caso exemplar".
— Obrigado — responde ele, com um suspiro.
— Sim. Essa força. A mesma que está tentando te destruir.
Michael olha para mim com seus olhos azuis e sem vida e começa a chorar — ou, como ele diz mais tarde, líquido começou a vazar de suas órbitas oculares.
— Estou cansado disso — lamenta ele. — Estou mesmo muito cansado disso.
Entrego a ele uma caixa de lenços de papel. Michael balança a cabeça em recusa e enxuga o rosto com a manga da camisa.

Embora Michael fosse uma pessoa difícil de consolar, embora fosse difícil para mim me sentir sensibilizado por ele, a dor que ele sentia naquele momento era real. Era a dor causada pelo padrão no qual estava preso e pelo preço que pagava. Entretanto, eu suspeitava que, por trás disso, havia feridas mais profundas e antigas. Michael foi criado pelo pai e pela mãe judeus alemães de classe alta, que teria descrito, antes dessa crise, como "Ótimos. Muito bons". Contudo, à medida que Michael aprendeu a ir um pouco mais fundo, suas figuras parentais se mostraram mais do que apenas boas. Elas eram perfeitas. Moravam em uma casinha perfeita, decorada com perfeição. Tinham uma saúde perfeita, amigos perfeitos e um casamento perfeito. Só que nada era mais perfeito do que o próprio Michael — um aluno "nota 10", formado em Harvard, um jovem empresário com negócio próprio, uma esposa adorável, dois filhos lindos. E um ano sendo chifrado, sem nem perceber. Virginia não era uma mentirosa profissional. Ela havia praticamente deixado seu diário aberto para ele ler na hora de dormir. Michael nunca se preocupou em saber onde a esposa havia passado noites inteiras, porque estava tão ocupado levando sua vida perfeita que algo tão problemático quanto insatisfação conjugal jamais ousou passar por sua cabeça, mesmo quando a esposa começou a ter acessos de raiva violentos. Nesses momentos, ela atirava pratos contra as paredes, aterrorizando as crianças. Algumas vezes, ela só se acalmou depois que Michael chamou a mãe dela para ir até lá e ajudá-lo. Minha esposa, a terapeuta familiar Belinda Berman, tem um belo ditado do qual me lembro com frequência: "Cuidado com os homens 'bonzinhos' com esposas 'megeras'." No casamento de Michael, assim como em sua infância, por trás das mesas sem poeira, dos arranjos de flores e das coleções de bom gosto, havia mananciais de violência emocional. De muitas maneiras, as erupções de Virginia serviram ao casamento como uma bênção em forma de tempestade, liberando tensões sufocantes demais para serem suportadas.

Michael não tinha consciência do impacto que causava nos outros. Ele movia a esposa de um lado para o outro, com gentileza e educação, como se ela fosse outra obra de arte qualquer sob a qual ele tivesse que varrer. Ele a movia com a mesma urgência implacável com que tinha me atacado quando não respondi rápido o suficiente na concepção dele. Por ter sido o receptor da impaciência de Michael, eu entendia um pouco sobre a força que ele projetava e que lhe escapava. Sabia o quanto era cruel. De maneiras imperceptíveis e sutis, Michael era um atormentador eficaz. Mais cedo ou mais tarde, nenhuma mulher com juízo estaria disposta a ficar com ele.

Com a permissão do grupo, Michael vem se sentar ao meu lado, como ele já viu outros fazerem. Ele fecha os olhos e respira fundo, permitindo que eu o guie para um leve transe.[3]

— Como você está se sentindo agora, sentado aí? — pergunto.

— Nervoso — diz ele.

— Nervoso? Certo, e onde isso está no seu corpo? Qual é a sensação física relacionada a isso?

— Aqui — ele aponta para a barriga —, tipo, cheio de nós.

— Está apertado? Comprimido?

— É tipo uma atadura — diz ele. — Uma atadura ao redor do meu peito, do meu coração...

Ele começa a chorar.

— Você está sentindo alguma dor?

Ele assente. Está tendo dificuldade para recuperar o fôlego.

— E medo — diz ele. — Muito medo.

— Na atadura?

— E aqui. — Michael aponta para a garganta. — Não consigo respirar — diz, começando a ofegar.

Os outros homens se inclinam para a frente, um pouco alarmados.

— Continue respirando — instruo. — Respire fundo, devagar e com calma.

Ele ainda está com dificuldade para respirar. Parece o início de uma crise de ansiedade.

— Muito bem... — digo. — Então, se você começar a sentir alguma dor, continue respirando, Michael. A dor vem, depois é a vez das lágrimas e, então, você sente a garganta contrair e o medo vem?

Ele assente, incapaz de falar.

— Certo, então uma parte começa a sentir essa porção de dor e a outra parte começa a lutar contra ela?

Ele assente outra vez.

— Muito bem. Não tem problema, continue respirando. Ouça, não precisa se apresentar a ninguém aqui. Se chorar, não tem problema. Se não chorar, tudo bem também. Enfim... Está me ouvindo?

Ele assente e se acalma. Sua respiração volta ao normal.

Faço perguntas sobre sua família. Peço que pense em seu pai e sua mãe e descreva como eles eram durante sua infância. No início, as lembranças são vagas. Depois, ele começa a falar sobre a raiva da mãe. À medida que as imagens que chegam até ele ganham mais contornos, mais detalhes, Michael sente cada vez mais dificuldade para falar.

— Quantos anos você tem agora? — pergunto.

— Sete. Oito.

— O que está fazendo?

— Não consigo respirar — diz ele.

— Não tenha pressa — relembro. — Quando estiver pronto, conte o que está fazendo.

Michael começa a se lembrar dos gritos — pratos jogados, xingamentos lançados. À medida que as lembranças se acumulam, a ansiedade crepita em torno dele como um campo elétrico. Por fim, ele se lembra de tudo.

— O que você está vendo?

— Estou correndo — responde ele devagar, concentrando-se. — Ela está me perseguindo.

— Como ela está?

Ele balança a cabeça.

— Olhe para ela — peço.

— Não quero.

— Você está com medo?

Ele assente.

— Tente — insisto. — O que você vê?

— Ela está babando. Meu Deus. — Ele fecha os olhos com força e vira o rosto.

— Babando? — pergunto. — Tipo, espumando pela boca?

Ele assente mais uma vez.

— Como é isso?

— É horrível — diz ele. — Assustador.

— Prossiga.

— Tem uma faca... Meu Deus.

— Vá em frente, Michael.

— Ela costumava fazer isso! — grita ele, abruptamente. — Ela costumava fazer isso com todos nós.

— Continue.

Com os olhos ainda fechados, ele balança a cabeça.

— Ela está dizendo que vai me matar. Se ela me pegar, ela vai...

Michael começa a chorar, com suspiros estrangulados.

— Respire — digo a ele, inclinando-o para a frente. — Faça barulho. Deixe sair. Não se engasgue.

Uma enxurrada de soluços o invade.

— Ótimo — aviso. — Muito bom, Michael. Deixe sair.

O choro cessa de maneira abrupta, e Michael começa a hiperventilar.

— Respire — instruo. — Você consegue falar?

Ele balança a cabeça, ofegante e trêmulo. Sei que para os outros homens deve parecer que Michael está tendo uma convulsão. Eu o seguro com firmeza, colocando uma das mãos em seu ombro e pressionando seu joelho com a outra. Falo com ele sobre o que está acontecendo.

— Isso se chama memória corporal — explico. — Parece assustador. Às vezes acontece quando você revive um trauma antigo. Você está dentro dele. Uma memória dissociada está atingindo a consciência.[4] Continue respirando. Mantenha-se concentrado na minha voz, Michael, como um farol. Consegue me ouvir?

Ele assente.

— Muito bom. Vai passar. Concentre-se na sua respiração. Envie oxigênio para o menino de 8 anos dentro de você. Respire, Michael. Muito bom.

São dez longos e assustadores minutos. Eu falo, ele ouve.

— Você está se lembrando de alguma coisa?

Ele meneia a cabeça.

— Ótimo, vamos chegar lá. Concentre-se na sua respiração.

A tormenta enfim começa a passar. Como uma tempestade indo embora, mais lenta, mais suave, a respiração ofegante e o tremor diminuem.

— Você conseguiu — digo a ele. — Você conseguiu.

Michael sorri e começa a chorar — lágrimas puras e sem complicações.

— Do que você se lembrou? — pergunto a ele.

— De quando eu chorava — responde ele com o tom de voz de um garotinho vulnerável. — De quando ela ficava daquele jeito. Quando eu chorava, ela cobria minha boca com a mão e segurava meu nariz.

— Quer dizer que ela bloqueava o ar?

Ele assente.

— Ela sufocava você?

Ele assente.

— Até que ponto? Como isso acabava?

Ele dá de ombros.

— Não sei. Acho que eu desmaiava.

— Entendi. Então, quando começou a se reconectar com aquele menino que estava dentro de você, quando começou a sentir essa dor, você experimentou mais uma vez o sufocamento.

— Eu estava engasgando — diz ele, quase se desculpando.

— Eu sei — digo. — Sei que estava.

Alguns minutos depois, Michael compartilha com o restante de nós uma imagem que lhe vem à mente, do garotinho de 8 anos. Ele sai correndo de casa e entra na floresta. Senta-se em uma pedra imensa, a mesma de todas as vezes, esperando o anoitecer e o retorno do pai e a segurança que vinha com ele. Conta histórias a si mesmo e inventa pequenas encenações. Michael se lembra muito do frio, pois sempre fugia sem casaco.

Durante o feedback do grupo, Billy expressa o pensamento que não saiu da minha mente em momento nenhum:

— Vou dizer uma coisa — diz ele a Michael. — Agora eu respeito muito mais o motivo pelo qual você precisa de tanto controle do que quando entrei aqui esta noite.

Carl se inclina para a frente para olhar nos olhos de Michael.

— Bem-vindo ao grupo — diz. — Estou feliz por você estar aqui.

— Lá se vai a família perfeita — aponta Tom.

— Eu sabia que isso não existia... — começa Michael.

— Apenas ouça — interrompo-o. — Deixe que esses homens cuidem de você. Apenas absorva tudo.

Por um breve instante, Michael fecha os olhos. Ele suspira e depois se inclina para trás em sua cadeira. Esse momento é seu primeiro ato consciente de recuperação.

"A grande maioria dos homens leva uma vida de silencioso desespero." Já outros não são tão silenciosos assim. A história de Michael é pesada e dramática; outras são muito mais sutis. A dinâmica da depressão nos homens, no entanto, continua a mesma. Para ajudar um homem com depressão oculta como Michael, é necessário desvendar as camadas do transtorno. Em primeiro lugar, o vício deve ser interrompido, o que aconteceu quando Virginia o deixou. O mecanismo de defesa contra a depressão deve se esgotar ou então gerar tantos problemas a ponto de o homem ser enviado até mim por aqueles que o cercam. Ele é enviado pela esposa que não o aguenta mais, ou pelo empregador que não consegue fazê-lo produzir, ou, em casos mais extremos, pela justiça.

Se for possível interromper os movimentos compensatórios, a depressão oculta virá à tona. Às vezes, essa transição é tão violenta que a prioridade é apenas sobreviver a ela. Se o homem estiver se automedicando com drogas ou álcool, como em geral acontece, ele também pode estar em abstinência aguda de substâncias. A hospitalização pode ser necessária. Programas de 12 Passos costumam ajudar. Com ou sem abuso de substâncias, uma vez que os mecanismos de defesa da depressão oculta cessam, a dor desencadeada muitas vezes toma conta do homem com a intensidade de uma força há muito reprimida.

* * *

Desde a primeira formulação de Freud sobre a depressão como uma espécie de luto,[5] a maioria das teorias psicológicas sobre o transtorno tem se concentrado no papel exercido por danos e perdas durante a primeira infância. O psiquiatra Rene Spitz cunhou o termo "hospitalismo"[6] quando estudou a relação entre depressão e privação em idades precoces. Spitz estudou bebês em grandes orfanatos com pouca nutrição emocional, que apresentavam sinais da grave "síndrome do insucesso". Eram apáticos, interagiam pouco, tinham pouco interesse no ambiente ao redor e eram propensos a doenças. Muitos eram tão apáticos que nem comiam. Alguns quase morreram. Embora esses bebês fossem alimentados de maneira adequada e recebessem atenção médica, não recebiam estímulo emocional nem eram amados. Apesar de essa falta extrema de cuidado produzir resultados imediatos, formas menos extremas de perdas ou danos nesse mesmo cuidado podem estabelecer as bases para depressões futuras. O britânico John Bolby, pesquisador da infância, detalhou inúmeros casos de vulnerabilidades infantis resultantes até de interrupções relativamente pequenas no contato com as figuras parentais. Em um documentário clássico, os colegas de Bolby filmaram a reação de um menino de 17 meses[7] à ausência do pai e da mãe por duas semanas. O documentário acompanha o menino em seus estágios de traumatização: negação, protesto e desespero. No decorrer de duas semanas, esse bebê, que inicialmente era robusto, passa de uma calma aparente para uma regressão raivosa e depois para a apatia, enquanto se aninha em um canto da brinquedoteca. O momento final do documentário mostra o retorno do pai e da mãe. Enquanto o menino corre para os braços da mãe, a câmera se aproxima do rosto dele, congelado em uma expressão de desconfiança hostil. Esse filme extraordinário expõe o tipo de pequena fissura da infância que, mais adiante, sob estresse suficiente, pode se abrir.

Quando comparada à experiência de crianças em Sarajevo, na Somália, ou até em guetos urbanos, a ferida causada pela ausência do pai e da mãe por duas semanas parece ser o menor dos problemas. Ouvimos dizer que crianças têm uma resistência extrema e que a vida é cheia de dificuldades a serem superadas. De fato, a capacidade de uma criança de sobreviver a circunstâncias extraordinárias pode parecer, às vezes, nada menos que milagrosa. Essa alardeada resiliência, contudo, não deve embotar nossa sensibilidade aos efeitos da privação durante a infância. Muitas vezes, as crianças sobrevivem, mas a que custo? Ao que parece, Michael havia sobrevivido com facilidade. Era casado, bem-sucedido e pai de dois filhos. Só que uma inspeção minuciosa revela as manobras às quais ele recorreu para não deixar seu pequeno navio naufragar — os comportamentos controladores e urgentes, a desconexão que sentia entre si mesmo e os próprios sentimentos. Os danos nas crianças criam tanto as feridas quanto as defesas contra elas, que são a base da depressão adulta.

Focar a importância da infância não exclui a maior compreensão do papel que a biologia desempenha na depressão. Os avanços na pesquisa fisiológica enfim parecem estar próximos de concluir o antigo debate sobre "natureza *versus* criação". Quando comecei minha formação, vinte anos atrás, muita atenção era dada à distinção entre dois tipos de depressão: uma biológica e outra não. Essa distinção tinha vários nomes: depressão grave *versus* leve, biológica *versus* neurótica, endógena *versus* exógena. Os resquícios dessa antiga distinção ainda sobrevivem nos diagnósticos do DSM IV de "transtorno depressivo maior" e "distimia".[8] Na tradição, acreditava-se que a "depressão grave", muitas vezes encarada como a "verdadeira depressão", derivava de um desequilíbrio químico. Considerada um distúrbio genético, ela exigia intervenção médica na forma de medicamentos ou terapia de eletrochoque. O distúrbio menos grave, o "transtorno depressivo menor" ou "depressão neurótica" era uma reação ao estresse da vida, tratada com "terapia da fala".

Embora a distinção entre depressão maior e menor[9] (agora chamada de distimia) ainda exista na nomenclatura oficial, na vida real ela quase desapareceu. O único contraste real entre os dois transtornos é que a depressão maior é mais aguda e grave do que a depressão menor. É mais simples e mais eficaz pensar nelas como uma condição que se manifesta dentro de um espectro de gravidade. Muitos pacientes que sofrem a erupção de um episódio depressivo agudo e grave também têm uma linha de base crônica de depressão leve. Em estudos nos quais acompanhou-se pacientes com ambos os transtornos, mostrou-se que, embora a depressão "maior" possa ser mais grave em curto prazo, a distimia pode ter efeitos devastadores no longo prazo. Quem sofre de distimia ao longo da vida encontra mais dificuldade em relação ao tratamento e apresenta uma taxa de reincidência mais alta. Além disso, os custos econômicos e de qualidade de vida[10] gerais para esses pacientes acabam sendo maiores do que para aqueles que sofrem de depressão em sua forma mais dramática. O alívio proporcionado pela fluoxetina e medicamentos similares a milhões de pessoas que sofrem de distimia desafia ainda mais a ideia de que as depressões "menores" não são "biológicas". A fluoxetina não é mais eficaz do que os antidepressivos anteriores no tratamento da depressão "maior" clássica. Ela se destaca no alívio das condições "menores" nos quais os medicamentos anteriores não ajudavam muito. A distinção entre depressões maiores e menores, biologia e personalidade, parece estar sendo superada.

Quase um ano após a primeira participação no grupo de homens, Michael estava pronto para convidar o pai e a mãe para uma semana de terapia em família. Com extraordinários cuidado e coragem, e auxiliado pelas duas irmãs, Michael confrontou a mãe sobre os periódicos surtos de irracionalidade. Após os protestos iniciais, Anna admitiu o que todos na família já sabiam fazia anos: que havia uma década ela era adicta em medicamentos. Ela não se lembrava da maneira brutal e selvagem com que tratava os filhos, naquele momento discutida abertamente pela primeira vez, mas se lembrava dos frequentes desmaios causados pelos medicamentos. Dois meses depois dessa sessão familiar, Michael viajou com o pai e a mãe para o hospital Hazeldon, em Minnesota, onde Anna se "desintoxicou" por completo pela primeira vez em 32 anos. No Hazeldon, a equipe deu a ela o diagnóstico duplo de dependência química e depressão, o rótulo psiquiátrico atual mais próximo da depressão oculta. Também registraram um histórico de depressão e dependência química nos antecedentes de Anna e de seu marido.

A depressão oculta de Michael era genética ou ambiental? Vinha da natureza ou de sua criação? Era herdada ou tinha sido transmitida pelo trauma? A resposta, exceto para aqueles que estão nos campos mais extremos, seria: todas as alternativas. Por várias décadas, pesquisadores em epidemiologia, a ciência de rastrear o curso de uma doença, demonstraram que a depressão maior ocorre na estrutura familiar por genética. Ao analisar históricos familiares próximos e ao estudar gêmeos idênticos criados em ambientes diferentes, os pesquisadores constataram que há um forte componente genético na depressão maior,[11] que independe do ambiente. Estudos sobre a base genética da depressão menor, entretanto, mostraram-se muito menos convincentes. Insatisfeito com esses resultados, o epidemiologista George Winokur tentou incluir em seus estudos não apenas a distimia em si como também um conglomerado de distimia, alcoolismo e "personalidade antissocial". Ele chamou essa mistura de "transtorno do espectro depressivo".[12] Na maioria dos aspectos, o transtorno do espectro depressivo de Winokur é outro nome para a depressão oculta. Winokur descobriu que, ao ampliar o escopo da depressão para incluir esses comportamentos violentos ou que geram dependência, era possível demonstrar com facilidade que o transtorno do espectro depressivo resultante tinha uma base genética. Winokur também considerou as distinções de sexo em sua pesquisa. Em vários estudos, ele e seus colegas encontraram evidências de uma ligação genética entre a depressão e o alcoolismo, sendo a primeira ligada às mulheres,[13] e o segundo, aos homens. Winokur deduziu da epidemiologia o que concluí dos dados clínicos: os vícios e a depressão podem não ser distúrbios distintos, mas variantes do mesmo distúrbio expressas de forma diferente conforme as distinções de gênero. O ponto em que divirjo um pouco da conclusão de Winokur é o fato de ele equiparar a depressão oculta à depressão menor. Qualquer um que tenha lutado contra um vício grave não concordaria que seu distúrbio tenha sido menor. A depressão oculta mantém a depressão central sob controle. Quase nunca encontramos a depressão maior e os mecanismos de defesa contra a depressão oculta operando ao mesmo tempo, pela simples razão de que esses mecanismos funcionam, ao menos em parte, para fazer com que a depressão pareça menor. Quando os mecanismos de defesa falham ou a pessoa para de se automedicar, a depressão aparente que surge pode parecer muito com a depressão maior. Esse foi o caso de Michael, quando seu relacionamento com Virginia não o acalmava mais, e de Damien Corleis, quando ele se afastou do vício em sexo com a esposa. Esses dois homens foram hospitalizados ou estiveram perto disso. O mesmo pode ser dito de William Styron, que caiu em depressão profunda quando parou de beber.

Se o indicado a partir das pesquisas é que ambas as formas de depressão, aparente e oculta, possam ter base biológica, então podemos nos perguntar por que devemos nos preocupar com questões relacionadas a traumas na infância. Se a doença é simplesmente herdada, um foco exclusivo em questões médicas e não psicológicas pareceria apropriado. Embora alguns pesquisadores assumam essa posição, outros a contestam com fervor. A controvérsia sobre a questão da natureza e da criação, terapia ou medicamentos, tem sido tão disputada que, mesmo em meio à própria luta, que lhe trazia risco de vida, William Styron não resistiu a provocar seus ajudantes sobre o absurdo do argumento deles. Ele escreve: "O intenso e, às vezes, comicamente estridente sectarismo presente na psiquiatria atual — a divisão entre os que acreditam na psicoterapia e os adeptos da psicofarmacologia — assemelha-se às disputas médicas do século XVIII (sangria é bom ou ruim) e praticamente define a natureza inexplicável do distúrbio."[14]

A relação entre biologia e psicologia nunca foi tão simples quanto o debate sugere. Os dois lados do argumento "natureza/criação" estão errados. O problema decorre do fato de enquadrar o debate como se a influência da biologia fosse apenas em um sentido — de cima para baixo, de nosso corpo para nossa mente. Novas pesquisas mostraram que a relação entre o cérebro e a mente se dá em ambas as direções. Há muito tempo é aceito que as alterações em nossa bioquímica, causadas por doenças, medicamentos ou entorpecentes, podem afetar nossos estados psicológicos. Entretanto, o que era menos apreciado, até pouco tempo atrás, é que as mudanças que afetam nossos estados psicológicos também podem alterar nossa bioquímica, até mesmo as próprias estruturas de nosso cérebro. Em determinadas circunstâncias, essas alterações podem ser permanentes.

Na Universidade Estadual de Nova York, em Stony Brook, Fritz Henn e Emmeline Edwards analisaram o efeito do ambiente em ratos de laboratório[15] em uma série de experimentos tão elegantes quanto convincentes. Em um primeiro momento, Henn e Edwards induziram a depressão em um grupo de ratos normais, dando-lhes pequenos choques elétricos dos quais não podiam escapar. Após um estágio inicial de protesto, os ratos acabaram "desistindo". Ficaram desanimados, isolados e tiveram problemas para comer e dormir. Em outras palavras, apresentaram muitos dos sintomas "vegetativos" (biológicos) que as pessoas apresentam quando sofrem de depressão "maior". Em seguida, os pesquisadores descobriram que o cérebro desses ratos tinha sofrido alterações. Uma parte havia se tornado mais sensível do que o normal a determinado neurotransmissor, enquanto outra parte estava menos sensível do que o normal à mesma substância.

Henn e Edwards deram a esses ratos "deprimidos" os mesmos antidepressivos utilizados por seres humanos. Em cerca de duas semanas, tempo necessário para que o medicamento comece a fazer efeito, a depressão dos ratos desapareceu. Não mais desamparados, eles logo aprenderam a pressionar uma alavanca dentro da gaiola e parar o choque. Quase ao mesmo tempo, suas anomalias cerebrais voltaram ao normal. A experiência emocional de desamparo alterou a fisiologia desses ratos e, em contrapartida, uma alteração fisiológica, a medicação, aliviou o sofrimento emocional.

Henn e seus colegas deram continuidade a esse experimento pegando um grupo diferente de ratos e estressando-os, o que os levou ao estado de depressão. O resultado foi a mesma anomalia cerebral, mas, dessa vez, os pesquisadores "trataram" seus pequenos pacientes sem medicação. Com uma técnica que imitava a psicoterapia, eles ensinaram os ratos a escapar do desamparo. Um estudante de medicina tricotou para os ratos suéteres minúsculos com mangas que se encaixavam em suas patas dianteiras. Um longo cordão foi deixado nas mangas. Ao puxar o fio, como em uma marionete, os pesquisadores conseguiam persuadir os ratos a pressionar uma alavanca, ensinando-os a acabar com o choque. À medida que os animais aprendiam a ter controle sobre tal circunstância, da mesma forma que pacientes de psicoterapia aprendem a ter controle sobre as próprias circunstâncias, a depressão diminuía, assim como as anomalias cerebrais. Os fatores ambientais produziram mudanças no cérebro que foram revertidas com o mesmo sucesso, alterando a neuroquímica dos ratos e afetando seu aprendizado. A relação entre fisiologia e psicologia, corpo e mente, parece ser recíproca. A criança ferida de 8 anos que Michael visualizou e de quem começou a cuidar naquela noite na terapia em grupo pode existir não apenas na mente de Michael como também em sua neurologia.

Um conjunto substancial e crescente de pesquisas nos ensina que o trauma e a perda na primeira infância terão, como disse um pesquisador, "consequências psicobiológicas para toda a vida".[16] Foi demonstrado que os filhotes primatas que são separados da mãe[17] apresentam alterações anormais nos níveis do neurotransmissor cerebral serotonina, uma substância química cujo desequilíbrio há muito tempo é associado à depressão e que é afetado pela fluoxetina. As enzimas adrenais também se alteram com a separação materna,[18] assim como os níveis de cortisol no sangue, a frequência cardíaca, a temperatura corporal e o sono. O pesquisador Bessel van der Kolk observa: "Essas mudanças não são transitórias nem leves, e sua persistência sugere que alterações neurobiológicas de longo prazo estão por trás dos efeitos psicológicos da separação precoce."[19] Em vários experimentos, macacos que sofreram isolamento precoce aparentemente se ajustaram bem em circunstâncias normais, mostrando-se, porém, muito mais vulneráveis a doenças físicas e à depressão grave quando diante de uma situação desafiadora ou de outra perda. Os medicamentos antidepressivos melhoram ou até revertem os sinais fisiológicos e as alterações comportamentais que acompanham a separação materna precoce em macacos, levando alguns biólogos a especular que a privação materna precoce em primatas pode ser um bom modelo de trabalho para a depressão em humanos.[20] Essas observações também têm implicações para nossa compreensão dos vícios. Se a separação materna precoce acarreta transtorno nos animais estudados, opioides, como a morfina, o aliviam. De fato, nenhuma substância demonstrou mais eficácia no alívio dessa angústia. Macacos que foram isolados na juventude apresentam maior sensibilidade a anfetaminas e opioides,[21] bem como maior consumo de álcool, quando comparados a animais criados normalmente. E essas mudanças se aceleram quando os macacos são submetidos a estresse.

A partir de pesquisas sobre a biologia do trauma, estamos começando a aprender que mesmo danos aparentemente leves na infância podem produzir mudanças fisiológicas duradouras. Contudo, os efeitos nocivos do trauma não costumam ser reconhecidos. Por sermos uma sociedade historicamente dominada por valores masculinos, tendemos, e ainda o fazemos, a negar a vulnerabilidade e, por consequência, a existência do trauma. Sigmund Freud foi o primeiro psicoterapeuta a documentar os relatos dos pacientes sobre traumas de infância e abuso sexual. Em um dos erros mais famosos do século XX, Freud concluiu que suas pacientes, filhas de amigos e colegas, estavam mentindo. Ele afirmou que sua mente não aceitava a ideia de que homens decentes conhecidos por ele pudessem fazer o que as jovens relatavam. Como consequência, fez o que a maioria de nós tem feito ao longo da história quando se depara com sobreviventes de traumas: não acreditou nelas e as culpou.[22]

A questão do trauma não voltou à tona até que dezenas de milhares de soldados "traumatizados" — *shell shocked*, em inglês — nos forçaram a refletir mais uma vez sobre o assunto durante a Primeira Guerra Mundial. A expressão deriva da teoria errônea de que a angústia ocorre como resultado de uma concussão causada por explosivos. Quando ficou evidente que os soldados não estavam sobrecarregados em termos físicos, e sim em termos emocionais, a resposta típica preponderou: nós os culpamos. A retórica pública mudou da linguagem da medicina para a linguagem da fraqueza moral. Os soldados traumatizados não tinham "fibra". Eram frágeis e mal-intencionados ou, de forma mais direta, covardes. A nova especialidade médica da psiquiatria, trazida de uma relativa obscuridade para a corrente principal devido à necessidade de tratar esses veteranos de guerra, revestiu os mesmos sentimentos com uma roupagem técnica, oferecendo a imagem do homem "neuroticamente suscetível e infantil". Apenas quando o movimento popular dos veteranos do Vietnã forçou a instituição médica a parar de culpar as vítimas é que nós, como sociedade, reconhecemos pela primeira vez que qualquer homem, por mais "bem ajustado" que fosse, poderia ficar sobrecarregado se submetido a estresse suficiente. Assim nasceu o novo diagnóstico de *transtorno de estresse pós-traumático*.

Do mesmo modo como acontece com a depressão, tendemos a validar apenas as formas mais extremas de trauma. Não ficamos mais surpresos, como poderíamos ter ficado uma geração atrás, ao saber que quase todos os homens enclausurados[23] em cruéis campos de prisioneiros de guerra japoneses durante a Segunda Guerra Mundial ainda apresentam sintomas psicológicos quase cinquenta anos depois. Agora compreendemos os efeitos duradouros de tais danos públicos e catastróficos — cativeiros políticos, tortura, terremotos, enchentes —, assim como entendemos os efeitos de longo prazo do abuso infantil grave e flagrante. Contudo, ainda relutamos em aceitar o trauma ou o abuso em suas formas mais sutis — desqualificar a dor resultante deles ignora o fato de que as lesões mais óbvias não são necessariamente as que causam mais danos. A flagrância do trauma infantil nem sempre se correlaciona de modo direto com a extensão dos danos posteriores.

Os ataques violentos e ocasionais dos quais Michael se lembra chamam nossa atenção. A imagem persuasiva daquele menino perseguido com facas obscurece a realidade de que, nos outros 360 e poucos dias do ano, Michael vivia em uma atmosfera perfeccionista, restrita e entorpecente. Qual dessas duas forças ambientais, uma profunda e dramática e a outra comum e crônica, causou mais danos a ele? Não há uma resposta simples para essa questão.

Em comparação ao que costumamos considerar um trauma dramático, os tipos de dano que a maioria dos meninos sofre como aspecto intrínseco do crescimento dos homens tende a parecer relativamente leve. Acredito que quanto mais aprendemos sobre os efeitos do trauma na infância, mais plausível se torna a existência de tais danos. Embora seja verdade que as crianças podem ser extremamente resilientes, a pesquisa sobre a biologia do trauma nos lembra de que, quando comparadas aos adultos, elas ainda são delicadas. Danos relativamente delicados podem fazer mal. Quando pensamos em trauma, pensamos em estereótipos, nos acontecimentos públicos catastróficos capazes de sobrecarregar um adulto, o que alguns especialistas chamam de "trauma 'Tipo I'".[24] Entretanto, o que mais distingue o trauma infantil de ocorrências como o estresse causado pela guerra é simplesmente o fato de o dano ocorrer em crianças. "Seja gentil comigo, senhor", diz o epigrama do National Children's Defense Fund. "Meu barco é tão pequeno e o mar é tão vasto." A personalidade de uma criança e sua neurologia — o pequeno barco em que ela navega — ainda estão se desenvolvendo. Danos relativamente leves na infância podem ter efeitos duradouros porque ocorrem enquanto as próprias estruturas da personalidade, do corpo e do cérebro estão sendo formadas — ou malformadas. Um conjunto crescente de evidências indica que um estado elevado de excitação — a reação inerente de "luta ou fuga" do corpo ao estresse — em crianças pequenas pode ter consequências fisiológicas permanentes. Crianças estressadas têm mais dificuldade para modular sentimentos, negociar conflitos e "se acalmar" do que as outras crianças, e isso aparenta ser ainda mais verdadeiro no caso dos meninos, que parecem ser ainda mais sensíveis[25] do que as meninas a danos ou privações.

Quando uma criança é ferida por seu cuidador, o que acontece com bastante frequência, o perigo é levado a ela pela pessoa de quem depende e em quem confia. Esse trágico dilema cria um vínculo excruciante que está no centro da experiência traumática da criança — a necessidade desesperada de restabelecer uma conexão amorosa com o próprio agressor. Michael se lembra de fantasiar muito com um resgate fantástico quando estava sentado na pedra na floresta, sozinho e tremendo de frio. Ele, o corajoso príncipe, desceria sobre o castelo maligno com armas que disparavam raios de amor e resgataria a princesa congelada. Aos 45 anos, não lhe havia ocorrido, até eu dizer a ele, que a princesa congelada que ele tanto desejava libertar era sua mãe adicta.

Por fim, seguindo uma linha diferente da do trauma adulto, os danos na infância podem não resultar apenas da violação. A maioria das pesquisas com animais não se refere tanto à agressão precoce quanto à privação precoce. Ao trabalhar com homens traumatizados, faço uma distinção entre dano *ativo* e *passivo*. O *trauma ativo* é uma violação de algum tipo de limite, uma interação tóxica. O *trauma passivo*, em contrapartida, é uma forma de negligência física ou emocional. Em vez de uma presença violenta, o trauma passivo pode ser definido como uma falta violenta — a ausência de cuidados e responsabilidades que em geral são esperadas de um cuidador; a ausência de conexão. Em um caso de trauma ativo, um menino pode chegar em casa com um joelho todo ralado e a calça rasgada e ensanguentada, e seu pai gritar com ele por ter estragado a roupa. Em um caso de trauma passivo, um menino chega em casa com o joelho todo ralado, e o pai promete que vai cuidar dele, mas passa mais de dez minutos em uma ligação de trabalho enquanto o menino espera ao seu lado, sangrando. Quando pensamos em traumas infantis, tendemos a pensar em traumas ativos em um primeiro momento, embora a negligência extrema seja o motivo pelo qual a maioria das crianças é retirada de casa. Apesar de não haver estimativas confiáveis sobre a prevalência de traumas passivos extremos, a maioria dos especialistas em violência doméstica estima que eles ocorram com pelo menos duas vezes mais frequência do que o trauma ativo. Richard Gelles, pioneiro na pesquisa sobre violência, calcula que uma em cada onze crianças[26] — o equivalente a 4 a 5 milhões por ano — sofre alguma forma de negligência extrema. No entanto, assim como no caso do trauma ativo, as questões de negligência não precisam ser extremas para causar danos. O trauma passivo pode ser tanto psicológico quanto físico. A boa educação requer três elementos: cuidado, estabelecimento de limites e orientação.[27] Uma figura parental que esteja absorta demais para suprir qualquer um desses elementos negligencia as necessidades legítimas da criança. Meu paciente Ryan trouxe esse ponto em um grupo de quarta-feira à noite.

Quando chega a vez dele, Ryan "faz o check-in" com a história de uma "pequena epifania à beira da estrada". Ao chegar em casa depois de uma festa, Lilly, sua esposa, expressou raiva e mágoa pela maneira como Ryan, carinhoso quando a sós com ela, a "rejeitava e evitava" em público.

— Ela disse que parecia que eu agia como se não a conhecesse — conta Ryan. — No passado, eu teria ficado na defensiva e talvez até puxado briga, mas dessa vez fiquei tão... sei lá, tão atordoado. Porque eu sabia que ela tinha razão, sabe? Parei na beira da estrada e desliguei o carro.

Após alguns anos de terapia, Ryan se permitiu reconhecer não apenas a verdade do relato de Lilly e a dor que aquilo causava nela como também os próprios sentimentos e as próprias associações. O pai e a mãe dele quase nunca demonstravam afeto físico um pelo outro e, embora o tivessem feito com ele durante sua infância e ainda o fizessem com sua irmã, pararam de demonstrar tal afeto por ele aos 6 ou 7 anos.

Sentado na beira da estrada, Ryan teve uma lembrança vívida de si mesmo quando tinha essa idade, chorando na cozinha, histérico, pedindo "colo", enquanto sua família andava de um lado para o outro preparando o jantar como se ele não estivesse ali.

— Era como se o meu pai e a minha mãe tivessem tomado a decisão de parar de me dar colo, embora eu tenha certeza de que não o fizeram porque não falavam sobre esse tipo de coisa. Acho que meu pai nunca mais me tocou, exceto talvez uma ou duas vezes a cada poucos anos, quando ele perdia a cabeça e me jogava contra a parede. Acho que era isso.

Conduzo Ryan por um rápido exercício de imaginação guiada, pedindo a ele que feche os olhos e visualize a si mesmo erguendo seu filho pequeno no ar e rindo juntos, uma cena que ele descreveu muitas vezes para o grupo. Peço que observe a alegria, o puro prazer no rosto deles. Depois, peço que se imagine como uma criança sendo tocada com tanta alegria pelo próprio pai. Ryan começa a chorar com suavidade e em silêncio.

— Isso era seu direito de nascença — digo a ele. — A emoção dele em estar com você. Você merecia isso.

Ao lado de Ryan, Tom também começa a chorar baixinho. Quando pergunto o que desencadeou aquelas emoções, ele recorda que, na formatura de seu MBA, o pai o abraçou e disse que o amava pela primeira vez na vida.

— Eu tinha 26 anos — reflete ele. — Nem mesmo um bacharelado foi suficiente para arrancar isso dele. Eu tive que fazer uma *pós-graduação*. — Tom exibe um sorriso triste, ainda com lágrimas nos olhos. — Se eu ainda estiver neste maldito grupo quando tiver um filho, juro que vou dizer a essa criaturinha preciosa pelo menos uma vez por dia que me importo com ela, estão me ouvindo? *Pelo menos* uma vez por dia. Se não o fizer, podem me arrastar para fora de casa e me dar uma lição.

Classificar essa negligência como trauma não banaliza a natureza do trauma. Acho que não tocar em uma criança por décadas é uma forma de dano. E também que reter qualquer expressão de amor até que um menino se torne um homem adulto é uma forma de violência emocional. Acredito que a violência que os homens exercem contra si mesmos e contra os outros é gerada por essas circunstâncias. Ryan buscou terapia pela primeira vez depois de um ano de abuso de álcool e de várias ocasiões em que bateu na noiva. Não teve como recuperar o relacionamento, mas, com a minha ajuda, começou a se tratar da bebida e da depressão oculta. Quando Tom foi encaminhado para uma consulta, estava deprimido, com tendências suicidas e à beira de uma hospitalização de emergência. Esses homens não estão se lamentando. Suas lesões não são superficiais. Minimizar o sofrimento deles não é apenas errado; é perigoso.

Apesar disso, como pai de meninos, inculcado tanto quanto qualquer outra pessoa pelas regras da masculinidade, sei por experiência própria como é fácil cair na traumatização passiva de crianças do sexo masculino.

Justin, meu filho de 5 anos, tem muito orgulho de ter a mim, em vez de a mãe, assistindo à sua aula de patinação no gelo. Esta é a oitava semana e a primeira e única vez na temporada que consegui liberar minha agenda em um dia útil para estar presente.

Patinar tem sido difícil para ele. Muito atlético, Justin está acostumado a ser bom em esportes, sem fazer esforço. Ele não gosta de fazer as coisas mal feitas, mesmo no início, e a mãe teve que o pressionar para mantê-lo na pista. Eu achava que ele havia vencido seus medos e sua vergonha. No entanto, ele parece ter regredido, talvez por eu estar lá, em vez da mãe. Justin patina até mim e diz que quer sair da aula. Reclama que os pés estão doendo. Os patins não são bons. Muito constrangido na frente dos outros pais, eu me mantenho firme, insistindo de forma gentil, mas clara, que ele "volte e tente". Por fim, ele se senta no gelo na lateral do ringue e começa a chorar. A contragosto, vou buscá-lo. Imagine como me senti quando tirei seus patins e encontrei duas bolhas do tamanho de uma moeda, uma em cada calcanhar. Na pressa de calçá-lo, eu havia trocado os lados.

Pais e mães são humanos, e me incluo nisso, e pode ser que essa seja a pior coisa que aconteça com Justin. Mesmo assim, é preciso se perguntar, eu precisava me perguntar: *Eu teria sido tão firme e antipático com uma menina?* Para ser franco, acho que não. Ao ignorar Justin enquanto ele se afundava cada vez mais no desespero, eu o abandonei. Não foi algo terrível, mas foi o tipo de abandono que os meninos sofrem com frequência. Estudos indicam que, desde o momento do nascimento, fala-se menos com os meninos do que com as meninas, eles são menos consolados e menos cuidados.[28] O trauma passivo em meninos quase nunca é extremo, mas generalizado.

À atadura que Michael amarrou ao redor do coração pode muito bem ter sido uma reação necessária à ameaça extraordinária e não reconhecida à sua vida. Isso se encaixaria na definição clássica de trauma Tipo I, o tipo tão fora dos limites do comum que abala nossas concepções básicas sobre vida e segurança. No entanto, ela também pode ter sido o resultado da erosão persistente da conexão consigo mesmo que caracterizou grande parte de sua vida comum, assim como a de muitos meninos em nossa sociedade. Esse é o trauma Tipo II, crônico e persistente, que ocorre quando as estruturas da infância começam a se formar. É provável que ambos os tipos de trauma tenham deixado sua assinatura no corpo de Michael, em sua neuroquímica, talvez até mesmo na estrutura de seu cérebro, exacerbando o que podia já ser uma vulnerabilidade hereditária à depressão.

Seis meses se passaram desde que conheci Michael e Virginia — quatro meses desde que ele entrou no grupo e dois desde que viajou com a mãe para a primeira sessão. Ele me mostra uma carta enviada pela mãe:

> Olho para trás com horror, pois é impossível não reconhecer o que fiz, até para mim mesma. Não sei como vou me perdoar. Não me atrevo nem a pensar em pedir perdão a você ou às suas irmãs. É como acordar de um pesadelo, só que é infinitamente pior, porque o sonho é real, e o dano é real, e aqui estou eu, 32 anos depois, como um abismo. É tão vasto o tamanho dele, que mal consigo assimilá-lo ou compreendê-lo

por completo. E, é óbvio, como você deve imaginar, quero desesperadamente fugir. Então, o que há de novo?

Em meio a tudo isso, um dos meus poucos consolos é que você tomou as medidas necessárias para se salvar. Você sempre foi um garoto corajoso! Não sei se consigo ter metade da sua coragem, mas vou tentar. Não sei o que mais posso lhe oferecer agora. Fique bem. Você está em minhas orações.

No grupo de quarta-feira à noite, Michael nos informa que há sinais de que a mãe voltou a usar drogas, mas ele não está desanimado. A recuperação costuma se desenrolar em capítulos irregulares. Instantes depois, ele compartilha um momento que teve com as duas filhas. Estava deixando as meninas no novo apartamento da mãe delas, se abaixou na calçada perto do carro para dar um abraço nelas e começou a chorar.

— Por que você está chorando, papai? — perguntou Elene, de 5 anos.

— Porque agora você vai ficar com a mamãe por alguns dias, e estou triste porque vou sentir sua falta.

Ela estendeu a mão para enxugar as lágrimas dele.

— Não fique triste, papai. Mesmo quando estou com a mamãe, eu ainda amo você.

— Eu sei disso — disse ele, abraçando-a. — Eu sei que ama. Mas, sabe, não tem problema se o papai chorar. Não tem problema se as pessoas ficam tristes nem se elas choram.

Michael diz ao grupo que havia pensado, enquanto observava as filhas caminhando até a mãe, que, se ele tivesse aprendido a chorar vinte anos atrás, talvez não estivesse ali parado, vendo-as partir.

Digo a Michael que seus pés estão plantados firmes em uma selva escura, um caminho que o levará muito fundo antes de se transformar em uma luz solar resplandecente. "No meio do caminho de nossa vida", declarou Dante no início de sua viagem, "me encontrei em uma selva escura."

Michael sofreu nas mãos de uma família com depressão e vício não tratados, uma situação em que qualquer um, menino ou menina, poderia estar. No entanto, sua história soa inconfundivelmente como a de um menino. Os mecanismos de defesa heroicos, repletos de negação e secretamente dependentes que ele ergueu entre si e a própria experiência, embora possíveis para uma mulher, parecem familiarmente masculinos; parecem, de fato, apenas pequenos exageros de muito do que viemos a definir como masculino. A história de Michael é 100% dele. A atadura em torno de seu coração, no entanto, é uma condição compartilhada.

CAPÍTULO 5

A perpetuação da masculinidade

"Não fazia nem uma semana que frequentavam as aulas quando chegaram à conclusão de que tinham sido muito burros de não ter ficado na ilha; agora era tarde demais, e logo eles se conformaram em ser tão comuns quanto eu, você ou o garoto ali da esquina."[1]
— J. M. BARRIE, *Peter Pan*

Em um país como os Estados Unidos, onde 135 mil crianças levam armas de fogo para a escola todos os dias,[2] em que a cada 14 horas uma criança com menos de 5 anos é assassinada, e o homicídio substituiu os acidentes automobilísticos como a principal causa de morte de crianças com menos de 1 ano, poucos meninos escapam de um contato direto com o trauma ativo. Quando as questões de raça e classe são levadas em consideração, o quadro fica ainda mais sombrio. Há mais homens negros em idade universitária na prisão do que na faculdade. E a principal causa de morte de homens negros entre 18 e 25 anos[3] — um jovem em cada quatro — é o homicídio. Mais do que as doenças infantis que gastamos milhões para combater, mais do que acidentes ou desastres naturais, a violência é a principal causa de morte de meninos e homens jovens. De longe, a maioria dos atos violentos, tanto dentro quanto fora de casa, é cometida por homens.[4] Na cultura norte-americana, quase sem exceção, a infância envolve ser tanto o receptor quanto o autor de um trauma ativo. Esse dano na infância funciona como uma fissura estrutural em homens problemáticos, colorindo a vida emocional deles, pronta para emergir outra vez diante das circunstâncias certas. O menino ferido que eles acreditam há muito ter deixado para trás age como um reservatório de mágoa e vergonha. Na medida em que esse homem não entra em contato com os sentimentos desse menino e não o confronta, a depressão oculta permeia suas atitudes.

* * *

Quando Dave, 36 anos, e a esposa, Judy, me procuraram, vinham tendo discussões furiosas sobre Brian, de 10 anos. Dave achava que o filho tinha um grave problema de sobrepeso, e Judy queria que o marido parasse de atormentar o garoto. Brian, uma criança gordinha, mas de forma alguma obesa, sentia um misto de raiva e vergonha. Quando me deparo com um pai pressionando de forma tão dura um menino, minha hipótese de trabalho é que os próprios gatilhos do pai estão sendo acionados. A estratégia, então, é explorar com o pai, na presença do menino, a natureza desse gatilho. Depois de algumas provocações gentis em uma sessão como esta, Dave compartilhou com o filho pela primeira vez a própria experiência de ser "um garoto gordo", muito mais pesado do que Brian. Contou sobre o terror sofrido por um garoto de 10 anos que todos os dias era provocado e espancado por um grupo de meninos mais velhos quando voltava da escola para casa.

— Com que frequência isso acontecia? — pergunto a Dave.

— Todos os dias — responde ele, como se fosse uma pergunta idiota.

— Por quanto tempo isso aconteceu?

Novamente, um olhar de impaciência.

— Durante todo o ano letivo. Talvez até o ano seguinte também.

— Deixe-me ver se entendi direito. Você foi espancado todos os dias durante um ano, um ano e meio?

— Um ano e alguns meses — corrige Dave.

— Seu pai e sua mãe não foram na escola reclamar?

— Óbvio que foram. Veementemente.

— E aí?

Dave sorri, um sorriso sábio e cáustico.

— Bem, essa era a pior parte. Eu olhava para cima, sabe. Olhava para as janelas da escola. Os abusados me atacavam no meio do pátio, bem à vista de todos. E eu os via.

— Via quem?

— Meus professores — responde Dave. — Eu via o rosto deles na janela. Eles assistiam a tudo.

"Eles assistiam a tudo." É difícil descrever a violenta onda de amargura, raiva e impotência que irradiou desse homem, quase três décadas depois, quando ele disse essas palavras. Ficou evidente que aquele sentimento de traição havia se tornado um componente estável da vida emocional e, certamente, da parentalidade de Dave. A dor daquele pária de 10 anos passou a alimentar a postura agressiva do pai em relação ao filho. Eu disse a Dave que via sua preocupação com o peso de Brian como uma tentativa equivocada de protegê-lo. Dave precisava encontrar uma maneira de se preocupar com Brian sem passar do limite da intromissão. O perigo residia no fato de Dave estar tão empenhado em proteger o filho do tipo de abuso que ele havia sofrido que acabaria, por mais irônico que fosse, fazendo mal a ele. Essa é uma dinâmica comum entre pai e filho. E a chave para encontrar o equilíbrio entre os extremos de negligência ou intrusão foi trazer à tona a depressão oculta de Dave. Depois de reconhecer o constrangimento e a dor de sua infância, ele foi capaz de expor ao filho uma experiência que era dele, e não do menino. O trabalho de Dave era difícil devido ao reservatório de medo que ele ainda carregava e à amargura despertada pela situação de seu filho. Dave sabia como a vida podia ser cruel para um garoto gordo. Sem as linhas fortes do corpo de um menino "de verdade", a suavidade arredondada de Dave fazia ele "parecer uma menina". Ele havia sido expulso do círculo. Era um alvo legítimo.

Se Dave se tornou objeto de violência em virtude de seu peso, Gerry, um homem deprimido de 20 e poucos anos, atraiu a violência para si em virtude de "parecer nerd". Formado pelo Massachussetts Institute of Technology (MIT), Gerry aparenta ser exatamente o que é: um engenheiro muito inteligente e rígido. Dá para perceber que ele saiu do útero com uma régua de cálculo na mão. Na cara e conceituada escola preparatória que frequentou na Nova Inglaterra, a diferença de Gerry em relação aos outros meninos era celebrada na anual Caça ao Gerry. Uma vez por ano, ao longo de quatro anos, Gerry era perseguido como um animal. Não importava onde tentasse se esconder, ele era pego, amarrado, amordaçado e levado para uma grande sala de jogos. Um grupo de rapazes enrolava fita adesiva em volta dele, dos pés à cabeça, até que ele parecesse uma múmia prateada. Eles faziam dois buracos na altura do nariz de Gerry para passar o ar e o colocavam, incapaz de se mover, em cima de uma mesa de bilhar, onde ele ficava até a noite, "tentando não fazer xixi na calça". Os rapazes da escola inteira usavam pequenas tiras de fita adesiva em homenagem à Caça ao Gerry. Eram muitas as piadas sobre ele. Um aluno chamado em sala de aula poderia responder comprimindo os lábios como se estivesse amordaçado, dizendo: "Humm! Humm! Hummm!" Isso era considerado engraçado. Todos os anos, a administração enviava um memorando para repreender os rapazes, e todos os anos fazia vista grossa até que a tortura terminasse. "Rapazes são assim mesmo", era a postura deles, supõe-se. Criado por duas figuras parentais rigorosas e inclinadas a aplicar punições,

Gerry não é um homem afetuoso ou simpático. Tenho poucas dúvidas de que ele não era um garoto agradável. Assim como o peso de Dave, o jeito "nerd" de Gerry fazia com que ele não fosse 100% masculino aos olhos dos outros garotos, de forma que eles se sentiam no direito de fazer o que quisessem. Aos 26 anos, Gerry foi hospitalizado por depressão psicótica. Entre outros delírios, estava convencido de que um cheiro de urina vazava pelos poros de sua pele.

As experiências desses dois homens com as "regras do recreio", embora extremas em termos de gravidade, não são de forma alguma incomuns na vida dos meninos. Estudos sobre as primeiras formas de violência, o bullying na infância, confirmaram que os meninos de nossa sociedade são mais agressivos do que as meninas. Embora eles não pratiquem mais bullying do que elas, o fazem de maneira diferente. As meninas tendem ao "bullying indireto": ridicularização, xingamentos, disseminação de boatos maldosos. Os meninos também se envolvem nesses comportamentos, só que é muito mais provável que usem força bruta. A agressão entre meninas tende a ser verbal. Os meninos batem, chutam e mordem. Enquanto meninas quase nunca intimidam meninos, eles intimidam tanto meninos quanto meninas — qualquer pessoa considerada fraca. Os ataques mais frequentes e mais ferozes dos meninos são reservados uns aos outros.[5] Para a maioria deles, o trauma ativo é parte integrante da vida.

Um dos motivos pelos quais estamos insensíveis aos danos psicológicos que podem resultar da violência entre meninos é que fomos levados a considerá-la normal, como se fosse um aspecto inevitável do desenvolvimento deles. O trauma ativo está tão saturado na cultura dos meninos que muitos de nós o consideram "natural".

A concepção de que a violência que permeia a cultura dos meninos é predeterminada por vias biológicas, de que os corpos masculinos são "programados" para agredir, vem mais uma vez ganhando popularidade. Embora possa ser tentador fazer generalizações abrangentes sobre masculinidade e violência, biólogos e antropólogos evolucionistas tiveram de atravessar um emaranhado complexo para chegar ao conceito de agressão. Hoje, a maioria dos pesquisadores distingue vários tipos de agressão, como a induzida pelo medo, a parental, a territorial, a instrumental e a motivada pela raiva, cada uma com o próprio conjunto de motivos, emoções e comportamentos característicos. Uma justificativa simplista de que o abuso no pátio da escola é inerente ou biológico — "Rapazes são assim mesmo" ou, de forma mais sofisticada, "Primatas são assim mesmo" — presta um desserviço semelhante às complexidades tanto de seres humanos quanto de macacos.

Biólogos evolucionistas nos ensinam que a "agressão por dominância" — o tipo de agressividade aparente no gorila "alfa" que se eleva até sua altura máxima, rosnando e batendo no peito — distingue-se de outras formas de agressividade justamente pela ausência de violência. A agressão por dominância é, em quase todos os casos, limitada a uma *exibição* de agressividade. Os animais demonstram uns aos outros qual é o seu potencial de luta. Avaliam um ao outro e, em seguida, o animal mais fraco, avaliando o resultado potencial, cede ao mais forte em gestos rituais de submissão. O animal mais forte aceita o acordo e para, muitas vezes dando as boas-vindas e oferecendo proteção ao submisso de maneira ativa. O valor evolutivo da agressão por dominância é óbvio[6] — ela serve para ordenar o grupo e, ao mesmo tempo, evitar a violência.

Freud escreveu certa vez que o primeiro homem a abrir mão da força em nome da palavra foi o fundador da civilização.[7] Como de costume, Freud provou ser um gênio da psicologia e um péssimo antropólogo. De fato, o primeiro "homem" a usar gestos simbólicos em vez de violência de verdade foi um gorila. É injusto culparmos os "instintos" masculinos por nossa brutalidade. Uma coisa é afirmar que meninos podem ter um impulso fisiológico mais ativo do que as meninas, ou até mesmo para "brincadeiras brutas".[8] Outra coisa bem diferente é dizer que os genes dos meninos os tornam violentos. Chutes, socos e mordidas descarados nos parquinhos e a crueldade sem sentido que se abateu sobre Gerry ou Dave seriam uma abominação para a maioria dos macacos. Embora alguns teóricos procurem as raízes enigmáticas da violência masculina em nossos ancestrais peludos ou em nosso DNA, parece mais simples, embora mais preocupante, confrontar uma explicação mais óbvia: a violência é inculcada em nossos meninos por meio da exposição à violência. Nem todas as vítimas se tornam agressores, mas quase todos os agressores foram educados no campo de treinamento do abuso que eles mesmos sofreram.[9]

Se o dano ativo em meninos é generalizado e flagrante, o dano passivo é, na maioria das vezes, generalizado e sutil, tão sutil quanto a recusa de um pai em verificar os patins do filho que chora, tão sutil quanto um cartão de aniversário. Durante uma sessão, Diane, uma meteorologista de 41 anos, falou sobre o aniversário do filho Ben, de 6 anos. Ela descreveu Ben como um "típico" garoto bagunceiro, um "menino de verdade", que adorava hóquei e beisebol e qualquer coisa que chutasse, atirasse ou pulasse em cima dos outros. No aniversário dele, Diane lhe deu um novo par de patins de hóquei e um cartão que achou fofo. O cartão mostrava um menino vestido de cachorro, com um sorriso largo e malicioso. Nele, havia um poema:

> Filho,
> Já te vimos dormindo
> Revidando
> Ou uivando
> Já te vimos pronto para brigar
> Praticamente rosnando.
> Já te vimos quieto
> E tão selvagem
> Que ninguém consegue domar você.
> Mas nunca te vimos
> Como alguém de quem não nos orgulharmos.
> FELIZ ANIVERSÁRIO!

A família inteira se reuniu em torno de Ben e leu o cartão em voz alta, fazendo piada e provocando. A mãe bagunçou o cabelo dele. A empolgação com os novos patins foi ofuscada por uma expressão sombria que atravessou o rosto de Ben ao longo da festa. A mãe, atenciosa, percebeu. Naquela noite, ao colocar Ben na cama, Diane disse:

— Sabe, quando lemos o cartão, não estávamos rindo de você, estávamos rindo com você.

Ben se virou, com o rosto vermelho e cheio de emoção.

— Eu *odiei* o cartão!

— Mas por que, querido?

Ben explodiu.

— Eu odiei!

Ele arrancou as cobertas e correu até a escrivaninha para pegá-lo, olhou para ele e o atirou com desprezo no corredor.

— Me dá *vergonha!*

— Por quê? — perguntou Diane.

— Porque *dá*. Tire isso *daqui!*

Mesmo sem querer, Diane percebeu que estava triste com a situação.

— Tudo bem, Ben, se você não gosta, é só dizer. Não precisa dar um ataque.

— Só tire isso *daqui* — repetiu o filho.

"Estou estressada", Diane me disse que pensou consigo mesma. "Agitada por causa da festa. Vamos colocá-lo na cama e acabar logo com isso." E foi o que ela fez. Depois de passar o dia preparando coisas, entretendo e limpando a sujeira de catorze crianças de 6 anos, ela estava precisando de um tempo.

Contudo, Ben não estava pronto para superar o caso. Na manhã seguinte, durante o café da manhã, Diane encontrou o cartão de aniversário na mesa da cozinha. Em algum momento durante a noite, Ben o pegou, pegou sua canetinha mais grossa e preta, e fez uma porção de "X" gigantes sobre todas as palavras que o ofendiam. E eram muitas. A primeira foi "uivando", depois "brigar", "rosnando" e "ninguém consegue domar você". Ao fim, as únicas palavras que permaneceram visíveis foram "filho", "quieto" e "Feliz aniversário".

— Isso o incomodou de verdade, não foi, Ben? — perguntou Diane.

Ele assentiu, um pouco envergonhado.

— Do que foi que você não gostou em todas as palavras que riscou? — continuou a mãe.

Então, confessou Diane, o filho de 6 anos a confrontou, como só as crianças são capazes de fazer, com uma simplicidade objetiva e direta. "Não sou um *cachorro*, mãe", disse Ben a ela. "Não faço nada disso, então não me chame dessas coisas." Depois de uma pausa, ele acrescentou: "São *maldosas*."

Diane ficou ruborizada com o que é chamado de "vergonha apropriada".[10] Ben estava certo. As palavras que descreviam tanto ele quanto seu comportamento eram maldosas. Ben não uivava, rosnava, chutava nem mordia e não achava graça quando lhe diziam que ele fazia isso.

Será que o pequeno Ben foi vítima de um cartão de aniversário? Na verdade, sim, mesmo que de um jeito leve. O cartão era um exemplo perfeito da inscrição do papel "masculino", apresentando os meninos como consumidos pela raiva e pela agressividade e dando a entender, por seu tom, que esse comportamento não apenas é tolerável como também, de certa forma, uma fonte de orgulho. Mesmo se não houvesse a palavra "filho" na introdução do cartão, esses sentimentos jamais teriam sido atribuídos a nenhuma garota no mundo. Diane era uma mãe sensível e atenciosa e, ainda assim, concordou com uma visão estereotipada do filho. Em um momento muito breve e relativamente inócuo, ela perpetrou a masculinidade da mesma forma que eu fizera com Justin, quando insisti que ele "se esforçasse" na pista de patinação. Como eu, ela impôs uma visão, ignorando as verdadeiras necessidades e experiências do filho. Esses pequenos casos de abandono, nos quais nos afastamos da parte do menino que não está de acordo com nossas expectativas, se acumulam com um poderoso efeito.

Entender que inúmeros pequenos atos de trauma passivo são motivados por representações da masculinidade exige de nós um ato de deliberação consciente. Assim como os peixes que tentam ver bem a água em que nadam, temos dificuldade em manter o foco nos danos passivos que causamos aos meninos, porque eles são sutis e comuns. Figuras parentais, professores e colegas pressionam os meninos para que cumpram seus papéis, deixando de atender às suas necessidades específicas pela forma como definem a experiência deles, assim como a descrição no cartão de aniversário de Ben tentou defini-lo. Essa modelagem sutil, em grande parte fora do âmbito da intenção consciente, permeia a vida de meninas e meninos. É a essência da socialização de gênero. Na configuração tradicional, meninas são incentivadas a desenvolver a conexão e o relacionamento com os outros, mas são desencorajadas a desenvolver e exercer sua personalidade pública e assertiva. Já os meninos são incentivados a desenvolver as habilidades de atuação pública e assertiva, mas são desencorajados a desenvolver e exercer seu lado relacional e emocional.

A socióloga Barrie Thorne passou um ano observando meninos e meninas em duas escolas de ensino fundamental norte-americanas. A princípio, as observações de Thorne confirmaram os estereótipos usuais: meninas são relacionais; meninos são hierárquicos. A principal preocupação das meninas era com os vínculos umas com as outras. Já a dos meninos era com vitórias e regras. Quando ela começou a observação, parecia haver pouca ambiguidade. Com o passar do tempo e o aprofundamento de suas observações, no entanto, a antropóloga passou a encontrar tantos incidentes em desacordo com suas expectativas, tantas exceções e "cruzamentos", que acabou abandonando a estrutura de "culturas diferentes" que ela mesma havia defendido por muitos anos. Thorne escreve com franqueza sobre como foi difícil para ela, mesmo com um olhar treinado de etnógrafa, se permitir ver os meninos como relacionais.[11] A maneira como vemos uma criança molda os comportamentos que provocamos nela. Em um estudo bem conhecido, dois educadores colocaram crianças de inteligência mediana com professores que foram informados de que aqueles novos alunos eram excepcionalmente inteligentes. Esse grupo de "pseudodotados"[12] acabou tendo notas e desempenhos escolares melhores do que um grupo de controle. O mesmo ocorre com os comportamentos: crianças maleáveis correspondem ou não às nossas expectativas. Esperamos que as meninas sejam doces e meigas.

Como Ben nos lembra, com meninos não é bem assim. Ao não atendermos às necessidades relacionais dos meninos[13] — a necessidade de conexão, de carinho, de apoio, de expressão de vulnerabilidade —, nós os ensinamos, por meio de danos passivos, que essas necessidades não são legítimas.

Começamos a enviar aos meninos a mensagem de que eles têm menos necessidades emocionais do que as meninas logo nas primeiras horas de vida. Uma equipe de pesquisa estudou as reações do pai e da mãe aos recém-nascidos nas primeiras 24 horas após o parto. Foram selecionados recém-nascidos com peso, comprimento, atenção e força compatíveis, de modo que não houve diferenças significativas entre meninos e meninas. No entanto, tanto as mães quanto os pais percebiam os meninos recém-nascidos como "mais alertas, mais fortes, com traços mais marcantes, mais coordenados e mais firmes". Eles viam as meninas recém-nascidas como "menos atentas, mais fracas, com traços mais finos, menos coordenadas, mais macias, menores, mais frágeis e mais bonitas".[14] Em um estudo clássico no campo da pesquisa de gênero, John e Sandra Cundry gravaram em vídeo as reações de um bebê de 9 meses a vários estímulos: um ursinho de pelúcia, uma jaqueta, uma campainha e uma boneca. Eles reproduziram a fita de 10 minutos para 204 adultos do sexo masculino e feminino, que foram solicitados a interpretar o que tinham visto. Alguns foram informados de que o bebê era do sexo masculino, e outros, de que era do sexo feminino. Os adultos viram o bebê "menina" chorando como assustado, mas quando pensaram que estavam vendo um menino, "o" descreveram como irritado. "Se você achasse que seu bebê está *irritado*",[15] perguntam os autores, "você 'o' trataria de forma diferente do que se achasse que 'ela' está *com medo*? Parece razoável supor que uma criança que se acredita estar com medo recebe mais carinho e atenção do que uma criança que se acredita estar com raiva."

Essas pesquisas a respeito da reação das figuras parentais nos ensinam que vemos o que esperamos ver — e reagimos ao que vemos. A pesquisadora Jeanne Block utilizou dados multiculturais abrangentes para sugerir uma série de diferenças relevantes na forma como o pai e a mãe tratam meninos e meninas. Block descobriu que tanto mães quanto pais enfatizavam a importância de conquistas e da competição nos filhos homens, os incentivavam a controlar emoções, reforçavam a independência e desenvolviam uma tendência a puni-los. Os pais, em particular, eram mais rigorosos com os meninos, e as mães demonstravam preocupação com o fato de os filhos se adequarem aos padrões externos. Ambas as figuras parentais caracterizaram o relacionamento com as meninas como mais caloroso e mais próximo[16] em termos físicos do que com os meninos. Elas expressaram maior confiança na sinceridade das meninas, que eram mais incentivadas à introspecção. Ao mesmo tempo, as mães eram consideravelmente mais restritivas com as meninas, monitorando-as mais de perto do que com os meninos. A pesquisadora Beverly Fagot confirmou muitas das observações de Block em um estudo no qual examinou as respostas do pai e da mãe às brincadeiras estereotipadas e não convencionais dos filhos. Fagot descobriu que eles davam respostas significativamente mais favoráveis quando os filhos se adaptavam ao comportamento "preferido por pessoas do mesmo sexo" e desencorajavam de maneira ativa o comportamento "preferido por pessoas do sexo oposto". As meninas, por exemplo, recebiam respostas negativas quando se envolviam em atividades motoras de grande porte — correr, pular, arremessar — e respostas positivas quando pediam ajuda. Os meninos eram incentivados a brincar sozinhos e desencorajados a ficar perto do pai e da mãe, além de serem elogiados por suas realizações independentes e tacitamente dissuadidos de ajudar nas tarefas domésticas. Uma das descobertas mais interessantes é que esses pais e mães, todos os quais demonstraram uma força significativa na adequação dos filhos às regras, acreditavam estar tratando filhos e filhas da mesma forma. A discrepância entre o relato dos próprios sobre o tratamento igualitário de ambos os sexos e o verdadeiro comportamento era expressivo. Com notável subestimação, Fagot conclui: "Esses dados sugerem que as figuras parentais não estão cientes dos métodos que empregam para socializar seus filhos pequenos."[17]

Durante décadas, estudiosas feministas e pesquisadores da sociologia reuniram pacientemente um conjunto de evidências que mostram os danos psicológicos causados pela imposição coercitiva de papéis de gênero nas meninas. Contudo, e quanto aos danos causados ao desenvolvimento psicológico dos meninos? Se a socialização tradicional tem como alvo a voz das meninas, ela também tem como alvo o coração dos meninos.

Meninos e meninas começam com perfis psicológicos semelhantes. São na mesma proporção emotivos, expressivos e dependentes, desejosos de afeto físico. Quando mais jovens, ambos são mais parecidos com o estereótipo de uma menina. Se há alguma diferença, seria que os meninos são, na verdade, um pouco mais sensíveis e expressivos. Choram e parecem se frustrar com mais facilidade[18] e ficam mais chateados quando o cuidador sai do cômodo. Até os 4 ou 5 anos, meninos e meninas vivem confortavelmente no que um pesquisador chamou de "modo expressivo-afiliativo".[19] Estudos indicam que é permitido que as meninas permaneçam nesse modo, enquanto os meninos são expulsos de maneira sutil — ou à força[20] — desse modo.

A antropóloga australiana Bob Connell argumenta que expressões e termos sociológicos de sonoridade mais branda, como "aquisição de papéis de gênero", não transmitem a experiência emocional daqueles que estão sendo pressionados. Em um estudo de um ano com meninos do ensino fundamental, Connell descobriu um impulso profundo que não havia sido mencionado em pesquisas anteriores: a violência. A visão convencional da socialização retrata os meninos como muito dispostos a "aprender" o papel masculino. Toda a ênfase tem sido dada aos poucos desafortunados que não têm pais ou outros "modelos masculinos" para imitar. Ninguém pensou em questionar a suposição de que a entrada forçada dos meninos na masculinidade era ávida. A partir dos resultados do estudo de campo, Connell ficou convencida de que a imagem usual de meninos que digerem vorazmente "o papel masculino" só funciona "minimizando os conflitos e ignorando a violência". Nem todos os meninos marcham rumo à masculinidade com tanta disposição. Seja por violação ativa, seja por falta de resposta passiva, os rituais por meio dos quais os meninos são ensinados a se conformar costumam ser desagradáveis. Connell escreve: "A 'instrumentalização da socialização' não é capaz de produzir[21] efeitos mecânicos em uma pessoa em crescimento. O que ela faz é convidar a criança a participar da prática social em determinados termos. O convite pode ser, e muitas vezes é, coercitivo — acompanhado de forte pressão para aceitar e nenhuma menção a alternativas."

"Filhinho da mamãe", "bicha", "maricas," "fracote": nenhum garoto que conheço escapou da experiência da ridicularização. Nenhum homem que tratei escapou de todo de experimentar a chicotada que se leva quando se ousa não aceitar o "convite" da masculinidade.

James se lembra de voltar para casa depois da aula de música de carro com o pai. Ele tem 7 ou 8 anos. O pai pergunta se ele gosta do novo professor de música. James não só gosta dele como está entusiasmado. "Estou achando ele muito fofo, pai", contou ter sido a resposta que deu ao pai. O pai lhe dá um soco forte no braço, como se estivesse se divertindo. "Não diga que está achando um homem 'muito fofo', James. Isso é coisa de menina."

"Você me machucou", protestou James.

"Eu sei."

"Mas por quê?"

"Isso é só uma provinha, James. Para você se lembrar. Agora, não fique choramingando por causa disso. Vai parecer uma menina de novo."

Em nossa sessão, James relembra sua confusão ao olhar pela janela do carro em movimento, lutando contra as lágrimas das quais se envergonhava e, ao mesmo tempo, sentindo o conforto e o calor da mão do pai em seu ombro.

Alguns meninos crescem em ambientes flagrantemente abusivos. No caso deles, o trauma ativo da coerção explícita pode ser uma ocorrência diária. Sabemos, em termos estatísticos, que a maior parte da violência intrafamiliar é perpetrada por homens. Também sabemos que, em um amplo espectro de rigor, os pais tendem a ser mais severos do que as mães, e ambos são mais severos com os meninos do que com as meninas. Em muitos lares, pais violentos transmitem traumas ativos aos filhos como se a dureza fosse um presente, uma iniciação necessária. No romance *O príncipe das marés*, o pai do protagonista se empenha em ensinar ao filho o que é ser homem quando o menino chora por ter apanhado da irmã mais velha.

> "Tom, tenho vergonha de você, garoto. Chorando porque uma menina te bateu. Meninos não choram.[22] Nunca. Não importa o que aconteça."
>
> "Ele é sensível, Henry", disse minha mãe, acariciando meu cabelo. "Chega."
>
> "Ah, sensível", alfinetou meu pai. "Bem, não era minha intenção dizer nada que pudesse ferir alguém tão sensível. Você jamais veria Luke chorando feito um bebê por causa de algo assim. Já bati no Luke com um cinto e nunca vi uma lágrima sequer. Luke era um homem desde o dia em que nasceu."

Acreditando que isso fazia parte de sua responsabilidade paterna, meu pai conhecia bem o valor viril de surrar os filhos com um cinto para que entrassem na linha. Ele fazia isso comigo e com meu irmão se ousássemos nos rebelar — também se demonstrássemos vulnerabilidade demais. Na maioria das vezes, ele nos surrava como um "homem de verdade" deveria fazer, para nos manter encurralados e nos ensinar as lições que precisávamos aprender. Para meu pai, como acontecia com muitos homens de sua geração, a dor era uma espécie de pedagogia.

Quando penso na violência, é do caráter repentino que me lembro — o golpe na minha nuca quando ele passava, o tapa no meu rosto se eu "falasse demais".

Até hoje, quando estou pegando no sono, às vezes ouço em minha mente o chamado áspero do meu nome, sentindo o breve arrepio do terror percorrer meu corpo, já quase quarenta anos depois. Lembro-me do estrondo da porta se abrindo, me tirando do sono, e meu pai, uma silhueta contra a luz do corredor, ofegante, com o rosto vermelho de raiva, me puxando para fora da cama pelos cabelos ("Ai, pai. PAI!") e me arrastando sem dizer nada, enojado demais para falar, até a toalha molhada embolada ou a pasta de dente sem tampa. "Quantas vezes tenho que falar?", meu pai balançava a cabeça com pesar, perplexo, enquanto sua mão enorme e incorpórea vinha para cima de mim.

O que mais me lembro é do cinto. Um cinto preto grosso com mais de cinco centímetros de largura. Lembro-me da maneira lenta como meu pai o tirava dos ilhós da calça cinza folgada que usava para trabalhar, inclinando a cabeça para o lado enquanto o dobrava, com cuidado e atenção.

Aos 5, talvez 6 anos, eu me curvava, com a calça arriada, nu, dobrado sobre o joelho do meu pai, dobrado sobre a cama, dobrado para agarrar meus tornozelos. Havia tentado fugir quando era bem pequeno, mas as consequências dessa desobediência foram demonstradas de maneira bastante explícita.

A cada golpe do cinto, meu pai entoava uma palavra ou frase curta, como se estivesse tentando transmitir uma mensagem através da minha pele. "Nunca MAIS... RESPONDA... sua MÃE... DESSE JEITO... NUNCA... MAIS... VOCÊ... ENTENDEU, GAROTO?" ("Sim.") "Sim, O QUÊ?" ("Sim, senhor.")

E, por fim, um número suficiente de golpes seria desferido, e o ritual chegaria ao fim. Eu era autorizado a ir para cama ou, às vezes, forçado a ficar em pé no meio da sala, com a calça ainda arriada e as mãos para trás, até minhas pernas começarem a tremer.

Lembro-me, desde a mais tenra idade, de ter aprendido a dissociar, de ter conscientemente me instruído na arte de abandonar meu corpo para pairar em algum lugar próximo ao teto. Quando penso nisso, me lembro de tudo de uma vista aérea com muita nitidez, o rosto do meu pai roxo por causa do esforço, as sobrancelhas vincadas de concentração. O menino curvado, com a calça na altura dos tornozelos, como um espectador envergonhado, virando-se para o outro lado. Também a brancura da pele do menino.

Na maioria das vezes, a mira do meu pai era boa, mas às vezes a raiva o dominava, e ele ficava desleixado. Então, o cinto batia na minha lombar ou na parte de trás dos meus joelhos. Isso me fazia "cair do teto" na mesma hora. Na maioria das vezes, porém, após os primeiros golpes, a dor não significava mais nada para mim, até que a dormência e a dissociação passassem, algumas horas depois. Em seguida, eu tinha dificuldade para me sentar ou, às vezes, até para me deitar, como meu pai havia ameaçado que aconteceria. "Vou te dar uma surra que você vai ficar uma semana sem se sentar." E, embora eu me sentasse por medo e vergonha, muitas vezes desejava em segredo não o fazer.

— Por que você está fazendo careta?
— Nada, papai.
— Está um pouco dolorido?
— Não, papai.

Não havia fraturas nem cicatrizes — alguns hematomas, alguns lanhados aqui e ali, mas nada que alguém pudesse notar. Abuso físico? Se você tivesse dito essas palavras ao meu pai, se as tivesse dito a mim, teríamos rido da sua cara. Aquilo não era abuso. Não era nem mesmo uma surra. Meu pai sabia o que era surra de verdade — ele tinha certeza disso. O que ele fazia com o filho não era nada se comparado ao que havia recebido. E assim o ciclo se reproduz, de geração em geração, de um para o outro. Quer soubesse, quer não, meu pai estava fazendo mais do que aplicar punições por infrações imaginárias. Ele estava me ensinando, da mesma forma que fora ensinado, o que significa ser homem.

"Não aceito desaforo de mulher", diz o pai em *O príncipe das marés* à esposa. "Você é uma mulher, só uma maldita mulher, então mantenha sua maldita boca fechada quando eu estiver disciplinando um dos meninos. Não interfiro na sua relação com a Savannah porque não dou a mínima para a maneira como você a cria. Mas é importante educar bem um garoto. Porque não há nada pior na face da Terra do que um garoto que não foi educado da maneira certa."[23] Para mais meninos do que se possa imaginar, ser "educado da maneira certa" significa trauma ativo. Entretanto, até os meninos que começam a vida em uma atmosfera não violenta podem se deparar com a imposição do papel masculino se ousarem sair dele. Um jovem oficial da Marinha, Kevin Manheim, quebrou o código *"Don't ask, don't tell"* — "Não pergunte, não conte" — das Forças Armadas atuais ao informar aos homens de sua unidade que era homossexual. Alguns desses homens reagiram à ruptura de Manheim com o papel masculino tradicional pisoteando-o até a morte.

No filme *Sociedade dos poetas mortos*, um adolescente, Neil Perry, inspirado por um professor talentoso, rompe com os moldes masculinos para se descobrir como artista e ator — rumos que vão contra os desejos do pai rígido e controlador. O jovem está a apenas alguns dias de interpretar Ariel, o duende feérico de Shakespeare, quando o pai o proíbe. Sem querer estragar a apresentação pela qual ele e seus colegas de classe trabalharam tanto e, o que é mais importante, sem querer ignorar o fato de ter consciência dos próprios dons, Neil desobedece ao pai pela primeira vez na vida. Sua atuação é brilhante. A retaliação do pai de Neil é rápida e absoluta: ele tira o filho da amada escola, separa-o dos amigos e do professor que ele admira e o alista em uma academia militar. Esse garoto, no entanto, não se rende à vontade do pai; ele responde à retaliação com retaliação. Com a maquiagem e a fantasia de Ariel (em evidente desafio à postura paterna "hipermasculina"), Neil comete suicídio. Sua morte é um protesto letal contra a traição forçada a seu ser interior. O suicídio é, ao mesmo tempo, uma encenação e um ato de resistência ao que um especialista em abuso infantil chama de "assassinato da alma".[24] Sua história é uma forma extrema do drama de repúdio e conformidade que pode ser observado todos os dias em nossas salas de aula e parquinhos.

Alguns meninos perdem a "alma" em grandes pedaços, outros a perdem em pequenos, por meio das interações mais corriqueiras, como meu filho de 3 anos. Alexander tem um dom para imaginação e um grande apetite por isso também. Ele gosta de Drácula, brincar de lutinha e monstros, porém, sua paixão absoluta está reservada para as Barbies e se fantasiar. Há uma explicação mais simples do que os genes ou as preferências sexuais latentes para o comportamento de Alexander. Meu filho passa a maior parte do dia em uma creche onde ele é o único menino. Durante todo o dia, ele brinca com suas melhores amigas, cinco meninas também de 3 anos, cuja predileção por fantasias e bonecas, sem dúvida, tem muito a ver com a cultura de casa. Retirá-lo desse ambiente e da creche que ele passou a amar em nome da proteção de sua masculinidade seria compreensível e estaria dentro da faixa de ação "normal" — e também seria um abuso passivo.

Mesmo dentro da atmosfera supostamente elucidadora de uma comunidade universitária, a comoção que os vestidos do meu filho causaram entre nossos amigos surpreendeu a mim e a minha esposa. "Especialistas" que conhecemos há anos, psicólogos que ministram palestras em todo o país, ofereceram conselhos não solicitados sobre nosso "problema". As pessoas expressaram grande preocupação com a iminente "confusão de gênero" de Alexander.

Helen, a cuidadora de Alexander, nos deu um conselho curiosamente direto, não tanto sobre como lidar com nosso filho, e sim sobre como lidar com nossos amigos. "Se fosse Alexandra, e não Alexander", ela nos disse, "e sua filha aparecesse com um capacete e um cinto de ferramentas em vez de um vestido, as mesmas pessoas que os incomodam agora estariam elogiando vocês. Digam a elas para não se preocuparem com isso."

Meu filho não está confuso. Ele não poderia estar mais em paz por gostar de se vestir de qualquer coisa — Drácula, caubói, leão. Ninguém sentiu a necessidade de garantir que Alexander entendesse que ele não é um vampiro ou um felino de verdade. A inquietação alheia decorre do desconforto de nossa cultura com a feminilidade nos meninos, e não do desconforto de Alexander. Ele não tem nenhum, mas está aprendendo a ter.

Certo dia, alguns amigos de Justin, irmão mais velho de Alexander, foram brincar lá em casa. Alexander correu animado para o andar de cima para colocar seu vestido favorito e pegar sua varinha mágica de fada, depois correu para a cozinha para exibir sua roupa. Os meninos olharam para ele, perplexos, sem entender nada. Não disseram uma palavra, mas a mensagem foi dada. Alexander deu meia-volta e fugiu para o segundo andar. "Que lindo, A", disse Justin baixinho pelas costas dele, só que foi muito pouco e já era tarde demais. O vestido foi retirado, e a calça, colocada de volta. Sem alarde, Alexander se juntou ao grupo e eles foram juntos ao porão para fazer alguma espada ou arma de madeira. O vestido não voltou a ser usado.

Naquele momento, testemunhei um exemplo puro de transmissão cultural por meio de trauma passivo. Alexander desceu a escada correndo, inocente, esperando valorização e encanto. Os olhares dos meninos mais velhos continham uma emoção, vergonha, e uma mensagem: *Você não deve fazer isso*. Como eram meninos legais, a mensagem foi desprovida de ridicularização e, mesmo assim, senti meu rosto queimar em solidariedade a Alexander quando a discrepância entre a reação que ele desejava e a reação que recebeu o invadiu como uma onda de humilhação — ele começava a aprender, aos 3 anos, o que é preciso para ser um menino.

Para a maioria dos meninos, a conquista da identidade masculina é mais uma negação do que uma aquisição. Quando os pesquisadores pediram a meninas e mulheres que definissem o que significa ser feminina, as respostas envolviam uma linguagem positiva: ser gentil, estar conectada, preocupar-se com os outros. Os meninos e os homens, em contrapartida, quando solicitados a descrever a masculinidade, responderam em sua grande maioria com duplos negativos. Eles falaram menos sobre ser forte do que sobre não ser fraco. Mencionam menos a independência do que a importância de não serem dependentes. Falaram menos sobre serem próximos ao pai do que sobre se afastarem da mãe. Em suma, ser homem em geral significa não ser mulher.[25] Como consequência, a aquisição de gênero pelos meninos é uma conquista negativa. O desenvolvimento do senso da própria masculinidade não é, como na maioria das outras formas de desenvolvimento de identidade, um movimento constante para algo valorizado, e sim uma repulsa a algo desvalorizado. O desenvolvimento da identidade masculina acaba não sendo um processo de desenvolvimento,[26] e sim um processo de eliminação, um desdobramento sucessivo de perdas. Juntamente com qualquer propensão genética que se possa herdar, é essa perda que estabelece a base para a depressão na vida dos homens.

Da mesma forma que meninas são pressionadas a ceder metade de seu potencial humano compatível com atitudes assertivas, da mesma forma que elas têm sido sistematicamente desencorajadas a desenvolver e celebrar a noção de si mesmas e as habilidades que pertencem ao espaço público, os meninos também são pressionados a ceder atributos de dependência, expressividade, afiliação — todas as noções de si e habilidades que pertencem ao mundo relacional e emotivo. Essas exclusões em massa prejudicam tanto o desenvolvimento saudável de meninas quanto de meninos. O preço da socialização tradicional das meninas é a opressão, como dizem Lyn Brown e Carol Gilligan, "a tirania da gentileza e da simpatia".[27] O preço da socialização tradicional para os meninos é a desconexão — de si mesmos, da mãe e das pessoas ao redor.

Um mito orienta essas pressões direcionadas aos meninos e motiva personagens tão diversos quanto meus amigos acadêmicos que se preocupavam com o vestido de Alexander e o pai violento de *O príncipe das marés*. É um mito sobre como os meninos se desenvolvem, o que eles precisam para serem "transformados" em homens e quais são as consequências se eles fracassarem. Esse mito vem sendo reproduzido há muito tempo, de Sigmund Freud a Robert Bly, de sociólogos conservadores como Talcott Parsons a feministas progressistas como Nancy Chodorow e Carol Gilligan. É uma das suposições inquestionáveis de nossa sociedade. O mito de que falo é a ideia de que os meninos precisam ser transformados em homens para início de conversa, que os meninos, ao contrário das meninas, precisam *alcançar* a masculinidade. Os meninos devem repudiar sua conexão com a mãe e com tudo o que é feminino. Devem se "desidentificar" com a mãe e se "identificar" com o pai para desenvolverem uma "identidade masculina interna estável". Se fracassarem, se essa "identidade masculina" for fraca ou instável, poderá haver consequências terríveis. Ao longo de décadas, sociólogos e psicólogos atribuíram a formação de uma identidade masculina instável[28] a tudo, desde gangues juvenis até homossexualidade, dependência em drogas e homicídios.

Cada uma das suposições equivocadas embutidas nesse mito é contestada com facilidade.[29] Para começar, por que precisamos fazer uma distinção acerca do desenvolvimento de gênero de meninos e meninas? Como aponta a antropóloga Barrie Thorne, a feminilidade básica de uma mulher nunca é questionada[30] em nossa cultura. Pode haver dúvidas sobre o tipo de mulher que ela é — sedutora, durona, até mesmo "machona" —, mas quase nunca há dúvidas de que ela ainda é uma mulher, que se sente mulher, que não é movida pela ansiedade sobre a própria feminilidade. Já para meninos e homens a identidade masculina é percebida como preciosa e perigosa, embora não tenha surgido nenhuma evidência que indique a existência dessa suposta estrutura interna precária, a identidade masculina. Estudos indicam que tanto meninos quanto meninas têm uma noção objetiva de qual é seu sexo a partir dos 2 anos, e que esse conhecimento é sólido e inequívoco em todas as crianças, com exceção das mais gravemente perturbadas, com danos cerebrais, psicóticas ou autistas. Alguns sociólogos fazem distinção[31] entre esse conhecimento básico do próprio sexo, que chamam de "identidade sexual", e o conhecimento do que *significa* ser menino ou menina, que eles chamam de "identidade de gênero". É nesse ponto que as coisas ficam mais confusas. Para serem bem ajustados, os meninos e os homens precisam ter internalizado um senso evidente e estável do que significa ser homem. A confusão sobre o significado de "masculinidade" pode resultar em graves dificuldades psicológicas e comportamentos "antissociais". Será que eu, por exemplo, possuo um conjunto de crenças tão definidas e imutáveis sobre masculinidade? Confesso que não, apesar de estar na meia-idade, ter passado por dois casamentos, ter dois filhos homens e quase vinte anos de prática terapêutica. Nestes tempos de mudança, conheço poucos homens que o possuem. Pesquisas mais atuais passaram a sugerir que não é exatamente adaptativo possuir algum repositório interno hipotético de imagens e expectativas imutáveis em nosso mundo em transformação. Noções rígidas sobre masculinidade,[32] longe de ser um componente necessário para um bom ajuste psicológico, podem ser um fator negativo. Foi demonstrado que a "androginia", a capacidade fluida de acessar muitas qualidades, está correlacionada ao bem-estar psicológico. No entanto, até mesmo o fato de chamar de "andrógino" um homem que pode ser empático ou uma mulher que pode ser assertiva pressupõe que algumas qualidades humanas são inerentemente masculinas e outras, femininas. Um julgamento mais preciso é que a capacidade fluida de acessar muitos tipos de ponto forte e característica parece ser boa para humanos de ambos os sexos.

Meninos não precisam ser transformados em machos. Eles já o são. Meninos não precisam desenvolver masculinidade. Eles são masculinos, assim como as meninas são femininas. Quando entendemos que a "identidade masculina" não se trata de uma estrutura interna, e sim de uma definição aceita pela sociedade do que significa ser homem, então os processos pelos quais impomos essas definições ficam mais evidentes. Assim como o mito da cama de Procusto, assim como a circuncisão, o rito de passagem mais antigo e mais comum em todo o mundo, os meninos "se tornam" homens cortando, ou tendo cortadas, as partes mais sensíveis de seu ser psíquico e, em alguns casos, físico. A passagem de menino para homem tem a ver com um ritual de ferimento. Trata-se de abrir mão das partes do eu que não se encaixam nos limites do papel. Trata-se de dor e de resistir a ela.

Em sua autobiografia, Nelson Mandela relembra sua transição para a masculinidade por meio do rito tribal da circuncisão. Ele fala com simplicidade e franqueza curiosas:

> De repente, ouvi o primeiro garoto gritar *"Ndiyindoda!"* [Eu sou um homem!],[33] que fomos treinados a dizer no momento da circuncisão. Segundos depois, ouvi a voz estrangulada de Justice seguir com o mesmo grito. Antes que eu me desse conta, o velho estava ajoelhado na minha frente. Olhei diretamente em seus olhos. Ele estava pálido e, embora o dia estivesse frio, seu rosto brilhava de suor. Sem dizer uma palavra, ele pegou meu prepúcio, puxou-o e, em um único movimento, baixou seu assegai. Senti como se houvesse fogo em minhas veias; a dor foi tão intensa que enterrei o queixo no peito. Muitos segundos pareceram se passar antes que eu me lembrasse do grito, mas então voltei a mim e gritei: *"Ndiyindoda!"*
>
> [...] Senti-me envergonhado porque os outros meninos tinham parecido muito mais fortes e corajosos do que eu: haviam gritado com mais prontidão do que eu. Fiquei angustiado por ter demorado e fiz o possível para esconder minha agonia. Um menino pode chorar; um homem esconde sua dor.

O processo que Mandela relembra como um acontecimento transformacional único ocorre na cultura ocidental sem muita cerimônia todos os dias na vida de nossos filhos. A "masculinização" por meio de ferimentos e da ocultação da dor são ocorrências comuns. Não é mais aceito na cultura ocidental ferir fisicamente os filhos em nome da masculinidade. A lesão psicológica, entretanto, é outra questão.

Essas amputações emocionais podem ser realizadas por meio de lesões ativas ou passivas, seguindo dinâmicas graves ou aparentemente leves. Podem vir acompanhadas de um drama absurdo, como no caso de Michael e sua mãe, ou de meu pai e eu. Podem parecer tão mundanas quanto um jantar em silêncio de uma família de classe média, tão banal quanto a cena descrita por uma paciente minha, Janie. Ela e seus filhos se sentam à mesa da sala de jantar. O marido de Janie, Robert, que está cansado e um pouco deprimido, junta-se a eles depois de um longo dia no escritório seguido de um trajeto agitado para casa. Janie quer conversar com Robert e os meninos sobre como foi o dia. Robert quer "relaxar", ou seja, ser deixado em paz. Depois de algumas tentativas frustradas, Janie desiste e, em vez de confrontar o marido, compensa a falta de interesse dele com esforços redobrados em relação às crianças. Os meninos, sobretudo o mais velho, seguem o pai e dão um gelo na mãe com respostas monossilábicas. Janie, relutante em "sufocar" e disposta a dar aos homens "o espaço deles", acaba se afastando de forma pacífica. Ela se ocupa com a cozinha e cuida da limpeza enquanto Robert ouve as notícias e os meninos focam em algum esporte, no videogame ou no dever de casa. Essa dinâmica é infalível. Nessa família, não há nenhuma reverberação de descontentamento evidente. No entanto, quando Janie e eu trabalhamos juntos para desconstruir essa cena simples e cotidiana, ela começa a parecer assustadora. O que os filhos de Janie aprenderam sobre o que significa ser homem?

Eles aprenderam a não esperar que o pai os atenda ou que seja expressivo em relação a quase nada. Passaram a esperar que ele esteja indisponível no âmbito psicológico. Também aprenderam que ele não é responsável por sua ausência emocional, que a mãe não tem o poder de conseguir sua atenção ou confrontá-lo. Em outras palavras, a negligência do pai e a ineficácia da mãe em combatê-la ensinam aos meninos que, pelo menos nessa família, a participação dos homens não é uma responsabilidade, e sim um ato voluntário e discricionário. Além disso, eles aprendem que a mãe, e talvez as mulheres em geral, não precisam ser levadas muito a sério. Por fim, aprendem que não apenas a mãe como também os valores que ela manifesta na família — conexão, expressividade — devem ser desvalorizados e ignorados. A mensagem subentendida é: "Envolva-se em valores e atividades 'femininos' e arrisque-se a sofrer uma desvalorização semelhante." O paradoxo para os meninos é que a única maneira de se conectar com o pai é fazer eco à sua desconexão. Em contrapartida, ser muito parecido com a mãe ameaça um afastamento ainda maior ou, talvez, até uma represália ativa. Nesse momento, e em milhares de outros corriqueiros, esses meninos estão aprendendo a aceitar a negligência psicológica, a desconsiderar o cuidado e a transformar o vício desse abandono em uma virtude masculina.

Robert foi o primeiro a quem Janie trouxe para a terapia, e em seguida os meninos. Ela se recusou a ficar parada enquanto um nível de isolamento que muitos nem mesmo reconheceriam como problemático crescia em sua família. No entanto, mesmo Janie, uma mulher excepcionalmente forte e capaz, não passou pela minha porta com tanta nitidez de propósito. Ela foi encaminhada a mim com uma questão crescente de ansiedade e depressão. Na cabeça dela, ela era o problema da família. Em pouco tempo, porém, ficou evidente para nós dois que a família era o problema dela, e não o contrário. Assim, em vez de tentar mudá-la, tentamos mudar o contexto ao redor dela. Foi preciso um pouco de esforço para convencer Robert a "comprar", como ele disse, a nossa análise. Contudo, depois de compreender o que a deixava desconfortável, Janie não recuou. Ela insistiu que queria uma comunicação cada vez maior não apenas entre ela e Robert como também, com a ajuda do marido, entre todos eles. Hoje em dia, quando estão à mesa, Robert não se encontra mais atrás de seu jornal, e os meninos não reagem mais com respostas monossilábicas. Todos parecem mais felizes com essas mudanças.

Janie é uma mulher incomum. Ao perceber a força da desconexão que invadia sua família, ela encontrou os recursos para se levantar e encará-la, a começar por seu casamento e depois pela criação dos filhos. Tomou medidas enérgicas para seu bem — sua família estava se tornando um espaço solitário para ela. Contudo, mais do que por si mesma, ela lutou por uma maior conexão pelo bem dos filhos. Cada vez mais, as figuras parentais estão tentando valorizar e manter a conexão relacional com filhos e filhas. Apesar desses esforços, as espécies tradicionais de trauma ativo e passivo ainda estão muito vivas em nossa cultura. Tanto dentro quanto fora de casa, os antigos papéis estão longe de deixar de ser uma influência na vida da maioria dos meninos.

CAPÍTULO 6

A perda da capacidade relacional

"Mãe, irmã
E espírito do rio, espírito do mar,
Não permiti que separado eu seja
E que meu grito chegue a Ti."[1]

— T. S. ELIOT, "Quarta-feira de Cinzas"

O trauma inerente à socialização dos meninos pode ser agrupado em três domínios: diminuição da conexão com a mãe, com aspectos do eu e com os outros. Juntas, essas rupturas compreendem o que chamo de "perda da capacidade relacional" — essa ferida na vida dos meninos que estabelece a vulnerabilidade à depressão quando se tornam homens adultos. Destas, a perda mais precoce e prototípica, para muitos meninos, está relacionada à mãe.

A ideia de que meninos precisam romper uma conexão feminizante com a mãe é um dos mitos mais antigos, menos questionados e mais profundamente enraizados do patriarcado. O próprio Freud deu o toque de clarim há quase um século, quando escreveu: "O relacionamento [do menino] com a mãe é o primeiro e o mais intenso. Portanto, deve ser destruído."[2]

Ann Buchet, 38 anos, sabia qual era a sensação de estar sujeita ao impulso que Freud expressou com tanta paixão.

— Lembro-me da primeira vez que Bill fez isso — contou ela em uma sessão. — Timmy tinha no máximo 7 anos. Estava deitado no meu colo, apenas descansando, e Bill se aproximou, puxou-o pela mão e disse: "Venha cá." Ele o afastou de mim. A princípio, não me dei conta do que estava acontecendo. Achei que apenas o levaria para algum lugar. Mas depois ficou óbvio. — Ela prosseguiu:

— Então, perguntei: "Bill, o que está fazendo?" Ele ficou muito irritado comigo. Respondeu: "Ele é grandinho demais. Você precisa se desapegar dele." Retruquei: "Ele é só uma criança." Então Bill se curvou sobre mim, muito perto, muito incomodado, e disse: "Você *não vai maltratar* esse menino!" — Ela se encolheu e em seguida repousou as mãos no colo durante a sessão. — Eu sabia, lógico — continuou ela —, que ele estava falando do relacionamento com a própria mãe. Mas, para ser sincera, não soube o que dizer. Ainda não sei o que dizer.

— Então — perguntei —, você obedeceu? Largou o Timmy de mão?

Ann sorriu com malícia.

— Sou *sorrateira* — confessou.

Ann tem o sorriso muito travesso. A solução que ela encontrou tem um toque tão familiar que parece maldade acabar com a alegria dela. No entanto, essa simples transação diz muito sobre mães e filhos na estrutura da família moderna, e a maior parte não é boa. Bill estava tentando garantir que o filho não fosse mimado, tratado com carinho e drenado pela atração "regressiva" exercida pela mãe. Estava agindo como "um bom pai", de acordo com o mito predominante que postula que meninos devem ser auxiliados a se distanciar das "tramas" das mães. Por muitas décadas, tanto em nosso imaginário popular quanto no meio acadêmico, ajudar um menino a cortar o "cordão umbilical psicológico" era encarado como uma das principais funções do pai. A suposição subjacente é que mães e filhos, se deixados por conta própria, manteriam uma espécie de fusão que faria do menino "um viadinho". Em *O príncipe das marés*, de Conroy, Henry, o pai violento, diz aos filhos quando está prestes a partir para a guerra na Coreia:

> "Vou sentir falta dos meus bebês", disse meu pai... "Vou escrever cartas para vocês todas as semanas e selar cada uma delas com um milhão de beijos. Exceto para vocês, meninos. Vocês não querem essa coisa de beijos, não é?"
>
> "Não, papai", respondemos Luke e eu ao mesmo tempo.
>
> "Estou criando vocês para serem guerreiros. Sim! Não estou criando vocês para serem carinhosos", disse ele, segurando nossa cabeça com força. "Digam-me que não deixarão sua mãe deixá-los todos carinhosos quando eu estiver fora. Ela pega muito leve com vocês. Não deixem que ela coloque vestidos em vocês e os leve a chás."[3]

A teoria convencional sustentou por muito tempo que as mães, quando não são controladas, vão, ao menos em termos psicológicos, "colocar vestidos nos filhos". Meninos que não contam com a presença de "figuras paternas" fortes para auxiliá-los a se afastar das mães correm o sério risco de sucumbir à sua influência feminizadora, tornando-se homossexuais ou inúteis (duas coisas equiparadas), ou "compensando em excesso" ao se tornarem "hipermasculinos" — criando caricaturas para esconder inseguranças. A teoria "hipermasculina" era a explicação preferida para os comportamentos destrutivos dos meninos — desde a delinquência juvenil, passando pelas gangues, até a dependência química. A raiz das dificuldades dos meninos estava em uma conexão anormalmente estreita com a mãe, e não mitigada por um homem ausente ou inútil. Há gerações, essa fórmula (mãe de mais e pai de menos) tem sido um dos pilares da nossa mentalidade a respeito de meninos "problemáticos".

James Dean deixou sua marca em toda uma geração no filme *Juventude transviada*. Esse conto admoestatório sobre a juventude problemática, apesar do título, não se esquiva de apresentar uma causa. Em determinada cena muito mencionada, o herói tenta conversar com o pai, que é retratado tentando compreender o filho, apesar de distraído pelo nervosismo com a necessidade de lavar o chão antes que a esposa controladora volte para casa. "Filho", diz o pai. "Simplesmente não entendo." A câmera recua para mostrá-lo de joelhos, com a escova na mão, usando o avental de babados da esposa. A mensagem visual é evidente: "Cuidado com os pais degradados que se rebaixam a fazer o trabalho doméstico!" O pai foi castrado, sugere o filme, e o filho precisa de uma infusão desesperada de "culhão" (linguagem comum para "uma identidade masculina estável"). Enfurecido com o pai, o jovem Dean sai de casa. Na cena seguinte, ele está correndo com outros jovens. Com um olhar assombrado, Dean dirige de maneira insana, lançando-se ao perigo. Tendo que cortar o laço materno por conta própria, Dean sai em uma busca perigosa e imprudente por "culhão".

Apesar do discurso de Freud sobre a castração dos pais, é a mãe castradora que paira como uma ameaça na imaginação de nossa cultura. O pressuposto de tudo isso é que as mulheres em geral e as mães em particular podem "feminizar" um homem e, assim, tirar-lhe a masculinidade. São necessários outros homens — pais, mentores, a comunidade — para afrouxar os cordões do avental. Homens viris, "João de Ferro", devem flanquear e defender, protegendo os seus.

O medo da mãe feminizadora ainda se faz presente. Em um artigo recente sobre pais publicado na revista *Esquire*, por exemplo, o jornalista Michael

Segell reitera a explicação de décadas para a homossexualidade sem qualquer questionamento ou crítica.

> Como resultado da abdicação do [fraco] poder do pai em favor da mãe, o bebê não consegue se identificar — e muitas vezes é impedido de se identificar — com o pai nem se separar da mãe. Os limites entre o menino e a mãe se tornam indistintos, e o menino persiste em sua identificação feminina com ela, o que lhe causa grande culpa e ansiedade. Quando chega a hora de se apegar ao pai para sua identificação primária, a mãe mais uma vez se recusa a libertá-lo e, com uma figura masculina ineficaz a quem recorrer, a fome do menino por um modelo masculino, por um salvador masculino, torna-se erotizada. *Quando enfim consegue fugir da mãe*,[4] ele foge de todas as mulheres — seguro, finalmente, na terra dos homens.

Essa explicação "científica" da causa da homossexualidade tem tanto apoio empírico quanto a teoria dos quatro temperamentos. Ela remonta aos dias em que a psiquiatria classificava a homossexualidade como uma doença e quando os terapeutas "tratavam" milhares de homens — alguns que se apresentavam de maneira voluntária, e outros muitos, pela família — pela "perversão" de ser gay.

É hora de reconhecer que esse mito é repulsivo. Em meio a todo esse medo e furor, alguém já parou para questionar: é isso mesmo que as "mulheres" querem dos homens? Será que as mães, sem o controle de pais fortes, inevitavelmente gravitam rumo à castração? Essas imagens de mães castradoras e meninos maricas são grotescas e revelam o medo irracional de nossa cultura de que manter a porta aberta para o "feminino" — e para as mulheres — "transformará" nossos filhos em castrados, homossexuais ou, como diria Robert Bly, "machos molengas".[5]

Apesar de anos de pesquisa, nunca se encontrou evidência alguma que comprove esse conto de fadas de mães fusionais ou pais considerados objetos necessários para a identificação masculina. Estudos recentes indicam que meninos criados por mulheres, inclusive mulheres solteiras[6] e casais de lésbicas, não têm dificuldades para se ajustar; não são menos "masculinos"; não mostram sinais de comprometimento psicológico. O que muitos meninos sem a presença de um pai enfrentam, sem dúvida, é uma queda vertiginosa em seu status socioeconômico. Quando as famílias se dissolvem, o padrão de vida médio de mães e filhos pode sofrer uma redução de até 60%, enquanto o do homem em geral aumenta. Quando nos concentramos nos efeitos psicológicos especulativos da ausência do pai, nos afastamos de preocupações políticas concretas, como a questão do aumento da pobreza. Mais uma vez, ainda não há dados que apontem que meninos que carecem da presença paterna sejam prejudicados por não terem um modelo de masculinidade. Os que contam com um pai presente são mais felizes e mais bem ajustados quando esse pai é afetuoso e amoroso, um homem com altos índices de qualidades consideradas "femininas". O principal componente do relacionamento saudável de um menino com seu pai é o afeto, e não a "masculinidade". Meninos que se saem mal no ajuste psicológico[7] não são os que não têm um pai presente, e sim os que têm por perto pais abusivos ou negligentes. Ao contrário do estereótipo tradicional, um homem gentil de avental que ajuda nas tarefas domésticas pode ser o tipo de pai carinhoso de que um menino mais precisa. A ironia trágica é que um homem como Bill ou como o pai em *O príncipe das marés* pode se tornar o pior pai na tentativa de viver conforme as noções tradicionais sobre o que compõe um bom pai.

Quando Bill Buchet, sem cerimônia, arranca o filho de Ann, interrompendo o contato físico, ele é motivado pelo desejo de ajudar o menino. O comportamento é alimentado por um impulso evidente em nossa cultura. Essa força se manifesta na voz de um professor de educação física que zomba de Timmy, embora de forma bem-humorada, quando ele abandona uma partida no pátio da escola para cumprimentar a mãe; ou pode aparecer nos colegas de escola do garoto, que também o ridicularizam por abandonar a partida, embora de forma menos bem-humorada. Essa força habita a mãe de Timmy quando ela não sabe bem o que dizer ao filho, que começa a chorar em resposta à provocação — ela deve apoiar o choro ou o instinto do menino de escondê-lo? Qual é o limite entre cuidar e mimar? Quão perto dela é perto demais?

"Hoje, mamãe morreu. Ou, talvez, ontem, não sei bem."[8] Essas são as primeiras linhas de *O estrangeiro*, de Albert Camus, um romance que se tornou o emblema da alienação. O luto pela perda da mãe inicia essa crônica de extrema desconexão. Com ressonância intuitiva, as duas frases anunciam o progresso de toda a obra. Em primeiro lugar, há a perda da mãe. Logo em seguida, há o deslocamento no tempo e no lugar.

Embora os artistas venham se ocupando dessa questão há algum tempo, só agora a psicologia começou a se concentrar no papel da perda materna na vida dos meninos. O psicólogo William Pollock suspeita[9] que, por trás da inegável "ferida paterna" — o impacto emocional causado nos meninos por "pais ausentes" —, pode haver uma "ferida materna" ainda mais antiga. Não se trata da ferida da mãe estereotipada que não desiste, e sim a ferida da mãe que, em conformidade com os medos e as regras da sociedade, desiste cedo demais. Quando Ann Bouchet cumpre a ordem de Bill em relação a Timmy, quando Janie aceita que os filhos deixem de ter contato emocional, elas abandonam os filhos, cedendo por instantes não apenas a uma dinâmica familiar específica como também a obrigações mais antigas e profundas. Nesses momentos de trauma passivo, essas mães se permitiram ser silenciadas[10] pelas convenções do patriarcado. Além disso, quando abordo a diminuição da conexão com a mãe, não me refiro apenas à conexão por meio do cuidado; a diminuição da autoridade da mãe é da mesma forma prejudicial ao menino.[11]

A ideia tradicional de que apenas os homens sabem como criar meninos enfraquece não apenas o instinto materno de cuidar como também a capacidade das mães de orientar e estabelecer limites. O estereótipo de que mães cuidam dos filhos enquanto pais os disciplinam é exagerado. Embora estudos indiquem que os homens são mais severos com os filhos do que as mulheres, eles não são necessariamente os principais disciplinadores da família. A média diária de tempo que o pai norte-americano comum passa com os filhos é de apenas onze minutos[12] — e a maior parte desse curto período de tempo é gasta em brincadeiras. Apesar de, em determinados momentos, eles acabarem sendo convocados como artilharia pesada para apoiar as mães em circunstâncias incomuns, em geral são elas quem lidam com a maior parte da disciplina, pela simples razão de que também são quem assumem a maioria das funções parentais. Por mais devastador que o tabu da ternura materna seja para os meninos em nossa sociedade, o enfraquecimento do poder das mães é, no mínimo, destrutivo na mesma proporção. Quando um menino rejeita a autoridade da mãe porque ela é "só uma mulher", quando uma mãe se retrai do exercício pleno de seus direitos e suas responsabilidades parentais, estamos diante da representação dos valores do patriarcado: a autoridade superior da mulher como mãe é contrabalançada pelo status superior do filho como homem. As unidades psiquiátricas que às vezes consulto estão cheias de jovens abandonados e grandiosos. Esses meninos sofrem menos com a questão de ter um pai ausente do que com o relacionamento com as respectivas mães sobrecarregadas com as quais têm de conviver, mães que eles conseguiram intimidar até o silêncio, para o próprio prejuízo. A psiquiatria convencional costuma refletir esses mesmos valores quando, em vez de dar poder à mãe, oferece substituí-la por um terapeuta (de preferência do sexo masculino) ou por uma instituição (dirigida por homens). Terapeutas de orientação tradicional podem desencorajar a terapia em família com o argumento de que o menino necessita ter "um lugar só para ele", no qual possa "trabalhar a separação". O verdadeiro significado de "separação" psicológica, no entanto, é maturidade, e nós, humanos, temos mais chances de amadurecer quando não nos desconectamos uns dos outros. Esse pensamento literal não leva em conta que os meninos precisam trabalhar a "separação" com as pessoas das quais estão se "separando". Não há como eles resolverem isso sozinhos. E a noção atual de que mentores — "mães masculinas", como Bly os chama — devem ajudar o menino a "se afastar" levanta a questão de por que ele precisa fazer isso. As concepções tradicionais de masculinidade, até na própria linguagem da "separação", equiparam o crescimento à separação. Contudo, o que a maturidade exige mesmo é a substituição de formas infantis de proximidade *por formas mais adultas de proximidade*, e não por afastamento.

Praticamente não há nessa cultura imagens que representem laços estreitos e maduros entre mães e filhos. Quase todas as imagens positivas ligadas a esse relacionamento são limitadas a meninos jovens. Quando o vínculo entre mães e filhos mais velhos é mencionado, em geral ele é retratado como patológico. Na maioria das vezes, porém, à medida que o menino cresce, a presença da mãe desaparece. Como a terapeuta familiar Olga Silverstein[13] descreveu em *A coragem de criar grandes homens*, para liberar o terreno de um menino rumo ao crescimento e à aventura, uma boa mãe deve sair do caminho. Essa é a mensagem de inúmeras histórias de heróis adotados, órfãos e sem mãe. No conto do Graal, por exemplo, o menino Perceval, cujo pai foi morto em um combate de cavaleiros, é escondido pela mãe protetora. Ele cresce em uma gruta encantada, como um ingênuo pastor, até que um grupo de cavaleiros passa em disparada. Ao ver o brilho do sol nas armaduras, o garoto os confunde com deuses. Seduzido de imediato, Perceval foge com eles, e a pobre mãe, ao ver a poeira que o filho deixa para trás, cai morta no local,[14] para nunca mais ser mencionada. Em *Star Wars*, de George Lucas, todos os três principais filmes da franquia retratam a busca e o confronto de Luke Skywalker com seu complexo pai. A mãe, em contrapartida, nem sequer é mencionada. À medida que os meninos se tornam homens jovens, a proximidade não apenas com a mãe como também com o pai — na verdade, a proximidade dependente com qualquer pessoa — é equiparada à infantilidade. Crescer se torna sinônimo de sair de casa. Maturidade e conexão são definidas como escolhas que excluem uma à outra.

Por mais devastadora que seja a desconexão com a mãe, ela é apenas a ponta do iceberg de uma norma social mais ampla, a instrução é de se afastar não apenas da mãe como também da própria intimidade e de cultivar ou até compreender os valores e as habilidades que sustentam uma conexão emocional profunda. A diminuição do apego à mãe é uma manifestação específica da negação de todas as coisas consideradas femininas, incluindo muitas das partes mais valiosas em termos emocionais do eu. Meu filho Alexander precisa abrir mão do vestido e da varinha de condão; o adolescente de *Sociedade dos poetas mortos* precisa abrir mão da parte de si mesmo que deseja interpretar Ariel. Se o vínculo com a mãe é a primeira desconexão no caminho para a masculinidade, o vínculo consigo mesmo é a segunda. A rejeição do "feminino" em si por parte de um menino se divide em duas esferas: rejeição da expressividade e da vulnerabilidade.

Alice Blake, uma empresária sarcástica de 34 anos, se inclina para a frente e conta sobre o "bombardeio de gênero" com o qual se depara em uma única manhã com o filho de 7 anos.

— Aqui está um breve período de duas horas chamado *A vida de uma mãe com um filho pequeno* — anuncia ela.

Jeff começa o dia declarando que não vai usar a camisa azul-claro que ela acabou de comprar para ele.

"Eles vão rir de mim, mãe", protesta ele.

"Mas é azul", responde ela. Jeff joga a camisa no chão, encerrando a discussão.

"Não é azul o suficiente", afirma ele.

Alice e Jeff vão até a sala de aula do menino, onde ela ajuda uma manhã por semana. Os alunos estão decorando os bichos de pelúcia que foram solicitados a levar para crianças doentes ou hospitalizadas. "Por que você não trouxe um de seus bichos?", pergunta ela a Jeff num canto. Alice sabe que não deve fazer esse tipo de pergunta em público a um menino do segundo ano. Jeff examina a sala, parecendo, como Alice descreve, um minitraficante de drogas à procura de agentes federais. Ele "confessa" que deu todos os seus bichinhos ao irmão mais velho.

"Ah, é?", diz Alice. "Então por que eles ainda estão espalhados pelo seu quarto?"

"Mãe", Jeff passa o braço em volta do ombro dela, "eu emprestei eles."

A professora reúne as crianças em um círculo e pede a elas sugestões sobre o que escrever nos cartões que serão entregues com cada bichinho. "Melhoras", diz uma delas. "Se aconchegue comigo", sugere outra. "Me abrace", opina uma terceira. "Espero que você melhore", diz uma quarta. Nenhuma das sugestões vem dos meninos.

— Então, na hora de escrever os cartões, quantos meninos você acha que escolheram "Me abrace" ou "Se aconchegue comigo"? — pergunta Alice.

A resposta não foi uma grande surpresa.

— Nenhum.

Enquanto as meninas escolheram em meio a toda a gama de saudações, todos os meninos da sala optaram pelas inscrições mais emocionalmente restritas possíveis: "Melhoras" ou "Espero que você melhore". Eles já se juntaram em um cantinho emocional. Aos 7 anos, já aprenderam a amortecer sua capacidade natural de expressar emoções vívidas. Eles entendem as regras do jogo, regras que seguirão por toda a vida.

Em nossa cultura, a expressividade — até mesmo falar com animação e grande alcance emocional — é reservada às mulheres. Apesar da retórica ocasional sobre o aumento da comunicação, "o tipo forte e quieto" continua sendo o ideal para os homens. Homens de verdade — como Clint Eastwood ou Arnold Schwarzenegger — são lacônicos. Dizem coisas como "Anime meu dia" ou "Eu voltarei". Essa capacidade de ser impassível, qualidade da masculinidade tradicional, mistura-se ao comportamento característico da depressão. Só que a perda é muito mais profunda do que uma mera questão de estilo. Muitos meninos são ensinados a ser tão hábeis em esconder sua exuberância que a escondem até de si mesmos. Pesquisas recentes indicam que, nessa sociedade, a maioria dos homens tem dificuldade não apenas em expressar como também em identificar os próprios sentimentos. O termo psiquiátrico para essa deficiência é "alexitimia",[15] e o psicólogo Ron Levant estima que cerca de *80%* dos homens em nossa sociedade têm uma forma (de leve a grave) dessa doença.

A relação entre o entorpecimento emocional e a depressão aparente está bem documentada. De fato, a ausência de sentimentos é um dos dois principais critérios para o diagnóstico de depressão aparente. Menos conhecida é a relação entre a alexitimia e as defesas viciantes empregadas na depressão oculta. Comportamentos que geram dependência são encarados como sedativos e medicamentos para essa dor. No entanto, há várias décadas, pesquisadores como Edward Khantzian levantaram a hipótese de que certos vícios, como em cocaína ou álcool, funcionam para "automedicar" uma pessoa, não a sedando, e sim "revigorando-a"[16] ou "animando" sentimentos mortos. Usuários dessas substâncias são "caçadores de sensações" — pessoas cujos estados psíquicos comuns são abafados e silenciados. Sabemos que um grande número de homens tem a experiência emocional amortecida. Sabemos também que o número de homens adictos e alcoolistas supera o de mulheres em mais de dois para um. A conexão entre a socialização masculina, a alexitimia, a depressão oculta e o abuso de substâncias parece óbvia.

A intensificação de sentimentos silenciados pode ser alcançada pelo uso de drogas e pela ação de se lançar em situações difíceis. Riscos, jogos de apostas, obsessão e raiva desencadeiam a resposta de "luta ou fuga" do nosso corpo, liberando endorfinas, os opioides do corpo, e secreções adrenais, estimulantes naturais. A capacidade do corpo de liberar medicamentos internos quando está sob estresse levou o pesquisador Bessel van der Kolk a escrever sobre o que ele chama de "vício em trauma".[17] Ao observar a alta prevalência de crises em pessoas com histórico de traumas, ele levanta a hipótese de que algumas delas desejam intensidade para "automedicar" a dor interna não por meio de um estimulante externo, e sim lançando-se em estados extremos de hiperexcitação fisiológica. Os sobreviventes de traumas podem desenvolver dependência das "drogas" do próprio corpo. A pesquisa de Van der Kolk aponta o caminho para a compreensão da base fisiológica das defesas utilizadas na depressão oculta que dependem de comportamentos em vez de substâncias.

Embora tanto homens quanto mulheres traumatizados possam buscar maior intensidade, o comportamento de cada grupo não apresenta a mesma proporção de perigo.[18] A partir de estudos, indica-se que, desde a infância, passando pela adolescência, até a idade adulta, homens traumatizados apresentam uma propensão específica para "externalizar" a angústia infligindo-a.

Encontrei a expressão mais profunda desse impulso de se sentir vivo por meio da violência em prisioneiros do sexo masculino mantidos em confinamento solitário para a proteção de outros detentos. Sozinhos, esses homens agressivos recorrem à automutilação — gravando nomes nos braços, mordendo-se, engolindo lâminas de barbear. Eles fazem lembrar os homens do degrau mais baixo do Inferno de Dante, com gelo até o pescoço, roendo a cabeça uns dos outros. Eles mostram de modo uniforme que a automutilação evoca uma sensação de alívio.[19] Pode ser que, em um nível mais elementar, esses prisioneiros estejam manifestando a libertação do tormento de não sentir nada. Eles incorporam padrões extremos de amortecimento emocional que, em formas muito mais brandas, desempenham um papel importante na maior parte dos casos de depressão oculta. Da mesma forma, o entorpecimento emocional comum tanto na depressão aparente quanto na oculta pode ser, por si só, uma exteriorização extrema da maneira por meio da qual a sociedade mutila em muitos homens e meninos a capacidade de sentir.[20]

Assim como as noções de masculinidade tradicional consideram a forte expressão emocional como algo não masculino, elas também proíbem a maioria das expressões de vulnerabilidade. Em termos de estereótipo, ser homem significa ser forte, estar "por cima". Há pouco espaço para hesitação, confusão ou fraqueza. A vergonha associada à vulnerabilidade é uma das razões pelas quais tantos homens com depressão não querem falar sobre o assunto, não admitem o transtorno ou não obtêm a ajuda que poderia mudar a vida deles, além de ser o motivo pelo qual as pessoas que os cercam evitam confrontá-los sobre sua condição. Essa também é uma das poderosas dinâmicas subjacentes à depressão oculta, uma vez que um homem com depressão oculta é aquele que considera a vulnerabilidade da depressão inaceitável até para si mesmo.[21]

A norma que recrimina a vulnerabilidade impede os homens de superarem a depressão, além de coibir que muitos deles se curem dos traumas ativos e passivos que contribuíram para o surgimento do transtorno. A partir de pesquisas, aprendemos que a capacidade de pedir ajuda[22] a outras pessoas para lidar com o medo e a dor é o melhor remédio para danos emocionais. Independentemente de a pessoa estar lutando contra os efeitos de uma briga, um estupro ou um ferimento durante a infância, o melhor indicador de resolução do trauma é um bom apoio social. Entretanto, a pressão para que os homens minimizem a dor eclipsa o desejo de obter ajuda. Em primeiro lugar, os meninos são feridos. Em seguida, são ensinados a promover a "autossuficiência", corroendo sua disposição de buscar a cura que vem da comunidade. No entanto, vulnerabilidades que não são reconhecidas quase nunca ficam enterradas; elas tendem a se reerguer e cobram um preço alto.

Frank Riorden era um empreendedor de East Boston que crescera no mercado têxtil, passando de operário a proprietário de uma fábrica de tecidos avaliada em milhões. Ele havia lutado contra a "rede conservadora" da elite de Boston, contra os sindicatos e até contra o crime organizado. Tinha tanta paciência para minhas "psicodelias" quanto para lições de etiqueta. Entretanto, aos 60 e poucos anos, depois de uma vida inteira de trabalho árduo, com uma saúde gloriosa e tanto dinheiro que mal sabia o que fazer com ele, Frank tinha seis filhos maravilhosos, três netos e uma linda esposa — e era desprezado por todos eles. Por muitos anos, os negócios de Frank o levaram a "estar fora" entre 50% e 80% do tempo, e isso se mostrou um território perigoso para um homem rico e bonito que "não gostava de ficar sozinho". Frank preenchia suas viagens com inúmeras mulheres jovens, tratava todas muito bem e gostava da maioria. Ele acreditava que, em comparação aos seus colegas exploradores e sem coração, ele era um cara sexualmente sensível.

O mundo de Frank virou de cabeça para baixo no dia em que sua esposa, Dana, e o filho mais velho, Steve, tentaram entrar em contato com ele, que estava fora, para contar que um nódulo semelhante a um tumor havia sido descoberto na mama de Dana. Enquanto ela estava no hospital para o que começou como uma cirurgia exploratória e terminou em uma mastectomia radical, Frank se divertia com uma comissária de bordo no Rio de Janeiro. Depois de dois dias, Steve enfim localizou o pai. Sem terapia, essa família poderia ter levado de duas a três gerações para se curar desse trauma. Foram necessários seis meses de terapia para que Steven concordasse em estar no mesmo cômodo que o pai.

Frank me confessou em uma sessão individual que, nos luxuosos quartos de hotel, com aquelas mulheres jovens, adoráveis e descomplicadas, ele se sentia capaz de "desabafar" como não conseguia fazer em nenhum outro espaço de sua vida. Sentia-se à vontade para falar sobre preocupações e medos — sua solidão, sua idade — de uma forma que não conseguia nem sequer imaginar fazer com as pessoas da sua "vida real". Desde sempre, amantes sabem muito bem que homens como Frank não se sentem atraídos apenas pela promessa de sexo, e sim pela promessa de sexo e consolo. Diferentemente de muitos mulherengos crônicos, Frank não culpava a esposa pela forma como havia separado a atenção sexual e emocional da vida conjugal dos dois. De fato, Dana podia ser tanto uma mulher carinhosa quanto entusiasmada em termos sexuais. A dificuldade não estava na capacidade dela de dar, e sim na disposição de Frank de receber. Para ele, era mais fácil pensar em "explodir a própria cabeça" do que em "sobrecarregar Dana com os próprios problemas", dizia. No início do casamento, Frank havia adotado uma postura de super-homem. Forte, seguro e no comando, ele era a árvore na qual todos os outros podiam se apoiar. Foram necessários três meses do que chamo de "terapia britadeira" — como quando se perfura o asfalto com britadeira — para que ele "compreendesse" que podia haver uma conexão entre a negação absoluta da própria humanidade no âmbito familiar e suas ocasionais viagens a lugares exóticos com mulheres de 20 anos.

Quanto à possibilidade de sofrer de depressão oculta, Frank zombou da ideia de que seu passado difícil — ter tido um pai "beberrão" e operário que "batia em mim e em meus irmãos toda semana" — tivesse alguma relação com sua motivação, com a dor não reconhecida que ele ainda carregava dentro de si ou com a relutância em se aproximar demais de qualquer pessoa que conhecesse de verdade. Sua infância, contestou, não foi muito diferente da dos outros meninos do bairro. Respondi a Frank que acreditava que isso era verdade e, ainda assim, me perguntava como esses outros meninos estavam se saindo pessoal e profissionalmente.

Frank tinha o comportamento típico de muitos dos homens com depressão oculta que atendo, no sentido de que teria saído em disparada do meu consultório se eu não tivesse um grande poder de persuasão. Ele tolerava a terapia porque eu tinha algo que ele queria — a esposa e os filhos. Não havia benefício algum em tentar "formar uma aliança" com ele pela simpatia, como a maioria dos terapeutas é ensinada a fazer. Frank estava se consultando comigo porque a esposa havia deixado evidente que "se recompor" na terapia era sua única esperança de reconquistá-la. Ele era o que eu chamo de "caso de vida ou morte" — estava ali sob coação.

Com meu incentivo, Frank concordou em ligar para Henry, um homem com quem eu havia trabalhado anos antes e que também estava na casa dos 60 anos. Assim como Frank, Henry tinha lutado contra a depressão oculta, além de um histórico de abuso de cocaína e de ser mulherengo. Henry, que já fazia terapia e ainda contava com os Doze Passos havia oito anos, conseguiu arrastá-lo para dez minutos de uma reunião dos Filhos Adultos de Pais Alcoólatras, mas isso não agradou muito a Frank. Mais tarde, ele explicou: "Se o destino do meu casamento depende de eu me sentar no porão de uma igreja ao lado de um homem adulto segurando um ursinho de pelúcia no colo, então que se dane o meu casamento!" Embora Frank nunca mais tenha ido a uma reunião dos Doze Passos, ambos ficamos surpresos por ele ter considerado o café com Henry "relativamente tolerável". Henry logo juntou alguns amigos, e Frank se viu conversando com esse grupo de homens experientes, da sua idade ou mais velhos, de uma maneira que nunca havia conversado antes com ninguém além de suas amantes. Frank sempre foi muito querido a distância, com dezenas de conhecidos calorosos e nenhum amigo de verdade. Com o passar do tempo, ele experimentou se abrir, em um primeiro momento com Henry e seus companheiros, depois com a esposa.

Eu considerava Frank um *workaholic*, mas ele se sentia patologizado por esse rótulo. Aos próprios olhos, ele havia feito o necessário para se tornar um milionário que se erguera sozinho. Considerei também que Frank tinha uma relação de dependência com o sexo, mas para ele isso era ingênuo demais. Todo homem de negócios que ele conhecia tinha "um pouco de ação fora de casa de vez em quando". Eu o via como um homem com depressão oculta, ainda carregando feridas da infância. Ele me via como um "progressista de coração aberto" que não descansaria até transformá-lo em Alan Alda ou outra versão de um "chorão sensível dos anos 1990". Frank tinha uma resposta pronta para todas as minhas preocupações, mas o fato era que esse homem "normal" havia vivido a maior parte do tempo trabalhando, traindo a esposa e não se comunicando com quase ninguém sobre nada além da logística mundana. Ele adorava as duas filhas e criticava os quatro filhos, mas apenas a distância. Ao ouvir a descrição de Frank e Dana sobre o extremo distanciamento emocional que existia entre eles havia tantos anos, suspeitei de imediato de alguma forma de vício. Seres humanos quase nunca conseguem tolerar esses níveis de distanciamento por muito tempo; é solitário demais. Em um casamento tão distante como o deles, em geral há uma "terceira ponta do triângulo" — bebida, trabalho, um caso — que fortalece um relacionamento insuportavelmente vazio. Muitos homens que sofrem de depressão oculta, que não querem encarar a vulnerabilidade da própria dor oculta nem conseguem ter intimidade com o próprio coração, não conseguem ter intimidade com mais ninguém. Onde Frank aprendeu a precisar de tanta distância? Onde aprendeu a desconfiar da vulnerabilidade e a buscar socorro fora da família? Do que tinha tanto medo?

Uma das coisas que Frank enfim compartilhou comigo e com Dana foi seu medo de envelhecer sozinho e desprezado pelos filhos, da mesma forma que, na verdade, tinha acontecido com o pai dele.

"Há um velho ditado na terapia em família", falei a ele. "Ao que parece, são necessárias três gerações para se curar de um trauma. Seu pai nunca conseguiu, e você está no meio. Vamos ver o que seus filhos conseguem fazer."

* * *

Reunir em uma sala Frank, os seis filhos e a esposa, de quem estava afastado, não foi tarefa fácil. A família saiu de diferentes partes do país rumo a Boston e se hospedou em casas ou quartos de hotel separados durante a semana em que trabalhamos juntos. Steven, o caçula dos filhos homens e o mais explicitamente ferido pelas atitudes do pai, relutou em se juntar a nós de início. Fazia parte do nosso acordo que eles se encontrassem nos dias entre as sessões "oficiais" para passar um tempo juntos e conversar sobre o que lhes ocorresse após a sessão do dia anterior. Como sempre acontece, essas sessões informais sem a minha presença se mostraram tão úteis quanto o trabalho realizado no consultório.

Comecei obtendo informações sobre os Riorden para traçar a crise atual da família contra o pano de fundo da história familiar, o fardo que são os assuntos não resolvidos passados de pai para filho. Uma forma de ajudar uma família a se recuperar de atitudes tão prejudiciais quanto as de Frank é colocá-las em contexto. O objetivo não é justificar o comportamento do homem, e sim entendê-lo.

À medida que a história da família aos poucos se desenrolava, descobri que a força que obstruía a conexão de Frank consigo mesmo e com seus familiares era o fantasma de James, seu irmão mais velho. James morreu de complicações decorrentes de uma pneumonia quando tinha 8 anos, e Frank, 6. A família visitava parentes no Canadá quando o pequeno James contraiu uma infecção. Um exame sugeriu bronquite, mas a febre alta preocupou o médico, que aconselhou que o menino passasse a noite no hospital. O pai de Frank, Peter, estava inquieto e ansioso demais para voltar para casa. A visita aos sogros havia sido longa; ele precisava voltar ao trabalho no dia seguinte e, além disso, não confiava muito em médicos. "Deixe-o suar até passar", disse Peter enquanto carregavam o menino rumo à longa viagem de trem de volta a Boston.

James entrou em coma em algum lugar no norte da Pensilvânia. Jamais se recuperou. Seu pai e sua mãe também não. Allyssa, a mãe de Frank, fechou-se em uma nuvem de martírio e depressão crônica que não deixava dúvida de que culpava a si mesma e ao esposo pela morte do primogênito. Peter, que já aspirava ascender na pirâmide social, dedicou-se ao trabalho na fábrica como um penitente, medicando a culpa e a raiva implícitas com álcool e ataques ritualizados aos filhos, que pareciam afrontá-lo por continuarem vivos. Frank, o segundo mais velho, lhe era repugnante. Peter viveu mais do que a esposa. Morreu aos 84 anos, longe da família, em uma pensão no sul de Boston. Havia se tornado, segundo a maioria dos relatos, um homem solitário e cruel a quem a família estava aliviada por não ter mais por perto.

Em nossa última sessão de quatro horas de terapia familiar intensa, achei que estava na hora de conferir se Frank conseguiria admitir um pouco da vulnerabilidade que havia passado a maior parte da vida negando. Pedi a ele que participasse de uma representação de uma cena típica com seu pai. De início, Frank se recusou, mas, aos poucos, com muito apoio e muita orientação, foi se acostumando com a ideia. Na cena que Frank construiu, ele tinha 9 ou 10 anos. A mãe tinha ido para a cama cedo, como era comum. O pai chegara tarde, não bêbado o suficiente para tropeçar ou cair, mas sim para enrolar a língua e ser cruel. Talvez porque não esteja pronto para demonstrar, talvez porque não seja o mais doloroso de seus ferimentos, Frank não dramatiza um episódio de abuso físico. Na cena, Peter não bate no garoto, mas zomba dele por seu interesse em ciência. Ele o ridiculariza pelo trabalho árduo na escola, por "se exibir", por "ambições inúteis" e, o mais doloroso, por sua proximidade com a mãe — "como se fosse algo sujo", diz Frank, "algo pelo que se envergonhar". Frank relata tudo isso com constrangimento, sem olhar para ninguém, a voz sem emoção.

— Me mostre — digo a Frank. — Me mostre como era.

Preparamos o cenário mudando os móveis do meu consultório de lugar.

— O sofá da sala ficava aqui — indica Frank. — Havia uma escrivaninha grande ali ao longo da parede.

Aos poucos, eu elenco Frank como seu pai — como Peter era, o que vestia, sua postura, como soava ao dizer aquelas coisas terríveis. De início, Frank, no papel do pai, é rígido e tímido. Contudo, logo a força da interpretação se apodera dele. Enquanto a família assiste, Frank e eu repetimos a cena uma, duas, três vezes. A cada vez, Frank, no papel de Peter, fala mais alto e de maneira mais cruel.

— Vá em frente e corra até ela — diz ao garoto imaginário. — Seu chorão. Você sempre foi um chorão manipulador e sabe disso. Vá correr para debaixo das cobertas da sua mãe se não gosta de ouvir o que estou dizendo. Se não suporta ouvir o que um homem tem a dizer.

Do outro lado da sala, Steven, de 36 anos, está pálido. Quando pergunto a ele se estaria disposto a assumir o papel do avô, Steven nega com a cabeça. Ele parece chateado. Mais tarde, Steven nos diz que o desprezo no tom do "avô" foi muito familiar para ele, muito parecido com o próprio tom às vezes, ainda mais agora, em relação ao pai mulherengo. Entretanto, quando me dirijo a Steven, ele não revela tudo isso. Apenas diz que está relutante em interpretar Peter, mas que, se tivermos paciência, vai tentar. Steven caminha devagar até o local onde "Peter" estava, e eu observo sua postura se transformar quando ele assume o papel. Steven se ergue de modo a se elevar sobre o pai e, sem aquecimento, começa a gritar com ele, assumindo o papel sem perder o ritmo. Frank, interpretando a si mesmo como um menino, se agacha, desconfortável dentro e fora do personagem. É uma cena excruciante para todos nós.

— Vá em frente, seu chorão — grita Steven, como Peter fazia.
— Como você respondeu? — pergunto a Frank.
— Não respondi — diz Frank.
— Você só ficou parado e aceitou?
— Sim, por um tempo.
— Por um tempo? — pergunto, mas Frank apenas olha para o chão. Ele parece estar à beira das lágrimas, mas desesperado para não chorar na nossa frente.

Coloco minha mão em seu ombro.
— E o que você *gostaria* de ter dito?
— Como assim?

Oriento Steven, como Peter, a recomeçar a bronca, o que ele faz com muito mais veemência do que Frank havia feito.

— Você se acha muito esperto — grita Steven, no papel de Peter, apontando o dedo, o rosto franzido de desgosto. — Você ainda é um bebê chorão. Sabia disso? Quem você pensa que é?
— Olhe para ele — digo a Frank. — Olhe para o seu pai. O que *realmente* quer dizer a ele agora?
— Vá se foder — responde Frank, meio brincando.
— Vá em frente — insisto. — Diga.
— Vá se foder — diz Frank com docilidade, sem muito empenho.
— Não fale comigo desse jeito — responde Steven, imerso e visivelmente irritado.
— Vá se foder, pai — repete Frank.
— Mais alto — instruo.
— Vá se foder, pai.
— Mais alto, de novo!
— Quem você pensa que é? — Steven-como-Peter se aproxima de Frank.
— Nunca mais...

— Eu disse: vá se foder! — grita Frank, levantando-se para enfrentá-lo. — Vá se foder, babaca!

Coloco minha mão no ombro de Frank, dando apoio a ele e o contendo.

— Diga a ele! — instruo.

— Quem eu penso que sou? — continua Frank. — Bem, quem você pensa que é, seu babaca?

— Não se atreva... — Peter tenta, mas Frank o repreende.

— Cale a boca, você! Cale a sua boca! Cale a sua boca! — Frank fecha os punhos e luta contra as lágrimas. — Apenas cale a porra da sua boca, está me ouvindo? Eu não aguento mais, está me ouvindo?

O silêncio se abate sobre nós. Ele paira, trêmulo e despedaçado. Steven dá um passo para trás, mas eu o faço voltar para o lugar com minha mão em seus ombros.

— É isso? — pergunto a Frank com suavidade. — Foi assim que aconteceu?

Do outro lado da sala, Dana chora baixinho. Frank assente, abalado.

— Agora, quero que você faça o seguinte — digo a Frank, bem de perto, quase sussurrando em seu ouvido. — Quero que conserte isso. Quero que reconstrua essa cena, só que, desta vez, traga para ela o que for necessário para curá-la.

— Você quer que eu...

— Quero que você arrume isso — respondo, me endireitando. — Comece da última frase, a do "Cale a boca!" — oriento.

Desta vez, peço a Steven que faça o papel de Frank, enquanto Frank faz o papel de Peter — mas não como Peter era de verdade, e sim como deveria ter sido, como Frank gostaria que ele tivesse sido.

Peter começa por se desculpar com o filho.

— Me desculpe — diz. — Não tenho motivos para me comportar dessa maneira com você.

Em seguida, ele começa a falar com hesitação sobre a própria dor, a culpa pela morte de James, o colapso na vida de operário que ele despreza, a sensação de estar preso e ser julgado de modo implacável em seu casamento. Por trás da brutalidade, Frank no papel de Peter libera uma enxurrada de mágoa, depressão e arrependimento.

— Muito bem — digo a Frank. — Agora quero que você volte a representar aquele garoto. Volte aqui, agache-se outra vez. Quero que imagine, mesmo que por apenas alguns minutos, como seria a sensação de ouvir palavras como essas de seu pai quando você era menino.

— Mas eu nunca teria ouvido isso dele — protesta Frank.

— Eu sei. Ouça-as agora.

Frank abandona o papel de Peter e se agacha outra vez, assumindo o lugar do garoto de 9 anos. Peço mais uma vez a Steven que interprete o avô. Quando Steven responde dessa vez, não há hesitação. No papel de Peter, ele se abaixa, ergue o rosto de Frank e o segura pelo queixo.

— Ouça o que tenho a dizer — diz Steven. — Me perdoe e me deixe perdoar você. Não podemos mais continuar vivendo assim. Cheios de tanta mágoa e culpa. Chega. Acabou. Vamos aproveitar ao máximo o que nos resta.

— Diga isso de novo — instruo Steven.

— Vamos aproveitar ao máximo o que nos resta — repete ele e começa a chorar.

— Diga a ele que o ama — oriento com suavidade.

No papel, Steven ergue o pai em seus braços.

— Amo você — diz a Frank. — Estou muito orgulhoso de você... filho.

Frank estende a mão para Steven, que a segura com força.

— Eu também amo você — responde Frank.

Frank Riorden carregava a dor e a culpa do pai como um enorme e pesado fardo nos ombros. Essa transmissão geracional, aliada ao próprio trauma de infância, formou o núcleo de uma depressão oculta que ele administrava ao se isolar da própria vulnerabilidade. Essa manobra defensiva lhe custou a capacidade de criar intimidade com qualquer pessoa, sobretudo consigo mesmo. Sem o mínimo reconhecimento consciente, Frank construiu sua vida de modo a seguir o modelo oposto ao de seu odiado pai. Enquanto Peter era resignado, Frank era motivado; enquanto Peter fracassava, Frank prosperava; enquanto Peter sentia uma culpa avassaladora, Frank não sentia nenhuma; enquanto Peter estava preso em um casamento infeliz, Frank jamais se entregou por completo ao seu. A única coisa que ambos compartilhavam era a falta de vontade de lidar com a vulnerabilidade e a disposição de alavancar a família em vez de enfrentar a própria experiência. O orgulho precede a queda, diz o provérbio.

Há uma história contada pelo estoico romano Catão sobre um jovem ladrão. Certo dia, após roubar uma raposa, o jovem foi parado e interrogado por um policial. Ele escondeu o animal sob sua capa e respondeu às perguntas do interrogador com toda a calma enquanto a raposa roía a lateral de seu corpo.[23] Tanto para Peter quanto para Frank, a invulnerabilidade, em geral chamada de "orgulho masculino", era como a raposa que eles abraçavam contra si mesmos. Peter, rancoroso com a esposa recriminadora e compelido a "ser forte" pela família, nunca demonstrou o remorso que sem dúvida corroía sua alma. Foi para o túmulo sem cura e sem perdão. Frank gastou suas energias para ser tudo o que o pai não era. No entanto, em lealdade inconsciente, no próprio casamento Frank não era mais vulnerável do que Peter fora no dele nem muito mais feliz.

Frank Riorden começou a se despir da dor e da vergonha do pai naquela tarde em meu consultório. Dedicou-se a reparar a catástrofe em que sua vida havia se transformado. Por mais assustador que fosse – e, pela primeira vez, ele admitiu que era –, Frank se comprometeu com o casamento no qual apenas se limitou a agir no automático por 38 anos. Ele nunca se debulhou em lágrimas nem se lançou no tipo de trabalho emocional profundo que alguns dos homens de quem trato fazem. No entanto, conseguiu dar a volta por cima e enfrentar a dor de uma depressão da qual fugiu durante a maior parte da vida. Superou o medo e a desconfiança o suficiente para se recolher e descansar dentro da própria família. O ato mais corajoso desse homem blindado foi abrir mão de sua armadura.

Quando um homem como Frank Riorden se coloca no mundo como se fosse invulnerável, o trauma de suas perdas relacionais se perpetua ainda mais. As perdas se repetem como uma cápsula liberada pelo tempo, à medida que o menino aprende a rejeitar a ajuda e o consolo várias vezes durante a infância e, de fato, durante toda a vida. Ao internalizar o valor da invulnerabilidade e a desvalorização da dependência, meninos como Frank aprendem a rejeitar o conforto e a conexão de forma contínua.

Ao contrário do estereótipo, Frank sofria com uma mãe inútil e um pai tóxico demais. Criado em um ambiente tão abusivo, defendendo-se de uma depressão que não gostava de admitir, ele precisava a todo custo receber conforto de algum lugar. No entanto, só tolerava recebê-lo em situações nas quais detinha controle quase total, como com suas jovens amantes. O cultivo de uma postura de invulnerabilidade rouba dos homens uma sabedoria conhecida pela maioria das mulheres nessa cultura: as pessoas se relacionam melhor quando expõem suas fraquezas. A linguista Deborah Tannen, analisando o *"rapport talk"* das mulheres[24] – a conversa fundamentada na conexão – em comparação ao *"report talk"* dos homens – a conversa fundamentada na informação –, descobriu que um componente vital do diálogo entre as mulheres era o que ela chamou de *"trouble talk"*, o convite ao ouvinte a compartilhar os próprios pontos de vulnerabilidade. Por fim, na medida em que um homem aprende a "ser forte" e a desvalorizar a fraqueza, sua compaixão em relação à fragilidade, não apenas a sua como também a daqueles que o cercam, pode ser limitada ou condescendente. Dessa e de muitas outras maneiras, a perda da expressividade e da vulnerabilidade levam à diminuição da conexão com os outros.

Assim como para muitas mulheres deprimidas a recuperação está intrinsecamente associada à eliminação dos traços de opressão e à descoberta do empoderamento, para muitos homens deprimidos essa recuperação se relaciona à oposição à força de desconexão e ao retorno ao mundo dos relacionamentos — com o "feminino", com eles mesmos e com os outros. Frank, ao se lembrar de si mesmo como um menino e trazer à tona o assunto não resolvido com o pai, alcançou em um único momento aquele pai, o irmão morto há muito tempo, a esposa e o filho com o qual tinha maiores problemas. Às vezes, digo aos homens deprimidos com quem trabalho que a recuperação exige que *eles sejam arrastados de volta ao relacionamento* — muitas vezes, esperneando no começo. Um homem não pode se recuperar de uma depressão aparente ou oculta e permanecer entorpecido em termos emocionais; ele não pode se relacionar e se isolar ao mesmo tempo; não pode ter intimidade com os outros antes de estabelecer intimidade com o próprio coração.

Meu trabalho com homens deprimidos me levou a inverter o pensamento convencional sobre pais e filhos. Se dermos crédito à pesquisa em que é detalhado a centralidade do afeto nas relações entre pai e filho e a relativa irrelevância da "masculinidade" do pai, é óbvio que meninos não anseiam por pais que sejam modelos dos costumes tradicionais de masculinidade; eles anseiam por pais que os resgatem disso. O que necessitam é de pais que tenham saído do desafio da própria socialização com algum grau de integridade emocional. Os filhos não querem os "culhões" dos pais; querem o coração deles. Para muitos, o coração de um pai é um item difícil de ser encontrado. Muitas vezes, o menino perdido que o filho deprimido precisa recuperar é aquele que não ele, e sim seu pai, rejeitou.

CAPÍTULO 7

Danos colaterais

"Pois, de que adianta ao homem ganhar o mundo inteiro e perder a sua alma?"[1]

— Novo Testamento, Marcos 8:36

As etapas finais do processo de moldagem dos meninos são práticas que reforçam sua grandiosidade, seu privilégio masculino, sua posição de superioridade. O empobrecimento relacional cria a base insegura para os sentimentos de vergonha, inutilidade e vazio que assombram muitos homens e que, em sua forma mais extrema, desabrocham em uma depressão aparente. Quando reforçamos a grandiosidade de um menino, nós o convidamos a escapar dessa dor e da fuga para o vício ou para a ilusão de domínio.

Para entender o papel da grandiosidade na vida dos meninos, precisamos entender que, no processo de redução e por meio do qual criamos distinções de gênero polarizadas, cada sexo faz um tipo de acordo. Os custos e benefícios surgem para cada lado. De maneira tradicional, meninas e mulheres são incentivadas a manter a conexão — com o lado emocional de si mesmas e com os outros. Contudo, para preservar esses vínculos, elas precisam aprender a se calar e se subjugar. Precisam aprender a parecer, como disse David Halberstam sem rodeios, "bonitas, educadas e não muito inteligentes".[2] Embora esses papéis tradicionais possam estar sob processo de mudança, as adolescentes ainda sofrem com o conflito entre desempenho e afiliação. Se uma menina for inteligente e assertiva demais, coloca em risco o relacionamento com meninos e com outras meninas que podem acabar competindo com ela. Estudos como os de Peggy Ornstein ou Lyn Brown e Carol Gilligan[3] indicam que as salas de aula mistas parecem ensinar as moças a ceder. Meninos são mais convocados a falar do que elas. Meninas falam menos em grupos mistos do que em ambientes em que não há meninos. Elas interrompem menos, pedem licença para falar e fazem mais ressalvas quando se posicionam. Essas descobertas levaram vários educadores de mulheres a sugerir, com certo pesar, que meninas e jovens mulheres podem ter um desempenho acadêmico melhor em ambientes exclusivos para pessoas do mesmo sexo. Os meninos parecem não ser afetados pela mudança de uma turma com crianças do mesmo sexo para uma turma mista, o que deixa a impressão de que farão quase tudo o que quiserem independentemente de quem estiver presente. Essas são algumas das vantagens nos caminhos dos meninos,[4] alguns dos benefícios do lado masculino da barganha.

Nas culturas patriarcais de todo o mundo, rituais de iniciação feminina reforçam a deferência das mulheres aos homens. Quando mulheres são feridas, isso acontece por meio da submissão. O estupro pode ser encarado não apenas como um ato sexual como também como um ato de violência[5] e posse. Os pés das meninas na China Imperial eram quebrados e enfaixados com força para que parecessem mais delicados. A mutilação genital diminui o apetite sexual da mulher, tornando-a mais controlável e menos ameaçadora. O fator comum em todos esses atos é a demarcação da mulher como propriedade.

Os ritos de iniciação dos meninos, em contrapartida, não têm a ver com aprisionar. Referem-se à dor e à capacidade do menino de suportá-la. Um provedor, caçador e guerreiro deve ser forte. Ser durão exige a capacidade de se afastar da própria experiência e ignorar o medo e a dor, a fim de fazer o que precisa ser feito, apesar das severas dificuldades. As iniciações dos meninos culminam no processo de endurecimento já no início da infância. Elas zombam do menino e o constrangem. As feridas do ritual em geral são físicas, e às vezes também são sexuais.[6] Os meninos das Terras Altas Ocidentais da Papua-Nova Guiné são aterrorizados a autoinfligir o próprio nariz até sangrar. Os meninos forçam a entrada de um graveto longo e afiado em suas narinas, provocando um sangramento abundante, que é recebido com gritos de guerra dos homens adultos. Entre os Sâmbias, depois de serem tirados de suas respectivas mães e espancados em público, os meninos são forçados a fazer sexo oral nos homens mais velhos, que acreditam que o sêmen ingerido tornará os garotos mais fortes. Os meninos Tewa são tirados de suas respectivas mães, lavados em um ritual e depois "espancados sem piedade pelos Katchinas (seus respectivos pais, que usam disfarces)". Os meninos Amhara participam de sessões de chicotadas nas quais "rostos são dilacerados, orelhas são rasgadas e surgem lanhados vermelhos e sangrentos. Qualquer sinal de fraqueza é recebido com insulto e zombaria". Esses ritos de passagem tradicionais, romantizados por alguns membros do "Men's Movement", deixam muitos meninos mutilados ou mortos. Entretanto, para o menino que sobrevive, suas feridas não o incapacitam, como acontece com as feridas de uma menina; ao contrário, elas o transformam. É a capacidade do menino de se desligar da própria experiência dolorosa que o torna digno de fazer parte da comunidade masculina. As feridas das meninas as aprisionam; as dos meninos os exaltam.

Na cultura moderna, o padrão da ferida transformadora passou em grande parte do âmbito físico para o psicológico. Meninos aprendem a abrir mão de grande parte da riqueza emocional e relacional, que é um direito de nascença, desenvolvendo, em vez disso, um irrestrito comportamento público assertivo. Homens desfrutam do privilégio de uma suposta superioridade. As forças em nossa sociedade que sussurram para meninos e homens que eles são "melhores" são onipresentes. A partir da documentação de décadas de análise feminista, registrou-se inúmeras maneiras por meio das quais, a começar por Adão e Eva, os homens são considerados o padrão, e as mulheres, a contraparte deficiente. Na tradição infantil contemporânea — as histórias que contamos às crianças, os livros que leem, a programação televisiva e cinematográfica que consomem —, o menino é quase sempre o personagem principal. Homens são maiores, mais fortes, mais ousados e mais interessantes. De *Star Trek* à *Vila Sésamo*, os personagens masculinos ocupam o centro do palco. As mulheres em geral são relegadas ao papel de donzelas em perigo, como a Princesa Leia em *Star Wars*. A rara personagem feminina assertiva, como a Miss Piggy, de *Vila Sésamo*, é apresentada de forma ambivalente — como engraçada ou como objeto de ridículo.

A visão tradicional de meninas e mulheres como seres dependentes, sentimentais, incapazes de cuidar de si mesmas e a de meninos e homens como fortes, racionais, salvadores de donzelas delicadas são ensaiadas de centenas de maneiras, saturando a socialização das crianças. Meninos e homens são os heróis que sacrificam a si mesmos, que enfrentam o perigo "para servir e proteger". Meninos são Peter Pan resgatando Wendy do Capitão Gancho; são o Quebra-Nozes, que se transforma em um belo príncipe e resgata Clara do assustador Rei dos Camundongos; eles são o Príncipe Phillip lutando contra Malévola para salvar a Bela Adormecida. A história do homem poderoso e desconectado que prova seu valor por meio do resgate violento da mulher dependente é um drama repetido de forma incessante em nossa cultura.

É essa influência social generalizada que frustra nossas tentativas de criar filhos de forma diferente da que fomos criados. Muitos, inclusive eu, fizeram grandes esforços para manter os filhos e as filhas fora do modelo tradicional. Muitos incentivam seus respectivos filhos a chorar quando estão chateados e as filhas a subir em árvores. Contudo, os sinais da superioridade dos meninos ainda permeiam a vida das crianças; as imagens dos papéis tradicionais estão por toda parte. Mesmo que nossos meninos não assistam a *Power Rangers* ou brinquem com GI Joe, será que vamos conseguir evitar os dramáticos resgates masculinos como os de *Peter Pan*, *A Bela Adormecida* e *O Quebra-Nozes*? Será que eles nunca vão ouvir falar de Robin Hood salvando a donzela Marion ou das grandes façanhas de Lancelot por Guinevere? Quanto da civilização ocidental devemos estar dispostos a extirpar em nome do politicamente correto? Embora possa haver um segmento específico e bastante rarefeito da população que analisa com todo o cuidado os efeitos dessas influências culturais em meninas e meninos, a maioria dos pais e das mães não o faz.

Segundo as estatísticas, uma criança norte-americana comum assiste a 28 horas de televisão por semana,[7] sem contar filmes alugados ou o tempo gasto com videogames. Algumas evidências sugerem que, em famílias pobres e que compõem a classe trabalhadora, esse número de horas pode dobrar. Quando um menino atinge os 18 anos, ele já assistiu, em média, a *26 mil* homicídios pela televisão,[8] quase todos cometidos por homens. Alguns deles são homens maus que matam por motivos ruins; muitos são homens bons que matam os maus. Foram realizados mais de 235 estudos sobre a relação entre televisão e violência, o que gerou cerca de 3 mil artigos e livros, incluindo relatórios do National Institute of Mental Health (NIMH) e o Office of the Surgeon General. Há um amplo consenso[9] de que assistir à violência na televisão intensifica o comportamento agressivo, que grande parte do material da programação televisiva explora estereótipos sexuais e que esses estereótipos influenciam de modo direto atitudes e crenças das crianças que os consomem. Em um relatório do NIMH,[10] constatou-se que 70% das referências a sexo na televisão estavam relacionadas a casos extraconjugais ou à prostituição. Os homens quase nunca eram mostrados como interessados na família, e o sexo costumava ser associado à violência. Em 1980, o psicólogo Leon Efron apresentou os resultados de um estudo longitudinal iniciado na zona rural do estado de Nova York no fim da década de 1950. Ao acompanhar 875 crianças de 8 anos, Efron descobriu que "o melhor indicador de quão agressivo[11] um jovem seria aos 19 anos era a violência dos programas de televisão que ele preferia quando tinha 8 anos". Embora algumas pessoas afirmem que os papéis tradicionais que afetam nossos filhos estejam mudando, isso não está ocorrendo na programação televisiva.

As educadoras Diane Levin e Nancy Carlsson-Paige expressam preocupações a respeito do contraste entre as necessidades de desenvolvimento das crianças e o que elas aprendem assistindo à televisão. Levin e Carlsson-Paige caracterizam o retrato do mundo transmitido pela televisão muitas vezes como assustador e dominado por estereótipos étnicos e de gênero. A solução de problemas quase nunca é demonstrada; a comunidade e a diversidade praticamente não existem, e a razão prevalece por meio da força. Elas ressaltam que crianças pequenas devem conhecer um mundo em que os indivíduos possam agir de forma autônoma e, ao mesmo tempo, manter a conexão, em que possam ser relacionais e assertivas. No entanto, nos programas atuais:

> Separação e conexão são temas apresentados às crianças como mutuamente exclusivos. A autonomia em geral é equiparada à violência e à mágoa contra os demais, e a conexão, à impotência e à vitimização. Estar isolado costuma significar ser homem, forte, poderoso, armado, insensível e capaz de cuidar de si mesmo. Estar conectado em geral significa ser do sexo feminino, fraco, dependente, necessitando de um resgate constante.

Os adultos podem apreciar o sofisticado encanto de personagens que vão de encontro ao papel masculino, como um Arnold Schwarzenegger grávido no filme *Junior*, ou "comédias drag" como *Tootsie* ou *Uma babá quase perfeita*, mas nossos filhos continuam sendo saturados com as formas mais extremas dos estereótipos sexuais tradicionais.[12] As meninas se relacionam entre si — e muitas vezes são prejudicadas com isso. Os meninos resgatam donzelas e lutam — e, do mesmo modo, embora de forma menos óbvia, também são prejudicados.

Essas circunstâncias me lembram de uma distinção feita pela primeira vez pela especialista em traumas Pia Mellody, que considero útil no trabalho com homens deprimidos — a distinção entre *abuso que tira o poder* e *abuso que dá falso poder*. O *abuso que tira o poder* é do tipo que sempre vem à nossa mente quando pensamos em abuso. Caracteriza-se pelo fato de um dos cuidadores principais constranger a criança, colocando-a em posição de desvantagem, inferioridade ou desamparo. O *abuso que dá falso poder*, em contrapartida, eleva a criança a uma posição de excessivo poder, aumentando sua grandiosidade ou, no mínimo, não a controlando de maneira adequada. Para Mellody, ambos os estilos de criação são inadequados[13] e levam a distúrbios de autoestima. O primeiro constrange a criança, preparando o terreno para a posterior vitimização na vida; é um distúrbio resultante de muito constrangimento e leva à depressão aparente. O segundo sugere a grandiosidade na criança; prepara o adulto para se tornar ofensivo; é um distúrbio que resulta da falta de constrangimento e leva à depressão oculta.

Na sociedade em que vivemos, quando meninas e mulheres são feridas, elas tendem a ser submetidas a abusos que as destituem de poder — são silenciadas, constrangidas, e isso as faz se sentirem defeituosas. Em uma análise estereotipada, poderia-se concluir que os meninos, em contrapartida, estão sujeitos a um falso empoderamento, mas a realidade não é tão simples assim. Talvez a descoberta mais importante feita ao longo do meu trabalho seja a constatação de que a maioria dos meninos e homens tem sido submetida a uma preponderância de abusos que não os desempoderam nem falsamente os empoderam, havendo, na verdade, *alternâncias entre os dois tipos*. Essa mudança repentina de "desvantagem" para "vantagem", e vice-versa, os deixa em um estado perpétuo de ansiedade em relação ao próprio status. Não importa o quanto um homem possa estar em "vantagem" hoje, sempre haverá um amanhã. Sempre existirá alguém mais jovem, mais rápido, mais inteligente. Criamos os meninos para viver em um mundo no qual são vencedores ou perdedores, grandiosos ou assolados pela vergonha; em casos mais extremos, aprendem a viver em algumas prisões ou situações de guerra, perpetradores ou vítimas, estupradores ou estuprados. "Prefiro ser um martelo a um prego", canta Paul Simon. Não há um homem que eu tenha conhecido que não entenda as implicações assustadoras desse sentimento. Se a autoestima saudável é a experiência de si mesmo como algo que não vale nem mais nem menos do que os outros, há pouquíssimo treinamento para isso na cultura atual dos meninos.

Se os meninos têm alguma dificuldade em captar a mensagem sobre hierarquia e dominância em casa ou na mídia, há pouca sutileza nisso quando se trata do mundo dos esportes — uma área de extrema relevância na vida da maioria dos meninos, tanto por participarem eles próprios quanto pelos heróis esportivos que são venerados. Apesar de terem muitos benefícios óbvios, os esportes competitivos inculcam nos meninos, como nenhuma outra atividade, os costumes e valores da masculinidade tradicional de forma poderosa. Para muitos, o que começa como diversão logo se torna um desafio de alto risco. Como a lenda do beisebol Vince Lombardi disse certa vez: "Vencer não é tudo; é a *única* opção."[14]

A arena esportiva é um dos últimos bastiões do heroísmo masculino tradicional que restou em nossa cultura. A quadra de basquete e o ringue de hóquei substituíram os antigos pavilhões de torneios e justas. Ainda temos a tendência de associar a proeza atlética à bondade moral. Os Larry Birds e os Michael Jordans de hoje são os Lancelots e os Ulisses modernos. Na medieval "Canção de Rolando",[15] um relato prototípico de heroísmo cavalheiresco, o jovem Rolando enfrenta um oponente temido e pede a Deus que lhe dê forças. Ele ergue a espada, "cheio de virtude e coragem", e não apenas derrota o adversário como, com um único golpe poderoso, divide em dois o homem, a sela e o cavalo. Como todo herói medieval, Rolando não prevaleceu com base na força física — músculos humanos jamais realizariam tal façanha. O braço dele foi impregnado pela *competência*, uma palavra que conota tanto bravura quanto valor. No mundo medieval, onde as ocorrências externas eram sempre imbuídas de significado espiritual, o que um homem podia *fazer* estava ligado ao seu ser interior. Rolando era forte porque Deus estava com ele. A vitória de Lancelot sobre todos os inimigos[16] foi tanto uma prova de sua *cortesia*, cavalheirismo e amor por Guinevere quanto um sinal de sua destreza no mundo exterior. Os contos de heróis, desde a *Eneida* até *Star Wars*, estão repletos de figuras admoestatórias, como Fausto e Darth Vader, que colocaram seus dons a serviço de mestres indignos — são os anjos caídos. O herói, em contrapartida, é inerentemente forte e dispõe de uma força superior em virtude de sua disciplina e por ser fiel a princípios. Como Joseph Campbell nos lembra,[17] esses feitos, cheios de retidão, não são realizados para glória individual, mas quase sempre a serviço da comunidade. Por tradição, os heróis são os defensores da moral e dos reinos, são os cavaleiros da Távola Redonda, os aventureiros pela glória da Paideia.

Na cultura moderna, o heroísmo foi destituído de seu significado espiritual. Removido da moralidade e da comunidade humana, tornou-se uma conquista secular e individual. Na maioria das vezes, significa apenas ganhar, seja no campo de beisebol, seja na bolsa de valores. Antes a *competência* de um homem era medida por sua prova de valor e bravura; agora tomou lugar a *importância*, significando valor e o peso de seus ativos. Celebramos os saqueadores corporativos, e não os piratas. Os antigos estímulos, porém, ainda nos afetam, não importa quão degradada esteja sua forma. Tanto em nossa vida quanto nos espetáculos ao nosso redor, ainda buscamos um significado mais elevado nas realizações. Ainda equiparamos desempenho com virtude.

A ideologia dos esportes contém a promessa de alta autoestima, de atitudes corajosas e de maior valor. A princípio, esportes competitivos organizados e estruturas deliberadas de masculinização, como o Boy Scouts of America — os escoteiros — e as Forças Armadas, "desenvolvem meninos", tanto no quesito físico quanto no psicológico. Entretanto, evidências apontam para o efeito oposto. Embora exista um discurso sobre trabalho em equipe tanto na mídia quanto nos esportes praticados na escola, a maior parte da atenção é dada a poucos, aos craques. Como vários sociólogos já apontaram, existe uma enorme discrepância entre a experiência desses poucos meninos extraordinários e a da grande maioria dos jovens atletas. Apesar dos sonhos de glória, as chances de um rapaz chegar às grandes ligas são minúsculas. Segundo as estatísticas, a chance de um menino crescer[18] e se tornar um jogador de futebol profissional é estimada em uma em 12 mil, mais ou menos a mesma de ganhar na loteria. O sociólogo Michael Messner resume a pesquisa:[19] "A disjunção entre a ideologia do sucesso e a realidade socialmente estruturada de que a maioria não alcança esse sucesso gera sentimentos generalizados de fracasso, baixa autoestima e problemas de relacionamento interpessoal." Jovens atletas que "fracassam"[20] se culpam, e alguns especialistas argumentam que os problemas de autoimagem que surgem desse "insucesso" são prejudiciais, em especial para jovens atletas negros, que são "desproporcionalmente canalizados para o esporte e, ainda assim, não têm uma rede de segurança".

E o que dizer daqueles que vencem? Nosso imaginário convencional os retrataria como jovens heróis, como se fossem Rolando no auge da glória. No entanto, será que isso corresponde às verdadeiras experiências dos meninos? Compare essa descrição idealizada à fala de Michael Oriard, que jogou futebol americano universitário pela Universidade de Notre Dame:

> Jogada após jogada, bati com meus ombros e antebraços no capacete do cara que tentava me bloquear. Queria que, horas depois da partida, ele sentisse dor e pensasse: *Aquele desgraçado do Oriard*. Eu queria dominá-los fisicamente... sentir desprezo pela incapacidade deles e a satisfação de saber que eu era mais durão.[21]

A luz dourada do sol que banha esses jovens heróis é, muitas vezes, a luz da dominação nua e crua. O preço que precisam pagar pela glória é alto. Até que ponto é preciso ser durão? A afirmação de que o esporte "forma meninos" gerou o seguinte comentário do astro do futebol americano Dave Meggyesy:

> Os jovens têm o corpo destruído, não desenvolvido. São poucos os que conseguem sair do futebol americano universitário sem alguma deficiência permanente. Durante meus quatro anos jogando, quebrei um pulso, desloquei os ombros, meu tornozelo ficou tão dilacerado que quebrou o arco do meu pé, tive três concussões graves e quase precisei amputar um braço. E eu fui um dos sortudos.[22]

Em uma pesquisa recente, revelou-se que 78% dos jogadores profissionais de futebol americano[23] se aposentam com deficiências permanentes, e sua expectativa de vida média é de apenas 56 anos. Há esportes menos prejudiciais em termos físicos, mas há também os que causam ainda mais danos, como o boxe, a forma mais pura de agressão como entretenimento. Estima-se que 60% a 87%[24] dos boxeadores se aposentam com danos cerebrais crônicos, um efeito alarmante o suficiente para convencer a American Medical Association a exigir que o esporte fosse abolido. É com esses esportes que procuramos melhorar a autoestima de nossos filhos.

Esportes competitivos organizados, como conhecemos hoje, cresceram nas primeiras décadas do século XX, em uma época em que os homens saíam das fazendas da família para trabalhar nos centros industriais em crescimento e o novo movimento das mulheres questionava e ameaçava os papéis tradicionais de gênero. O advento desses esportes acompanhou o crescimento do Boy Scouts of America, carregando quase a mesma ideologia — foram concebidos[25] como locais onde meninos poderiam ficar sob a influência benéfica de homens, longe do domínio feminino. É de se perguntar o que os primeiros arquitetos dos esportes organizados, há quase um século, pensariam hoje ao ter conhecimento dos danos físicos citados por Dave Meggyesy.

A lição que muitos jovens atletas aprendem é apenas uma encarnação diferente do que Frank Riorden e a maioria dos meninos em nossa cultura aprenderam: dê as costas às suas necessidades e vulnerabilidades e você se tornará especial; caso se recuse a carregar esse fardo, você será menos que um homem.

Em *A morte do caixeiro viajante*, o personagem Willy Loman reitera a conexão entre ser especial e bem-sucedido. Em sua mente desordenada, ele fala com Biff, seu filho atlético, e um amigo imaginário:

> Ele não tem um centavo, mas três grandes universidades estão implorando para tê-lo, e depois disso o céu é o limite, porque não se trata do que você faz, Ben. É quem você conhece e o sorriso em seu rosto! São os contatos, Ben, os contatos! (*Para Biff*) E é por isso que entrar em campo hoje é importante. Porque milhares de pessoas estarão assistindo e amando você... E, Ben! Quando ele entrar em um escritório comercial, seu nome soará como um sino e todas as portas se abrirão para ele! Já vi isso acontecer, Ben, já vi isso acontecer milhares de vezes![26]

A hipérbole quase bíblica que Loman atocha nos filhos não os ajuda no mundo real. Biff é cleptomaníaco. O filho mais novo, Happy, é um mulherengo. Ambos não fazem nada da vida. Happy, um humilde balconista de loja, reclama: "Às vezes, tenho vontade de arrancar minhas roupas no meio da loja e arrebentar aquele gerente maldito. Ora, posso ser mais ágil, mais rápido e mais forte que qualquer um[27] naquela loja, e mesmo assim tenho que receber ordens daqueles filhos da puta mesquinhos e ordinários até não aguentar mais." Com essa atitude, não é de se admirar que ele não progrida. Tomado por um falso empoderamento inadequado, Happy tenta afogar a dor de sua vergonha oculta em proezas sexuais. Entretanto, isso não resolve o problema. Ele diz ao irmão: "Eu pego [mulheres bonitas] sempre que quero, Biff. Sempre que me sinto indignado.[28] O único problema é que sempre parece um jogo de boliche ou algo assim. Continuo derrubando todas elas, mas isso não significa nada."

Essas são as recompensas do falso empoderamento, quando jogar significa ganhar, e ganhar significa dominar; quando o sexo se torna "derrubá-las", e as outras pessoas se tornam "filhos da puta mesquinhos e ordinários". Glória, talvez, por um momento. Contudo, afeição, abundância, humanidade? Não muita. No entanto, se ganhar é solitário, perder é pior.

Fracassar no cronograma da grandiosidade, da tentativa de se tornar especial por meio do domínio, é perder a masculinidade e se declarar a coisa mais odiada do mundo: um bichinha, um frouxo, uma menina. Aqueles que procuram tirar os meninos do modo afiliativo e vulnerável em geral utilizam a ameaça de ridicularização de gênero. O sociólogo Gary Fine relata que, na liga infantil,[29] meninos e técnicos utilizavam expressões como "bicha", "garotinha" ou "frouxo". Quando não estava satisfeito com o desempenho de um aluno,[30] o técnico da Universidade de Indiana, Bobby Knight, colocava uma caixa de absorventes no armário do garoto, como uma forma de fazer o aluno e as pessoas ao redor saberem o que ele achava. É quase impossível imaginar uma treinadora tratando uma garota dessa maneira, mas é muito fácil imaginar esse tipo de comportamento entre um garoto vulnerável e alguém que representa um papel crucial em sua vida. Dave Meggyesy escreveu: "Esse tipo de ataque à masculinidade de um jogador é a arma do juízo final de um técnico. E quase sempre funciona, porque os jogadores envolvem sua identidade com a masculinidade, que é eternamente precária, pois não só depende de nunca demonstrar medo em campo como também é algo que pode ser dado ou retirado pelo técnico a seu bel-prazer."[31]

Quando percebemos que a elusiva "identidade masculina" não existe dentro da psique do menino, e sim que é uma construção social à qual ele deve se curvar e obedecer, entendemos por que é impossível que eles se sintam seguros em relação a ela. Ser "homem o suficiente" não é uma conquista definitiva; é algo concedido pela comunidade de homens que observamos, avaliamos e julgamos. "Tornar-se" homem — um ato que se supõe ser quintessencialmente independente —, na verdade, significa que um grupo masculino de referência consente em chamá-lo de homem. A construção da masculinidade acaba sendo tão social quanto um grupo de costura. A masculinidade, ao contrário da feminilidade, é concedida. E, por ser concedida, pode ser retirada. É por isso que a figura de um mentor, como um treinador, pode ter tanta autoridade para um garoto.

Para muitos meninos, um treinador favorito é um pai substituto e uma figura de enorme importância moral. Para os meninos de 13, 14 e 15 anos da Camden Junior High, o técnico Nevins era um ser iluminado. Bonito, engraçado e inteligente, ele falava com a gente como se já fôssemos homens. Ele xingava, cuspia, ditava a lei e quebrava algumas regras quando queria. Lembro-me de como era bom estar com ele, apenas para desfrutar de sua presença.

Meu colega de turma Eddie era o oposto do treinador Nevins. De articulações rígidas, sem graça, com o rosto coberto de acne e uma tendência bizarra de recitar os números dos ônibus de várias linhas, Eddie não se encaixava nos padrões. Pensando agora, era provável que fosse autista, mas ninguém pensava nisso naquela época. O treinador Nevins o odiava. Eddie era sempre o último da fila. Ele devaneava em vez de "se alinhar". Ficava pendurado de forma cômica nas cordas que todos nós escalávamos. Com medo. Gritando. Incapaz de descer.

* * *

"Eddie, aqui, garoto. Planeta Terra chamando!" Certo dia, o treinador arremessou uma imensa *medicine ball* na cabeça de Eddie enquanto mais ou menos vinte de nós, uma turma inteira, assistíamos. Só que dessa vez aconteceu uma coisa extraordinária: em vez de desabar no chão, os braços de Eddie se ergueram por instinto e agarraram a bola pesada. Ele a arremessou, com o dobro da força, contra o peito de Nevins, fazendo-o perder o equilíbrio. Sem dizer uma única palavra, o treinador deu três passos rápidos pelo ginásio e socou com força a barriga de Eddie.

Nós o observamos se encolher, ofegante. Eddie se dobrou no chão, onde ele deitou a cabeça, como se em um travesseiro, e chorou. Por instinto, três ou quatro de nós demos um passo à frente, furiosos. O treinador nos repreendeu: "Se vocês tocarem nessa bichinha, vão se ver comigo." Ficamos paralisados. Eddie ofegava. Um bom tempo se passou. Dava para ouvir uma partida de basquete na outra extremidade do ginásio, a ressonância sólida da bola quicando no chão, a mola da tabela. Então, Nevins exibiu seu sorriso resplandecente. Passou os braços em volta de Eddie, o levantou, cochichou algo para ele, fez piada. Vimos Eddie rir, ainda trêmulo. O treinador nos disse para vestirmos nossos casacos e corrermos juntos, em séries, um exercício árduo. Nevins e Eddie correram lado a lado o tempo todo, conversando e sorrindo. A camaradagem do treinador era como um algodão macio e pegajoso que abafava nossa mente, enviando uma mensagem para nós e para o próprio Eddie de que o que havia acontecido não fora nada de mais. Era assim que as coisas aconteciam entre os homens. Apenas uma "bichinha" levaria aquilo a sério.

Lembro-me de correr por muito tempo enquanto a tarde de outono dava lugar à noite. Lembro-me de sentir minhas mãos e meu rosto gelados. Como muitos dos meninos, apesar de não termos falado sobre isso, eu quis ir até Eddie e confortá-lo. Quis dizer a ele que não se deixasse enganar por um sorriso e uma ou duas piadas idiotas. Entretanto, não consegui. Senti muito medo de ser maculado pela associação a ele. Fiquei confuso em relação ao treinador, seduzido e encantado demais para tomar uma atitude. Embora me sentisse mal por Eddie, já havia aprendido a desprezá-lo, a desprezar suas espinhas e sua feiura, sua fraqueza tão próxima das partes de mim mesmo que eu havia me tornado sábio o suficiente para esconder.

Aos 13 anos, minha escolha parecia ser me juntar ao treinador e ao restante dos meninos na dominação ou arriscar o ostracismo de ser como

Eddie. Eu já me sentia com um pé no buraco em que Eddie vivia. Não me sentia seguro o suficiente na turma para fazer o que meu coração mandava. Hoje, aos 44 anos, percebo que, naquele momento, era provável que todos os outros meninos da turma tivessem sentimentos semelhantes aos meus. A necessidade de assegurar o próprio lugar no círculo da masculinidade participando da opressão ou, no mínimo, permanecendo em silêncio enquanto os fracos fracassam é um dos principais dilemas dos meninos. O medo de perder a vaga no clã dos vencedores muitas vezes custa a eles a capacidade de sentir compaixão. "Faça com ele ou faremos com você", ameaça o sargento, ele mesmo apenas um adolescente, ao soldado Ericksson no filme *Pecados de guerra*. Em seu relato sobre a sobrevivência em Auschwitz, Elie Wiesel se recorda de um momento em que testemunhou um guarda espancando seu amado pai com uma barra de ferro. Constrangido, Wiesel confessa que não estava com raiva do guarda, e sim do próprio pai por não ter sido esperto o suficiente e evitado aquilo. Wiesel escreve: "Foi isso que a vida em um campo de concentração fez comigo."[32]

Embora meu irmão e eu tivéssemos nossa cota de maus-tratos, eu era o mais "encrenqueiro" da família, e meu irmão ficava furioso comigo toda vez que eu entrava em conflito com nosso pai. Por que eu não conseguia manter a cabeça baixa e a boca fechada como ele? Na época, eu o odiava por me trair. Já que não me defendia, podia ao menos fazer a gentileza de não ficar do lado do nosso pai. "Faça com ele ou faremos com você." Agora, acredito que essas escolhas são uma parte inevitável da infância. A "escolha de Sofia" entre ser martelo ou prego, vitimizador ou vítima, não se limita a casos extremos. É uma parte inevitável do jogo chamado "sucesso". Os meninos aprendem que esse jogo exige uma lealdade feroz aos que estão dentro do círculo e a disposição a trair os que estão fora desse círculo, aqueles considerados fracos ou carentes. Aprendem a natureza exata e a extensão da crueldade contra os desviantes, porque eles mesmos experimentam os dois lados. Aprendem a trair a humanidade dos outros — dos meninos gordos, dos meninos efeminados, dos Eddies deste mundo — como uma forma de se protegerem, e, ao fazê-lo, também aprendem a se desconectar do próprio coração compassivo. Esse é o dano fundamental do falso empoderamento.

Em *1984*, George Orwell analisou com brilhantismo as intenções e as táticas da mente totalitária. O romance parece uma alegoria das forças da conexão, representadas pelos amantes proibidos, Julia e Winston, e o Estado que tenta "quebrá-los". Depois de suportar as mais extraordinárias pressões, intimidações e torturas, o protagonista enfim entra em colapso.

Os torturadores descobrem o medo de infância mais profundo dele — ratos — e constroem uma gaiola que pode ser presa ao rosto de Winston com ratos famintos. Por fim, completamente aterrorizado,[33] Winston Smith grita: "Não façam isso comigo. Façam com *ela*. Façam com *ela*." Os captores retiram a ameaça. Sabem que venceram. A integridade, a força de vontade de Smith, foi quebrada. *Integridade* é uma palavra interessante nesse contexto. Significa agir com princípios e também significa totalidade, perfeição. Ao forçá-lo a trair seu vínculo humano, a se desconectar de sua amante, os interrogadores tiveram o resultado pretendido — uma profunda desconexão dentro dele mesmo.

O paradoxo da grandiosidade é consolidar as próprias desconexões relacionais que pretendem aliviar a dor. O filho de Willy Loman, Happy, precisa se tornar competente no mundo e descobrir a intimidade. Em vez disso, como Frank Riorden, ele medica sua dor não com as exigências de um relacionamento real, e sim com a grandiosidade da conquista sexual. Essas medidas fracassam porque não tratam da verdadeira ânsia. De fato, ao buscar valor em vez de conexões, Happy objetifica aqueles que poderiam lhe dar consolo e só consegue se isolar ainda mais. Quanto carinho é possível obter de um pino de boliche? A busca por ser especial e a objetificação dos outros são processos que estão intrinsecamente ligados.

John McMurty, ex-jogador de futebol americano canadense, escreve[34] sobre o contraste entre a ideologia e a realidade do espírito esportivo: "A verdadeira atitude profissional é não pensar no oponente como um ser humano; ele é uma 'posição' a ser removida da forma mais eficiente possível para fazer a equipe ganhar pontos e beneficiá-la como empresa." Michael Oriard afirma:[35] "Eu não teria sido capaz de ficar maltratando alguém a quem *conhecia*, mesmo que só um pouco. Mas eu não os conhecia." Oriard tampouco poderia se dar ao luxo de conhecê-los. Se o tivesse feito, teria perdido o benefício de uma poderosa droga: o domínio da grandiosidade. Ele escreve: "Eu adorava dominar meus oponentes fisicamente em um estádio. Esse domínio era um remédio para as muitas feridas que meu ego adolescente havia sofrido durante meus anos de ensino médio." Esse jovem desorientado não tinha como entender que muitas daquelas feridas que buscava curar provinham da própria desconexão consigo mesmo e com os outros, reforçadas pelo "domínio" que acreditava possuir. A grandiosidade exige uma desconexão com a humanidade do "oponente" e com a própria humanidade. O pioneiro do trauma, Robert J. Lifton, chamou esse processo de autoalienação de "duplicação",[36] a compartimentalização do eu. A duplicação é um mecanismo psicológico que tem como objetivo negar ou distorcer a realidade e é compartilhado pelo agressor e pela vítima. Quando meu pai ficava com raiva, tanto ele quanto eu caíamos em diferentes variações de transe. Ele entrava na intoxicação do domínio, enquanto eu dissociava, pairando sobre a cena.

Quando meninos são ensinados a objetificar os outros e a si mesmos, aprendem a se transformar em uma espécie de mercadoria a ser pesada e julgada, assim como a pesar e julgar as pessoas ao redor. A expressão máxima dessa capacidade de transformar os seres humanos, inclusive a si mesmo, em coisas é a guerra. Em *The Things They Carried*, o escritor Tim O'Brien relembra esse processo no Vietnã:

> É mais fácil lidar com a morte do que com o cadáver; se não é humano, não importa muito se está morto. Assim, uma enfermeira vietnamita, queimada por napalm, se tornava apenas uma criatura crocante. Um bebê vietnamita, caído ao lado, era só um amendoim torrado. "Só mais um crocante",[37] disse Rat Kiley ao passar por cima do corpo.

Assim como os soldados transformam o inimigo e os civis em objetos, eles próprios já foram objetificados pelos homens que os enviaram à guerra. Ron Kovic, veterano do Vietnã, paraplégico, autor de *Nascido em 4 de julho*, escreve sobre si mesmo, de maneira apropriada, na terceira pessoa:

> Ele nunca tinha sido nada além de uma coisa para eles, uma coisa que servia para vestir um uniforme e ser treinado para matar [...]. Eram pessoas de fala mansa, homens que usavam ternos, sorriam e eram educados, homens que usavam relógios e ficavam sentados atrás de escrivaninhas enfiando alfinetes em mapas [...]. Nunca tinham visto sangue, tripas, cabeças e braços. Nunca tinham pegado do chão[38] as pernas arrancadas das crianças e visto o sangue escorrer.

Se quisermos compreender a extensão e o poder de todo tipo de pressão exercida sobre nossos filhos, precisamos entender que a socialização masculina, ao longo da história e em quase todas as culturas do mundo, está ligada, de modo inextricável, à guerra. O processo de "masculinização" é potente o bastante para pegar meu querido filho Alexander, que adora maquiagem e vestidos, cuja identidade favorita é a de uma fada mágica, e levá-lo, cerca de uma década depois, a um estado em que estará preparado para matar e ser morto. Em *Boys Will Be Boys*, a filósofa Myriam Miedzian resume:

> Meninos são criados para serem soldados. São preparados desde a mais tenra idade para encarar a guerra como uma aventura emocio-

nante. Brincar de guerra é divertido, indolor. Os livros que leem (e os programas de TV e filmes a que assistem) dão foco à violência emocionante. Em escolas do mundo inteiro, eles aprendem que o país onde vivem é o mais importante do mundo e que a maior honra que poderiam ter seria um dia defendê-lo de forma heroica. *O fato de a empatia ter sido tradicionalmente descondicionada nos meninos facilita a obediência deles aos líderes que os mandam matar*[39] *desconhecidos.*

É também o "descondicionamento à empatia" que permite, em primeiro lugar, aos líderes enviarem esses homens, encobrindo a realidade da guerra com metáforas como "perdas necessárias" e "danos colaterais".

O trágico dilema na socialização tradicional é que, para se mostrarem dignos de conexão humana, meninos e homens devem ser competitivos, se tornar vencedores, o que exige desconexão interna, que é o oposto do que de fato buscam. Como você se conecta com uma pessoa por vencê-la? É provável que um jovem atleta como Michael Oriard, que relatou adorar dominar os outros em público, tenha desfrutado de experiências ricas e nutritivas de intimidade interpessoal? Acho que é seguro apostar que ele era um garoto confuso e solitário que se sentia no auge durante aqueles raros momentos de violência autorizada, praticada diante de uma multidão que o adorava por isso. Como o próprio Oriard percebeu, aquilo não era heroico; era grotesco. Ele era o próprio dano colateral.

Jason, de 20 anos, relatou na terapia um pequeno triunfo que obteve naquela manhã. Ele estava pedalando em uma estrada deserta quando avistou outro ciclista vindo atrás dele. Esse ciclista usava uma roupa sofisticada e tinha uma bicicleta caríssima. "Mas", segundo Jason, "dei um gás e o deixei comendo poeira". Um olhar de tristeza passou pelo meu rosto, e Jason perguntou por quê.

"Isso é bem típico da maneira como você se relaciona às vezes", respondi a ele. "Em vez de deixá-lo 'comendo poeira', você poderia ter descoberto quem ele era. Poderia ter cultivado um parceiro de exercícios. Sabe o que estava tentando dizer quando o fez comer poeira daquela maneira?", perguntei. "Acho que você queria cumprimentá-lo. Acho que fazê-lo comer poeira foi seu jeito de dizer 'Olá'."

Mais adiante, Jason me disse que esse enfrentamento foi o momento mais importante de nosso trabalho juntos. Criado em uma família bastante cruel, ele foi ensinado a se apresentar socando a cara de alguém, ainda que de maneira metafórica.

Tentar estabelecer uma conexão com alguém criando uma "vantagem" parece uma estratégia esquisita. No entanto, é isso que homens fazem quando contam piada e disputam os melhores lugares em reuniões sociais. Uma amiga minha chama isso de "choque de galhadas", como veados batendo cabeça por diversão. Às vezes, funciona. Às vezes, Robin Hood e João Pequeno podem se esbarrar, brigar feio, ficar destruídos e se tornar grandes amigos. Aqui e ali, suponho, há lutadores Lawrencianos que se atiram uns contra os outros diante de fogueiras crepitantes. No entanto, na maioria das vezes, a realidade entre os homens é desigual e desagradável. Nós nos acostumamos a pensar que todas essas disputas são principalmente sobre poder. Contudo, acredito que, no fundo, são de fato uma tentativa de conexão. No mundo hierárquico de meninos e homens, certo grau de poder é uma segurança necessária; ele garante o medo da subordinação ou do abandono. Ter uma vantagem significa não acabar como Eddie, só que o poder não é a força motriz aqui, e sim o pertencimento.

O problema para muitos meninos e homens está no paradoxo de que é preciso dominar para pertencer. Para começar, você mata o dragão, ou o outro garoto. Só então ganha a princesa. O homem precisa renunciar ao modo emotivo e afiliativo. Apenas depois de vencer o torneio é que ele retorna à riqueza relacional à qual deu as costas. O psiquiatra Steve Bergman chama esse padrão de "síndrome do 'oi, mamãe'", nome que lhe veio à mente quando assistiu ao terceiro vencedor olímpico, triunfante, acenar para a câmera e dizer "Oi, mamãe!". "Por que ninguém diz 'Oi, papai!'?", perguntou-se Bergman. É porque a conexão com o pai não havia sido renunciada no início[40] e, portanto, não precisava ser reconquistada.

Esse ciclo em três partes — a renúncia[41] do menino à mãe e ao lar, a provação desafiadora e o retorno triunfante — é uma estrutura tão difundida em nossa história que o mitologista Joseph Campbell a chamou de "Mito de Ur" — o protótipo de todos os mitos, o "Herói das Mil Faces". Há inúmeros exemplos desse padrão: Moisés, separado da mãe biológica, é encontrado em uma cesta e se une a Deus; Orfeu desce ao mundo de Hades e reconquista Eurídice; Ulisses sai pelo mundo e retorna para Penélope; Dante mergulha nas profundezas do Inferno para encontrar Beatriz. Todos esses homens abandonam a mãe e o lar, são bem-sucedidos em aventuras perigosas e depois se reencontram com a abundância e a feminilidade em todo seu esplendor.

Todo menino, como Fausto, faz um acordo com o diabo, ganhando um universo de conhecimento e poder — a capacidade de *fazer* — em troca da própria alma (relacional). A posição do menino nessa cultura é como a da criança "especial" em famílias caóticas. Crianças "especiais" funcionam como extensões do eu, para o pai ou a mãe ou então para ambos. Elas se encontram em uma posição ambígua. Por um lado, como lhes é confiado o equilíbrio psicológico da figura parental e como se tornam cuidadores dos próprios cuidadores, desfrutam de um poder sem moderação na família. Só que tal poder se baseia, como no caso de Fausto, na perda da parte mais preciosa de si mesmas: a alma e as vulnerabilidades[42] e necessidades mais profundas.

Chamo essa troca de "grandiosidade condicional". Ela está no cerne da experiência masculina. Meninos e homens recebem privilégios e status especiais, mas com a condição de abandonarem a vulnerabilidade e a conexão. Aqueles que resistem, como homens não convencionais ou gays, são punidos por isso. Os que em geral perdem ou que não conseguem competir em pé de igualdade, como meninos e homens com deficiências, ou da classe ou cor consideradas erradas, são marginalizados, tornando-se quase invisíveis. Tendo abandonado a verdadeira afiliação, os riscos são muito altos. Um empresário na minha área de atuação me contou que existe uma frase para um "jogador" que fracassou: ele "saiu de fininho". A exclusão, o isolamento, de um vencedor fracassado é tão grande que parece que ele nunca existiu.

Mulheres oprimidas às vezes têm dificuldade de entender por que homens privilegiados se sentem tão pressionados. Contudo, meninos e homens convivem todos os dias com uma espécie de medo que quase nunca pode ser aliviado. A porta é estreita, e o caminho é apertado. Basta um passo em falso, e a queda é feia. Se um homem não é um vencedor, então é um perdedor. E o preço é mais do que apenas a partida em questão; é o abandono. Uma tirinha da *New Yorker* mostra um patrão, com seus subalternos, sentado atrás de uma grande mesa em um local congelado. Um homem de negócios moderno comum, usando terno, chapéu e uma pasta, está diante dele, em cima de um pequeno pedaço de gelo flutuando rumo ao mar congelante, apenas olhando para a costa. Conforme ele se afasta, em sua pequena jangada de gelo, a legenda diz: "Lamentamos ter que fazer isso, Bob."

Como a conexão é sentida como algo condicional, uma vez que um homem precisa provar que é digno de amor, se ele não for bem-sucedido, corre o risco de ser abandonado — e talvez sinta que isso é o que merece. O problema é que, para ser bem-sucedido, muitas vezes ele tem de negligenciar muito de quem é e de seu relacionamento com os outros. Em um mundo cada vez mais materialista, vencer, para os homens, significa ganhar dinheiro. O adesivo de para-choque contém as palavras Aquele que morre com mais brinquedos vence. Outra tirinha da *New Yorker* mostra dois homens de meia-idade bem-sucedidos em um bar luxuoso. Um confessa ao outro: "Dinheiro é o boletim da vida." Seguindo o rastro das lembranças e da demência de Willy Loman está a figura fantasmagórica de Ben, que "foi para a selva de mãos vazias e voltou, um ano depois, rico". Loman pergunta febrilmente à aparição: "Qual é o segredo, Ben? Me conte como fazer igual." Como se ganha dinheiro, Loman quer saber, mas, além disso, como se ganha reconhecimento, como se tornar o martelo em vez do prego? Como se entra para o clube? A masculinidade tradicional se apoia em um alicerce instável de admiração, soberba ou pavor, dependendo da posição de cada um na pirâmide. Ela instiga em nossos filhos uma *autoestima* nem um pouco saudável, *baseada no desempenho*.

A autoestima saudável é um senso inerente e estável de si como algo que tem uma essência de valor. Estados de vergonha, ou falhas na autoestima, são vivenciados como uma sensação de não ser suficiente e não ter importância, como vazio, medo ou impotência. É por isso que a opressão é intrinsecamente constrangedora. Um estado de vergonha pode ser desencadeado em qualquer pessoa que esteja destituída de poder o suficiente. Ela prepara o cenário para a depressão aparente e, nos casos de depressão oculta, os homens se defendem dela por meio da intoxicação e da grandiosidade. A vergonha persegue meninos e homens durante a maior parte da vida por dois motivos: primeiro, como o padrão de masculinidade a partir do qual a maioria dos meninos e homens se mede é irrealisticamente limitado e perfeccionista, quase ninguém se sente à altura; segundo, como a masculinidade é mais concedida do que conquistada, pois representa uma filiação e não uma condição do ser, sempre corre o risco de ser revogada. Sempre dá para "sair de fininho".

A autoestima saudável é a capacidade — quase nunca ensinada a ambos os sexos em nossa cultura — de ter consideração por si mesmo, ainda que diante das próprias deficiências de ordem humana. Sermos fiéis a uma compreensão compassiva das falhas uns dos outros nos mantém humanos. Quando perdemos contato com nossas fragilidades, nos tornamos críticos e perigosos para os outros. Psicanalistas e psicólogos do desenvolvimento vêm salientando que estimar a si decorre de um histórico de consideração incondicional por parte de seus cuidadores. Nossa capacidade de nos estimar é uma internalização do "brilho nos olhos da mãe" quando ela olha para o filho. Contudo, será que, de fato, oferecemos aos nossos meninos essa consideração incondicional? Como figuras parentais ou professores, talvez, mas, como sociedade, não. O que oferecemos a eles em nossa cultura é uma estima condicional, baseada no desempenho, e não uma noção essencial de valor que vem de dentro. Uma pessoa não *conquista* uma autoestima saudável. Ela a tem ou não. A autoestima baseada no desempenho agrava a noção já interiorizada de ter menos valor, que se funde à comparação das conquistas de uma pessoa e ao fato de ela ser vitoriosa. Quando um homem se apresenta a mim em um evento na escola das crianças, noto que ele é mais jovem do que eu, além de ter uma aparência mais saudável. Pergunto-me quanto dinheiro ele tem e se trabalhou por ele ou se o recebeu de mão beijada. Quase ao mesmo tempo, noto, entretanto, que sou mais espirituoso e caloroso. É provável que eu seja uma pessoa mais compassiva. E assim nos avaliamos de maneira mútua, até que a voz da maturidade me lembra de parar com essas bobagens.

Não há nada errado em avaliar talentos, limitações, dons e dificuldades, tanto nossos quanto de outra pessoa. Essa distinção se torna prejudicial à saúde quando coloca em xeque o valor essencial de uma das partes ou de ambas. Pessoas maduras não questionam seu valor intrínseco em um almoço de trabalho ou em uma reunião de responsáveis e professores. Entretanto, a maioria dos homens questiona, quer queira admitir, quer não. Eles não estão muito atrás do Coronel Cathcart[43] em *Ardil-22*, de Joseph Heller, que carregava consigo um caderninho no qual anotava os acontecimentos do dia em duas colunas. Uma tinha o título "Feathers in my Cap" (vitórias), e a outra, "Black Eyes" (derrotas). Ao fim de cada dia, o Coronel Cathcart contabilizava o reflexo de sua experiência e fazia um relatório para si sobre a própria condição de ser humano.

Acredito que um dos motivos da popularidade do filme *Forrest Gump* seja o fato de o personagem principal, em virtude do baixo QI, não julgar os outros nem a si mesmo com base em desempenho. O público sente sua "inocência", sua capacidade de aceitar, como algo caloroso e revigorante. Uma variação do mesmo tema é encontrada no filme *Uma segunda chance*. Harrison Ford, a quintessência da personalidade "tipo A", perde seus privilégios depois que um tiro na cabeça lhe causa danos cerebrais. O filme explicita que ele se torna uma pessoa melhor, embora mais lenta. Danos cerebrais podem representar uma cura radical para formas não saudáveis de masculinidade, mas espera-se que medidas menos extremas também possam levar a essas mudanças. De fato, sociólogos apontam já há muito tempo que os homens parecem se tornar espontaneamente mais "andróginos" quando atingem a meia-idade e a aposentadoria. Circunstâncias como invalidez ou aposentadoria podem aliviar alguns dos fardos do desempenho, permitindo que as capacidades e preocupações relacionais venham à tona. O cultivo desses anseios e habilidades não precisava ter sido desencorajado no início, mas, infelizmente, não os expressar e desenvolvê-los de modo pleno é uma parte central da vida da maioria dos meninos, não importa quanto o pai e a mãe sejam "sensíveis ao gênero" ou "não sexistas". A não ser que os isolemos, como a mãe do jovem Perceval tentou fazer, em alguma gruta escondida, sem televisão, super-heróis, Nintendo ou outros meninos, nossos filhos serão bombardeados com conteúdos sobre as exigências e os privilégios de seu papel todos os dias.

A estima baseada no desempenho é o alicerce para aumentar a intoxicação, a dependência de substâncias ou comportamentos que dão à pessoa uma sensação de domínio e poder de grandiosidade. É um passo curto desde a sede de Michael Oriard por dominação pública como um "bálsamo" para suas feridas de adolescente até surras ou outras formas de dominação. Estudos demonstraram uma alta correlação entre o esporte durante a idade escolar e universitária e o aumento das taxas de estupro por conhecidos, violência e crimes de dano.

No entanto, é raro um homem estar de fato no extremo do distúrbio narcisista e atuar apenas para o próprio engrandecimento. A grande maioria dos homens se sente, no mínimo, tão sobrecarregada quanto valorizada pela necessidade de ter um bom desempenho. O que os motiva não é o privilégio e a dominação, e sim o amor — "ser bem-sucedido" aos olhos do chefe, dos colegas e da esposa. "Um homem querido é um homem bem-sucedido", repete Willy Loman como uma instrução aos filhos. Loman diz a Biff que é preciso arriscar por um bem maior, porque "mil pessoas estarão torcendo por você e o amando". Meu trabalho me convenceu de que meninos e homens são tão relacionais quanto meninas e mulheres, só que eles foram ensinados a dar as costas a muitas das suas necessidades relacionais e, em vez disso, privilegiados com a insensibilidade. Contudo, não há nada intrinsecamente "programado" nisso. Pesquisas indicam que, quando colocados em situações que exigem empatia,[44] como ser pais solo, responsáveis pela custódia dos filhos ou cuidadores de doentes ou idosos, eles são capazes de se tornar tão carinhosos e empáticos quanto as mulheres.

A paleta emocional humana é vasta. Os homens não têm menos necessidades relacionais do que as mulheres; eles só foram condicionados a filtrar essas necessidades pela lente da conquista.

Tentar garantir a conexão por meio do desempenho é um empreendimento de alto risco. No mercado competitivo, um homem pode ser mastigado e cuspido. Como Willy Loman aprende de forma muito dolorosa em *A morte do caixeiro viajante*, mesmo que seja bem-sucedido, não há garantias para o futuro. No velório de Willy, um amigo o define como "um vendedor", um homem "que, no mundo lá fora, se sustenta com um sorriso e um sapato bem engraxado.[45] Quando começam a não sorrir de volta, é um terremoto. E quando você fracassa, já era".

Na cena principal da peça, o filho de Loman, Biff, tenta a todo custo renunciar à estima baseada no desempenho e fazer o pai reconhecer como a necessidade de ser especial tem sido tóxica.

> BIFF: Não sou um líder de homens, Willy, e você também não. Você nunca foi nada além de um baterista que caiu em desgraça como todos os outros! Ganho 1 dólar por hora, Willy! Tentei em sete estados e não consegui. Um dólar por hora! Entende o que quero dizer? Não vou trazer mais nenhum prêmio para casa, e você pare de esperar que isso aconteça!
>
> WILLY: Seu safado vingativo e rancoroso!
>
> BIFF, *no auge de sua fúria*: Pai, sou um nada! Um nada, papai. Não consegue entender isso? Não falo por maldade. Sou apenas o que sou, só isso.
>
> *A fúria de Biff se esgota, e ele desaba, soluçando, agarrado a Willy, que, sem saber o que fazer, procura o rosto do filho.*
>
> WILLY, *atônito*: O que está fazendo? O que está fazendo? *Para Linda*: Por que ele está chorando?
>
> BIFF, *chorando, despedaçado*: Você pode me deixar ir embora, pelo amor de Deus? Pode pegar esse sonho fictício e queimá-lo[46] antes que algo aconteça?

A figura de Willy Loman é um ícone norte-americano da depressão masculina aparente. Seus dois filhos, Happy e Biff, são alimentados com um legado de falso empoderamento e vergonha tácita que os empurra para a depressão oculta. Ao fim da peça, Biff sai da trilha da estima por desempenho e da grandiosidade e se liberta. Seu irmão mais novo, Happy, não aprendeu nada.

"Willy Loman não morreu em vão", diz Happy a Biff. "Ele tinha um sonho. É o único sonho que alguém pode ter: sair como vencedor. Ele lutou,[47] e vou vencer por ele." Biff olha para o irmão com pena e vai embora com a mãe, completamente abatida.

A família Loman foi exposta a um encontro letal com o sonho masculino. Willy abre mão da própria vida para o filho embolsar o dinheiro do seguro. Ele diz: "Esse garoto será magnífico!" Jamais entendeu que o filho, como todas as crianças, sempre fora magnífico. A estima baseada no desempenho tira a vida de um membro da família e causa graves prejuízos aos demais.

No filme *Lances inocentes*, baseado na história real de Josh Waitzkin, o jogador de xadrez norte-americano com menos de 18 anos mais bem colocado no ranking, um pai luta com muitos dos mesmos problemas que derrotaram Willy Loman. Esse homem, no entanto, desperta do sonho.

Josh, 9 anos, um garoto comum na maior parte dos aspectos, é um verdadeiro prodígio no xadrez. Pela câmera, nós o assistimos observar homens afro-americanos conversando enquanto jogam no parque. Nós o assistimos observar as peças e como elas se movem pela primeira vez. Alguns dias depois, sentimos a emoção de quando ele casualmente derrotou o pai, cantando as jogadas de seu quarto no segundo andar, enquanto brincava, sem sequer se dar ao trabalho de olhar para o tabuleiro. Dentro desse menino doce e adorável, encontramos uma força de gênio, inexplicável, inacreditável. Em um mundo que valoriza o desempenho, eis a magnitude.

A mãe de Josh o leva de volta ao parque, onde ele joga contra um homem negro e durão que logo se torna seu mentor. O pai vai além e consegue para ele um velho e amargurado mestre, Bruce Pacclan, interpretado por Ben Kingsley, que parece um Samuel Beckett envelhecido, com mais ou menos a mesma simpatia. Pacclan assume a educação de Josh, proibindo o contato com os jogadores "grosseirões" do parque e lapidando não apenas a habilidade do garoto como também sua intensidade, sua agressividade. Em uma cena, Pacclan coloca um problema diante do jovem aluno e, quando Josh tem dificuldade em resolvê-lo, diz: "Espera, vou facilitar as coisas para você." Pacclan varre as peças do tabuleiro em um golpe amplo e feroz. É possível ver o choque e o medo no rosto de Josh, mas depois ele se acostuma com o problema, que de fato é mais fácil de entender com o tabuleiro sem peças. O professor o atrai com a promessa de um trabalho visando um fim reverenciado. Pacclan pega com carinho um certificado todo amassado e cheio de orelhas.

— Cuidado ao tocar nele! — sussurra. — É *raro*!

O certificado garantia o título de "Grande Mestre".

— São necessários *muitos* pontos para vencer — informa com gentileza ao garoto.

— Como faço para ganhar pontos? — pergunta Josh, e o professor sorri.

— Você já começou!

Paixão, violência e cuidado estão fundidos com perfeição na cena. Pacclan está ensinando seu protegido não apenas sobre xadrez como também sobre ser um vencedor, sobre ser um homem.

No entanto, uma força perturbadora passa a tomar conta dos adultos que cercam esse garoto. Em certa cena engraçada, a primeira competição de Josh começa com um sermão severo sobre comportamento vindo de um representante do torneio. A câmera se afasta para revelar que ele não se dirigia às crianças, e sim aos pais competitivos. Por fim, dois pais iniciam uma briga, e o tal representante leva pais e mães para o porão e tranca a porta. Em resposta ao encarceramento de seus tutores, as crianças, a princípio com timidez e depois com entusiasmo, aplaudem.

Mais adiante, a professora de Josh, uma jovem mulher, expressa ao pai e à mãe de Josh a preocupação de que talvez o xadrez o esteja exaurindo. E os museus, esportes, hobbies? E os amigos? O pai, que até então havia se mostrado um homem afetuoso e sensível, de repente se volta à professora com desprezo: "Meu filho tem um dom." Ele levanta a voz, furioso: "Ele tem um *dom*. Ele é melhor nisso do que eu já fui em qualquer coisa. Ele é melhor nisso do que você *jamais* será em qualquer coisa. Entenda *isso* e assim poderemos conversar." Ele se vira e sai, deixando a esposa para trás, perplexa e desamparada.

Antes de uma grande competição, Josh confessa ao pai que está morrendo de medo de perder. Em certa cena excruciante, o pai reafirma diversas vezes ao filho que ele é o "campeão", que "são os outros meninos que precisam ter medo" dele. Josh repete seu apelo, mas o pai bem-intencionado continua sem entender o problema. Fica evidente que o menino precisa que o pai lhe diga que ele será amado, quer ganhe, quer perca. O pai, porém, não responde. Essa cena, admiravelmente delicada, é uma excelente ilustração da sutileza do que é, de fato, um abuso passivo bastante prejudicial. A estima por desempenho indireta desse pai o inviabiliza de se atentar às necessidades do filho, e o filho fica assustado com o abandono inexplicável do pai.

Josh, como Neil Perry em *Sociedade dos poetas mortos*, ousa um ato de resistência. Ele perde de propósito o torneio seguinte. O filme mostra seu pai andando de um lado para o outro na frente dele sob uma chuva torrencial, fora de si de tanta raiva. A pequena figura de Josh está aninhada em uma porta estreita.

— Você *podia* ter vencido. — Ele anda para lá e para cá, confuso, furioso. — Eu *sei* que podia. Você entregou a partida de propósito. O que há de *errado* com você?

Josh ouve a bronca, com frio, molhado, encolhido quase em posição fetal. Por fim, ele olha para o pai e diz, bem baixinho:

— Por que você está tão longe de mim?

— O quê? — pergunta o pai.

— Por que você está tão longe de mim? — repete Josh, chorando.

Por fim, o pai o segura, mas a expressão em seu rosto não se suaviza. Enquanto olha para longe, o pai parece determinado e assustado.

O pai de Josh é para ele, naquele momento, o que Willy Loman foi para Biff, o que David Ingles foi para Chad. Ao longo dos anos, inúmeros Joshs e Chads problemáticos passaram por meu consultório — garotos preguiçosos, com "baixo desempenho", cujos pais não sabem o que fazer. Muitas vezes, os visualizo em minha mente como pequenos manifestantes, grevistas que se recusam a marchar para o estado de alienação que chamamos de "masculinidade". Se a escolha for entre o sucesso e a conexão, muitos meninos se recusam a jogar. Em geral os chamamos de delinquentes.

Se a obrigação de um menino é estar longe do cuidado e do crescimento e aprender a cuidar de si mesmo, então a competência no mundo é proporcional ao abandono relacional. Josh entregou a partida porque precisava saber se seria valorizado por ser quem era, independentemente de seus dons. Assim como Biff, estava tentando dizer: "Sou apenas quem eu sou." Outros meninos entregam mais do que uma partida de xadrez. Entregam notas, a própria saúde ou até a própria segurança. Sobre o comportamento dos meninos, figuras parentais ou orientadores escolares costumam dizer: "Achamos que ele está só querendo chamar a atenção." Ao que eu digo: "Sim! Pelo amor de Deus, vamos dar a ele um pouco de atenção! E vamos nos esforçar ao máximo para que seja do tipo de que ele mais precisa."

O personagem Josh Waitzkin começa a desvanecer. Como um consumidor emocional, seu entusiasmo diminui. Pacclan percebe a mudança no pupilo e isso o enfurece. Ele zomba de Josh, ridiculariza-o e, por fim, o dizima.

— Você quer um certificado de Grande Mestre? — Pacclan faz uma careta. — Fique com um. — Ele pega sua pasta e retira o amado documento. — Fique com dois. Quantos deseja? — Pacclan pega outro certificado e o coloca na mesa. — Você quer um, dois, *mais*?

Ele puxa um maço inteiro deles, papéis cintilantes, e os atira na mesa. O documento "raro" que tanto havia motivado o garoto não passava de um truque barato. Com um triunfo sádico, Pacclan se diverte com o choque que provoca. O rosto de Josh nem sequer registra a dor desconcertante que ele sente. Está abalado. Contudo, sua mãe não está paralisada. Sua resposta à violência psicológica de Pacclan consiste em uma única frase.

— Saia da minha casa!

Pacclan se volta para ela como o pai de Josh fizera com a professora do menino, dizendo o que os homens há muito tempo têm dito às mães:

— O mundo lá fora é muito difícil. Você não pode pedir ao seu filho que enfrente o que precisa enfrentar e não o preparar para isso.

A mãe responde abrindo a porta para que Pacclan saia.

O pai de Josh concorda com Pacclan — o filho precisa deixar de ser mole. A mãe, contudo, diferentemente da de Timmy, de Chad ou da minha, encontra os recursos necessários para proteger o filho, mesmo que isso coloque seu casamento em risco.

— Josh é um menino direito — diz ela ao marido. — E, se você ou qualquer outra pessoa tentar tirar isso dele, largo você. Juro que largo!

A mãe de Josh se recusa a ceder à força do patriarcado. Somente sua rara confiança em defender os valores relacionais reverte o "assassinato da alma" que estava acontecendo. O pai recobra a razão e, contra todos os conselhos, ambos apoiam a ideia de que Josh curta sua infância, e não a desperdice em um campo de treinamento para jogadores de xadrez.

Na cena mais importante do filme, Josh vence um arquirrival e ganha seu primeiro campeonato nacional. Pouco antes de vencer, Josh oferece o empate ao garoto.

— Vou derrotar você em três jogadas — diz, estendendo a mão sobre a mesa. — Aceite o empate.

O oponente, já escolado em arrogância, se recusa, indignado.

— Por favor — suplica Josh — Aceite.

Ao ganhar a partida, Josh corre para o pai. Visivelmente abalado, o garoto repete várias vezes:

— Eu tentei ajudar ele, pai. Eu tentei. — O pai o abraça forte, em meio ao choro, mais orgulhoso da decência do filho do que de sua conquista.

— Sei que sim, filho — diz.

A dor que Josh sente naquele momento de "vitória" vem da sensação de ter dizimado a autoestima do oponente. As pessoas que se perguntam como tantos homens se acostumam a infligir dor não percebem que, no mundo competitivo e hierárquico das conquistas, não dá para vencer sem ela. Vencer significa derrotar alguém, por definição. Por mais que tentasse, Josh não conseguiria encontrar uma maneira de exercer seus dons sem trair o outro garoto.

Não há vilões nessa história, nenhuma opressão aparente, nenhuma surra, nenhuma pobreza, muito pouco abuso ativo. No entanto, se a mãe não tivesse enfrentado as forças que tentaram destituí-la de poder, o filho teria sucumbido como aconteceu com Biff e Happy Loman — e como aconteceu, sugere o filme, com o excêntrico prodígio do xadrez de uma época anterior, Bobby Fischer. A história de Josh é tão atraente porque intuitivamente entendemos que, em um nível psicológico, ela é nada menos que uma luta pela vida ou morte emocional.

Na última cena do filme, o pai de Josh lança um olhar carinhoso pela janela enquanto o filho passeia pelo quintal com um jovem amigo de xadrez. O amigo se repreende pelo desempenho ruim no torneio anterior.

— Eu não devia ter saído com a rainha tão cedo — lamenta. Josh passa o braço pelos ombros do amigo de forma tranquilizadora.

— Eu sei — diz, tranquilizando-o. — Já cometi o mesmo erro. Mas, sabe, você é um jogador muito melhor do que eu era na sua idade.

O filme termina com uma foto dos dois amigos juntos. Uma mensagem rola pela tela contando que Josh se tornou o jogador de xadrez mais bem classificado de sua idade no país e que também gosta de beisebol, arte, amigos e férias. A moral da história é explícita: um menino pode ter um bom desempenho e ao mesmo tempo ser um humano conectado. Josh e sua família, depois de um aprendizado doloroso, conseguiram evitar o curso usual de amputação emocional e relacional que acompanha a ideia de que homens são especiais com base no desempenho.

Não há nada intrinsecamente errado na competição vigorosa; não há nada errado com o fato de os meninos trabalharem e jogarem duro. Na verdade, há algo maravilhoso na sensação de suar e dar tudo de si para derrotar o adversário na quadra de tênis, de beisebol ou de hóquei — desde que a paixão não chegue ao ponto de colocar em jogo a autoestima do rapaz ou do adversário. A diferença entre o prazer saudável da conquista e da competição e sua expressão doentia é análoga à distinção entre o uso recreativo e o uso abusivo de intoxicantes. Aquele que bebe de maneira recreativa começa com uma sensação básica de contentamento relativo, e a droga é usada como um encorajador. O estado ao qual retorna após o término do efeito da droga é o estado de satisfação inicial. Aquele que abusa do álcool medica uma experiência que é dolorosa ou vazia e, quando o efeito da droga passa, o mal-estar subjacente retorna ou piora. Da mesma forma, o contentamento saudável na competição e nas conquistas encoraja um garoto já fortalecido. Ele não depende disso para se sentir digno e não fica arrasado quando fracassa. Da mesma forma que o desempenho não é o passaporte do menino para um senso de autoestima, também não é um passaporte para a conexão relacional. Ao contrário das ideias convencionais que associam autoestima e autossuficiência, é mais correto associar autoestima e conexão relacional. Ao contrário das imagens míticas tradicionais do herói solitário e autossuficiente, meninos e homens precisam de conexões sociais tanto quanto meninas e mulheres. A noção de autoestima sempre implica uma noção segura de afiliação — de ser importante para alguém, de ser digno de intimidade. Em uma relação saudável com o desempenho, conquistas são resultado do amor que existe no contexto de uma conexão segura, e não um ato de grandiosidade que toma o lugar da conexão.

Embora o caminho do aprendizado tenha sido doloroso para Josh e sua família, todos saíram intactos. Outros meninos da sua idade, que contam com figuras parentais menos dispostas ou capazes de resistir aos valores tradicionais, não têm a mesma sorte. Para muitos homens da minha idade, criados há uma geração, as perguntas respondidas nesse filme nem sequer teriam sido consideradas. A filtragem da autoestima e das necessidades relacionais pela lente do desempenho deixa homens e meninos em uma posição vulnerável. Eles correm o risco de serem ainda mais alienados se forem bem-sucedidos e de sofrerem um colapso psicológico se fracassarem.

CAPÍTULO 8

Duas crianças interiores

Billy Jodein era um calouro acima do peso, piadista e desgrenhado que chegou ao meu consultório encaminhado pelo serviço de saúde da universidade em uma última tentativa de mantê-lo matriculado. Ele sofria com um episódio agudo de depressão aparente, que o deixava sem energia suficiente para sair da cama de manhã e com pouca disposição para estudar, fazer amigos ou se concentrar. Embora o estilo indomável de Billy escondesse, a princípio, sua condição, a depressão havia tomado conta daquele jovem e estava prestes a expulsá-lo da faculdade e mandá-lo de volta para a casa do pai e da mãe. Por quase um mês, Billy "simplesmente não tinha forças" para ir à maioria das aulas, muito menos à biblioteca. Os poucos amigos que havia feito eram presentes, apesar de ele estar convencido de ser alguém chato de se ter por perto. Quando estava sozinho, ansiava por estar com outras pessoas. Quando estava com outras pessoas, sentia-se isolado e sobrecarregado — fora de sintonia —, e passava a maior parte do tempo torcendo para que elas fossem embora.

Se Billy representava uma companhia ruim para os outros, para si mesmo era muito pior. Quando pergunto o que ele faz o dia inteiro, sentado por horas sozinho em seu quarto minúsculo, Billy responde com uma bravata distorcida de sua autodenominada "sensibilidade grunge".

— Na maioria das vezes, diria que me flagelo — responde com um sorriso simpático.

— Você se flagela? — pergunto, disposto a assumir o papel da pessoa direta.

— Autoflagelação psicológica. — Billy assente, uma paródia de sinceridade. — Autoflagelação é o meu hobby preferido.

— Como é isso?

— Ah, é *muito* divertido — responde ele.

— Quis dizer, como acontece? — tento mais uma vez.

Billy abre as mãos.

— Só isso — diz. — Nada acontece. É uma coisa que não vai a lugar nenhum. Fica bem em cima de mim. Bem aqui no meu peito. E se recusa a sair.

Billy conseguiu se esquivar da minha pergunta, e desconfio de que ele ainda não esteja pronto para expor o diálogo que se desenrola em sua cabeça. Já vi homens deprimidos no meu consultório o suficiente para ter um palpite do que significa "autoflagelação". Na idade de Billy, eu mesmo não era estranho a esse tipo de autoimolação. Aos 16, 17 anos, eu não conseguia ficar quieto por tempo suficiente para deixar que as vozes da minha cabeça fizessem o que quisessem comigo. Eu fugia delas. Contudo, mesmo sem ceder, eu conhecia muito bem a mensagem que elas queriam transmitir: havia algo errado comigo, diferente das outras pessoas — algo assustador e sombrio. Eu tinha uma sensação perversa de escuridão, tristeza, uma frieza sombria no cerne de tudo. Lembro-me desse estado de desconexão estática desde criança.

Enquanto escrevo, uma lembrança me vem à mente. Estou no colégio judaico, com 8 ou 9 anos. Sou alto para minha idade, um menino precoce. É uma tarde escura de inverno, extremamente nebulosa. Se a minha experiência na escola pública tinha sido ruim, a no colégio judaico foi ainda pior. Ira Springle era quem mais me atormentava. Sardento e rechonchudo, Ira adorava me provocar, seu rosto estampava alegria enquanto causava dor. O colégio judaico me parecia tão melancólico que eu mal conseguia suportar — as crianças não queriam estar lá; o professor era incompetente e mal conseguia manter a ordem; e o assunto — Deus e o sofrimento — era confuso, doloroso. Recordando aquela época, percebo que a angústia que eu sentia na sala de aula, a sensação de falta de sentido e desconexão, era um deslocamento da minha experiência caótica em casa. Na época, porém, eu só sabia que odiava estar lá. Muitas vezes, sentado no fundo da sala de aula, o mais longe possível dos outros, um profundo pesar se apoderava de mim, uma fadiga abafada que me recobria. Com grande alívio, eu pegava no sono. Por fim, certo dia, o sr. Seigal ficou furioso.

— Que *raios* tem de errado com você, Real? — grita ele da frente da sala, me acordando.

Pisco para ele, desorientado com a luz fluorescente instável.

— Qual é o seu *problema*? *Doença do sono*? — zomba ele.

As outras crianças me olham sorrindo, gostando daquilo.

— Você foi picado por uma mosca tsé-tsé? — provoca ele.

Ira me encara, sorrindo.

— *Mosca tsé-tsé*! — Ele se apropria daquelas palavras. — *Mosca tsé-tsé*!

Ira bate em sua carteira, puxando a zombaria:

— Mosca tsé-tsé! Mosca tsé-tsé! — A turma faz coro, enquanto o sr. Seigal observa. — Mosca tsé-tsé! Mosca tsé-tsé!

Para mim, soa como um coro bem alto.

Ainda meio sonolento, só quero que o barulho pare. Sem pensar, vou até Ira, ergo sua carteira com ele ainda sentado e, de alguma forma, o arremesso do outro lado da sala. A turma entra em ebulição, dando voltas ao meu redor, mas não ouço ninguém. Fico parado no meio da sala, grande demais e desconsolado, chorando sem motivo.

Semanas depois, o rabino Wein encosta o rosto ao meu, tão próximo quanto Ira Springle costumava fazer, mas não me importo muito. Por trás das lentes fundo de garrafa dos óculos dele, o rabino parece quase cego.

— Então, por que *fez* aquilo? — pergunta ele, tentando entender.

Eu me remexo em minha cadeira.

— Responda ao rabino! — Meu pai segura minha nuca com uma mão firme e ameaçadora.

Olho para os olhos leitosos do rabino Wein. Sinto uma enorme tristeza — por ele, pelo meu pai e pela minha mãe terem de estar ali, pela confusão que arrumei. Eu me afasto dele, engolindo as lágrimas que quase chegam à minha garganta.

O rabino me olha ainda mais de perto e tenta colocar os braços ao meu redor. Eu me retraio.

— Você pode me dizer, meu jovem? — pergunta ele mais uma vez. — Terry?

Fico encarando o chão.

— Não sei. — É o que eu consigo dizer.

O rabino me manda de volta à sala com algumas palavras gentis sobre "convivência". Fui expulso do colégio judaico por comportamento agressivo no primeiro semestre do ano seguinte.

"Estúpido, feio, problemático, insensível" — essas eram as palavras com as quais eu teria me flagelado se pudesse verbalizar meus sentimentos incipientes de ódio por mim mesmo, se tivesse parado de "fingir" por tempo suficiente para deixar que eles me alcançassem.

Aos 17 anos, eu já tinha sido suspenso da escola várias vezes e sempre era aprovado com nota mínima, além de ter revendido drogas de traficantes locais e ter sido preso; por pouco não fui internado em um hospital psiquiátrico. O jazz era a minha paixão. O jazz e as drogas. Não sei se a "contracultura" dos anos 1960, repleta de drogas, amplificou ou apenas confirmou minha carreira no vício. Pensando agora, faço para mim a mesma distinção que faço hoje com adolescentes e jovens em idade universitária.

"Muitos jovens da sua idade bebem e usam drogas", posso dizer a um jovem que sei que está deprimido. "É óbvio que nem todos vão se tornar adictos nem alcoolistas. Mas a diferença é que esses jovens usam bebidas e drogas para se divertir; você usa para ficar chapado. Você não quer se divertir. Você está procurando alívio."

Naquela idade — e nos doze anos seguintes —, não posso afirmar que estava buscando alívio propriamente dito; estava buscando o esquecimento. Outros garotos podem ter experimentado LSD, mas eu e Tommy Daimes o injetamos. Outros garotos podem ter ficado chapados de vez em quando, mas eu passei doze anos ficando sóbrio de vez em quando. Qualquer coisa que pudesse ser feita sem drogas ficava ainda mais divertida com drogas. Todos os dias, o dia inteiro.

Nós nos chamávamos, com a inocente presunção daquela época, de "psiconautas" — aventureiros cósmicos. E, bem, se alguém morresse, morreu. "Psicopatas" teria sido mais adequado. Quão insano eu era para experimentar morfina azul com um sujeito cujo apelido era "Banana", por causa de sua icterícia crônica? Quão insano eu era para "dropar" um LSD e depois passar a noite num passeio sem rumo em um carro roubado cheio de delinquentes, drogas e, às vezes, uma arma?

— A mamãe chegou! — gritou Tommy Daimes certa noite, abrindo a porta do porão onde Zekial morava.

Três dos meus amigos estavam com ele. Depois, entendi que eles estavam em uma missão para me resgatar. Meu amigo Zeke, um cantor de jazz, havia me apresentado aos prazeres da cocaína injetada. Isso havia sido uma semana antes. Desde então, eu estava sempre drogado, sem dormir, mal comia. Fui colocado no ombro largo de Tommy.

— As coisas que eu tenho que fazer — murmurou ele.

— Até mais, Zeke! — gritaram meus amigos, enquanto Zeke assentia com um sorriso simpático.

Tempos depois, Zeke foi baleado durante uma negociação de drogas. E o Banana teve uma overdose.

Tommy passou anos entrando e saindo de instituições psiquiátricas. Os danos que causei ao meu corpo deixaram marcas permanentes, e é provável que eles encurtem minha vida. No entanto, embora eu me considere responsável pelos danos que causei a mim mesmo e aos outros, não me culpo por ter fugido. Qualquer pessoa em perfeito juízo teria fugido da escuridão que me perseguia.

Acho que entendo o que Billy Jodein quis dizer quando me contou que se flagelava.

* * *

Em *A Season in Hell*, o jornalista Percy Knauth descreve a forma como a depressão o flagelava noite após noite:

> As noites eram o pior momento. Comecei a beber mais do que o normal e, muitas vezes, quando me deitava para dormir, estava completamente alcoolizado. Tudo o que eu queria era um remédio para dormir, e vasculhava em todos os cantos em busca de um. No entanto, com ou sem remédio, eu nunca dormia mais de três ou quatro horas. Depois eu acordava e ficava deitado na escuridão enquanto minha mente dava voltas sem parar [...].
>
> Eu me enxergava como um imprestável. Em longas sessões noturnas, revisava a minha vida e tudo o que tinha feito de errado. Nem mesmo o detalhe mais trivial escapava a esse escrutínio mortal. Eu me lembrei de discussões que tive com meus filhos ainda muito pequenos [...]. Percebi o péssimo exemplo de pai que havia sido [...]. Compreendi por que minha esposa havia me trocado por outro [...]. Até meu trabalho me parecia uma fraude [...].
>
> Em seguida, vinha o desespero. Ele era sombrio como todas as legiões das trevas de que eu já tinha ouvido falar e vinha até mim aos berros.[1]

Em uma das primeiras sessões, li a descrição de Knauth para Billy. Ele virou o rosto para o outro lado, se esforçando para segurar as lágrimas.

— O conteúdo é um pouco diferente — comenta Billy —, mas a essência é bem parecida.

— Foi o que pensei — respondi com gentileza e guardei o livro.

Há muitas maneiras de descrever a experiência da depressão, muitos aspectos do distúrbio nos quais podemos nos concentrar. Meu foco no tratamento de homens com depressão tem sido sobretudo relacional. "Que tipo de relacionamento um homem deprimido tem com outras pessoas?", pergunto, seguido por: "Que tipo de relacionamento ele tem consigo mesmo?"[2] A resposta para essas duas perguntas costuma ser: um relacionamento ruim. Escritores como Knauth e William Styron descrevem de forma vívida a "pura angústia psíquica"[3] que pacientes como Billy enfrentam. Nos últimos vinte anos, homens deprimidos de todos os tipos passaram pelo meu consultório — jovens, velhos, bem-sucedidos, incompetentes, gentis e irritados. Todos tinham uma coisa em comum: o relacionamento que mantinham consigo era terrível.

Digo a Billy Jodein que encaro a depressão como uma *doença autoagressiva*, um distúrbio em que o eu se volta contra si próprio. Se pudéssemos pegar um estetoscópio psíquico e escutar a conversa incessante que se desenrola dentro da cabeça de Billy, ouviríamos um julgamento severo e perfeccionista misturado à amargura, desconfiança e desesperança.

Billy é "sincero", como se costuma dizer, em relação a essa dureza. Como a maioria dos homens deprimidos que conheci, ele tinha um histórico de danos recorrentes na infância. A ponte que liga os danos na infância e a depressão na idade adulta é a violência. A violência psicológica está no centro da socialização tradicional dos meninos em nossa cultura. Para muitos deles, essa ferida social é agravada por experiências familiares únicas. Se a "cultura do menino" expõe a maioria dos jovens do sexo masculino a algum grau de dano psicológico, aqueles que crescem em circunstâncias difíceis, sobretudo aqueles que também têm vulnerabilidades genéticas, correm maior risco de sofrer de depressão em um momento posterior. A violência a que são expostos quando crianças passa a residir na mente deles depois de adultos. Homens deprimidos como Billy ficam paralisados, ensaiando repetições de dor e desespero sem parar; já os que sofrem com a depressão oculta, como eu, não conseguem ficar parados. Eles correm, desesperados, tentando superar a vergonha, medicando a dor, inflando a frágil autoestima ou, se tudo mais der errado, infligindo sua tortura aos outros. A depressão aparente é uma violência suportada; a oculta é uma violência desviada. Em ambos os casos, entender a depressão em homens significa lidar com a violência masculina. Como a porta da psique se abriu para uma visita tão sombria? Por quais mecanismos a violência no ambiente dos meninos é internalizada como uma força estável dentro da cabeça deles? Embora não tenha consciência do que sabe, Billy Jodein sabe.

— Todas as noites, antes de ele chegar, eu via minha mãe correndo pela casa como um hamster gorducho — conta Billy em uma sessão, cruzando as pernas com seu jeans azul artisticamente rasgado.

Com o rosto cheio de espinhas, cabelo arrepiado e uma silhueta rechonchuda e desengonçada, Bill se lança no mundo, um turbilhão de caos combativo, desafiando alguém a tentar consertá-lo. Esta é a nossa quarta sessão, e Billy já ameaçou não vir mais. Seu comportamento evidencia que ele está fazendo terapia para tranquilizar a universidade, o pai e a mãe preocupados e a mim, nessa ordem.

— O que quer dizer com "hamster"? — pergunto.

Billy endireita os óculos que ameaçam escorregar pelo nariz — um movimento súbito e brusco — e morde o lábio com uma careta.

— Sabe, totalmente frenética. Tentando arrumar tudo antes de o papai chegar em casa. Cada prato, cada cinzeiro. Dava para ver o medo nos olhos dela. Quero dizer, era sutil, mas com certeza frenético, do jeitinho contido dela.

— Continue — digo e me inclino para a frente.

Bill dá um grande gole na Coca-Cola Diet e apoia a lata molhada em um joelho nu exposto pelo rasgo na calça jeans.

— Um dia, percebi isso — diz. — Um tipo de experiência "a-rá!", sabe? Aí eu contava a ela, que corria de um lado para o outro. Eu dizia: "Ei, mãe. Você sabia que tudo o que está fazendo é *totalmente* inútil?"

— E?

Ele balança a cabeça.

— Ela mal me ouviu, mas eu disse mesmo assim. Continuei: "*Sabe* que, não importa o que faça, ele vai pular em cima de você do mesmo jeito. Se ele estiver com vontade. Quero dizer, nada importa. Não importa o quanto o jantar esteja bom ou o que quer que seja."

— Pular?

— É, sabe como é, agredir.

Billy penteia o cabelo grosso e rebelde com os dedos gorduchos.

— E como ela reagiu?

— Eu poderia ter poupado meu fôlego. — Ele pega a lata de Coca-Cola. — Pode acreditar.

— Por quê?

— Bem, ela me escutou, eu acho. Quero dizer, fisicamente. Mas só olhou para mim e continuou o que estava fazendo. — Ele sorri para si mesmo. — Como um daqueles coelhinhos dos comerciais da Duracell, sabe. *Não para nunca.*

Por mais que seja uma pose, por mais que eu saiba que ele é jovem, acho irritante o jeito sarcástico de Billy.

— Isso é engraçado? — Eu o desafio.

— Como assim? — Ele se esquiva.

Respiro fundo e tento relaxar.

— Só estou imaginando o que você poderia estar sentindo se não estivesse fazendo piada — digo, meio desanimado, subitamente exausto.

Billy olha para mim por um momento, como se estivesse se dando conta pela primeira vez de que estou ali no consultório com ele. Ele olha para o meu rosto por mais tempo e com mais seriedade do que eu estava acostumado.

— Dia cansativo? — pergunta, sem ironia.

Eu o encaro de volta.

— Para falar a verdade, sim — respondo. — Por quê?

Ele dá de ombros.

— Você parece um pouco cansado.

— Obrigado, Billy. Agradeço. — E, depois de uma pausa, acrescento: — Você vai responder?

— A sua pergunta? — indaga ele e sorri. Assinto, esperando por alguma grande revelação, mas ele apenas dá de ombros de novo. — Meio inútil, eu acho. É assim que me sentiria se não fizesse piada com isso — diz ele.

Deixo passar.

— E quando o seu pai chegou em casa?

— Sim, então — ele olha para a lata de refrigerante —, por que seria diferente de todas as outras noites em que ele voltou para casa? — pergunta com outra sacudida imprudente nos óculos.

Fico preocupado que ele acabe acertando o olho.

— Ou seja, eles brigaram? — pergunto.

— Essa seria uma forma de descrever.

— Você tem outro... — começo, mas ele me interrompe.

— Não, você está certo. Eles brigaram. — Ele soa nervoso.

— Descreva para mim — peço.

— Tipo o quê? O que eles diziam? As palavras?

Assinto mais uma vez.

— Ah, sabe, só "Vai se foder! Não vou mais viver assim" e "Você é um babaca! Não consigo acreditar que me trata dessa forma!". — Ele balança a cabeça. — Etc. etc. etc. — entoa. — Vai por mim.

— E isso acontecia toda noite?

— Na maioria.

— O que você fazia?

— Está brincando, né? — Ele se endireita. — Eu ia para a casa de um amigo. Literalmente. "Tenham um bom-dia!" — Sob meu olhar, o sorriso pronto do Billy se dissipa. Ele se recosta, desanimado. — Ou, às vezes, ficava no meu quarto. — Neste momento, ele soa como uma criança. — Ouvindo música.

— Billy, está sentindo alguma coisa ao dizer isso?

— Agora? Não.

Contudo, é perceptível que ele está triste.

— E como se sentia naquela época? — insisto.

— Em relação às brigas? — enrola ele.

Faço que sim com a cabeça.

— Sobre qualquer coisa. Sobre tudo.

— Não muita coisa — responde, parecendo cada vez mais um garotinho, batendo com os pés na cadeira. — Na maioria das vezes, tenho pena deles, acho. Eles eram *patéticos*.

— Então, você está ciente de que ficava triste por eles.

— Bem, só pelo fato de os dois serem grandes *idiotas*.

— Aham. E você, Billy? — Eu me inclino para a frente, para ele. — Você era o garoto que ouvia tudo isso noite após noite. O garoto lá em cima no quarto.

— O que é que tem? — pergunta ele, mal-humorado, combativo.

— Você se sentia triste por eles, mas e quanto aos seus sentimentos em relação a si mesmo?

— Ah, estou bastante acostumado com isso — diz ele, se fazendo de durão.

— Está? — pergunto e me recosto de volta.

— Ei, isso já vem acontecendo há muito tempo.

— Sim. Há quanto tempo? Quantos anos você tinha quando tudo isso começou? Que idade tinha na sua primeira lembrança deles brigando?

— Tem sido assim desde sempre — protesta ele.

— Tinha 9, 10, 7, 8 anos?

— Sim, tudo isso.

— E não acha que aquele menino de 9 anos talvez tivesse alguns sentimentos em relação a isso? Aquele garotinho de 7 anos?

— Já faz muito tempo.

— Você não se lembra? — insisto.

— Não — responde ele de imediato, de forma beligerante, e depois: — Por que eu deveria lembrar?

— Só estou me perguntando o que aconteceu com eles, só isso.

— Com os meus sentimentos?

— Isso.

Ele abre um sorriso arrogante.

— Bem, isso *supondo* que eu tivesse sentimentos.

— Billy — eu me inclino para a frente e olho nos olhos dele —, acho que você ainda tem sentimentos.

— Sabe, *Terry* — zomba Billy —, nem *todo mundo* precisa caber dentro do seu pequeno e bem-ordenado...

— Você conseguiu, enfim, sair daquele inferno de família. Não faz nem cinco meses que entrou na faculdade e está tão deprimido que não consegue dormir, comer nem ir para a aula — interrompo-o, falando com delicadeza.

— Mas você se senta aqui e me diz que essa vai ser a nossa última sessão, que não tem nada para trabalhar e que não tem sentimentos. — Seu rosto fica vermelho, mas eu prossigo. Ou ele vai embarcar de vez, ou vai embora. — Sabe, se continuar assim, Billy, acho que você vai voltar para casa. É disso que se trata, no fim das contas? Antes do fim do próximo semestre, eu diria. — Eu me recosto, mais uma vez, na minha cadeira. — Vai por mim.

Ele me olha furioso.

— Isso foi um golpe baixo, senhor!

Apesar de ele estar com raiva, sinto sua conexão.

— Você precisa de ajuda, Billy — digo sem rodeios.

— "Você precisa de ajuda, cara. Precisa mesmo" — zomba Billy, furioso, virando o rosto para a parede. No entanto, seus olhos se enchem de lágrimas, apesar de ele tentar segurá-las.

Ficamos ali em silêncio por algum tempo, sem olhar um para o outro. Alguns minutos se passam.

— Eu sou um *fracassado* — diz ele, por fim, com o verniz de apatia se desfazendo. Ele parece pequeno, assustado. — Um merda de um fracassado!

— Você é um garoto. Um garoto triste tentando lidar com tudo isso.

Billy fica em silêncio por um tempo, ainda sem olhar para mim.

— Você quer ouvir a coisa mais doentia? — pergunta, ainda com voz de criança, depois de alguns minutos.

— Com certeza — digo com gentileza.

— É sério — ele começa a chorar baixinho —, isso é *muito doentio*.

— Vá em frente.

— O mais doentio é que... acho que eu sinto falta deles. — Ele sufoca as lágrimas. — Se quer mesmo saber a verdade. Quero dizer, como isso é *possível*? — Ele se contorce ainda mais em sua cadeira. — Acho que, na verdade, tudo é saudade de casa, só isso. Eu saí de lá e desabo porque estou com saudades de casa. Meu Deus! — Billy leva as mãos ao rosto e, por um breve instante, se entrega ao choro.

Eu estendo um lenço de papel para ele.

— Vai fundo, chora, Billy. Há motivos de sobra para se sentir triste. Você tem o direito de se sentir triste.

— Eu *odeio* isso! — suspira ele. — Desabar.

— Você não está desabando. Está chorando. As pessoas que não choram é que desabam.

Billy assoa o nariz ruidosamente algumas vezes. Olha para mim com seu rosto beligerante e cheio de acne.

— Você sabe de que *porra* está falando? — pergunta, recolhendo um monte de lenços de papel em seu colo.

— Aqui. — Aproximo a lixeira como se fosse uma cesta de basquete, para que ele arremesse os lenços molhados. — Lance livre.

O caso de Billy Jodein é um ótimo exemplo de como o trauma se transforma em depressão. O primeiro indício é uma ausência, e não uma presença — uma ausência de sentimentos por si mesmo. Billy me disse que sentia pena do pai e da mãe brigões, mas não sentia, e ainda não sente, muita preocupação com o menino que cresceu com eles. Isso deveria nos fazer parar e refletir. Por que ele sentiria pena do pai e da mãe indisponíveis e nada por si mesmo como filho deles? Sob uma primeira análise, não faz sentido. No entanto, de forma flagrante ou sutil, trata-se de algo comum à maioria das crianças traumatizadas.

Billy sente a dor dos pais justamente porque eles não a sentem. Sobrecarregado pela dor deles, sobra pouco espaço para ter empatia por si mesmo. Muitos nomes foram dados a essa estranha inversão de empatia: "projeção multigeracional", "bode expiatório", "rendição altruísta". A convolução das emoções de Billy é fundamental para a natureza do trauma psicológico, expressando a ligação entre este e a depressão. Onde foram parar os sentimentos de Billy? A perda de conexão consigo mesmo sugere que, naquelas noites em que saía com os amigos ou ficava sozinho no quarto, ele não só aprendeu a se desligar de suas emoções mais profundas: começou a desprezá-las de maneira ativa.

A violência — física ou psicológica, ativa ou passiva — exercida contra o menino na infância passa a viver dentro dele. O homem deprimido adota um relacionamento consigo mesmo que espelha e reproduz a dinâmica de seu abuso precoce. Esse fenômeno, que chamo de "reversão empática", é o elo entre o trauma e a depressão. Para entender seu mecanismo, precisamos aceitar uma verdade perturbadora: o trauma, intrinsecamente, envolve a fusão entre o agressor e a vítima. No exato momento do dano, surge uma forma de intimidade profana, em parte porque o trauma sempre envolve falha nos limites. No *trauma ativo*, os limites da criança são violados. O responsável por ela não se contém, está fora de controle. Já no *trauma passivo* o responsável negligencia as necessidades da criança; o limite entre pais e mães e filhos é rígido demais, impenetrável. Ambos são exemplos de disfunção de limites.[4] Na maioria das vezes, o trauma na infância resulta de uma sobreposição desses dois tipos de falha, como no caso de um pai que é tão estimulado pela sexualidade da filha adolescente que não a toca mais ou no caso de uma mãe que deixa de estabelecer limites apropriados para o temperamento do filho e, depois, explode com ele.

Quando uma criança sofre um trauma por um pai ou mãe negligente ou fora de controle, sua primeira e mais profunda resposta será assumir a responsabilidade pelo erro deles. Quando uma criança se depara com a patologia do cuidador, fará o que for preciso para restabelecer o equilíbrio psicológico deste. A necessidade da criança de preservar seu vínculo e sua disposição de fazer malabarismos para assumir a forma que o pai ou a mãe precisa que ela tenha durante esses momentos representam uma das forças psicológicas menos reconhecidas, mais difundidas e mais poderosas do desenvolvimento humano. A especialista em trauma Judith Herman observa: "Ainda mais do que adultos, crianças criadas em [um] clima de dominação desenvolvem vínculos patológicos com aqueles que abusam delas e as negligenciam, vínculos que elas se esforçam para manter em detrimento do próprio bem-estar,[5] da própria realidade ou da própria vida." A necessidade da criança de regular o próprio pai e a própria mãe é tão fundamental quanto o próprio instinto de sobrevivência. De fato, trata-se de uma manifestação direta desse instinto, pela simples razão de que toda criança depende da capacidade de funcionamento das figuras parentais para sobreviver. Como Herman sugere, em casos extremos, a necessidade de preservar o vínculo com um genitor abusivo pode até mesmo superar a autopreservação.

A amplificação da marca em vítimas de abuso[6] foi documentada em pássaros, cães e macacos. Entretanto, de todas as espécies, as crianças têm o período mais prolongado de dependência. Elas permanecem à mercê dos adultos provedores por um tempo muito longo. Uma das características do trauma infantil persistente e "leve" é que, diferentemente de uma explosão terrorista ou de um furacão devastador, os danos são causados por aqueles em quem a criança confia. A segurança oscila, muitas vezes de forma caprichosa, com o perigo. O amor se alterna com o desprezo. A criança permanece em uma posição excruciante de tão confusa e precária. Nesses casos, tanto como resultado da falha nos limites quanto como uma estratégia inconsciente de enfrentamento, a criança internaliza os sentimentos com os quais o pai ou a mãe não está lidando de forma responsável. Juntamente com quaisquer outros sentimentos que possam estar presentes — raiva, dor, luxúria, medo —, é inevitável que nesses momentos traumáticos o sentimento de vergonha seja transmitido. Herman resume:

> Todas as adaptações psicológicas da criança vítima de abuso servem ao propósito fundamental de preservar seu apego primário ao pai e à

mãe diante da evidência diária da maldade, impotência ou indiferença destes. Ao desenvolver uma identidade contaminada e estigmatizada, a criança vítima internaliza a maldade do agressor e, assim, preserva seu vínculo. Como o sentimento interno de maldade (vergonha) preserva o relacionamento, ele não é abandonado de imediato, mesmo depois que o abuso cessa; pelo contrário, se torna uma parte estável da estrutura da personalidade da criança. Da mesma forma, os adultos que escapam de situações abusivas continuam a se enxergar com desprezo e a assumir a vergonha e a culpa[7] de seus abusadores. O profundo senso de maldade interior se torna o núcleo em torno do qual a identidade da criança abusada é formada, e persiste na vida adulta.

Quando as figuras parentais traumatizam uma criança, estão em um estado de ausência de vergonha. Se sentisse a vergonha apropriada, o agressor frearia o próprio comportamento nocivo. A vergonha que um pai não sente de modo consciente será absorvida pela criança, juntamente com outros sentimentos inconscientes. Pia Mellody chamou esses estados transmitidos de "vergonha carregada" e "sentimento carregado". Eles são os meios pelos quais a ferida, o legado da dor, é passada de pai para filho, de mãe para filho, ao longo das gerações. São as sementes psicológicas da depressão.[8]

A psiquiatria moderna chama de "identificação projetiva" o fenômeno do sentimento carregado. A teoria psicanalítica enfatiza o repúdio que a pessoa que está projetando tem dos próprios sentimentos. O processo é descrito como aquele em que uma pessoa injeta em outra os aspectos repudiados da própria personalidade. Quando meu pai me batia com um cinto, ele imprimia em mim o desespero que não admitia em si mesmo. Ele odiava e punia a própria criança fraca e dependente que via em mim, e eu absorvi na minha psique tanto as partes odiadas quanto as cheias de ódio dele. Assumi sua tristeza, sua depressão e sua raiva. No jargão psiquiátrico, "aceitei" a projeção feita por ele. Como muitos dos meus pacientes, eu me lembro apenas de maneira vaga da experiência real dessa absorção. Quando meu pai se enfurecia e saía de controle, eu me lembro de me sentir como Billy — triste, quase nostálgico. Em meio à brutalidade dele, eu sentia com muita intensidade, apesar de ser só uma criança, a urgência da sua fragilidade, do seu *pathos*. Eu tinha pena dele. Como terapeuta, sempre que escuto um homem deprimido dizer que sente pena do pai ou da mãe ou de ambos, sei que estou na presença de sentimentos carregados. Um pai saudável, salvo alguma catástrofe, não gera piedade em um filho.

O paradoxo é que, ao mesmo tempo que internaliza a vergonha carregada, a criança também absorve a raiva do agressor, sua ausência de vergonha. Todos os atos traumáticos são *desempoderadores* e *falsamente fortalecedores*. Não importa o quão mal um cuidador trate uma criança, ele também transmite, por meio do exemplo, uma forma desavergonhada de estar no mundo. As ações dizem ao menino: "Você também pode se comportar igual a mim quando se tornar um homem." Nesse momento trágico, as próprias forças que traem o menino, forças que ele considera abomináveis, passam a existir dentro dele.

Em *O príncipe das marés*, Tom, o narrador, lembra-se da brutal véspera da partida de seu pai, Henry, para a Coreia. Henry fica furioso, bate no pequeno Tom, ataca a esposa por tentar proteger o filho e espanca o irmão mais velho de Tom. O narrador relembra sua reação à violência na infância: "Olhei para cima e vi meu pai sacudindo minha mãe, os olhos dela cheios de lágrimas, de humilhação. Nunca senti tanto amor por alguém quanto por ela naquele momento. Olhei para meu pai, de costas para mim, e senti surgir o ódio em um dos recantos escuros da alma; senti-o gritar enquanto nascia em mim um êxtase sombrio e proibido."[9]

O fato desagradável que deve ser enfrentado em relação ao trauma é que, no exato momento do abuso, uma versão da mesma violência imposta à criança por fora "grita enquanto nasce" por dentro. Esse nascimento é permanente. Dessa noite em diante, Tom, se passar por um alto grau de estresse, é capaz de se voltar contra alguém com a mesma raiva sentida por seu pai. Em uma ironia assustadora, a raiva de Henry entra de modo furtivo em seu filho pela porta da repulsa de Tom. Seja por aprendizado social, seja pelo exemplo, identificação ou energia absorvida, a força raivosa que circunda o personagem-narrador é tragada para dentro de seu ser, tornando-se parte dele a partir daquele momento, e o acompanha pelo restante da vida. Não há como escapar desse processo.

Observando a dinâmica da depressão nos homens, somos atraídos pelo menino renegado – os aspectos relacionais e "femininos" do eu que os homens aprendem a repudiar. A personificação imaginativa desse menino perdido é uma técnica útil para ajudar um homem deprimido a recuperar as partes de si mesmo que nossa cultura o "convidou" a reprimir. Contudo, momentos como o descrito em *O príncipe das marés* sugerem que, se quisermos personificar aspectos internos do eu, não devemos pensar em um menino interior, e sim em dois. Uma parte de Tom se identifica com a mãe assustada, enquanto outra parte, menos consciente, se identifica com o pai agressivo. Uma parte de Billy, meu paciente, ficou traumatizada pela raiva do pai, enquanto outra parte a tomou como exemplo. O termo psiquiátrico para essa internalização é "identificação com o agressor". É essa a dinâmica por trás da idealização que a criança vítima de abuso, a esposa violentada ou o preso político fazem dos próprios algozes. Em casos raros, como no de Patty Hearst, é o motivo por trás da tentativa de um prisioneiro de ficar igual aos próprios carcereiros. Quando ficou furioso com o pai pela estupidez de ter sido espancado por um guarda de Auschwitz, Elie Wiesel absorveu a perspectiva do guarda. Quando desconfiei de Eddie por sua falta de jeito, ou quando meu irmão ficou furioso comigo por "causar problemas", adotamos o ponto de vista do agressor. Billy, ao sentir pena do pai e da mãe,[10] assume a postura deles de desprezo pelas próprias dores.

As ideias tradicionais de que as crianças se identificam ou com a mãe ou com o pai são muito simplistas. As crianças não internalizam qualidades estáticas e generalizadas, como masculinidade, feminilidade ou qualquer outra característica fixa; elas internalizam as interações; internalizam o que veem e o que elas mesmas experimentam em primeira mão. O que Billy absorve, como qualquer criança nessas circunstâncias, não é a identidade do abusador ou do abusado, e sim o tema interativo do abuso em si. À medida que ele amadurece, o tema do abuso pode ter uma variedade de permutações. Billy pode se tornar um gerente exigente e irritadiço diante de sua equipe ao mesmo tempo que uma vítima assustada diante do chefe. Pode se ver desprezando a esposa e sendo tratado com crueldade pelo próprio filho. Os papéis que Billy pode desempenhar na encenação do drama podem mudar, mas o drama em si, a dinâmica internalizada da violência, o acompanhará por toda a vida — a menos que ele se cure.

A violência — internalizada, muito provavelmente, pelo pai e pela mãe de Billy quando ainda eram crianças — se espalhava, noite após noite, naquele casamento torturado. A negligência emocional de ambos, que estavam tão preocupados com as próprias batalhas, se transformou em uma força vergonhosa que o convenceu de que ele não era digno da atenção deles. A absorção pelo jovem Billy do desprezo implícito do pai e da mãe por ele virou uma força venenosa em sua vida, anos depois e a centenas de quilômetros de casa. A aversão que ele tinha por si mesmo e seus sentimentos de impotência e vergonha são os componentes do distúrbio que chamamos de depressão. Billy aprendeu a desprezar a si mesmo.

— Não acho que foi tudo por causa do meu pai — diz Billy com raiva em certa sessão, alguns meses após o início do tratamento.

Que eu saiba, nunca dei a entender que fosse o caso, mas fiquei quieto.

— Minha mãe estava metida até o pescoço — zomba. — Os dois estavam. Até o fundo. — Ele se remexe na cadeira, nervoso. — Quero dizer, ela gosta de fazer as coisas do jeito dela, vai por mim.

— Então, o que acontecia quando isso não acontecia?

— Ela fazia bico — responde ele rapidamente.

— Isso significa...?

— Significa isso mesmo. Ela ia para um canto e ficava lá sentada. Não falava com ninguém. Ninguém mesmo.

— Não falava com ninguém — repito. — Nem com você?

— Principalmente comigo.

Eu me inclino para ele, tentando entender.

— Ela não falava com você? Não respondia? — Billy assente, parecendo distante e nervoso. — Por quanto tempo? — Tento trazê-lo de volta. Ele dá de ombros, fingindo não se importar. — Por quanto tempo, Billy? — pergunto com mais ênfase.

— Dias — responde com um dar de ombros. — Semanas, talvez.

A postura de Billy é silenciosa, impaciente, como se ele quisesse estar em outro lugar, como se eu o incomodasse com minhas perguntas. Ele não agia assim comigo havia algum tempo.

— Espere um pouco. — Eu me inclino para a frente mais uma vez. — Sua mãe se recusava a falar com você, dava um gelo, por semanas a fio?

Billy confirma com a cabeça outra vez, indiferente. No entanto, percebo que ele está mexido. Falar sobre ser excluído pela mãe o deixa perturbado.

— Quantos anos você tinha? — pergunto.

Ele volta a dar de ombros.

— Devia ter uns 4, 5, não sei. O tempo todo.

Ele vira a cara.

— E o que seu pai fazia?

— Na maioria das vezes, ficava irritado.

— Com ela?

Billy sorri.

— Não. Comigo. Tipo, por ter deixado ela irritada.

Ficamos em silêncio por alguns instantes, imersos em pensamentos.

— Então, sua mãe não falava com você, às vezes por semanas, e seu pai culpava *você* por isso?

Billy assente, sem olhar para mim, observando o consultório.

— O que você está sentindo agora? — pergunto.

Billy fica inquieto. Balança os pés na cadeira, como uma criança de 10 anos. Seus olhos percorrem o cômodo.

— Isso é mesmo *necessário*? — pergunta, mudando a direção do olhar sem parar.

— O que está sentindo? — pergunto mais uma vez.

Em um *pulo* só, Billy se levanta da cadeira e corre para o outro lado da sala.

— Billy?

— Ei! — rosna ele. — Ei! Eu não gosto do que você está fazendo comigo!

— Descreva. Descreva o que está acontecendo no seu corpo.

Billy sacode a cabeça, parecendo tentar desanuviar os pensamentos.

— Billy? — pergunto, me esforçando para que ele fale.

— Tontura — responde. — Estou me sentindo tonto, como se estivesse girando.

— O que mais?

— Meus dedos estão estranhos. Parecem dormentes.

— Você pode estar tendo uma crise de ansiedade, Billy.

— "Você pode estar tendo uma crise de ansiedade" — debocha Billy. — Legal! Ótimo! Olha só, agora estamos progredindo *de verdade*!

— Do que você se lembrou?

— Quando?

— Antes da crise de ansiedade.

Billy dá voltas pelo consultório.

— Eu me lembrei — diz reflexivo, ainda em movimento —, eu me lembrei... Ah, *droga*!

— Vai em frente, Billy. Continue falando.

Ele ri, tenso, um pouco fora de controle.

— Eu me lembrei *disso*. Eu me lembrei *disso*!

— O que quer dizer com "disso"?

— Esse *estado* — responde, quase rindo. — Inquieto, assim. Ela ficava lá, cozinhando ou fazendo qualquer outra coisa, conversando com uma amiga. O que quer que fosse. Mas não falava comigo. Só não falava comigo. E eu ficava muito *agitado*.

— Continue.

— Eu me lembro — as lágrimas de Billy começam a vir, mesmo enquanto ele anda de um lado para o outro — de ficar dando voltas em torno dela, assim. — Ele estende as mãos como um garotinho. — Eu dizia: "Mamãe, eu sou o máximo! Olha pra mim! Eu sou o máximo!"

Billy chora, o nariz escorrendo, mas não diminui o ritmo. Penso em dizer a ele para assoar o nariz, mas prefiro não o interromper.

— Eu cantava uma musiquinha para ela. Uma musiquinha estúpida.

— Cante — peço.
— Você só pode estar maluco.
— Então fale os versos.
Billy estica os braços antes de começar:
— Eu sou o marinheiro Popeye. Eu vivo embaixo do cais.
Eu o vejo chorar com entrega, alto, com desespero. Parece que ele quer voltar a se sentar, mas não sabe o que fazer. Eu o conduzo até a cadeira.
— Eu costumava... — Ele tenta continuar.
Ofereço-lhe uma caixa de lenços de papel, e ele os pega com força.
— Quando estávamos só nós dois e ela não respondia, desse jeito... Tipo, eu devia ter o quê, 4, 5 anos?
— Respire fundo — digo com delicadeza.
— Eu costumava *fechar* meus dedos em uma gaveta. — Ele começa a chorar de soluçar. — Eu prendia meus dedos na *porra* da gaveta, entende? E depois ia lá mostrar para ela. — Ele se curva. — Eu mostrava meus dedos sangrando para ela.
Pondo a mão em suas costas, consolo Billy enquanto ele soluça.
— Solte tudo, Billy — peço, como um mantra, uma canção de ninar. — Deixe tudo sair. Solte tudo.

Aos 4 anos, Billy Jodein não merecia viver debaixo do cais nem achar que aquele era o seu lugar. E, embora ele possa ser o primeiro a negar toda a importância de sua musiquinha, eu a achei arrepiante — uma manifestação de sua vergonha carregada. Quando, ainda criança, ele prendia os dedos na gaveta, reencenava a relação entre agressor e vítima que havia internalizado. Billy passou a desprezar a própria pele, assim como seu pai desprezava sua mãe e sua mãe havia passado a desprezá-lo. Naquele momento, Billy desempenhava vários papéis em simultâneo. Punia a parte vulnerável de si mesmo — sua vergonha. Encenava a parte vingativa e furiosa de si mesmo — o agressor. Dramatizava para a mãe a mágoa que sentia por causa do abandono dela. E, no entanto, ao mesmo tempo, se unia a ela em uma espécie de comunhão espiritual ao adotar em relação a si mesmo a postura punitiva dela. Essas são as dinâmicas essenciais da depressão.
Se a *reversão empática* — o processo de adotar a perspectiva do agressor e perder a empatia por si mesmo — é o processo[11] pelo qual o trauma se transforma em depressão, reverter essa reversão — restabelecer a empatia pela criança vulnerável dentro de si e criar um distanciamento, um julgamento saudável em relação ao agressor — está no cerne da recuperação. Desde o primeiro dia em que um homem deprimido chega ao meu consultório,

a maioria das minhas ações tem como objetivo reconectar o eu desmembrado e ferido e desafiar o agressor tóxico e internalizado. Em primeiro lugar, a força severa da ausência de vergonha e as defesas grandiosas devem ser confrontadas e aplacadas. Se a raiva e a dor forem direcionadas para outro ponto que não a si mesmo, como costuma acontecer na depressão oculta, as defesas viciantes e as atitudes irresponsáveis cessam, permitindo que a depressão venha à tona. Se a energia ríspida e abusiva é direcionada para dentro, como ocorre na depressão aparente, ela também precisa ser acalmada. A parte vulnerável do eu deve ser protegida, motivada e cuidada. As duas crianças interiores — o menino ferido e o intransigente — precisam aprender a ter maturidade e responsabilidade mais refinadas.

Ao contrário de algumas abordagens em voga em relação à "criança interior", o objetivo da terapia com homens deprimidos quase nunca visa dar mais permissão a qualquer um desses aspectos imaturos do eu. Muitas vezes, sem que se tenha consciência, esses estados de ego regredidos podem já estar no comando — e arruinando — da vida desses homens. No entanto, negar sua existência, recusando-se a lidar com essas partes já fragmentadas do eu, também não é a solução. Ao levar o homem a um relacionamento consciente e saudável com esses aspectos não integrados, mas potentes, do eu, a terapia procura aprimorar ou, em alguns casos, trazer à tona, pela primeira vez, um adulto interior funcional.[12]

Meu trabalho com Billy representou, de forma emblemática, o processo de recuperação de muitos homens deprimidos. Ambas as partes imaturas dele — o menino rejeitado e vulnerável e o agressivo e intransigente — tinham de ser encaradas. A depressão aparente de Billy era uma reafirmação eterna da relação entre essas duas forças interiores — uma torturadora e outra torturada. Da mesma forma que achei útil personificar o menino vulnerável e desprezado, desta vez trabalhei com Billy por meio da visualização, em um primeiro momento a fim de desenterrar e depois para modificar a relação entre esses dois aspectos do eu. A primeira apresentação de Billy a essa representação imaginativa ocorreu na presença de 43 homens.

Embora eu tivesse experiência em guiar grupos de homens, jamais teria tido a coragem de organizar um encontro com cerca de cinquenta deles. Essa inspiração veio do meu amigo e colega, o dr. Jack Sternbach, que tem guiado grupos de homens de todas as proporções, formatos e cores imagináveis há mais de 25 anos — muito antes de isso se tornar moda. Hoje na casa dos 60 anos, Jack me ensinou muito sobre os homens e como ajudá-los. Sentado no chão como um Buda, ele abre a última noite da nossa série.

Durante seis sextas-feiras consecutivas, das cinco da tarde às onze e meia da noite, 43 homens se reuniram para prestar apoio uns aos outros em uma profunda atividade psicológica.

— Para o restante da nossa noite aqui — diz Jack, olhando para os homens que passamos a conhecer bem em pouco tempo —, invocamos um espírito de aceitação. Nossa atividade de hoje é uma atividade sagrada. Este lugar se tornou um lugar sagrado, no qual as diferenças serão honradas, e não evitadas. Onde as tensões entre nós e dentro de nós serão encaradas sem julgamento, em um testemunho amoroso.

Em grupos pequenos e grandes, esses homens — desafiando, amando e apoiando uns aos outros — reabrem velhas feridas e confrontam velhas defesas com uma velocidade e uma profundidade, quase uma sede, que poucas vezes vi. Foi revigorante colaborar nessa velocidade com um colega mais velho em quem eu confiava. E foi importante para o grupo, como eles nos disseram, testemunhar nossa relação de trabalho.

Um dos meus prazeres silenciosos nessa série foi ver Billy ficar de queixo caído, às vezes em termos metafóricos, às vezes literalmente, enquanto o grupo de homens — alguns com o triplo da idade dele — mergulhava em uma profunda exploração emocional que ele seria incapaz de imaginar. Naquela última noite, Billy surpreendeu tanto a mim quanto a Jack ao se oferecer para "ficar na berlinda". Devido ao meu histórico com Billy, Jack e eu concordamos que eu o orientaria.

Enquanto os homens se organizavam em círculo, sentados em cadeiras ou no chão, Billy e eu ficamos lado a lado, virados para uma cadeira vazia a 1,5 metro de nós. Essa cadeira tinha sido o repositório, durante aquelas noites, de mães, pais, agressores e molestadores,[13] de partes boas e ruins do eu, de canalhas e reis. Ela aguarda pela nossa atividade.

— Como você está? — pergunto a Billy, me ajeitando ao lado dele.

— Nervoso — responde e sorri.

— Sim, eu também — confesso, um pouco tenso. — Uma plateia e tanto.

Billy ri baixinho.

— Eu tenho sentimentos conflitantes em relação a isso.

— Me fale sobre isso.

— Bem, estou nervoso, pode acreditar. Mas também me sinto animado. Tipo, *olha só a energia deles, cara* — brinca ele. Alguns homens riem. Ele continua: — Não, de verdade, é como se eu estivesse boiando no oceano.

— O nome disso é apoio — digo.

— Bem, eu gosto da sensação — responde Billy.

— Que bom. É bom gostar disso.

Pergunto a Billy se ele permitiria que eu o ajudasse a entrar em um leve transe, um estado de relaxamento no qual ele seria capaz de fazer algumas atividades de imaginação que viu outros fazerem. Ele consente. Peço que feche os olhos e examine seu corpo em busca de áreas de tensão. Billy identifica a tensão nos olhos e na nuca.

— Por que você não traz essa sensação de "apoio" ao seu corpo — sugiro —, depois de explorar as possíveis mensagens dessas sensações, e a deixa circular por essas tensões?

Billy vira a cabeça para mim, de olhos fechados.

— Se você fizer isso, faço também — comenta e sorri.

— Essa é uma boa ideia — retruco.

Aos poucos, Billy e eu entramos na atividade. À medida que o transe se aprofunda, ele reconta e, depois, aos poucos, revive algumas lembranças antigas e dolorosas. Seguindo em silêncio o exemplo dele, dou apoio enquanto ele volta, cuidadosa e inevitavelmente, ao menino de 5 anos com os dedos ensanguentados. Billy tem dificuldade de ficar parado na cadeira quando a agitação volta a invadi-lo. Uma intensa inquietação física percorre o corpo dele.

— Preciso me levantar! — grita a certa altura, como se estivesse enjaulado.

— Levante! Levante! Pode se mexer! A atividade continua.

A permissão para se mexer parece acalmá-lo o suficiente para que ele permaneça sentado enquanto sentimentos de intensa agitação o dominam. Juntos, vamos atrás do menino abandonado dentro dele.

— Billy, quero que você vire o olho da sua mente, que está localizado no centro da sua testa, para dentro, de modo que olhe para dentro do seu corpo. Na sua imaginação, quero que vá até esse sentimento de agitação que está bem lá no fundo[14] e veja se consegue encontrar aquela criança de 5 anos, aquele menino machucado.

Billy mantém as sobrancelhas franzidas por um longo tempo, procurando. Depois, sorri de leve e assente, em silêncio. Os sinais externos de sua agitação diminuem.

— Você o encontrou? Falou com ele?

— Bem, mais ou menos.

— "Mais ou menos" — repito.

Billy sorri, não o sorriso arrogante e debochado que já conheço, e sim um sorriso simples e feliz que tenho visto com mais frequência nessas noites juntos.

— Agarrei o pé dele! — conta.

Vários homens aprovam de maneira silenciosa.

Fico em silêncio por um minuto.

— Você quer dizer que fez contato, mas...

— *Sei* que ele está lá — responde Billy —, mas ele só me deixa ver a ponta do sapato.

— A ponta do sapato — digo impressionado. — Bem, isso é bom. Isso é bom!

— Ele não deixa que eu o veja — comenta Billy. — Mas deixa que eu saiba que está lá.

— Ele é um pouco retraído — observo.

— Tímido, eu diria — corrige Billy.

— Tudo bem — digo.

E está tudo bem mesmo. A capacidade de Billy de estabelecer até mesmo esse contato com seu eu ferido é uma conquista impressionante. Muitos dos homens deprimidos que trato estão tão dissociados da própria vulnerabilidade que é preciso várias sessões, às vezes até meses, para que o menino ferido apareça. Outros têm tanto desprezo por essa parte de si mesmos que, uma vez feito o contato, querem que o menino imaginado seja banido para um lugar o mais distante possível. Descobri que, em geral, o menino vulnerável se revela quando e no grau em que for seguro para ele fazê-lo. À medida que trabalho com o paciente para domar e amenizar sua energia severa — seu desprezo internalizado —, o eu vulnerável começa a se manifestar. Para uma primeira atividade, e de transe leve, a ponta do sapato não é um mau começo.

— Billy, você pode perguntar ao garoto o que significa ele mostrar só o sapato? Tem como perguntar isso?

— Em voz alta? — pergunta Billy.

— Sim. Em voz alta.

Billy se prepara, superando o constrangimento natural de um exercício público tão incomum. Os homens em volta se aproximam um pouco mais.

— Terry quer saber — começa com cautela —, o que significa você mostrar só o seu sapato para mim.

Billy franze a testa, superconcentrado.

— O que ele disse? — pergunto. — O que ele respondeu?

— Ele não quer dizer.

Billy franze a testa, irritado. Começa a bater os pés. O semblante se fecha.

— Billy? — pergunto.

Ele continua em silêncio por alguns instantes, a testa franzida, como se estivesse observando algo com atenção. Então, se inclina para trás, frustrado e irritado.

— Ele foi *embora* — diz Billy chateado. — Foi embora, não sei para onde.
— Você parece irritado.
— Eu queria fazer alguma *atividade* aqui esta noite.

Os movimentos de Billy na cadeira ficam mais agitados. Eu me pergunto se ele se sente constrangido diante de outros homens ou rejeitado pelo menino. E me questiono se os sentimentos dele foram feridos.

— Não estou com *paciência* para mais brincadeirinhas sem nexo. — Pela primeira vez em algum tempo, Billy faz uma careta. Ele murmura: — *Seu merdinha*.

Aquilo me chama a atenção.

— O que foi? O que você acabou de murmurar? — pergunto.
— O quê?
— O que acabou de acontecer. Agora mesmo. Murmurando. O que foi que você disse?

Billy reflete por um minuto. Alguns dos homens começam a se agitar, mas Jack pede silêncio.

— "Seu merdinha" — lembra Billy.
— É isso — falo para ele. — É isso que a gente quer. A quem isso se dirige?
— "Seu merdinha"? — pergunta Billy. — Para ele, eu acho. — Ele dá de ombros. — Sabe, o menino.

Apoio meu braço nas costas da cadeira de Billy e chego um pouco mais perto dele.

— Repita — peço com delicadeza.
— Seu merdinha — repete ele sem muita convicção.
— Mais alto. Como fez da última vez. Como se estivesse falando sério.
— Seu merdinha — debocha ele, baixinho.
— De novo. *Mais alto*!
— Seu merdinha. — A voz dele se eleva. Ele começa a gritar: — *Seu merdinha*! Seu *filho da puta*!
— Isso.
— Seu *filho da puta*! — diz ele ainda mais alto.

Fazemos uma pausa por um momento, lado a lado.

— Percebe o que sentiu? — pergunto.

Billy assente.

— Essa raiva? — Vou direto ao ponto.
— Ah, percebo.

Ele assente outra vez. A crueza de sua raiva me atinge como uma onda enquanto me aproximo dele. Billy se retrai, os olhos fixos nos meus. Assim como havíamos começado a personificar e desenvolver um relacionamento com a parte ferida dele, tínhamos a oportunidade de fazer o mesmo trabalho imaginativo com o desprezo que ele sentia, com a criança intransigente — com o agressor internalizado.

— Billy, você pode fazer uma varredura por seu corpo, como fez antes, em busca dessa energia, agora? Essa energia "seu merdinha"? — pergunto.

Ele assente.

— Onde ela está? — pergunto. — Consegue dizer? Onde ela está, em que parte do seu corpo?

Billy responde de imediato:

— Aqui em cima — diz, apontando para a testa franzida. — Na minha cabeça, como se fosse uma dor de cabeça.

— Dói?

— Não, não é uma dor, na verdade. Só uma pressão. Todos esses pensamentos.

— "Todos esses pensamentos"?

Outra pausa. Com a permissão dele, coloco minha mão em seu ombro.

— O que eu gostaria que você fizesse agora, Billy, é ir até essa pressão na sua cabeça e ver se tem alguma imagem ou presença ligada a essa voz que diz "seu merdinha" a essa energia.

Billy já viu outros homens fazerem essa atividade e sabe o que quero. Por alguns minutos, ele permanece imóvel, sério e concentrado. Então, de repente, dá um sorriso enorme e caloroso.

— Aconteceu alguma coisa? — pergunto. Ele assente, empolgado. — Continue — encorajo.

— Tipo, imaginei que estávamos prestes a colocar aquele menino, sabe, aquele garotinho de 5 anos, naquela cadeira vazia — começa ele.

— O garoto vulnerável, sim.

— E então — continua ele —, me veio a imagem, mais ou menos, desse garoto. Como se ele estivesse todo amarrado. Amarrado à cadeira. E, dançando ao redor dele, comemorando com grunhidos altos, está essa... essa é a coisa que está na minha cabeça, a coisa do "seu merdinha". Bem... — ele faz uma pausa. — É um gorila.

Embora Billy não possa me ver, essa é a minha vez de sorrir.

— Um *gorila*! — digo encantado.

— Sim — responde, feliz consigo mesmo.

— Ora, ora, ora! Então, o que ele está fazendo?

— Está dançando em volta do menino — responde com facilidade. — Sabe como é, batendo no peito. Agindo de um jeito ameaçador. Sabe... É tipo... um gorila.

Ao longo de anos, passaram pelo meu consultório todos os tipos de metáfora para a criança interior intransigente: tubarões, campos de força, Hitler, monstros. Em comparação, o gorila dançante de Billy parecia quase engraçado, relativamente benigno.

— Ele está falando alguma coisa? — pergunto a Billy.

— Bem... — Billy se remexe em sua cadeira. — Na verdade, está.

De repente, toda a candura do momento anterior se esvai de seu rosto. Billy se endireita na cadeira. Parece consternado.

— Billy, o que está sentindo agora?

— Nada — responde ele rápido demais. — Estou me preparando, só isso.

— Para o quê?

— Para quem — corrige ele. — Estou me preparando para ele, para o ataque do gorila.

Apoio minhas mãos em suas omoplatas.

— O que ele está falando, Billy, enquanto dança? Quais são as mensagens dele para o menino?

Billy fica em silêncio por alguns instantes, o maxilar travado.

— Billy? — insisto.

— Não sei bem se quero mergulhar nisso — responde ele.

— Diante desses caras? — pergunto, supondo que ele esteja constrangido.

Ele balança a cabeça em negativa.

— Diante de mim mesmo — responde, parecendo prestes a chorar.

— Bem, você pode pular a pergunta. Parece que está machucando você, Billy.

— Não. — Ele faz que não com a cabeça. — Não quero pular. Vamos em frente.

— Tem certeza?

Ele assente, as mãos cruzadas sobre as pernas.

— Muito bem, Billy — digo com gentileza. — Dê uma boa olhada no gorila e, quando estiver pronto, me diga o que ele está falando para o menino.

Billy solta um suspiro, profundo e demorado, o som de um fardo pesado demais para alguém da sua idade.

— Ele está falando todas as coisas que eu falo. Todas as coisas que eu falo para mim mesmo.

— Todas as mensagens que provocam vergonha — sugiro.

— É como gravetos em uma fogueira. É como se ele estivesse queimando aquele menino. Na fogueira. E cada coisa que ele diz é apenas mais um graveto lançado ao fogo.

— Então, quais foram as palavras exatas que ele disse? — pergunto com delicadeza.

Em seguida, eu e mais 43 homens observamos a transformação de Billy. Seu semblante fica sombrio, e sua voz se transforma em uma espécie de uivo rouco.

— "Seu *merdinha*" — dispara ele. — "Seu chorão de merda."

Coloco a mão em seu ombro.

— Continue — insisto com delicadeza. — Vamos ouvir o que ele está dizendo.

— "Você é *gordo*." — Ele precisa de pouco estímulo. — "Um *porco* gordo. Um porco grande e roliço. Com a cara cheia de espinhas, feio. Seu *bostinha*. *Estúpido. Detestável.* Você só *pensa* em *si mesmo*..."

— Billy — interrompo.

Ele para na mesma hora, indiferente, como se eu tivesse tirado um fio da tomada.

— Queria que você perguntasse ao gorila dentro da sua cabeça se ele estaria disposto a sair e se sentar com a gente nesta cadeira, hoje.

— Agora? — pergunta Billy. — Em voz alta? Fico me sentindo idiota.

— Não importa.

— Posso dizer que é você quem quer que ele saia? — pergunta Billy.

— Com certeza.

Billy curva os ombros, tira um minuto para reunir forças e então começa:

— Terry quer saber se você estaria disposto a sair e se juntar a nós naquela cadeira vazia ali — diz ele, os braços cruzados sobre o peito.

— E então? — indago.

Ele dá um sorriso.

— Bem, é interessante — revela. — No começo, ele estava todo irritadiço, sabe? "Foda-se, não vou fazer nada por você." Mas se acalmou.

— Ele tem um caráter um tanto arrogante — rebato. Billy assente. — Adora latir — acrescento.

— Um grande exibido — diz ele com um pouco da candura de volta à voz.

— Então tudo bem, vamos trazê-lo à sala. Devemos mudar a cadeira de lugar? Prefere que ele fique mais perto de você? Ou se sentiria mais confortável a uma certa distância?

— Isso também é engraçado — comenta Billy. — Quando eu estava pensando em trazer à tona aquele menino, aquele garotinho, eu queria mesmo que a cadeira fosse colocada bem distante. Tipo, não queria que ele ficasse muito perto. Ele poderia fazer xixi em mim ou algo assim. Mas esse cara, esse gorila, eu não ligo se ele ficar perto.

Billy está nitidamente mais identificado com o agressor interno do que com o menino vulnerável, mas não menciono isso.

— Então, a cadeira está bem onde está? — pergunto. — Um pouco mais perto? Continue de olhos fechados, só visualize.

— Mais perto. Não sei por quê, mas acho isso engraçado. Eu deveria estar com medo dessa força dentro de mim, mas de alguma forma ela me faz sorrir.

— Isso é uma coisa boa — tranquilizo-o. — É um bom sinal.

Arrastamos a cadeira até que ela fique na distância ideal.

— Certo — digo. — Mande-o sair agora.

Em um momento mágico e sintonizado, todos nós, 43 homens, sentimos a presença do gorila de Billy ocupando a cadeira vazia.

Com os olhos ainda fechados, Billy dá um sorriso.

— O que ele está fazendo? — pergunto. — O gorila?

— Ele está só *sentado* — diz Billy. — Bem relaxado. Tipo, de pernas cruzadas, a que está por cima balançando. Feliz da vida. Ele está *de fato* feliz por estar aqui. Tipo, "E aí, pessoal!".

Billy dá um tchauzinho. Alguns homens acenam de volta, apesar de Billy estar de olhos fechados. O cômodo inteiro é acolhedor. Todo mundo está se divertindo.

— Surpreendente — digo. — Bem, o que aconteceu com todas aquelas mensagens terríveis?

— Ah, não sei — responde Billy. — Acho que ainda estão lá. Só que ele não as está dizendo agora.

— *Humm* — reflito, perdido por um momento. — Bem, Billy, tem alguma coisa que você queira dizer para esse cara, agora que ele está aqui?

— Eu não — responde Billy. — Você é quem queria falar com ele. É o seu show.

— Está nas minhas mãos?

— Isso.

— Tudo bem, então. Vou ajudar — digo, pensando rápido. — Mas tem uma coisa que você mesmo precisa dizer a ele.

— O quê?

Eu me aproximo dele com a mão em suas costas.

— Precisa mandá-lo parar de torturar aquele garotinho.

Billy Jodein está cara a cara com seu adversário imaginário.

— Billy, quero que diga a ele para se sentar direito e tirar o sorriso da cara. Fale que isso aqui é assunto sério.

Billy fala, em voz alta.

— E aí?

— Melhor — diz Billy. — Ele está ouvindo. Está prestando atenção.

— Agora, fale para ele, usando as suas palavras. Eu ajudo, se precisar. Fale para ele deixar o menino em paz.

Billy abre a boca para falar, mas não sai nada. Ele tenta mais uma vez, e seus ombros começam a tremer. Ele começa a chorar, perdido, desorientado pela força da própria reação.

Eu me aproximo dele.

— Diga, Billy.

— Escuta só, *seu...* — ele se dirige ao gorila em meio às lágrimas. — Você não me engana. Sei o que você faz comigo. Sei o quanto me odeia.

— Muito bem, Billy, continue.

Com os olhos bem fechados, Billy aponta para a cadeira vazia.

— Não vou mais deixar você me atormentar.

— Diga de novo — insisto com delicadeza. — Com convicção.

— *Não* vou mais deixar você me atormentar.

— De novo. Mais alto.

— *Não* vou mais deixar você me *atormentar* — repete, mais alto.

Como em uma missa, Billy e eu começamos um "fala e repete".

— Não vou deixar você invadir meus pensamentos — digo.

— *Não* vou deixar você invadir meus pensamentos — repete.

— Não vou deixar você torturar meu coração.

— *Não* vou deixar você torturar meu coração.

— Não vou deixar você sugar toda a minha energia e me impedir de viver.

— Eu tenho o *direito* — diz Billy. — Tenho o *direito* de viver! — Ele se curva de dor. — Me deixe em paz, pelo amor de Deus. Me deixe viver!

— O que ele está fazendo agora? — pergunto depois de um tempo. — Nosso amigo.

— Nada. — Billy enxuga o suor do rosto. — Ele está só escutando. Tipo, arrependido.

— Bom. Isso é bom.

Ficamos em silêncio por alguns minutos. Pergunto a Billy se ele estaria disposto a ouvir algumas das minhas teorias sobre a natureza do relacionamento dele com o gorila. Ele fica feliz e concorda.

— Posso dizer, para começarmos, por que acho que você sente tanto carinho por ele? — pergunto.

Ele assente.

— Porque esse gorila, essa parte severa e crítica de você, é o mais próximo que você chegou de ter um pai.

— O que quer dizer com isso?

— O que quero dizer é que, se olhar bem para o gorila, olhar de verdade para ele, acho que vai descobrir que ele é só uma criança que vive dentro de você. Só mais uma parte imatura sua. E, de muitas formas, essa é a parte de você que assumiu sua criação.

— Quer dizer, tipo, padrões e tudo mais?

— Exatamente isso. Os padrões, as regras e também o desprezo. Tudo isso faz parte do mesmo pacote. Essa é sua parte perfeccionista, é por ela que você costumava se julgar.

Billy ri baixinho.

— Bem, é selvagem.

— Acho que sim.

— Tenho um superego selvagem — comenta ele.

— Não é o seu superego, Billy. É só um menino. Apenas um menino.

Billy assoa o nariz enquanto assimila tudo aquilo. Ele vira o rosto para a cadeira vazia.

— E agora? O que eu faço com ele? — pergunta depois de algum tempo.

— Bem, essa é uma boa pergunta — digo. — Acho que talvez você já tenha começado a fazer algo com ele.

— Conhecê-lo melhor? — arrisca Billy.

— Sim. Conheça. Desarme. Reduza a importância dele.

Billy engancha os polegares no cinto. É óbvio, por sua postura e seu tom, que já se sente melhor. Ele reflete por um tempo, sem pressa de ir embora ou resolver as coisas de forma prematura. Por fim, ele se recosta na cadeira.

— Esteja avisado, Gorila — diz em seu barítono profundo e zombeteiro. — Estou assumindo o comando dessa psique. Só há espaço para um adulto neste cérebro.

Os homens ao nosso redor aplaudem.

— E quem seria esse adulto? — pergunto.

— Ei, você está olhando para ele — responde Billy. — Vai por mim.

A depressão de Billy Jodein desapareceu após uma sessão com um gorila imaginário? É óbvio que não. Contudo, assim como a abertura de uma sinfonia, o trabalho que ele fez com o apoio de uma sala cheia de homens anunciou os temas nos quais nos concentraríamos pelo restante do tratamento. Billy passou, como ele mesmo disse uma vez, a "desligar os macacos repetitivos em minha cabeça". Passou a limitar, com ternura, a parte severa e implacável da própria personalidade. Aprendeu a valorizar as próprias necessidades e vulnerabilidades, em vez de agir de acordo com elas. Descobriu-se capaz de atender à voz do menino há muito ignorado. Dessa forma, foi se tornando um bom pai para si mesmo. Depois de praticar todos os dias, repetidas vezes, ele se tornou melhor nisso. Assim como a maioria dos homens com quem trabalho. Assim como eu.

Em *Listening to Prozac*, o psiquiatra Peter Kramer observa que o Prozac e remédios afins apresentam o mesmo grau de eficácia no tratamento da depressão e dos transtornos obsessivo-compulsivos. Ele nota que esse efeito duplo desafia as concepções tradicionais, que classificavam esses dois transtornos como entidades patológicas distintas. Concordo que a depressão não é uma entidade distinta. Ela não pode ser tratada como se fosse uma bactéria ou um simples distúrbio genético. Qualquer pessoa que tenha dado atenção à voz dos homens deprimidos não ficaria surpresa ao saber que um mesmo medicamento pode tratar tanto a depressão quanto os transtornos obsessivos. A depressão é um transtorno obsessivo. Uma pessoa deprimida fica presa aos grilhões de suas inadequações ensaiadas. Billy Jodein aprendeu a se libertar do diálogo da vergonha. Muitas outras abordagens poderiam tê-lo ajudado a aliviar seus sintomas agudos. Entretanto, não tenho certeza se elas teriam como objetivo a transformação do relacionamento de Billy consigo mesmo. Esse foco no relacionamento não tem a intenção de negar nem de minimizar o papel da biologia em um caso como o de Billy, nem de ignorar avanços relevantes no uso de medicamentos. Costumo recomendá-los para homens deprimidos. E fico encantado, até tentado, com as novas possibilidades de tratamentos cada vez mais sutis para a depressão oculta. Pesquisas já desenvolveram o auxílio farmacológico em alguns casos de transtornos traumáticos e de violência, além de vícios.[15] Considero a medicação e outros remédios focados nos sintomas como plataformas que permitem que o homem faça o trabalho terapêutico, e não panaceias que eliminam a necessidade desse trabalho. Um homem infeliz, imaturo e pouco habilidoso em termos relacionais que toma medicamentos se torna, na melhor das hipóteses, um homem mais feliz, imaturo e pouco habilidoso em termos relacionais.

Compreender a relação entre a depressão nos homens e os termos da própria masculinidade nos permite colocar o tormento de Billy em contexto.

Nenhum dos dois papéis internalizados por ele, o menino vulnerável e o intransigente, a vítima e o agressor, são neutros em termos de gênero. Em nossa cultura, o menino perdido, a vítima ferida e envergonhada, é "feminino". O juiz punitivo, o agressor perfeccionista e que se acha melhor que todo mundo, é "masculino". Quando nossa cultura ensina os meninos a repudiarem o "feminino" em si mesmos, a desprezarem essa parte, estamos lhes ensinando a se dividirem ao meio. Cada metade assume um papel preestabelecido — papéis que se parecem muito com os estereótipos tradicionais de gênero. O menino aprende a ser "melhor que" ele mesmo, a trazer a dinâmica do desprezo para dentro da própria psique. O diálogo entre esses dois papéis internalizados costuma se transformar no discurso interno ao qual chamamos de depressão.

Essa perspectiva nos permite desenhar uma linha no centro de uma folha de papel, criando assim duas colunas. Em um lado, listamos o "feminino", o menino perdido, a depressão aparente, a vergonha e a vitimização. Do outro, listamos o "masculino", o menino intransigente, a depressão oculta, a grandiosidade e a agressividade. A relação entre essas duas colunas descreve ao mesmo tempo as relações entre homens e mulheres em nossa cultura em transformação, mas ainda machista, e a dinâmica interna da depressão.

Os meninos não internalizam a masculinidade ou a feminilidade. Em vez disso, o que muitos deles internalizam é um padrão no qual as mulheres e as coisas femininas — incluindo metade do próprio ser deles — são consideradas inferiores. A recuperação ocorre quando um homem aprende a abraçar, lembrar e valorizar a própria humanidade plena. Essa não é uma tarefa fácil nem muito popular. A sociedade recompensa a auto-objetificação dos homens. Dá privilégios a eles. Reforça a superioridade deles. E demonstra pouca compaixão se eles falham ao desempenhar seu papel. No entanto, o preço desse desempenho é uma doença interna, uma doença que os homens deprimidos, como os portadores dos sintomas de uma família disfuncional, carregam por todos nós.

Qualquer cura substancial precisa tratar dessa doença interior. A recuperação emocional não tem a ver com procedimentos médicos. A psicoterapia, em sua melhor forma, nunca foi uma ciência nem mesmo uma arte, e sim uma moralidade, no sentido clássico da palavra. A terapia tem fundamento em um processo que ajuda as pessoas a descobrirem como devem viver. A depressão nos homens não é só uma doença; é a consequência de um desvio equivocado, de um caminho mal escolhido.

A recuperação exige disciplina para corrigir esse caminho errado, quantas vezes for preciso.

No poema "Healing" [Cura, em tradução livre], D. H. Lawrence escreve:

> Não sou uma máquina, um conjunto de diferentes peças.
> E não é porque a máquina funciona de forma errada que estou doente.
> Estou doente por causa de feridas na minha alma, no eu emocional profundo
> e as feridas na alma levam muito, muito tempo, só o tempo pode ajudar
> e paciência, e um certo arrependimento difícil,
> um arrependimento longo e difícil, a compreensão do erro da vida e a libertação de si
> da repetição interminável do erro
> que a humanidade em geral optou por santificar.[16]

A recuperação da depressão requer, nas palavras de Lawrence, "um certo arrependimento difícil". Em inglês, a raiz do termo *arrependimento* ("repentance") é *retorno* ("return"). O arrependimento e a palavra que o acompanha, *pecado* ("sin"), eram originalmente associados ao arco e flecha. "Pecar" significava errar o alvo, e "arrependimento" significava retornar a ele. "Recuperação" parece uma palavra pequena para descrever a meta que os homens deprimidos perseguem, seu ponto de retorno. Um homem disposto a se rebaixar e a se esforçar tanto quanto o jovem Billy está buscando algo mais importante do que o alívio de uma doença. Um homem disposto a alterar de maneira permanente os termos de seu diálogo interno — para transmutar a dinâmica do menino ferido e do intransigente, do feminino e do masculino, da vergonha e da grandiosidade, dentro de si mesmo — busca nada menos do que uma transformação na maneira como vive, nos valores pelos quais vive. Esse processo é mais do que uma recuperação. É uma alquimia. É uma jornada.

CAPÍTULO 9

A vitória do equilíbrio: a cura do legado

Por meio dos mecanismos da *vergonha carregada* e dos *sentimentos carregados*, a dor não resolvida das gerações anteriores funciona como uma dívida emocional na estrutura familiar. Ou a enfrentamos, ou a repassamos para nossos filhos. Quando um homem enfrenta a depressão, o campo da sua batalha pode ser dentro da própria cabeça, mas a luta que ele trava repercute muito além. Um homem que transforma a voz internalizada de desprezo resiste à violência que está junto ao cerne do próprio patriarcado. Esse homem funciona como uma barreira. As ondas de dor que podem ter causado estragos em várias gerações passam por ele e perdem força — poupando seus filhos. O "arrependimento difícil" desse homem protege aqueles que virão a seguir. E sua cura é uma dádiva espiritual para os que vieram antes. O menino perdido recuperado que esse homem descobre — a parte emocional e criativa desenterrada dele — pode não ser apenas o filho da própria juventude, e sim o filho perdido da juventude de seu pai, ou até de seu avô.

Cada homem é uma ponte que atravessa todas as imagens e tradições sobre a masculinidade herdadas das gerações passadas e transmite — ou inflige — a própria versão da história àqueles que vêm depois dele. A depressão não resolvida costuma passar de pai para filho, apesar das melhores intenções do pai, como um patrimônio tóxico e despercebido. Em contrapartida, quando um homem transforma o discurso internalizado da violência, ele faz mais do que aliviar a própria depressão; ele quebra o ciclo, interrompendo a via de transmissão da depressão para a geração seguinte. A recuperação transforma os legados.

Quando um homem deprimido tem dificuldade para se lembrar de por que deve seguir "o caminho sombrio", encarar a tarefa árdua da recuperação, pergunto sobre o relacionamento dele com o próprio pai. E, depois, com os próprios filhos.

"Dedique-se", sempre digo a homens assim. "Encare essa dor agora, ou então passe-a para seus filhos, assim como ela foi passada para você." Quase todos os homens deprimidos com os quais trabalhei sabem a que estou me referindo. Muitos jamais suportariam o processo da terapia considerando apenas o próprio bem. Como foram educados para serem bons soldados, estão dispostos a experimentar a dor da qual passaram a vida inteira fugindo para o bem dos próprios filhos. Eu os chamo de "heróis relacionais". Assim como os grandes aventureiros do passado, eles estão dispostos a descer às profundezas e ficar cara a cara com seus monstros. Querem ser pais melhores do que os que tiveram. Querem que o legado de violência física ou psicológica chegue ao fim.

Jonathan Ballinger, 35 anos, mecânico e alcoolista em recuperação, não se lembrava do medo que sentia quando criança, criado por duas pessoas que tinham vício em álcool e em amor. O pai e a mãe de Jonathan passavam a maior parte dos dias e das noites bebendo juntos, brigando e fazendo as pazes. O filho e suas três irmãs ficavam, em geral, largados à própria sorte. Jonathan não se lembrava desse terror até começarmos o trabalho na terapia. Antes disso, o que ele mais fazia com o pavor do qual não se lembrava era transmiti-lo para as pessoas próximas. Jonathan me procurou alguns dias depois de ter dado um tapa na esposa, Carlisle, na frente da filha de 4 anos, Elise.

"Sabe de uma coisa?", disse Jonathan em nosso primeiro encontro. "Talvez eu pudesse ter aguentado bater na Carlisle, por mais doentio que isso seja. Mas, quando vi Elise parada ali, vendo o que eu tinha feito... uma garotinha... merda."

Jonathan estava sóbrio havia quase oito anos, uma recuperação corajosa. Só que ele precisava ir mais longe — até o trauma não curado que carregava dentro de si como um reservatório de raiva, medo e solidão. Além do alcoolismo, Jonathan teve de enfrentar o próprio vício em amor e em raiva — se quisesse se tornar apto a manter uma família e quebrar o ciclo de violência de uma geração para a outra.

Quando o conheci, fiquei impressionado com o desespero em sua voz. Ele não queria perder a esposa nem magoar a filha. Havia nele um vão entre o senso de si mesmo e os comportamentos abusivos com os quais fora criado. Jonathan não se identificava com aquela agressividade — desde que não se sentisse estressado. No entanto, reagia ao medo e à impotência atacando. A impotência o forçava a se aproximar das partes vulneráveis de si mesmo. Nesses momentos, ele evitava o despertar ameaçador da dor e da depressão por meio da raiva. A parte severa dentro dele se enchia de poder quando percebia um aumento da vulnerabilidade nos outros. Como a maioria dos agressores, Jonathan medicava os poucos segundos de vergonha que chegavam à sua consciência com o domínio.

Uma das características da masculinidade tradicional que nos serviu de recurso na terapia foi o apetite pelo trabalho árduo. Jonathan vinha de uma comunidade canadense de operários, onde os homens trabalhavam diligentemente para o bem da família. E ele próprio trabalhou com a mesma diligência na terapia para o bem de sua família. Jonathan manteve um diário, arranjou um padrinho, voltou às reuniões do AA, leu tudo o que recomendei e teve reações ponderadas diante de todas essas coisas. Por ter crescido sem atenção nem voz, foi como se tivéssemos liberado um rio represado. Eu lhe pedi que escrevesse, e assim ele fez. Disse que prestasse atenção ao que sonhava, e ele manteve um registro dos sonhos. Pedi que parasse de atacar e, em vez disso, se esforçasse para se lembrar de sua infância, e ele começou a se libertar. A memória não voltou a ele; ela o dominou, pondo-o diante de uma torrente.

Jonathan intensificou a terapia para duas vezes por semana — fumando um cigarro atrás do outro, hiperativo, sem dormir, recusando medicamentos. "Fodam-se os remédios, cara... perdão pelo linguajar", disse em certa sessão. Tive a sensação de que ele estava andando de um lado para o outro, tenso, embora estivéssemos sentados.

— Passei minha vida inteira com medo. Com medo de abrir as gavetas. Com medo do bicho-papão. De olhar o fundo da garrafa. De bater na minha esposa. — Ele começa a chorar. — Tipo, Carlisle é a melhor coisa que já me aconteceu. Eu sei disso. Sou um babaca, mas não sou burro.

— Continue, Jon.

— Quero *sentir isso*, cara. Não importa se for ruim. Sou como uma mulher em trabalho de parto. "Não quero nenhum remédio. Vai ser natural! Só não machuquem o bebê!"

Durante algumas semanas, me preocupei que Jonathan pudesse estar caminhando para a mania, mas, à medida que as lembranças e, mais importante, os sentimentos começaram a vir à tona, sua intensidade selvagem se transformou em tristeza.

— Acho que a terapia é: você coloca sua mão no fogo — diz ele, acomodando-se à dor — e se obriga a não tirar. Você a mantém ali pelo máximo de tempo possível. E, então, quando não aguenta mais, você faz uma pausa até a próxima.

— O que está sentindo agora, ao dizer isso? — pergunto, puxando minha cadeira para mais perto. — Ele faz que não com a cabeça, fechando-se. — Jonathan? — insisto.

— Não sei se consigo continuar com tudo isso — responde com calma.
— Você pode parar, Jon. Reduza a velocidade. Você está no volante.
Ele balança a cabeça com veemência.
— Eu sei, mas não vou. Não de novo. Não se trata de fazer papel de mártir, é só que... Na verdade, não sei ao certo se quero dar vazão a todos esses sentimentos, mas não posso guardá-los de novo. Não posso fazer isso. É como se esses sentimentos, essa dor e todo o restante fossem meus filhos. São meus bebês que nunca tiveram a chance de falar, e eu não posso calá-los mais uma vez. Não posso.
— Como está o casamento? — pergunto um tempo depois, olhando para Carlisle.
— Está melhor — responde ela enquanto olha para Jonathan.
— Está conseguindo dormir? — pergunto a ele.
— Está melhor, também, um pouco — responde Carlisle por ele outra vez, sem ser paternalista, mais como uma gerente, a treinadora fazendo perguntas do lado de fora do ringue enquanto o atleta recupera o fôlego.
— E como está Elise? — pergunto a Jonathan.
— Ei. — Ele sorri. — Olha só isso.
Ele puxa um pedaço de papel dobrado e o estende para mim. Em um desenho feito com giz de cera, uma mistureba de letras coloridas: *a, b, c, d, e, f, g...* e um pequeno recado: *Ti amo papai.*
— Anda sempre com isso? — pergunto.
— Como se fosse um terço, cara — responde ele.
Dou um tapinha no ombro dele.
— Você é uma boa pessoa, Jon — digo com gentileza.

Ao equiparar dor e vulnerabilidade ao repudiado e desvalorizado "feminino", a socialização tradicional coloca meninos e homens em duplo risco. Para começar, exige uma cisão psicológica total e, depois, lhes ensina a não admitirem dor, como a dor de uma amputação, pelas partes perdidas de si mesmos. Ensina a não lidar com os danos sofridos. Para chegar ao Santo Graal, entretanto, o homem precisa passar pela Terra Desolada. O caminho para o garoto repudiado e ferido é sombrio e doloroso.

Da mesma forma que as forças que empurram os meninos para a "masculinidade" e as que os empurram para a depressão estão inextricavelmente ligadas, a recuperação também alimenta uma colisão, não apenas com a depressão como também com os termos da própria masculinidade. Quando um homem repensa a autoestima baseada no desempenho, quando olha para o próprio coração para descobrir e estabelecer um relacionamento com as partes emocionais de si mesmo, quando assume responsabilidade pelo próprio psicológico e o dos outros, ele rompe com os termos da masculinidade tradicional. Atualmente, homens são convocados a acrescentar esses novos desafios à velha "descrição do trabalho". Com graus variados de sucesso, muitos estão tentando mudar. Para a maioria, a árdua tarefa de se ajustar às novas expectativas do papel é gradual e voluntária. No entanto, para os homens com depressão, tanto a aparente como a oculta, o desafio de reconstruir a masculinidade, os termos pelos quais viviam, muitas vezes é urgente e inescapável. Quando a depressão está em sua forma mais extrema, o que se caracteriza por tendências suicidas, uso abusivo de substâncias ou violência, a reconfiguração dos termos da masculinidade pode ser uma questão de vida ou morte. A depressão não resolvida pode representar uma ameaça não só ao bem-estar do próprio homem como também aos que o cercam. "Aqueles que não conseguem se lembrar do passado estão condenados a repeti-lo", escreveu George Santayana. Os homens que não conseguem encarar a própria dor estão propensos a infligi-la aos outros com frequência.

Terapeutas que trabalham com veteranos de guerra relataram que, quando um homem é submetido a um trauma, ele sofre um dano duplo. Com frequência, o trauma em si é agravado pela sensação do soldado de ter sido "emasculado". Ser uma vítima e ser oprimido pela dor é sinônimo de não ser homem. O terapeuta precisa lidar tanto com o dano quanto com a complicação adicional da "crise da masculinidade" do indivíduo.[1]

O pesquisador David Lisak testou de maneira empírica a relação entre os termos tradicionais da masculinidade e as reações dos homens ao trauma. Ele reuniu uma amostra de 250 homens jovens que admitiram ter sofrido abuso físico ou sexual quando crianças e comparou esse grupo a uma amostra de homens, com idade e nível socioeconômico semelhantes, sem esse histórico. As informações que ele compilou sobre a postura dos homens em relação à masculinidade o levaram à hipótese de que, se fosse verdade que o trauma colocava os homens em crise em relação à própria masculinidade, então o grupo traumatizado mostraria sinais de "compensação" para suas dúvidas secretas sobre si mesmos. Lisak imaginou que o grupo traumatizado aliviaria inseguranças ocultas por meio de uma maior fidelidade ao papel masculino tradicional. Eles seriam mais rigidamente "masculinos" — mais conservadores, mais homofóbicos, menos dispostos a admitir fraquezas. Para sua surpresa, Lisak descobriu que o grupo com histórico de abuso se provou menos rigidamente masculino do que o grupo de controle — um pouco menos "machões", menos tradicionalistas, menos resistentes aos traços "femininos".

Na tentativa de compreender melhor aquelas inesperadas descobertas, Lisak organizou o grupo de homens vítimas de abuso de acordo com diversas variáveis. Ele dividiu o grupo por fatores como idade, raça, status social, tipo de abuso sofrido e idade em que o abuso ocorreu. Nenhum desses fatores gerou dados significativos. Em seguida, dividiu o grupo com base nos relatos dos próprios indivíduos sobre o comportamento abusivo em relação aos outros. Ao aplicar essa variável,[2] o grupo, como que por mágica, se dividiu em dois. Os homens que sofreram abuso e que relataram ter se tornado, em algum momento da vida, agressores, foram considerados "hipermasculinos", como Lisak havia suposto. Os homens agressivos eram profundamente tradicionais em relação a autoimagem e pontos de vista, e intolerantes a desvios em si mesmos ou nos outros.

Os resultados foram confusos, a princípio, porque a outra metade do grupo de homens, os que sofreram abuso e não se tornaram abusadores, apresentou resultados tão distantes da masculinidade convencional que distorceu o restante da amostra. Esses homens que não se tornaram abusadores se mostraram radicalmente não tradicionais, tanto na forma como se viam quanto em suas concepções sobre o papel masculino — muito mais não convencionais do que o grupo de controle "normal". Lisak concluiu, com base nos dados, que o trauma em homens, mesmo que ocorrido na infância, representa, como os médicos suspeitavam, uma "crise na masculinidade". Ele sugeriu então duas possíveis consequências dessa crise. Em uma delas, a vítima reage aos sentimentos de crise na masculinidade por meio do excesso, apegando-se cada vez mais aos termos tradicionais. A sugestão é que esses homens podem ser perigosos. A combinação da mágoa não resolvida de um menino vítima de abuso com o poder de um homem adulto produz um composto volátil. Na outra consequência da crise na masculinidade, os homens, em vez de se envergonharem por seus sentimentos de inadequação, questionam os termos tradicionais da masculinidade em si. Em vez de construir uma ponte, eles desviam o curso do rio. Ao se perceberem "menos homens", reescrevem os critérios da masculinidade.[3]

Minha leitura da pesquisa de Lisak é que o grupo de homens vítimas de abuso que se tornaram abusadores reagiu ao trauma com preponderância à "identificação com o agressor". Se eu fosse tratá-los clinicamente, procuraria por depressão oculta, problemas de falso empoderamento e uma criança interior intransigente potente e relativamente violenta. Em contrapartida, o grupo de homens vítimas de abuso que não se tornaram abusadores conseguiu reformular os termos da masculinidade — seja por méritos próprios, seja por meio de terapia, ou por puro "milagre". Se eu fosse tratá-los clinicamente, esperaria ver neles, além de qualquer dano remanescente, alguma base para um adulto interno funcional. Esses homens resolveram, pelo menos até certo ponto, a questão da *reversão empática* que está no cerne tanto do trauma quanto da depressão. De certa forma, eles conseguiram se distanciar de seus agressores e abraçar partes de si mesmos que até o grupo de controle "normal" ainda encarava com algum grau de desprezo. Eu os considero heróis. A conclusão de Lisak se aproxima muito da minha. Como a interação entre vergonha e grandiosidade é a dinâmica que liga trauma, depressão e gênero, um homem que tenta resolver o trauma ou a depressão precisa confrontar e transformar o legado da masculinidade em si. Em contrapartida, um homem que se recusa a retrabalhar esse legado é propenso a perpetuá-lo.

A violência que os meninos vítimas de abuso absorvem em seu ser atua como uma bateria, carregada com o desprezo e a ausência de vergonha do perpetrador do abuso. A criança intransigente também absorve a força do desprezo pelo "feminino", que em geral é desenfreado em nossa cultura. A descarga desse desprezo armazenado pode ser um perigo tanto para o menino quanto para os outros. Estudo após estudo, os meninos traumatizados demonstram "exagerar",[4] tornando-se provocadores, rebeldes e fisicamente agressivos. Os meninos vítimas de violência aprendem muito depressa a passá-la adiante. Os meninos vítimas de abuso precisam lidar com o trauma, seja por conta própria, seja com ajuda, para não se tornarem pais abusivos.[5] Ao contrário das preocupações exageradas com os "valores familiares", o que as pesquisas indicam é que os meninos criados em famílias saudáveis e amorosas, mas sem pai presente, não revelam sinais significativos de problemas psicológicos. Meninos com pais abusivos ou negligentes,[6] em contrapartida, são outra questão. Com frequência, o que os pais deixam de herança é a própria dor não admitida e, em casos de violência, o direito de infligi-la aos outros. A realidade assustadora que precisa ser enfrentada é que, quando um menino é abusado emocional ou fisicamente pelo pai, uma maneira de se aproximar dele, de absolvê-lo e de se unir a ele é se tornar como ele.

* * *

Tracy Deagen era um dos homens mais violentos que conheci fora dos muros de uma prisão ou de um manicômio. E, como todos os homens violentos, tinha a violência inserida em sua criação. O pai dele era de um tipo relativamente raro, conhecido na psiquiatria como "psicótico funcional". Ele saía para trabalhar todos os dias, tinha alguns amigos, ia à igreja. Ninguém sabia que ele punia as pequenas infrações dos filhos com aplicações estrategicamente calculadas de água fervente ou infligindo dor aos animais de estimação deles. Ninguém suspeitava de que ele insistia para que todos os filhos o ajudassem naquela "disciplina familiar", forçando-os a se revezarem para segurar uns aos outros. As pessoas próximas da família Deagen não sabiam dessas coisas — até que as crianças cresceram o suficiente para explodir pela pequena cidade em que viviam.

Conheci Tracy na terapia familiar depois que sua irmã mais nova, Dori, foi hospitalizada. Dori reagiu à cirurgia abdominal à qual a mãe fora submetida cortando a própria barriga. Depois de semanas em uma unidade médica, ela estava recuperada o suficiente em termos físicos para ser transferida para a ala psiquiátrica, na qual eu trabalhava. O irmão mais velho de Tracy, Will — chateado pela hospitalização da irmã —, invadiu outro hospital local, onde estuprou uma enfermeira e roubou medicamentos controlados.

Tracy, um sujeito corpulento com cara de bebê, de 30 e poucos anos, me contou que, durante o ensino médio, seu hobby preferido era participar de brigas até quase a morte em beiras de estrada. Ele dirigia em busca de uma vítima, da mesma forma que um adicto em sexo secretamente deprimido percorre bares e boates — com compulsão, quase todos os dias. Ele mudava de local com frequência, para não despertar muito o interesse de uma única delegacia. Seu método era simples. Ele dirigia de maneira insana até provocar outro motorista. Abaixava o vidro e começava a trocar insultos. No momento certo, ele desafiava o outro motorista a ir até o acostamento para "resolver as coisas como homem". Às vezes, tinha de dirigir por um dia inteiro até atrair uma "vítima", mas quase sempre encontrava o que estava procurando. No instante em que o "alvo" saía do carro, Tracy o espancava até ver no chão uma poça de sangue. Sempre. Em seguida, dirigia de volta para casa e tomava um banho, às vezes na dúvida se havia matado o sujeito — em uma das sessões, ele me disse que até hoje não sabia se havia matado um deles.

No início, ficou evidente para mim que Tracy estava matando de maneira simbólica, repetidas vezes, o pai abusivo ao qual tinha muito medo de se opor de forma direta. Contudo, como era um sujeito muito inteligente e que podia ser assustadoramente lúcido sobre um comportamento que tinha pouco interesse em interromper, ele me disse que eu estava errado.

— Quando eu estava lá, espancando aqueles caras, nunca me senti tão próximo do meu pai — afirmou, me corrigindo. — Eram as únicas vezes em que eu me sentia em paz com ele em toda a minha vida.

— Então, quem você estava espancando na estrada?

Tracy se curva para a frente de forma ameaçadora.

— Eram umas *maricas*, cara. Todos eles. Umas bichas de merda. Uns frouxos filhos da puta. Entende o que estou dizendo? Eu *gostei*. Eles *mereciam* apanhar. Isso deixa você desconfortável? — pergunta ele com os olhos brilhando.

— Essa é sua intenção? — respondo, sem me intimidar.

— Não. — Ele dá um sorriso. — De jeito nenhum.

Tracy se sentia em paz com o pai porque, enquanto batia sem qualquer piedade em desconhecidos, podia desfrutar, por um breve momento, de uma espécie de união espiritual com ele. Na estrada, ele se tornava o pai onipotente, e as vítimas, as crianças abusadas — que Tracy aprendera a desprezar. Ele tinha concordado em me ver sozinho, depois que a irmã recebera alta, por causa de um incidente recente que o havia deixado perturbado. Poucos meses antes de me conhecer, em certa tarde de fúria, ele pegou o filho de 4 anos pela cabeça. Tracy quase jogou o menino do outro lado da sala, contra uma parede de vidro.

— O que me assustou foi o fato de que a única razão por que eu parei foi o medo de quebrar a parede. Tipo, eu tinha passado uma semana inteira erguendo aquelas paredes — disse Tracy.

Eu o encaminhei para um psiquiatra com quem trabalhava para que recebesse medicação e tratamento adicional. Naquele momento de minha carreira, minhas questões com o abuso e meus sentimentos em relação ao meu pai não estavam curados o suficiente para que eu pudesse tratar homens tão violentos como Tracy. Eu estava revoltado demais para ser útil a ele. Tracy começou a tomar remédios, mas logo abandonou o tratamento. Meu colega e eu o denunciamos por suspeita de abuso infantil, como era nossa obrigação. Tracy fugiu com a família para o Canadá e nunca mais ouvimos falar dele. Não tenho ideia do que aconteceu com o filho dele.

Não sei se poderia ajudá-lo hoje mais do que pude há quase vinte anos. Contudo, pelo menos sei o que tentaria. Agora, recorro à fórmula simples que permeia quase todo o meu trabalho: para curar a dinâmica da violência é preciso consertar o relacionamento com o eu, aprender a repará-lo. É preciso reforçar — ou, em alguns casos, criar — uma base de maturidade, um adulto interno. É preciso limitar a agressividade da criança intransigente e estimular, sem concessões, o surgimento do menino vulnerável. Se um homem não aceitar o ousado desafio de "fazer a reengenharia de si mesmo", como disse um paciente, para o próprio bem, pergunto se estaria disposto a fazê-lo pelo bem dos filhos. Nunca tive a oportunidade de sugerir isso a Tracy Deagen, porque na época eu não tinha conhecimento o suficiente nem mesmo para enunciar um conselho desse tipo. No entanto, algumas décadas depois, pude ajudar outro homem deprimido a se desviar dos mesmos passos do pai.

Embora não fosse nem tão doente, nem tão violento quanto o pai de Tracy, o pai de Damian Ash ficava furioso com ele e com a esposa sempre que o trabalho ia mal. Jim Ash via algo errado no filho e descontava nele. Margaret se metia entre os dois e, então, ela e Jim brigavam entre si com violência. Depois de tentar, em vão, que o pai e a mãe parassem, o pequeno Damian acabava indo atrás de outra pessoa para ficar com ele.

Trinta anos mais tarde, o casamento de Damian se parecia assustadoramente com o do pai e da mãe dele. No grupo de quarta-feira à noite, ele fez uma descrição sucinta da sessão emergencial de terapia de casal que sua esposa havia marcado na semana anterior.

— Terry acha que, como estou sob estresse, tentando vender minha empresa, voltei a agir como um babaca. Não acha que isso resume tudo? — pergunta ele.

— Bem... — hesito.

— Vou ser sincero — começa. — Não estou enganando ninguém. Estou agindo exatamente como meu pai. Sei disso. E o pior de tudo é que comecei a perder o controle na frente das crianças. Não dou mais a mínima, para falar a verdade. Eu só me deixo levar.

Sugiro a Damian que carregue uma foto dos filhos por uma semana no bolso. Quando a raiva começasse a tomar conta, ele deveria ir a um lugar reservado, pegar e olhar a foto, pensando no próprio pai e na mágoa e no medo que a raiva dele causou. Depois, olhando bem nos olhos dos filhos, deveria dizer em voz alta: "Estou me permitindo agir de forma abusiva, assim como meu pai. Sei que isso vai magoar vocês, mas não me importo. Saciar minha raiva é mais importante para mim, neste momento, do que vocês." O passo seguinte era imaginar o pai em seu estado mais repulsivo e violento e dizer, outra vez em voz alta: "Pai, essa é para você!"[7]

Na semana seguinte, Damian conta que, apesar de "ainda não ter se tornado o sr. Simpático", conseguiu conter a raiva.

— Me dá uma porcentagem — peço.
— Em relação a não sentir raiva? — pergunta ele.
— Em relação a não agir como um babaca — explico.
— Um relatório sobre a melhora — comenta Damian com uma solenidade debochada. — Sentir raiva: 10% melhor. Agir como um babaca: 90% melhor.
Os outros homens aplaudem, em aprovação.
— Não deixe que esses 10% te peguem — diz Steven.
— Obrigado, pai — comenta Doug.
— Bem-vindo de volta da beira do abismo — conclui Tom.

Ao conter sua criança intransigente, Damian rompeu com a impertinência que o pai havia demonstrado e se distanciou do limiar da violência. Ele aprendeu a se conter por tempo suficiente para perceber a própria vulnerabilidade, a sensação de medo, de inadequação e de vergonha que surgiram quando ele se viu vendendo seu negócio. Ele chegou ao ponto de aprender a pedir acolhimento e apoio à esposa. Ao fazer isso, Damian começou a gerenciar tanto as partes agressivas quanto as inseguras em si.

Assim como encarar a criança intransigente envolve várias gerações, desenterrar o elo perdido, o menino vulnerável, é uma jornada pessoal e também um drama que pode atravessar gerações. Henry Duvall curou sua depressão e libertou os quatro filhos do legado dela quando descobriu o menino criativo e perdido que havia sido deixado nas sombras — não por Henry nem mesmo por seu pai, e sim por seu avô.

De cabelos brancos, baixo, usando um terno azul caro e uma camisa magenta, combinados a uma ousada gravata borgonha, Henry Duvall parece o designer famoso que é. Ele se curva para a frente, as mãos cruzadas sobre as pernas, as sobrancelhas arqueadas, e me faz confidências em seu sotaque lento e arrastado da Louisiana.

— Resumindo, acredito que posso estar sofrendo de um Complexo de Edifício não resolvido — solta ele.

Aos 63 anos, depois de décadas mantendo a dor afastada com uma carreira deslumbrante e quantidades absurdas de bebida alcoólica, a depressão crônica e não admitida de Henry o paralisou. Ele mal consegue funcionar. Sentindo-se torturado em sua cidade natal, Baton Rouge, Henry recorreu ao que é conhecido na psiquiatria como "cura geográfica". Entretanto, depois de uma "onda" preliminar, mudar de cidade só o fez se sentir pior.

— "A Cartago então eu vim, ardendo, ardendo, ardendo, ardendo."[8] — Henry cita T. S. Eliot e olha para mim, atento. — Eu precisava mergulhar nesta cidade do norte. Meu corpo estava *sedento* por isso. Eu ansiava por ouvir o barulho dos paralelepípedos sob meus pés.

Os mesmos paralelepípedos que o pai dele havia atravessado anos antes, até que seu pai, "como Macduff, 'foi arrancado do ventre da mãe antes do tempo'". Embora ele não conseguisse articular isso, o menino perdido pelo qual Henry Duvall ansiava, que ele foi procurar em Boston, não era tanto seu, mas o que tinha sido roubado de seu pai.

Per Duvall, o avô de Henry, era um sujeito ríspido e religioso — empresário talentoso, respeitado frequentador da igreja e, como os Duvall anteriores, uma força da política local. As pessoas de seu círculo próximo ficaram um pouco surpresas quando Per, aos 52 anos, se apaixonou e se casou com uma jovem da Carolina do Norte. "Que", explicou Henry, "naquela época, era quase o mesmo que Paris." Deirdre havia, de fato, morado no exterior, e parte da adoração de Per por ela derivava, acima de tudo, do charme de seus modos "refinados".

A família e os amigos o advertiram em relação àquele relacionamento frívolo, insistindo para que ele "se casasse com simplicidade", que se arranjasse com alguma das "moças da cidade". Nada de bom resultaria daqueles "ares". Eles estavam certos. Deirdre foi uma esposa fiel e uma companheira exemplar, uma amiga gentil, uma mãe dedicada. Ela encheu o único filho do casal, Nolen — "Noley", como todos o chamavam —, com toda a arte, música e literatura que sua cabecinha podia conter. Noley adorava a linda e talentosa mãe ainda mais do que o pai. Per, de uma longa linhagem de banqueiros, não era o mais expressivo dos homens. Não surpreendia que uma mulher de "formação tão requintada" desviasse parte de suas necessidades de afeto para o relacionamento íntimo com o filho. Não importava quanto Deirdre estivesse se sentido triste ou solitária, Noley era sempre capaz de animá-la.

O primeiro sinal de desastre ocorreu quando o jovem Noley anunciou sua intenção de estudar em Harvard, recusando-se a se matricular na faculdade local, na qual as gerações anteriores dos Duvall haviam estudado. Muitas noites difíceis se seguiram até Noley, com o apoio silencioso da mãe, receber a bênção relutante do pai. No início do ano seguinte, o jovem informou ao pai e à mãe de maneira imprudente em uma carta que, "estimulado pela atmosfera inebriante da sociedade de Cambridge", ele havia "se descoberto artista" — para ser mais preciso, pintor. Noley não tinha intenção de dar continuidade aos negócios do pai nem a qualquer outro negócio. Ele se sentiu impelido a informá-los o mais rápido possível.

Sem pensar duas vezes, Per reuniu um grupo de cinco homens — três tios de Noley e dois amigos. Essa "gangue", como Henry os chamou, foi até Boston na mesma hora e literalmente obrigou o jovem a voltar para Baton Rouge — de onde ele nunca devia ter saído, na opinião deles. Deirdre assistiu, impotente, à revolta do filho, ao seu desespero, até que, por fim, ele cedeu. Nolen Duvall nunca se formou. Fez algumas tentativas na faculdade local, mas não se saiu muito bem. Foi o único homem da família Duvall que não obteve um diploma. Se era um ato de protesto, foi seu último. Ele começou a trabalhar no banco do pai e demonstrou uma aptidão imprevista para as finanças. Ao contrário do pai, ele se casou com uma moça da cidade, "uma sulista simpática e convencional". E, aos 23 anos, entrou em um estado crônico e bastante nocivo de depressão.

— Não me lembro de vê-lo sorrir uma única vez — conta Henry. — Ou de ler um livro, ou de me perguntar qualquer coisa. Ele não demonstrava nenhum interesse na minha educação e muito pouco interesse em qualquer outra coisa ou pessoa.

Noley morreu aos 58 anos, "sem nenhuma razão específica que pudesse ser determinada". Apesar de algumas poucas contestações, parecia evidente para Henry que a morte do pai não foi uma grande perda para ninguém, além, talvez, da avó, Deirdre. A mãe de Noley ficou ao lado de Henry no funeral, apertando a mão do neto e repetindo várias vezes: "Seu pai era bom demais para este mundo."

Henry não acreditava tanto nisso.

Enquanto Henry me soterrava de fragmentos de poemas e alusões literárias, me lembrei de um poema de Rilke e, certo dia, levei para compartilhar com ele. O poema é sobre uma busca.

> Às vezes, um homem se levanta durante o jantar
> e sai de casa, e continua andando sem parar,
> por causa de uma igreja que fica em algum lugar no Oriente.
>
> E seus filhos rezam por ele como se ele estivesse morto.
>
> E outro homem, que permanece em sua casa,
> Ali morre, dentro dos pratos e dos copos,
> para que seus filhos possam viajar distâncias no mundo
> em direção a essa mesma igreja, de que ele se esqueceu.[9]

Noley havia morrido em termos psicológicos "dentro dos pratos e dos copos" de Baton Rouge, e eu suspeitava que Henry tinha se mudado para Boston em uma tentativa de refazer os passos do pai.

— Como você se envolveu pela primeira vez com arte e design? — pergunto em uma sessão.

— Ah, não sei. A história apócrifa da família é que, quando eu era pequeno, estava brincando no pátio da escola um dia e alguém me deu um pedaço de giz. Supostamente, em vez de desenhar uma amarelinha ou alguma coisa do tipo, desenhei os contornos de uma catedral.

Henry dá de ombros, ao mesmo tempo orgulhoso e fazendo pouco caso da história.

— Uma catedral — perguntei para mim mesmo em voz alta — ou as torres de uma universidade?

Aos 52 anos, mais ou menos a idade que Per tinha quando se apaixonou pela exótica Deirdre, Henry Duvall "desperdiçou todos os recursos da família no que, na época, achava ser uma aventura sensacional".

Henry comprou um prédio.

— Bem, é muito mais do que um prédio — admite.

De fato, o antigo edifício comercial vitoriano ocupava um quarteirão inteiro da cidade. É uma das poucas estruturas do tipo ainda de pé no mundo inteiro.

— Sempre adorei aquele lugar — conta. — É, de longe, a única maravilha de Baton Rouge, até onde eu sei.

Quando criança, Henry passava horas com um bloco na mão desenhando o edifício. Foram alguns dos momentos mais felizes de sua infância solitária.

— De muitas formas, aquele prédio idiota se tornou meu melhor amigo. Ora, pense bem. Ele estava sempre lá, inteiramente confiável. Uma beleza esquecida. Eu me lembro de ter a sensação de que ele dependia da minha sensibilidade — diz, e então sorri, um homem extremamente charmoso e autodepreciativo. — Em um patético rompante de fantasia, sem dúvida, cheguei a acreditar em meu coração infantil que aquele maldito edifício dependia de mim.

Quando um grupo imobiliário ameaçou demolir o prédio, décadas depois, Henry, em um rompante de espontaneidade, investiu toda a fortuna da família para salvá-lo. Ele o comprou e passou seis anos restaurando-o com todo o amor e a ajuda de seus quatro filhos adolescentes.

Por seis anos, ele e a família passaram todos os momentos livres no edifício, que se tornou, em seu vernáculo carinhoso, "o delírio de Henry". Lá, eles faziam piqueniques e festas. Não raro, em meio a uma tarefa mais trabalhosa, Henry e os filhos acampavam no edifício.

Quando Henry estava se aproximando dos 60 anos, os filhos já estavam crescidos, e cada um tinha seguido o próprio rumo. O mercado imobiliário despencou de maneira vertiginosa, e tanto dinheiro fora investido no delírio de Henry que a execução da hipoteca parecia quase certa. Henry Duvall caiu em um desespero do qual nenhuma quantidade de bebida ou de brigas com a esposa seria capaz de distraí-lo. Ele se via como um fracassado, tendo desperdiçado uma fortuna que havia levado gerações para ser acumulada com um fiasco estúpido e colossal, roubando dos filhos — a quem ele amava mais do que a própria vida — o conforto e a segurança que lhes eram devidos.

Os antidepressivos ajudaram um pouco, mas uma nova perspectiva o ajudou ainda mais. Ao longo de vários meses, construímos uma versão diferente da história que ele vinha contando a si mesmo nos últimos anos. Na nova versão, que evoluiu aos poucos, Henry não era um perdedor, e sim um aventureiro. Nessa nova versão, ele não havia roubado nada dos quatro filhos. Ele os havia salvado.

— Me fala uma coisa — pedi a Henry em certa sessão. — Qual é a única coisa em sua vida da qual você indiscutivelmente mais se orgulha?

— Ah, meus filhos — responde Henry, sem hesitar. — Meus quatro filhos são, de longe, minha maior criação.

— Fale um pouco sobre eles.

— Bem... — começa Henry. — Eles são jovens maravilhosos, todos os quatro. Cada um à própria maneira, veja bem. Todos são companheiros sensíveis...

— Como o avô deles — interrompo.

— Bem... — Henry faz uma pausa. — Como talvez ele tenha sido em algum momento, imagino.

— Prossiga — insisto. — Me conte mais sobre eles.

Henry pinta, em sua prosa elegante de costume, retratos vívidos de cada um deles. O que todos os quatro filhos têm em comum, logo descobri, é a arte. Seus anos acampando juntos no delírio de Henry não foram perda de tempo. Cada um deles, já na casa dos 20 anos, tornou-se bastante renomado em suas respectivas áreas. Três conquistaram bolsas, e o quarto já está expondo em galerias.

— Você não percebe, não é? — questiono. — Embora eu tenha certeza de que eles tentaram te contar.

— Não percebo o quê? — pergunta Henry, sempre educado.

— Que você deu isso a eles. Sua paixão, sua ousadia. Seu amor pela arte.

— Bem, eu... — começa Henry.

— De onde eles herdaram isso? — pergunto. — Do bisavô?

Henry Duvall e eu damos início a uma longa conversa sobre os usos da tragédia.

— Existe um lugar, uma terra desolada e sombria que um homem precisa atravessar se quiser chegar ao Santo Graal — comento com Henry.

— E você está dizendo que estou na Terra Desolada? — pergunta ele.

— Ah, Henry. — Sorrio. — É bem mais do que isso. Você a comprou.

Henry retribui me apresentando o trabalho da brilhante fotógrafa Diane Arbus, que sucumbiu à depressão no início da carreira e tirou a própria vida.

— Arbus se interessava pelos "esquisitos" — explica ele, mostrando-me o trabalho dela em uma sessão. Empolgados, cheios de energia, ficamos olhando para as páginas do livro como dois detetives seguindo pistas. — Gêmeos siameses — aponta —, artistas de circo, os "deformados". Uma vez, li uma entrevista em que ela foi questionada sobre o fascínio por esses rostos. Nunca vou me esquecer da resposta. Ela disse que a maioria de nós vive a vida inteira com uma convicção secreta de que a catástrofe está à espreita, logo ali na esquina. Você conhece essa sensação? — pergunta ele.

Faço que sim com a cabeça.

— As pessoas que ela fotografou — continua ele — já tiveram a catástrofe delas. O desastre já aconteceu. Tudo acabou. Arbus achou essas pessoas libertas em algum sentido espiritual. Sábias.

— Você é sábio, Henry.

— Bem, eu...

— Não — interrompo. — É verdade. Veja só. Há algo incrível em estar sentado com você aqui, no marco zero. Sabe, você é como Édipo. Eu sei, você sempre brinca com isso, mas você está de fato no mesmo estado pós--catástrofe que as pessoas dessas fotografias. Você é como o Édipo no fim da história.

Em uma sessão posterior, abordamos o mesmo tema. Lembro a Henry de que a história de Édipo não termina com a peça *Édipo Rei*.

— Foi aí que Freud terminou a história, mas não é o verdadeiro fim. *Édipo Rei* é a segunda peça de uma trilogia — conto. — Na peça final, Édipo é um santo. Cego, guiado por um menino, ele viaja de um lugar para o outro, onde quer que haja fome ou seca. E, aonde quer que ele vá, a terra volta a ser fértil. Ele é um herói, Henry. Ele foi até o fundo do poço, como você. Gastou tudo. Como todo grande herói. Ele se desmonta, assim como você. E depois ressurge, ainda mais inteiro.

Mandei Henry e a esposa de volta a Baton Rouge para comemorar o delírio de Henry. Sugeri que ele pedisse desculpas aos filhos por ter agido como um grande fracassado nos últimos anos. Ele deveria dizer a eles que descobriu que tinha feito algo que o próprio pai não tinha sido capaz de fazer. Henry jogara o dinheiro da família ao vento e, assim, ensinara aos filhos a valorizarem o que sentiam.

Henry e a esposa decidiram não voltar de Baton Rouge. Ele retomou as rédeas do escritório de design que havia deixado para trás e, ainda naquele verão, organizou com os filhos uma grande comemoração de dez anos do edifício — o "último viva". Durante a discussão a respeito das circunstâncias da esperada morte do edifício, um dos primos de Henry, um banqueiro, chegou a um esquema inovador que combinava elementos de financiamento do imóvel como um local histórico à captação de recursos por meio de títulos flutuantes. Até o momento, o plano parece ter funcionado. Como todas as grandes histórias de heróis, a de Henry terminou em vitória.

Antes de nos despedirmos, sugeri a Henry que visitasse o túmulo do pai com os quatro filhos. Pedi que lhes apresentasse o avô de quem nenhum deles se lembrava e que falasse sobre Noley com a mesma precisão e amor com que havia falado sobre eles para mim. Em seguida, ele deveria apresentá-lo aos netos, um por um. Henry deveria dar destaque a todo legado positivo do pai e passá-lo adiante. Se conseguisse fazer aquilo, deixaria de lado a raiva que sentia do pai, o perdoaria por suas limitações e pediria sua bênção para si mesmo, para os seus filhos e para a arte deles. Henry prometeu fazer isso.

Com seu estilo característico, Henry Duvall me enviou uma mensagem de duas frases cerca de seis meses após sua partida para Baton Rouge. O relato consistia em uma receita de sertralina artisticamente montada — mas não preenchida —, junto da seguinte nota: "Édipo retornou, em triunfo, a Tebas. Tudo de bom para você e sua família."

* * *

A depressão de Henry Duvall se dissolveu quando ele passou a se ver não como inadequado ao legado do pai, e sim como o transformador desse legado — quando reescreveu a história de sua descendência de um conto de fracasso para uma jornada do herói. Muitos filhos oprimidos pela depressão precisam mergulhar no coração da própria dor para encontrar e confrontar não apenas a própria depressão como também a depressão não admitida do pai. Como a depressão masculina é, muitas vezes, um sentimento carregado, a recuperação costuma envolver, ou pelo menos invocar, várias gerações de homens. Esse padrão é sugerido inúmeras vezes nos mitos e nas artes. Há a queda do herói, o encontro reavivador com o pai assombrado e a autotransformação. Eneias vai ao submundo em busca do pai morto, que lhe diz, no fatídico encontro, que o próprio Eneias será pai de reis.

No filme *Campo dos sonhos*, uma versão moderna desse mito, o personagem de Kevin Costner move céus e terra para encontrar a vitalidade perdida do pai. Costner ara um milharal para abrir espaço para um campo de beisebol, coloca a própria casa à venda e segue o conselho de uma voz que surge da terra e diz: "Se você construir, ele virá." O "ele" que aparece para Costner na cena final do filme é seu pai já falecido, mas não o homem velho e cáustico de quem ele se lembrava — é o personagem quando jovem, um jogador de beisebol cheio de sonhos. Com a vulnerabilidade de uma criança, Costner pergunta à aparição: "Ei, você quer jogar?" A bola jogada de leve entre eles é como um símbolo de redenção. A conexão que o filho estabelece com a criança perdida do próprio pai cura uma ausência que o atormentou durante todo o filme. Chamo essa descoberta e cura da dor do pai, na realidade ou na imaginação, de "cura espiritual de nossos pais". É o trabalho — feito na presença do pai, se ele estiver disponível, ou, se não estiver, por conta própria — de redescobrir a vitalidade e a relacionalidade, a vulnerabilidade, que o pai perdeu.

Na prototípica história de jornada, *A busca pelo Santo Graal*, José de Arimateia, o Rei Pescador, jaz sangrando. Ele foi ferido na virilha — o local da procriação — por uma lança, e suas lesões infeccionaram e gangrenaram. Meio morto, meio vivo, ele sofre enquanto seu reino desmorona.[10] Da mesma forma, Tebas jaz em ruínas diante do jovem Édipo. Do mesmo modo, a Dinamarca está em ruínas diante do jovem Hamlet. A busca do jovem cavaleiro começa com as feridas do rei doente, o pai, o fardo do patrimônio tóxico. Cabe ao filho restaurar a vida perdida do pai. Essa é sua tarefa, o objetivo de sua jornada.

Como acontece com a maioria dos filhos de pais deprimidos, meu insano e profundo desejo de curar meu pai era fundamentalmente egoísta. Eu queria restaurá-lo para poder sentir algum alívio do peso da dor dele dentro de mim. Queria remover a lança de sua virilha para evitar que ela infeccionasse a minha. Isso é válido em muitos casos, quer os filhos estejam cientes, quer não. Eles desejam curar a depressão dos pais para se livrar dos sentimentos carregados e da vergonha que absorveram. Assim como Henry Duvall, a criança perdida por quem eu ansiava não fora vencida por meu pai, e sim pelo dele.

Eu não estava conscientemente a par do desejo de resgatar meu pai. Conhecia apenas o meu desprezo por ele — por sua violência, sem dúvida, e, mais do que isso, por sua inutilidade. Sabia que ele era um perdedor e o desprezava por isso. Imaginava que, ao desprezá-lo, eu me diferenciava dele. Não desconfiava de que, em meu desprezo, eu tinha me tornado tão parecido com ele. Eu o julgava da mesma forma que ele julgava o pai. As emoções à flor da pele que eu achava serem exclusividade minha eram, na verdade, energias absorvidas e perturbadas de gerações anteriores. Para meu pai, a transação mais insignificante com um mundo que não cooperava poderia se tornar um teste de vontade — uma oportunidade para encenar o drama de sua vitimização raivosa. Eu me lembro de quando estava na faculdade e o vi tentando colocar duas cadeiras no porta-malas de meu carro velho em certa tarde abafada de verão.

— Podemos amarrar no porta-malas, pai — sugeri.

— Bobagem — retrucou ele, talvez se exibindo para meus colegas que tinham ido pegar carona de volta para a faculdade. Debaixo de um sol escaldante, assistimos, por mais de uma hora, de pé, ao meu pai se debater com aquela tarefa impossível, praguejando, batendo a cabeça, apertando os dedos.

— Chega, Edgar — disse minha mãe com um suspiro quando saiu de casa e pôs fim na história.

— O que está acontecendo com as malditas cadeiras? — perguntou um colega, me puxando para um canto.

— Não são as cadeiras — respondeu outro com conhecimento de causa. — É a masculinidade dele.

— Bem, alguém deveria dizer que a masculinidade dele não vai caber no porta-malas — respondeu o primeiro. — É grande demais. — Todos rimos.

Olhei de relance para meu pai, que suava, com sua barriga enorme e protuberante. Ele parecia digno de pena. Era sempre daquele jeito. Quanto mais ridículo e abusivo ele ficava, mais patético parecia. Embora na superfície nos encontrássemos em um antagonismo direto, por baixo, como uma contracorrente, eu sentia o magnetismo de sua depressão oculta.

Estamos na casa de meu irmão em Raleigh, na Carolina do Norte. Estou nos primeiros anos de meu segundo casamento, com Belinda, uma mulher corajosa e cheia de vida que tinha um passado tão difícil quanto o meu e que me levou do trabalho psicanalítico para a terapia familiar e, mais adiante, para o treinamento com Pia Mellody. Belinda e eu somos ambos "recauchutados", lobos solitários psicológicos, renascidos das cinzas.

A escuridão fria tem sido minha companheira há décadas. Durante a adolescência e ao longo dos meus 20 anos, minha incapacidade de ficar quieto dentro dessa escuridão me levou ao uso abusivo de drogas, a relacionamentos inadequados, a correr riscos e cometer pequenos crimes. Casei e me divorciei uma vez, quase terminei um doutorado, dirigi táxi, escrevi romances ruins e, por fim, fui parar na praia da psicoterapia — tanto como paciente quanto como estagiário — bem a tempo dos meus 30 anos. Não tive um emprego em que meus ganhos fossem superiores à linha oficial de pobreza até completar 31. Muitos amigos "dos velhos tempos" estão mortos ou em instituições psiquiátricas. No entanto, aqui estou eu, aos 37 anos, bem distante de uma época em que era impossível saber ao certo se eu sobreviveria. Tenho uma carreira, uma esposa e um filho a caminho — nosso primeiro.

— Bem, pai — digo, mostrando a ele a foto do ultrassom de seu futuro neto —, está animado para ser avô?
— Não — responde ele, arqueando uma sobrancelha com arrogância.
Fico atônito, embora eu devesse ter previsto a resposta.
— Quer dizer que você não se importa de eu ter um filho? — questiono.
— Não particularmente — diz ele me cortando.
Sinto o sangue subindo para meu rosto.
— Essa é uma resposta e tanto, pai. — Ele dá de ombros. — Por que não? — pergunto, me virando para encará-lo.
— "Por que não" o quê? — devolve ele, indiferente.
Estou tremendo.
— *Por que* você não se importa?
Ele me olha bem nos olhos.

— Por que eu deveria me importar?
— Porque é meu filho, seu idiota.

Ele me olha de cima a baixo e faz uma pausa.

— Que importância tem mais um filho da puta no mundo? — pergunta ele.

Preciso de todo o meu autocontrole para não bater nele.

— Escuta aqui, seu babaca — digo baixinho, minha cara tocando a dele. — Você pode se achar um filho da puta. Se quiser, pode até achar que eu sou. Mas meu filho *tem* um pai, está entendendo? Ele tem um pai. E você *nunca mais* vai usar essas palavras para se referir a ele. Nunca mais. Se ele significa tão pouco assim para você, não precisa vê-lo. Nem você, nem a mamãe. Pense com calma. Se quiser mexer comigo, ou com a mamãe, que seja. Mas ou você vai dar valor a essa criança, ou não vou deixar você chegar perto dela, entendeu?

Ele retribui minha cara feia, furioso por ter sido tratado dessa forma.

— Escuta aqui, seu merdinha... — começa ele.

— Essa conversa acabou — digo.

Ele muda de assunto e ri.

— Meu Deus, Terry, você é sempre tão *sensível*.

— Sim, pai. Sou sensível. Se chamar meu filho de filho da puta, eu fico sensível, sim.

— É só uma expressão, "filho da puta". Você está sempre interpretando as coisas, criando problema...

— Vai se foder. Pense direito — aviso e saio batendo a porta.

Está frio do lado de fora. É fim de dezembro. Não é tão terrível, como em Boston, mas é bem frio. Dou uma volta em torno do pequeno lago no parque que fica atrás da casa do meu irmão e volto meia hora depois, um pouco mais calmo. Quando entro em casa, a tensão é palpável. Meu irmão está ocupado arrumando a mesa, irritado, imagino, por eu ter provocado mais uma cena familiar. Belinda me olha, preocupada. Meu pai e minha mãe se entreolham. Alguma coisa não dita acontece entre eles.

— Não tira o casaco — diz meu pai, abrindo o armário. — Vamos dar uma volta.

Assinto, cauteloso, sem saber o que fazer. É a primeira vez que meu pai pede para dar uma volta comigo, a primeira vez em minha memória recente que ele me pede qualquer coisa. Caminhamos lado a lado ao redor do lago, protegidos do frio úmido.

— Ali. — Ele aponta para um banco de pedra com vista para a água. — Sente-se.

Eu me encolho ainda mais no casaco, com as mãos nos bolsos.

Meu pai olha para a frente. De repente, tenho vontade de fumar um cigarro, de fumarmos juntos, como fazíamos antes de eu abandonar o hábito. Fazia anos que não sentia esse desejo por um.

— Às vezes digo coisas que não quero dizer — começa ele. — Elas não saem da forma como eu pretendia.

Não consigo olhar para ele.

— Talvez você devesse pensar antes de abrir a... — respondo.

— Escuta — interrompe ele com delicadeza. — Seria melhor se você só escutasse.

Contenho minhas palavras, olho para a água do lago, acinzentada e condensada, que parece uma piscina de dejetos sob as nuvens de dezembro.

— Vocês não têm ideia de como era naquela época. A Depressão — começa ele.

Quero retrucar que já ouvi aquilo antes, mas o terapeuta dentro de mim sabe que devo ficar calado e aguardar.

— Quando digo coisas que não quero dizer, grosserias, acho que... Não é o que... Só estou... — Ele dá um suspiro. — Não sou como as outras pessoas. Sei disso.

— O que quer dizer com isso, pai?

— Sei que as pessoas sentem coisas que eu não sinto. Elas têm necessidades que eu não pareço ter. Acho que não sou uma pessoa muito sociável.

Ao ouvir as palavras dele, sorrio para mim mesmo. *Não sou uma pessoa muito sociável*. Percebo a influência da minha mãe na frase.

— Você se acha mesmo tão diferente? — pergunto.

— Sim. Sim, eu acho. — Ele assente.

Ficamos os dois olhando para o lago por um tempo.

— Sei que isso me faz parecer grosseiro às vezes. Porque eu não entendo. Não consigo entender os sentimentos das pessoas, às vezes. Mas, bem, sua mãe está trabalhando nisso.

— O que você não entende, pai, por exemplo? Quero dizer...

— Quando minha mãe morreu — interrompe ele, sem jeito. Percebo que ele ensaiou aquilo, praticou dizer aquilo em sua cabeça. — Quando ela morreu, eu tinha 7 anos. — Ele faz uma pausa. — Uma porta se fechou dentro de mim. Eu me lembro. Quase consigo me lembrar de ter fechado essa porta.

De qualquer forma, daquele momento em diante, nunca mais a abri. Você consegue entender isso, Terry? Eu lia coisas em livros, romances e afins, sobre se apaixonar, fazer amizades. Sei que as pessoas sentem isso, mas...

— E a mamãe? — questiono.

— Ah, ela sente muita coisa — responde ele.

— Não. Quero dizer, você não se apaixonou por ela?

Ele pensa por um tempo, avaliando sua lealdade.

— Amo sua mãe, você e seu irmão mais do que jamais amei alguém — diz hesitante.

Fico olhando por um tempo para a água morta. É estranho ter essa conversa com ele aos 37 anos, ouvi-lo enfim admitir coisas que tentei abordar durante toda a minha vida. Ao imaginar essa cena, sempre achei que sentiria felicidade. Um pássaro canta e eu olho para cima. Um bando de gansos sobrevoa o local. Olhando para eles, um vazio entorpecido toma conta de mim, um cansaço.

— Como ela era? — pergunto a meu pai.

— Quem?

— Sua mãe.

— Ah... — Ele faz uma pausa. — Não sei — responde devagar. — Eu mal me lembro.

— Do que você se lembra?

Ele se concentra.

— Acho que ela era legal. Quero dizer, ouvi dizer que ela era. É evidente que qualquer um poderia dizer isso. Mas acho que ela era mesmo. Calorosa, é o que me dizem. — Ele olha para mim, assustado. — Terry, por que está chorando?

— Continue falando, pai.

Fico olhando para os gansos.

Ele procura um lenço de papel nos bolsos, mas não acha.

— Pai, qual era o nome dela? — pergunto de repente, percebendo que, depois de todos aqueles anos de silêncio, posso perguntar qualquer coisa a ele.

— O nome dela? — repete, assustado. — Eu nunca disse?

— Não, pai. Você nunca falou sobre nada disso.

— Bem, isso é um exagero, Terry. Eu me lembro...

— Pai — interrompo.

Ele para. Solta um suspiro.

— Mathilde — responde. — Eu achava de verdade que tinha contado. *Tobias*, em hebraico.

Fico olhando para ele.

— Tobias — digo, assustado, pois Tobias também é a raiz do meu nome. — Ela tem o meu nome.

Ele sorri para mim com indulgência.

— Não, Terry — diz ele. — Você é quem tem o dela.

Fico ao mesmo tempo feliz e surpreso com a ideia de ser o homônimo de minha falecida avó. Eu me encolho mais ainda em meu casaco, resistindo ao impulso de me aconchegar ao lado dele para abraçá-lo, como costumava fazer quando era pequeno. Sou mais alto do que meu pai. De súbito, me sinto constrangido por nós dois, em público, sentados lado a lado. Eu me sinto envergonhado por minhas lágrimas.

— Tem outra coisa que quero contar — avisa meu pai de um jeito um tanto sombrio. — Sua mãe acha que preciso conversar com você sobre isto. — Eu espero. Ele pigarreia. — Sabe, seu avô e eu nunca nos demos muito bem.

Eu não sabia disso em específico. O que sabia é que nunca o víamos muito, nem meu tio paterno, Phil, mas nunca soube o motivo.

Meu pai olha para a água parada e semicerra os olhos, como se estivesse olhando para o sol.

— Aconteceu uma coisa — diz ele.

Eu espero, com medo de falar, com receio de quebrar o feitiço e mandá-lo de volta para trás de seu muro de silêncio por outros trinta anos.

— Uma coisa ruim — prossegue ele.

— Pode falar, pai — digo com gentileza.

— Meu pai, Abe, era um homem fraco — conta. — Um homem passivo. Eu odiava isso nele. Odeio até hoje.

— O que aconteceu, pai? — incentivo.

— Bem, você sabe que estávamos todos acabados, a família, digo. Depois que minha mãe morreu, meu pai ficou em frangalhos. Perdeu a loja. Não conseguia se manter em nenhum emprego. Era a Depressão, Terry. As pessoas estavam morrendo de fome. Elas passavam fome à nossa volta. Você sabe o que é passar fome de verdade? — Ele soa irritado, como se eu fosse o culpado daquilo, mas se controla. — Todos fomos para a casa de Sylvie, tia Sylvie, e depois eu fui expulso.

— Sim. Eu me lembro.

Meu pai se abaixa para pegar um galho com as mãos rechonchudas. Ele o parte uma vez, de maneira distraída, e então de novo.

— Ele nunca tentou me defender — diz ele.

— Continue — insisto quando ele hesita.

— Eu não quis contar isso antes porque achávamos importante que você tivesse um relacionamento positivo com seu avô e sua avó, entende? — Eu assinto. — Mas acho que você já tem idade suficiente agora. — Ele faz uma pausa. Ficamos em silêncio por um ou dois minutos. — Um dia, quando eu tinha uns 9 ou 10 anos, Philip devia ter 6 ou 7... Não sei onde Sylvie estava, de verdade, não consigo me lembrar de todos os detalhes. De qualquer forma, ela devia ter ido a algum lugar, ou talvez ele tenha até armado isso, não sei.

Ele para.

— Continue — repito mais uma vez.

— Estávamos sozinhos, nós três. Ele me disse para entrar no carro de Sylvie porque ele me levaria de volta para a casa do vovô, o pai dele, onde eu morava. Fiquei surpreso, porque eu sempre ia a pé ou de ônibus. Mas entrei. Ele fez Phil ir junto, no banco de trás. Disse a Phil para se deitar e dormir. E me disse para fechar os olhos e descansar também. Mas não fiz isso. Algo estava errado. Percebi na hora. Dava para sentir.

Olho para meu pai, mas ele está distante.

— Meu pai deu a partida, ligou o carro. Depois, colocou o braço sobre meus ombros e me disse para descansar. E só. Era tudo o que havia para fazer. Só isso. — Ele está resumindo um momento que mudou a vida dele. — Eu me lembro de que ele estava olhando para além do vidro, pelo para-brisa, e, quando eu tentava falar com ele, meu pai não respondia. Acho que essa foi a parte mais assustadora. A forma como ele não respondia. "Shh", ele fazia, como se dissesse "Dorme, shh". Quando ele não respondia, eu tentava sair, mas ele me segurava. O braço dele sobre meus ombros, como se fosse um abraço. Mas ele era forte, me segurava, sem nem olhar para mim.

Meu pai abaixa a cabeça para olhar para o chão. Achei que ele tivesse começado a chorar, mas não.

— Quando senti ele me segurar daquele jeito, entendi — diz ele. — Mesmo sendo criança, eu sabia. Ele ia me matar. Ia matar todos nós. Eu já sentia o cheiro de gás. De alguma maneira, ele vedou a porta da garagem. O lugar inteiro estava com um cheiro estranho.

— O que você fez?

— Comecei a gritar para acordá-lo. Depois, comecei a bater nele, a espancá-lo, de verdade, a chutar e morder, qualquer coisa. — Ele fica em silêncio por um instante. — Não me lembro de muito mais, para ser sincero. Acho que quebrei um vidro com o pé. Não me recordo de ter feito isso, mas me lembro da janela quebrada. Consegui que ele destrancasse as portas. Acho que o ar que entrou pela janela o acordou por um momento, e o forcei a nos deixar sair.

— O que você fez? — repito a pergunta.

— Agarrei Phil. Disso eu me lembro. Eu sabia que precisávamos sair de lá. Phil estava apavorado. Ele era muito pequeno. Eu o arrastei comigo até a casa do meu avô, praticamente o carreguei. Phil ficava resistindo e chorando o tempo todo. Ele queria voltar para a casa de Sylvie, queria o pai dele. O papai foi buscá-lo no dia seguinte. Eu queria que Phil ficasse comigo, mas ele queria o pai, e eles voltaram juntos.

Meu pai fica em silêncio por algum tempo. Nenhum de nós se mexe.

— Nunca mais falei com meu pai — diz ele com calma. — Depois daquilo. Quero dizer, "Oi, como você está? Como está o tempo?", esse tipo de coisa, mas nunca mais de verdade. Não como um pai. Não como uma pessoa. Ele era um desconhecido. Até o dia em que morreu.

— Ele alguma vez tentou conversar com você sobre isso? — pergunto.

Meu pai balança a cabeça em negativa.

— Nunca — diz.

Quero colocar meu braço sobre os ombros dele, mas algo me impede.

— E Phil? — pergunto.

— Phil não se lembra. E não quer saber também. Acho que ele sentiu raiva de mim porque eu queria que ele ficasse lá comigo.

— Você só queria protegê-lo, pai.

— Sim, eu sei. — Ele sorri. — Acho que ele não tinha idade suficiente para entender.

— E sabe-se lá o que disseram sobre você lá na casa de Sylvie — comento.

— Nunca mais voltei na casa dela — confirma ele. — Depois daquele dia, não quis mais. Phil e eu... meio que nos afastamos. Também nunca mais nos falamos muito, para falar a verdade.

— Você deve ter sentido falta dele — comento com delicadeza. — Deve ter sentido falta do seu irmão mais novo.

Meu pai abaixa a cabeça e fica em silêncio. Sentados lado a lado, no banco de pedra, compartilhamos um momento de incrível ternura, como eu poucas vezes tinha vivido. Quero me aproximar mais e lhe dar um abraço. Quero dar um beijo em seu rosto, mas tenho medo de que ele recue ao toque e de que, de alguma forma, naquele momento, eu não aguente a rejeição se ele fizer isso.

— Sinto muito, pai — digo um pouco hesitante.

— Sua mãe, Les e você — a voz dele está rouca, e ele luta contra as lágrimas —, vocês são as coisas mais preciosas para mim. As mais preciosas. Não se deixem enganar pelo modo como eu falo.

— Tudo bem, pai.

Ficamos sentados por um tempo, os dois perdidos na mesma proporção. Então, sem dizer uma só palavra, nos levantamos. Ele faz uma pausa — talvez para me abraçar, ou apertar minha mão. Não sei dizer o que ele quer.

— Vamos voltar — diz, por fim. — Eles devem estar preocupados com a gente.

Eu o acompanho de volta para casa.

Às vezes, são necessárias gerações para que a cura chegue.

Quando meu pai tinha por volta de 9 anos, pouco antes de a família se separar, ele arranjou um emprego como entregador de jornais, um trabalho pelo qual até homens adultos brigavam. Ele acordava todo dia às 4h45 da manhã e trabalhava por duas horas, sempre buscando expandir o território, sempre motivado. Depois de seis ou sete meses, ele juntou dinheiro suficiente para comprar uma bicicleta usada. Tentou convencer o pai dele de que aquela compra não era um capricho. Com a bicicleta, ele poderia cobrir um território três vezes maior do que o que percorria a pé. Poderia ganhar mais dinheiro para toda a família. Meu avô Abe negou, e meu pai, de temperamento forte, foi lá e comprou uma bicicleta assim mesmo. Na frente de meu pai, Abe pegou uma marreta e quebrou a bicicleta até deixá-la irreconhecível. "Entregue seus jornais com isto!" é o que meu pai se lembra de ele ter dito ao terminar.

Quando cheguei ao ensino médio, meus meios de automedicação — drogas, jazz e pequenas infrações — tomavam tanto da minha atenção que não sobrava nada para o colégio. Eu faltava às aulas com frequência, evitando de modo muito hábil, como um bombardeiro furtivo que foge ao radar, chegar o mais próximo possível do ponto de ser expulso sem de fato alcançá-lo. Minhas notas eram baixas demais para uma universidade, e, por isso, passei um ano em uma faculdade comunitária de 2 anos, a Atlantic Community College. Melhorei minhas notas e na primavera fui aceito na Rutgers, a universidade estadual de Nova Jersey.

Meu pai foi comigo até o banco e me abasteceu com o máximo de empréstimo estudantil que podiam me dar.

"Nunca é cedo demais para construir uma boa notação de crédito", disse ele.

Apesar de eu estar endividado até o limite e ter recebido uma proposta de bolsa de estudos para trabalhar na Rutgers, meu pai ficou com medo, no último minuto, de que minha ida à faculdade pudesse lhe causar algum custo e me proibiu de ir. Um curso de dois anos era suficiente, argumentou. Se eu quisesse mais, poderia fazer por minha conta. Lembrei a ele de que já iria estudar na Rutgers por minha conta, de fato, e ele respondeu que, a julgar por meu desempenho ao longo dos anos, não parecia que eu era inteligente o suficiente para encarar uma faculdade "de verdade".

Os gritos se transformaram em berros, depois em pancadas. Eu tinha 19 anos. Foi a última vez que meu pai me agrediu fisicamente. Trocamos alguns socos e depois ficamos um segurando as mãos do outro, lutando no chão, enquanto minha mãe gritava, histérica. Chorei. Lutando com ele, eu tinha a sensação de estar me afogando, tentando respirar sem conseguir. As drogas dominavam minha vida, e eu tinha uma leve consciência disso. Alguns amigos meus já haviam morrido. Eu tinha medo de que, se não saísse de Atlantic City, acabaria me juntando a eles.

Meu pai e eu nos xingávamos e suávamos naquele abraço violento, agarrando as mãos um do outro como lutadores de luta livre, revezando para impedir que o outro atacasse. Às vezes, uma onda de raiva me atravessava, e eu tinha vontade de matá-lo, ficava desesperado para machucá-lo, enquanto ele segurava meus dedos. Em seguida, a onda passava e tudo o que eu fazia era me proteger. Ficamos rolando assim, no chão, Prometeu e sua águia, por uma boa meia hora, e então, sem motivo aparente, paramos. Nós nos levantamos e ficamos olhando um para o outro, o peito arfando, a cara vermelha — belicosos e perplexos. Saí de casa e fui para a praia, para onde eu sempre fugia. Para meus amigos e as drogas. Meus pulsos doíam por terem sido torcidos para trás. Minha respiração estava difícil e áspera. Contudo, eu sabia que tinha vencido.

Meus pais me levaram até o dormitório da Rutgers em setembro do ano seguinte. Eu tinha arranjado um quarto individual, o auge do luxo. Uma cela de concreto de 5,5 x 6 metros, com espaço suficiente apenas para um monge, seria meu novo lar. E de lá, o mundo. Nunca mais voltei para casa. Eu me lembro da emoção de ter minha cama, minhas paredes. Eu tinha conseguido sair de Atlantic City. Mais do que vivo, eu tinha escapado ileso.

Minha mãe me deu um beijo e voltou ao carro. Meu pai ficou e, para a minha surpresa, me deu 600 dólares.

— Esse dinheiro é para emergências — disse ele. — Não gaste, e ligue para casa em caso de dificuldade. É tudo o que tem.

— Obrigado, pai — respondi e o abracei.

Meu pai enfiou as mãos na calça e olhou em volta com satisfação para minhas paredes de blocos de concreto, a barriga saliente, como se estivesse inchada de orgulho.

— Um universitário — disse ele, como se tudo aquilo tivesse sido ideia dele. — Agora você é um universitário de verdade.

Eu assenti com alegria, ansioso para que ele fosse embora.

— Lembre-se deste conselho do seu velho. — Ele me deu um soquinho de leve no queixo. — Mantenha as mãos dentro dos bolsos e o pau dentro da calça.

— Sim, pai — respondi com um sorriso. Até hoje, não faço ideia do que ele quis dizer.

Assisti aos meus pais irem embora no Chevy enferrujado que passei boa parte dos meus anos de ensino médio implorando para que vendessem. Minha mãe corpulenta se virou para me olhar pelo vidro de trás com seu famoso "sorriso de 1 milhão de dólares". Eu podia ver o brilho do suor no rosto dela através do vidro e um lenço cor de salmão balançando para cima e para baixo em despedida.

"Odeio passividade, dependência!", disse meu pai naquele dia no banco perto da casa do meu irmão. Ele deve ter encontrado alguma forma de se isolar do fato de que, problemático e ineficaz, havia sido demitido da maioria dos empregos que tivera. Fora minha mãe — com sobrepeso, um verdadeiro bebê em casa, desprezada por todos nós — quem havia sustentado a família, primeiro com seus modestos ganhos como enfermeira; depois, tornando-se administradora; e, por fim, comandando um asilo com 250 leitos. Meu pai odiava a dependência da mesma forma que o diabo foge da cruz, só que nunca percebeu isso. Ele tinha tanta consciência sobre o assunto quanto um motorista que atropela alguém e foge. Meu pai adotou a posição de "melhor que", ao mesmo tempo que, em segredo, vivenciava um drama de crescente dependência da própria esposa. Sempre arrogante, sempre superior, ele projetava, de forma condescendente, a criança ferida e não reconhecida dentro dele nos outros — em especial na esposa e nos filhos. Ao mesmo tempo, agia de acordo com essa sede não reconhecida de receber cuidado de maneiras cada vez mais desesperadas. Trocou o design pelas belas-artes, vendeu imóveis, negociou ações, apostou no mercado futuro com dinheiro sacado de trinta cartões de crédito. Em seus últimos anos de vida, ele não tinha carreira, dinheiro, amigos nem causas em que acreditava. Seu trabalho artístico havia fracassado, assim como seus esquemas financeiros. Perto dos 60 anos, a esclerose lateral amiotrófica (ELA) começou a atacar o que restava dele.

Não sei qual foi a força da violência que meu avô internalizou para causar tanto mal a si mesmo e à família. Abe já havia morrido quando tive idade suficiente para falar sobre isso. Contudo, sei que a águia da depressão que corroía minha alma remontava a pelo menos duas gerações. A vergonha carregada que meu pai sentia era tão grande, tão profunda que comprometeu sua capacidade de ter sucesso, de sentir, de viver. Embora décadas tenham se passado até ele sucumbir, pode-se dizer que meu pai nunca conseguiu sair totalmente do carro de Abe naquela tarde; que, daquele dia em diante, ele nunca mais se deu permissão para viver.

Por motivos que são como um milagre, desde cedo fui tomado por um impulso de enfrentar as forças obscuras que destruíram esses dois homens. Por anos, caminhei à beira do mesmo abismo que eles, mas jamais caí. O equilíbrio venceu. Eu tinha o instinto de não seguir os mesmos passos de quem veio antes de mim.

Como aconteceu com meu pai e comigo, com Henry Duvall e seus filhos e com todos os homens de quem trato, a recuperação da depressão aparente e da oculta age como um disjuntor. A cura põe fim à transmissão da depressão de pai para filho. Assim como o jovem cavaleiro que precisa encontrar a si mesmo trazendo descanso para um rei angustiado, os homens deprimidos, ao se curarem, trazem paz aos seus ancestrais e proteção aos seus descendentes. Às vezes, ao rastrear um histórico familiar com perdas graves, opressão política, migração ou devastação, consigo até ver em qual geração a força da violência entrou na família e começou a se alastrar. Na maioria das vezes, como no caso do meu pai e do meu avô, a violência se apoderou mais cedo do que consigo rastrear. Nas sagas de avôs, avós, tios e tias, o preço da depressão — alcoolismo, relacionamentos fracassados, violência — varre a família como um incêndio na mata.

A jornada do herói não beneficia apenas o herói; beneficia toda a comunidade. Os monstros que ele mata, as provações que supera, aliviam os males de seus pares. Não se trata de uma busca por glória pessoal; é uma busca por restauração. O caminho da recuperação é difícil. Se for deixada por conta própria, é bem possível que a pessoa se retraia. Só que poucos dos homens deprimidos com quem me deparo estão sozinhos. Eles têm esposas, parceiras, amigos. E têm filhos. O desafio que a recuperação da depressão representa para eles às vezes pode parecer assustadoramente grande, mas há muita coisa de valor em jogo.

    Meu pai nunca completou sua jornada. No fim, a depressão de Abe cobrou um preço alto de ambos. Meu pai deixou para mim a tarefa de fazer a ponte entre a violência que ele absorveu e o cuidado — o pressuposto da confiança básica — com o qual meus filhos agora vivem. Meu pai nunca conseguiu transpor os muros da prisão, mas queria que eu e meu irmão o atravessássemos. Mesmo quando vi paixões brutais o derrubarem, entendi que a parte boa dele queria mais do que a sobrevivência dos filhos. Queria que nós tivéssemos uma vida melhor que a dele.

CAPÍTULO 10

Atravessando a Terra Desolada: como curar a nós mesmos

Com notável delicadeza, o corpulento Jeffrey Robinson atravessa a porta do consultório, equilibrado em pequenos pés de dançarino. Décadas atrás, Jeffrey — hoje com 50 anos e parecendo um jogador de futebol que engordou — chegou perto de ganhar um campeonato estadual de dança de salão. Tudo o que resta da sua antiga paixão é uma graciosidade indelével em seus movimentos e uma tendência a usar sapatos de couro. Apesar dos muitos medicamentos e das várias tentativas de fazer terapia, a depressão aparente drenou toda a energia que antes alimentava as rumbas e os tangos de Jeffrey, levando-o a um profundo isolamento social. Ele não sai com ninguém há anos. Tem pouquíssimos amigos, com quem se encontra de forma irregular. Não tem interesses nem hobbies específicos. Jeffrey se descreve como "uma máquina". Ele trabalha como corretor de seguros em uma empresa grande e respeitada, onde, por vinte e poucos anos, foi considerado firme e confiável, até inspirador. À noite e aos fins de semana, ele volta para casa e se "desconecta" — palavra que usa para descrever sua paralisia quase total.

— Então, o que você faz o dia inteiro? — pergunto a ele. — Me conta como é um sábado típico seu.

Jeffrey olha para mim por trás das grossas lentes dos óculos que fazem seus olhos azuis parecerem flutuar.

— É exatamente como eu disse — responde. — Não faço nada. Fico andando pela casa. Às vezes tiro um cochilo. O dia passa.

— E se eu instalasse uma câmera de vídeo em sua casa? — insisto. — Se gravasse você durante o dia, o que a câmera registraria?

Jeffrey suspira, tenso pelo esforço de ter de pensar tanto. Depois de olhar para as mãos cruzadas por um momento, ele ergue a cabeça e me encara com decisão.

— Eu como — diz, com a mandíbula travada. — É isso que você me veria fazendo o dia inteiro. Eu me sento em frente à TV e como.

Ele soa irritado.

— O que está sentindo agora?

— Odeio isso.

— Me conte — incentivo.

— Você chama isso de vida? — Ele vira o rosto. — É constrangedor só de descrever.

— Você está sentindo alguma vergonha em relação a isso?

— Ah, *faça-me favor*.

— Bem, está? Ou sente raiva?

— Não tenho sentimentos — diz, quase gritando. — Não entende? Vergonha? Raiva? Isso seria um passo grande demais. Eu vou para o trabalho. Volto para casa. Sou como uma bateria *carregada*, como um gravador em *modo de espera*. Entro no modo silencioso. Depois, volto a trabalhar e finjo estar vivo por algumas horas.

— Você não parece alguém que não tem sentimentos neste momento — provoco. — Parece estar com raiva. Irritado com o que aconteceu.

— Eu estou... — diz ele e olha para mim. — Estou...

Então, Jeffrey desaba. Vejo isso acontecer, vejo a energia se esvair dele. Ele murcha como um boneco de pano.

— Jeffrey — chamo. — Jeffrey, o que aconteceu? Parece que o vento parou de soprar seu barco a velas.

Jeffrey olha para baixo, as mãos cruzadas sobre as pernas, sem conseguir ou sem querer responder.

Jeffrey tinha um histórico de dano psicológico, embora, como em geral acontece, seu trauma fosse passivo e longe de ser banal. O pai dele morreu em um acidente de carro quando ele era bem novo, e Jeffrey não tem muitas lembranças dele. Sally, sua mãe, conseguiu sustentá-los ao combinar o seguro de vida do marido com seu salário de assistente jurídica. Eles conseguiram manter a grande e antiga casa vitoriana em Dorchester — onde Jeffrey mora até hoje. Ele se lembra da mãe com carinho e afeto. Sally era divertida, tinha um bom coração e era querida por quase todo mundo — na maior parte do tempo.

— O que isso significa? — pergunto. — "Na maior parte do tempo"?

Hesitante, Jeffrey se lembra da mãe em momentos estranhos, confusos.

— Eu não teria me lembrado de nada disso se não fossem as sessões de terapia anteriores — reconhece ele.

— Ótimo — respondo. — E o que descobriu?

Ele se remexe na cadeira.

— Bem, não descobri nada, para falar a verdade. — Ele se esquiva. — Mas consegui me lembrar de muita coisa.

— Muito do quê? — insisto.

Por trás das suas grossas lentes, ele olha para mim.

— Muito do fato de ela ser estranha — revela ele, acrescentando: — Na maior parte do tempo, ela era ótima. Não me entenda mal.

— Tudo bem — asseguro.

— Mas também tem essas outras coisas. — Ele se distrai por um momento. — Eu costumava me perguntar, com os outros terapeutas, se ela estava, você sabe... maluca.

— Ah — digo com um suspiro.

— Se ela tinha algum tipo de distúrbio, tipo, talvez transtorno bipolar. Mas acho que pode haver uma explicação mais simples. Quero dizer, se é verdade ou não que ela era bipolar.

— Você pode me dar...?

— Acho que ela bebia — continua ele, sem medo. — Foi o que me fez pensar nisso. Acho que, naqueles momentos em que agia de forma tão esquisita, ela estava bêbada. — Jeffrey se lembra de detalhes. — Consigo dizer a primeira vez que "entendi" que havia alguma coisa errada — retoma ele. — Eu devia ter uns 6, 7 anos.

— Continue.

— Estávamos na Woolworth's. — Jeffrey balança seu corpo robusto na cadeira, dando tapinhas distraídos nos cabelos brancos e ralos que cobrem seu rosto quadrado e corado. — Costumávamos ir lá toda quinta-feira à tarde. Ela chamava de "nosso passeiozinho". Era como se fosse uma coisa muito importante. Ela me vestia com um pequeno blazer, sabe. E nos sentávamos no balcão da lanchonete de lá. Eu comia um cachorro-quente e tomava um refrigerante com sorvete.

— Parece legal — arrisco.

Jeffrey assente.

— De modo geral, sim. Mas teve uma tarde em que, pelo que me lembro, ela se meteu em uma briga enorme com o cara da lanchonete por causa do meu cachorro-quente. — Jeffrey abre um sorriso. — Tipo, que meu cachorro-quente estava queimado, ou algo assim. Que não estava bom para consumo. E ela e o cara começaram a brigar. Ela começou a gritar de verdade. Quero dizer, pensando na cena agora, tenho certeza de que ele também estava sendo teimoso. Mas a questão é que todo mundo ficou olhando para a gente. A loja inteira. Eu me lembro de tentar fazê-la parar, tipo: "Mãe, cale a boca, já chega." Não que eu tenha dito isso, lógico. Mas o fato é que o cachorro-quente estava bom. Para ser franco, não era diferente de nenhum outro cachorro-quente que eu já tivesse comido.

— Você se lembra de como você se sentiu, Jeffrey?

Ele amassa a calça usando o polegar e o indicador.

— Bem, na maioria das vezes, envergonhado — responde ele. — Sabe como é, alguém, por favor, cave um buraco e me esconda nele.

— Como se quisesse desaparecer?

— Hum-hum — concorda, assentindo.

— Isso parece mais do que constrangimento. Parece vergonha. Como se você tivesse contraído a vergonha dela. Chamamos isso de "sentimentos carregados".

— Nossa, era um pouco *esquisito* — responde ele.

— Parece mesmo confuso. Você se lembra de ter ficado com medo?

Ele balança a cabeça.

— Não era bem medo. Era mais como... não sei, apenas confuso. Tipo aquele filme, *Os invasores de corpos*.

— Tipo "Quem é essa mulher?".

— Sim — concorda ele. — Estávamos parados em uma esquina, o sinal ficava verde, e ela não se mexia. Só ficava ali parada...

— Ela desligava — sugiro.

— Eu tinha que dar uma cutucada nela, ou algo do tipo. Fazê-la voltar a funcionar.

Enquanto Jeffrey fala, vai ficando mais animado — algo inédito para mim.

— Você alguma vez tentou falar com ela sobre isso?

— Sobre essas mudanças nela? — pergunta ele. Em seguida, se recosta na cadeira, sorrindo. — Sim, uma vez.

Voltando àquela tarde em que ousou confrontar a mãe, Jeffrey percebe que ela estava organizando uma festa para beber.

— As amigas dela iam lá em casa para jogar cartas e outras coisas... Isso era de manhã ainda, veja bem. Pensando agora, acho que todas elas deviam beber bastante. Ficavam escandalosas, davam muitas risadas. De certa forma, era agradável. Mas minha mãe ficava estranha, do jeito dela. Eu me lembro... — hesita ele.

— Vá em frente.

— Bem, teve uma vez, eu devia ter uns 8 anos. Não muito mais velho do que no episódio da Woolworth's. Eu perguntei: "Mãe, por que você está agindo de forma tão engraçada?"

Em seguida, Jeffrey fica em silêncio.

— E como ela reagiu? — indago.

— Ela não disse nada. Acho que foi isso que mexeu comigo. Ela simplesmente me levou para o lado de fora da casa. Para os degraus da frente. E então trancou a porta.

— Não era possível confrontá-la.

— Eu não sabia o que tinha acontecido — lembra-se ele num murmúrio. — Fiquei lá fora o dia inteiro, ouvindo minha mãe e as amigas. No começo, eu estava histérico, mas ela simplesmente me ignorou. Depois de um tempo, desisti.

— Como você fez para se alimentar? E se tivesse vontade de ir ao banheiro? — Eu estava curioso.

— Não me lembro. Fiz xixi nas plantas, acho.

— Jeffrey, você estaria disposto a experimentar um formato de terapia diferente deste?

— O que quer dizer com isso? O que tenho que fazer?

Após uma breve explicação, Jeffrey concorda em fechar os olhos.

— Quero que você imagine aquele garotinho — peço. — Brincando sozinho no quintal.

— Por quê? — pergunta Jeffrey, sem abrir os olhos.

— Vou pedir que você faça contato com ele.

Jeffrey se senta, ereto, olhando em meus olhos.

— De jeito nenhum!

— Que reação forte — observo.

— Nem pensar!

— Tudo bem, tudo bem — retruco na mesma hora, sem querer dizer nada. — Você está no controle, Jeffrey. Posso apenas pedir...

— Não quero fazer contato com aquela criança — afirma, apressado. — Eu a deixei para trás há *muito* tempo.

— O que está sentindo agora?

— Não estou sentindo nada nem vou sentir.

— Tudo bem — tranquilizo-o. — É bom que você consiga...

— Não quero nem chegar perto daquele garoto, entendeu bem?
— Não poderia ter sido mais direto.
— Eu o *odeio* — diz Jeffrey, entredentes.
— O que disse?
— Nada. Esquece.
— Me fale, Jeffrey — insisto.
— Eu odeio aquele garoto — repete, obediente, como uma criança de 10 anos.

Eu me inclino para ele.
— Por quê? — pergunto.
— Só não quero, só isso.
— Não quer o quê? O que sentiria se deixasse ele se aproximar?
— Acho que já tive solidão suficiente para uma vida inteira — responde ele, irritado.
— É isso? É a solidão que você teria que deixar se aproximar?

Jeffrey cruza os braços com um grunhido e se recosta na cadeira, recusando-se a responder. Ficamos sentados por um longo tempo ali, lado a lado. Olhamos, em silêncio, para as paisagens suaves e tranquilas penduradas em porta-retratos na minha parede. Pela janela, nuvens surgem durante a sessão, e meu pequeno consultório fica escuro. Eu deveria me levantar e acender uma lâmpada. No entanto, a inércia me prende em minha cadeira, e permaneço sentado. Jeffrey se sente pressionado por mim, eu sei, e isso o irrita. À medida que nosso silêncio perdura, fico mais suave com ele, quase me desculpando.

— É que sua vida, do jeito que está agora, já é muito solitária — comento.
— É justamente isso. Talvez seja solitária. Reconheço esse ponto. Mas não sinto isso, entende? Não preciso sentir a dor disso.
— Você se sente bem com isso, Jeffrey? A vida que tem agora... você se sente mesmo bem? — pergunto com delicadeza.

Ele solta um de seus enormes e pesados suspiros.
— Jeffrey?
— É isso, não é? — responde ele derrotado.
— Isso o quê?
— Ou você sente, ou vive, certo? A dor. Ou a sente, ou a vive. Não é isso que você vai me dizer?
— Eu gostaria que houvesse opções mais fáceis. Gostaria de verdade.

Outro suspiro.

— A questão é que, se eu concordasse em fazer isso, teria de pensar que existe um fim. Que eu poderia chegar ao outro lado.

— Acho que seus sentimentos não vão machucá-lo.

— Não é só isso — reconhece ele. — É que, como terapeuta, você acha que tem algo que vale a pena do outro lado disso tudo. Que existe esse outro lado, para começo de conversa. Mas eu não tenho certeza. Você pode ter tido seus altos e baixos, Terry, mas não sabe o que é não ter esperança. Essa é a grande diferença entre nós dois.

Eu me levanto para acender a pequena lâmpada na mesa.

— Talvez a gente não seja tão diferente quanto você pensa — respondo.

Como Dante e Virgílio lado a lado na ampla planície do Inferno, olhando para seus círculos concêntricos, Jeffrey Robinson e eu nos posicionamos na orla de sua Terra Desolada particular. Falamos, de forma quase abstrata, como dois comerciantes pesando um objeto que está sendo negociado, sobre os prós e contras de sua possível descida, a tarefa mais difícil da sua vida. Jeffrey e eu estamos em um dos momentos críticos na cura do relacionamento do homem deprimido consigo mesmo — o momento em que ele decide interromper sua fuga e enfrentar a própria condição. Quando um homem decide empreender a própria jornada do herói, a verdadeira terapia enfim pode ter início. Nossa descida ocorre em três fases: primeiro, as defesas viciantes devem ser baixadas; em seguida, os padrões disfuncionais nesse relacionamento devem ser tratados; por fim, os traumas antigos enterrados devem vir à tona e, na medida do possível, ser liberados.

Quando um homem recorre às defesas empregadas na depressão oculta, ele se coloca na arriscada situação de tentar aliviar a dor da alienação de formas que o deixam mais alienado do que antes. Para alguns, as defesas ocultas ganham vida própria, intensificando-se em uma espiral descendente. Outros homens na mesma situação, como Jeffrey, parecem se estabilizar na própria desgraça.

Tradicionalmente, a ênfase é dada na distinção entre o uso abusivo de uma substância e uma verdadeira dependência. Em meu trabalho com homens com depressão oculta, a distinção entre abuso e dependência[1] é bem pequena. Sempre que recorremos a um suporte externo para regularmos nossa autoestima, nos envolvemos nas estruturas defensivas da depressão oculta. Narciso diante da fonte é um adicto. Em termos simples, chamo de dependência qualquer "máquina de diálise" de autoestima. O que defino como vício e o que os terapeutas de orientação psicanalítica definem como "transtorno do ego" ou "dependência narcisista" são sinônimos.

Há algumas vantagens em expandir a definição de vício para incluir não apenas os já reconhecidos pela sociedade como também qualquer forma de regulação externa da autoestima e da automedicação. Essa perspectiva mais ampla em relação às defesas ocultas me permite buscar por uma série de compulsões "leves" que costumam ser encaradas como tão triviais, ou mesmo tão louváveis, que seu papel em disfarçar e estabilizar a depressão oculta é ignorado. Quase qualquer coisa pode ser usada como uma defesa viciante — compras, comida, trabalho, conquistas, exercícios, jogos. Quando um homem com depressão oculta utiliza algo que consideramos benigno, ou até positivo, como trabalho ou exercícios, parece quase ridículo insistir em questionar a função dessa atividade na vida dele. Contudo, as atividades comuns empregadas como defesa contra a depressão podem ter consequências mais extensas.

Passaram-se quase seis meses sem que eu visse nenhuma melhora na condição de Jeffrey, até que me ocorreu perguntar o que ele imaginava que aconteceria se concordasse em comer de forma regrada e desligar a TV. Jeffrey teve um leve ataque de ansiedade poucos segundos depois. Foram necessárias mais quatro semanas para que ele reunisse forças e se consultasse com um nutricionista, concordasse em seguir um plano alimentar e — munido de doses maiores de remédios contra a ansiedade — desligasse a televisão. A depressão e o medo que apareceram de início foram tão avassaladores que, no segundo dia do fim de semana, Jeffrey foi ao pronto-socorro local. Para mim, a reação dele foi uma confirmação de que deveríamos adiar o tratamento da depressão até que tratássemos seu consumo viciante de televisão e comida.

As abstinências psicológica e fisiológica de Jeffrey foram tão reais e assustadoras para ele quanto qualquer reabilitação de drogas. Entretanto, com meu apoio e a terapia em grupo com outros homens, Jeffrey perseverou. A cura para as defesas viciantes da depressão oculta é simples na teoria, mas um calvário na prática. Tudo o que se precisa fazer para acabar com elas é decidir parar de usá-las — e então, com amplo apoio, suportar a abstinência. Quase um ano se passou até que Jeffrey se estabilizasse em sua recém-descoberta "sobriedade". Contudo, poucos meses depois de seu comprometimento, surgiram mudanças em algumas áreas de sua vida que estavam congeladas havia décadas. Jeffrey começou a praticar exercícios[2] e fez algumas amizades na academia. Por influência delas, ele se inscreveu em uma ou duas atividades ao ar livre e depois em uma aula no programa local de instrução para adultos. No fim do ano, Jeffrey redescobriu a culinária e as caminhadas e, apesar de se sentir constrangido por causa do sobrepeso voltou a dançar. Por quase vinte anos, a depressão não apenas o derrotou como fez o mesmo com os médicos que tentaram ajudá-lo. Ela teria nos derrotado também. Teria nos derrotado se ele não tivesse tido a ousadia de, um dia, desligar suas defesas, em vez de a si mesmo.

A disfuncionalidade de Jeffrey era óbvia. Ninguém em sã consciência tentaria argumentar que aquela vida que ele vivia era bem-sucedida. Para muitos homens, entretanto, os meios de defesa viciantes estão tão próximos das expectativas "normais" de masculinidade em nossa cultura que, embora eu os interprete como pessoas em sofrimento, eles encaram a si como vencedores. Esses homens não tiveram a sorte de passar por uma catástrofe, como Jeffrey ou Henry Duvall. Realizados por conquistas externas, fugindo do vazio interior, eles colhem recompensas cada vez maiores da cultura moderna quanto mais fora da realidade se tornam. Quanto mais coisas possuem, quanto maiores são seus negócios, mais a sociedade reforça sua estima baseada no desempenho. A mensagem de que homens bem-sucedidos profissionalmente, poderosos ou ricos são melhores do que os outros é onipresente. O falso empoderamento que muitas vezes contribuiu para criar a motivação solitária deles é ratificado por todos ao redor, exceto, talvez, para quem precisa conviver com eles. Esses narcisos modernos refletem os valores antirrelacionais da sociedade. Na maioria das vezes, eles têm pouca motivação para mudar, e o custo que lhes é sutil é superado muitas vezes pelas consequências desastrosas para os outros ao redor.

Aos 56 anos, Russell Whiteston está no auge. Ganhou reconhecimento nacional como ortopedista pediátrico, tendo liderado novas medidas de prevenção capazes de melhorar a vida de milhares de crianças. É um palestrante requisitado no país, com uma prática médica em expansão. Tem mais dinheiro do que pode gastar, uma esposa adorável, cinco filhos lindos e uma amante de 28 anos. O delicado equilíbrio da vida exigente de Russell foi interrompido quando sua amante, Georgina, deixou o marido para se casar com ele. Infelizmente, isso exigiria que Russell deixasse Diane, sua esposa, e os três filhos que ainda moram com eles. Russell saiu de casa para pensar melhor — embora, a julgar pelas horas que ele me disse que passa com Georgina, fique a dúvida em relação a quanto tempo ele tem tido para pensar.

Em uma consulta particular, Russell implora para que eu não o confunda com um daqueles "caras de meia-idade que tomam as decisões na vida guiados por seus órgãos genitais". Seu relacionamento com Georgina, insiste ele, é "uma questão de coração".

— E o que aconteceu com o coração em seu casamento de trinta anos? — pergunto.

Russell confessa que foi infeliz no casamento durante anos. Diane não era, nem de longe, tão afetuosa quanto ele desejava, e a vida sexual deles, nem de longe tão excitante. Com o passar dos anos, seus interesses divergiram. Diane conta uma história um pouco diferente.

— Quando o conheci, 33 anos atrás, eu sabia que ele sempre teria uma amante: a cirurgia ortopédica — conta ela. — E eu não tinha problema algum com isso. Entrei nessa tendo plena consciência disso. Mas, com o passar dos anos, isso o consumiu completamente.

Nos últimos cinco anos, Russell tem trabalhado todos os dias até oito ou nove da noite. E tem viajado em quase todos os fins de semana.

— Se ele esteve em casa para jantar uma noite em cada doze, foi muito — conclui Diane.

Se o trabalho sempre fora a droga de Russell, a onda em seu recém-descoberto status de celebridade virou sua obsessão. Em reuniões e convenções, em conselhos e programas, viajando para conferências importantes em todo o mundo, combatendo (como ele é o primeiro a apontar) "o bom combate para melhorar a saúde de nossas crianças", Russell parece não estar disposto a modular o dilúvio de estima baseada no desempenho. Ele se deleita com a glória como um adicto com um suprimento ilimitado. Enquanto isso, sua vida familiar está corroída. Frustrada, desamparada e irritada, Diane se transformou em uma mulher incômoda e amarga. E Russell, com quase 60 anos, observando os destroços gerados pelo seu perfil *workaholic*, contempla um curso de ação que vários homens abastados de meia-idade parecem adotar: desfazer-se da esposa. No momento, ele parece empenhado em trocar Diane por uma nova parceira — jovem, adorável e disposta, uma mulher que trabalha para ele, viaja com ele e que ficaria encantada em se tornar a nova esposa do médico.

Russell abre as mãos em um gesto de súplica.

— Estou cansado de pessoas tentando me culpar — avisa ele. — Fui um bom sujeito durante toda a vida. Trabalhei como um cão, criei cinco filhos. Nunca traí minha esposa. E, acredite em mim, oportunidades apareceram. Mas, aqui estou eu, com 56 anos. Lógico, eu poderia voltar ao casamento e aguentar, lidar com a ausência de afeto dela, abrir mão do companheirismo que tenho com Georgina, das coisas que compartilhamos, da emoção. Mas quanto tempo me resta? Uns quinze anos, talvez dezoito? Será que não *mereço* também? Será que não tenho o *direito* de ser feliz?

Pergunto a Russell se, ao longo de 33 anos, ele alguma vez chegou a expressar suas insatisfações a Diane, falou sobre a vida sexual deles, disse a ela que precisava de mais afeto. Ele tinha abordado alguma dessas questões ou se dedicara de alguma forma para melhorar a situação do casamento deles?

— Bem... — diz ele envergonhado. — Você sabe, eu tinha outras prioridades.

Russell Whiteston não sabe nada sobre como cultivar e manter um relacionamento íntimo. Ele deixou seu casamento apodrecer e agora está se deliciando com o brilho de sua nova paixão. Ele não se incomoda com a diferença de quase trinta anos entre ele e Georgina, nem se preocupa com a possibilidade de que ela não fique ao seu lado no futuro, quando ela estiver na casa dos 30, e ele, já bem perto dos 70. E o pior é que, dadas as diferenças na situação financeira, no status e nos recursos dos dois, Russell pode ter razão.

A essa altura, Russell não tem nenhum interesse em melhorar o próprio casamento. Entre elogios ao seu trabalho no país inteiro e uma amante excitante e complacente em casa, ele está inteiramente automedicado. O fato de que, mesmo agora, ele sofra de pressão alta, colesterol alto, gota, "uma leve úlcera" e ataques de profundo desespero todo mês — condições para as quais não vai se submeter a nenhum tratamento — é algo que prefere não "remoer". Nenhum dos homens da família dele chegou aos 65 anos. Não acredito que ele será uma exceção.

Há tanta tolerância social em relação às manobras defensivas que fragmentam a família de Russell e desgastam seu corpo e sua mente que as chances de recuperá-lo parecem quase nulas. Tudo já foi longe demais nessa família. Farei o possível para acompanhá-los durante a transição, encontrar apoio para Diane, aconselhar seus filhos e ajudá-los a se manterem civilizados. No entanto, a menos que Russell acorde, minhas mãos estão atadas. O tratamento vai se resumir à redução de danos. E tenho fortes suspeitas de que seus filhos vão enfrentar questões quando chegarem à idade adulta.

Aqueles que não enfrentam a própria dor são propensos a impô-la aos outros. Russell Whiteston não é um sujeito ruim. Em muitos aspectos, ele é gentil e decente. Entretanto, eu não recomendaria a ninguém se aproximar dele.

* * *

O grau em que um homem se apoia em defesas viciantes para se esquivar da depressão determina o grau de seu abuso ou sua irresponsabilidade para com os outros. Um homem secretamente deprimido não pode se dar ao luxo de ser sensível às pessoas ao redor, porque sua principal necessidade é se manter na defensiva, sua "prótese" emocional.[3] Não é raro que a necessidade de estima baseada no desempenho de um homem se torne tão compulsiva que não atrapalhe apenas seus relacionamentos como também o próprio desempenho.

Kyle Jarmine era um engenheiro de software freelancer com todas as qualificações necessárias para se tornar um empresário bem-sucedido. Havia se formado em faculdades de alto nível, tanto em engenharia quanto em administração, e tinha um intelecto considerado próximo ao de um gênio. No entanto, quando o conheci, o perfeccionismo de Kyle o levara à beira da falência. Repetidas vezes, ele se dedicava a pequenos projetos, burilando-os muito além do necessário para satisfazer clientes e adotando, de forma consciente ou não, uma postura dissimulada e arrogante que dava a impressão de que ele se importava mais com a qualidade do que com as pessoas que o haviam contratado. Entre a má alocação de tempo e a arrogância implícita, Kyle levava um negócio promissor ao fracasso. Sem perceber que estava decepcionando clientes em vez de impressioná-los, seu principal compromisso não era com as necessidades deles, e sim com seu talento. Até que aprendesse formas mais saudáveis de lidar com sua autoestima, Kyle estaria em rota de colisão com a própria insensibilidade.

Assim como a paralisia de Narciso diante do próprio reflexo, as defesas da depressão oculta secam a capacidade do homem de reagir ao ambiente. Contudo, embora o dano causado pela depressão oculta em homens seja mais evidente nos relacionamentos externos, a origem da angústia é interna. Apesar de Narciso ser incapaz de amar outra pessoa, a fonte dessa incapacidade estava em sua falta de autoconhecimento. O que as defesas na depressão oculta medicam é a dor do mau relacionamento do homem consigo mesmo.

Edward Khantzian, pai da *hipótese da automedicação*, aborda os vícios como tentativas de "corrigir" as falhas na habilidade do ego do usuário. Em contraste com as proposições psiquiátricas anteriores do uso abusivo de substâncias como uma "busca por sensações", autodestruição inconsciente ou obsessão pelo prazer, Khantzian e outros especialistas que escrevem sobre a psicologia da dependência discorrem sobre o abuso de substâncias como uma estratégia desesperada para lidar com a "desregulação" do ego.[4] A pesquisa de Khantzian sobre alcoolistas e usuários de drogas o levou a se concentrar em quatro áreas fundamentais de desregulação:[5] dificuldade em manter uma autoestima saudável, em regular sentimentos, em exercer autocuidado e em manter a conexão com os outros. O que ele não tenta abordar é a conexão entre essas deficiências e os tipos de trauma, renúncia e habilidade atrofiada que estão no cerne da socialização masculina. A socialização tradicional de meninos faz pouco caso da capacidade de valorizar a si mesmo sem cair na grandiosidade ou na vergonha. A masculinização tradicional ensina a eles a substituir a autoestima inerente por uma baseada no desempenho. Ela insiste que os meninos rejeitem sentimentos de vulnerabilidade (que poderiam ajudá-los a se conectar), ao mesmo tempo em que reforça o direito de expressar raiva. Ela os ensina a renunciarem às suas verdadeiras necessidades a serviço da realização e, ao mesmo tempo, embota a sensibilidade deles de perceber as necessidades dos outros. Os danos a si mesmo descritos por Khantzian podem ser resumidos como "danos ao relacionamento". E se a desconexão de si mesmo e dos outros gera sofrimento, então aprender e praticar a arte da reconexão pode aliviá-lo.

As defesas viciantes da depressão oculta devem ser atenuadas para que se possa ter acesso ao coração do homem. Quando ele concorda em abrir mão de sua armadura, como Jeffrey conseguiu fazer, o passo seguinte é avaliar e tratar a conexão do homem consigo mesmo, seu "transtorno de ego". Como interpreto a maturidade ("funções do ego", na linguagem psiquiátrica) como um relacionamento entre o homem e si mesmo, tal relacionamento pode ser trabalhado de maneira direta, como qualquer outro. A psicoeducação e algumas técnicas básicas ajudam a aumentar a capacidade de estimar a si mesmo, estabelecer limites apropriados e identificar e compartilhar sentimentos. No trabalho imaginativo, o cliente estabelece um relacionamento com as partes imaturas de sua personalidade — as duas crianças internas. Ele aprende a trazer à tona a parte fortalecida do "adulto funcional" para cuidar e conter esses aspectos mais jovens de si. Ao fazer isso, a dinâmica da violência internalizada melhora. Entretanto, as personificações dramáticas dessas múltiplas partes da psique do homem deprimido são apenas um dos aspectos da recuperação de seu relacionamento consigo mesmo. Aprender a trazer o "adulto funcional" para os momentos de imaturidade não é um ritual que se faz uma única vez no consultório; é uma prática que o homem deve repetir todos os dias.

Jeffrey conta, em certa sessão, que toda vez que é rejeitado por uma possível parceira de dança, fica com vergonha. Ele se sente velho, gordo, desajeitado e feio. Em segundos, volta a ser aquele menino de 8 anos trancado fora de casa pela mãe. No passado, essa parte magoada e vulnerável, cuja existência Jeffrey mal conseguia admitir, o teria levado a sair correndo da pista de dança para o conforto gerado pela comida ou pela televisão. Não mais. Ele aprendeu a acessar outra parte de sua psique, um aspecto mais maduro de si mesmo, para cuidar e conter seus impulsos imaturos. Chamo esse exemplo de cura de um momento de "heroísmo relacional"[6] — que é quando todos os músculos e nervos do corpo de uma pessoa a impelem a reencenar seu padrão disfuncional habitual, mas, por meio da força absoluta da disciplina ou do espírito, ela desvia da trilha de sempre e ruma a comportamentos mais vulneráveis, mais carinhosos e mais maduros. Assim como o trauma de infância que causa a depressão não se resume a um único incidente dramático, e sim a transações repetidas centenas e centenas de vezes, a recuperação também é composta de inúmeras pequenas vitórias.

Toda vez que Jonathan, em vez de dar um tapa na esposa, Carlisle, na frente da filha Elise, de 4 anos, pega o bilhete que a filha escreveu para ele e o usa como um disjuntor que apazigua sua raiva, ele produz um momento de heroísmo relacional. Toda vez que Damian Ash olha a foto dos filhos e se lembra de não atacar a esposa da mesma forma que assistia ao pai atacar a mãe, ele é um herói relacional. Toda vez que Jeffrey Robinson sente a inundação física da agitação, da depressão e da vergonha tomar conta dele e não foge da aula de dança, mostra que ele aprendeu a dar a si mesmo a educação funcional que nunca recebeu. Esses momentos estão no centro do processo de recuperação.

Certa vez, Jeffrey fez piada dizendo que nossas sessões pareciam uma terapia de casal entre ele e ele mesmo. Jeffrey disse isso para me provocar, mas, na verdade, me senti lisonjeado. Como um homem como ele aprende a fazer por si mesmo o que o pai e a mãe não fizeram? Ele aprende com a terapia e com outros homens e mulheres em recuperação.

Pensar na maturidade como uma *prática* diária é um afastamento radical da psicoterapia tradicional, na qual as dificuldades do homem em se relacionar consigo mesmo são encaradas como *patologia de caráter*, *disfunção do ego* ou *déficits estruturais*. Seu "desenvolvimento atravancado" é tido como profundamente enraizado. A terapia é encarada como o fornecimento de uma "experiência emocional corretiva", por meio de um relacionamento intenso com o terapeuta. Em essência, o terapeuta conserta o paciente, e o paciente, ao longo de anos de terapia, aos poucos internaliza "interjeições" novas e benevolentes que modificam seus danos estruturais. Esse processo é extremamente trabalhoso, exigindo várias sessões por semana por muitos anos.

Em vez de tentar reparar os homens deprimidos com quem trabalho, eu os ensino a reparar a si mesmos. Não defino habilidades relacionais como entidades estáticas em relação às quais se tem um relacionamento passivo e indefeso. Elas são atividades. A autoestima, por exemplo, não é algo que se *tem*; é algo que se *desenvolve*. E é algo que se pode aprender a melhorar. Chamo essa parte do trabalho de "prática de maturidade relacional". O tratamento envolve avaliação, instrução e exercícios. Em um primeiro momento, o homem e eu avaliamos seus pontos fortes e fracos. Em seguida, dou a ele algumas ferramentas simples para utilizar no trabalho consigo mesmo. Por fim, ele parte para a prática e relata seu progresso, para que eu o ajuste e dê apoio. Minha função é mais a de um treinador do que a de um terapeuta tradicional baseado em transferência. Digo às famílias com as quais trabalho, de forma um pouco jocosa, que pensem em mim como seu *personal trainer* de maturidade e intimidade.

Pia Mellody elaborou uma grade de cinco pontos que considero prática[7] e abrangente. Ela consiste em cinco funções do ego: autoestima, autoproteção, autoconhecimento, autocuidado e automoderação. Como encaro essas funções como operações, e não como entidades, os homens tratados por mim podem aprender a aumentar o nível de habilidade nessas áreas. Eles podem se tornar relacionalmente *habilidosos*. Jeffrey já aprendeu algumas técnicas simples de autorregulação para lidar com os momentos desconfortáveis em que se sente rejeitado e cheio de vergonha. Ele é capaz de fechar os olhos por um instante, respirar fundo e lembrar a si mesmo que, aos 50 anos, está velho demais para ser abandonado. Ele pode se imaginar enchendo aquela criança interna de 8 anos de sabedoria, cuidado e amor de adulto. "Sou suficiente e tenho importância", pode dizer a si mesmo, acalmando o pânico em crescimento. "Independentemente de ser aceito ou rejeitado, neste momento, a pessoa que precisa me valorizar sou eu."

Homens como Jeffrey aprendem a tecnologia interna de primeiro admitir e depois se recuperar de estados de vergonha; de admitir e depois se recuperar da grandiosidade. A relação do homem deprimido com a autoestima se torna proativa, assim como sua relação com os limites, o contato com seus sentimentos, a dependência e a moderação. Em momentos como o descrito por Jeffrey, os homens deprimidos tratados por mim aprendem a fazer terapia em si mesmos, repetidas vezes, sete dias por semana. Nosso trabalho em conjunto foca mais em lhes dar ferramentas concretas para transformarem a si mesmos do que de fato transformá-los de maneira ativa.

Tratar a depressão oculta é como descascar as camadas de uma cebola. Por baixo das defesas viciantes do homem com esse diagnóstico está a dor de um relacionamento problemático consigo mesmo. No centro desse transtorno pessoal está a dor não resolvida de traumas de infância. A cura da depressão revela essas três camadas em três fases: sobriedade, prática da maturidade relacional e liberação do trauma. O trabalho de liberação do trauma costuma ocorrer depois que o cliente desligou suas defesas viciantes e aprimorou a habilidade de seu ego a ponto de poder administrar a dor que esse trabalho de liberação inevitavelmente provoca. Nessa terceira fase, o homem deprimido forja um relacionamento com ambas as partes feridas e imaturas dele: a criança vulnerável e a criança intransigente. Ele corrige a inversão empática que está no cerne de sua depressão, identificando-se com a criança que sofreu danos e desidentificando-se com o agressor. Em um ambiente seguro e de apoio, ele revive a dor e a vergonha, muitas vezes extraordinária, de interações traumáticas. Por fim, "devolve" — libera — a vergonha e os sentimentos carregados que internalizou nesses momentos, expurgando-os, liberando-se deles,[8] muitas vezes de forma permanente.

— Quando você me trancou fora de casa, senti vergonha. — Com os olhos fechados, Jeffrey Robinson se dirige à mãe imaginada. — Quando ignorou meus gritos e meu choro, implicitamente me *envergonhou*. Por meio de suas ações, você me disse que eu não merecia atenção. Você se comportou de forma desinibida em sua embriaguez, e eu absorvi a vergonha. E me senti deprimido e desvalorizado a vida toda.

— Continue — peço com a mão em suas costas.

— Quando fez isso comigo, mãe, tive a sensação de que eu era detestável. Tive a sensação de que eu *merecia* ser abandonado, porque não era digno de amor. E tenho me sentido detestável e indigno de amor até hoje... todos os dias da minha vida.

Jeffrey começa a chorar.

— Não lute contra isso, Jeffrey — incentivo.

— Estou *cansado* de sentir nojo de você — continua ele. — Estou *cansado* de me sentir desvalorizado, indigno de amor. *Você* que era incapaz de amar naquele momento, e não *eu*!

— "E tenho raiva disso" — sugiro.

— É verdade — concorda ele, as costas eretas, mergulhado na dor de reviver o trauma. — Tenho raiva disso, mãe.

— Diga de novo, *mais alto*.

— Mãe, sinto *raiva* — diz ele, com vontade. — Tenho *raiva* por causa daquele garotinho. Eu me sinto mal por seu alcoolismo. Gostaria que você tivesse feito algo a respeito disso. Mas ainda estou com *raiva* por você ter se comportado daquela maneira comigo. Não me *importa* o quão bêbada você estava.

— "Eu era só uma criança" — volto a sugerir.

— Eu era só uma criança — repete Jeffrey.

— "Um garotinho precioso e vulnerável".

— Eu era precioso e vulnerável... Ah, *meu Deus*!

Jeffrey se dobra de dor e soluça.

— *Meu Deus! Meu Deus!* — grita ele.

— Está tudo bem. — Eu o acalmo. — Está tudo bem.

Jeffrey Robinson ainda toma medicamentos em altas doses. À medida que o tratamento avança, que a memória e, mais tarde, os sentimentos retornam a ele, descobri que os poucos "incidentes esquisitos" de que Jeffrey se lembrava de início não eram tão poucos assim; eles eram a maior parte não admitida da infância dele. Por fim, Jeffrey conseguiu conversar com parentes próximos sobre o alcoolismo da mãe.

É possível que Jeffrey precise ficar sob medicação por algum tempo. Consequências fisiológicas da negligência precoce e generalizada podem exigir uma intervenção química por anos, até que o corpo se readapte — o que costuma acontecer. Embora Jeffrey precise dos remédios, em termos de capacidade de ser funcional e aproveitar a vida, e de conexão com os outros e consigo mesmo, sua depressão de trinta anos está em remissão total. Para começar, ele desligou as defesas viciantes que estabilizavam sua depressão e a mantinham em funcionamento. Em seguida, aprendeu a ser pai de si mesmo, a se cuidar, se orientar e se conter, diariamente. Por fim, ele mergulhou fundo em sua escuridão inicial e liberou as imagens, os sentimentos e a vergonha introjetados que havia absorvido. Jeffrey Robinson é um herói. Assim como Dante, Enéas e Édipo, ele foi até as profundezas. E retornou.

É difícil imaginar como alguém pode se guiar por um caminho que nunca percorreu. Quando me lembro da minha queda, me sinto grato por meu Virgílio, aquele que desceu ao meu lado e me protegeu dos perigos, como faço agora com os outros. Seu nome é Frank Paolito.

— Fiquei chapado de novo ontem à noite — confesso ao meu terapeuta. — Não consegui evitar.

— Maconha? — pergunta Paolito.

Faço que sim.

— Sei que, do jeito que as coisas estão, poderia ser muito pior. Mas, hoje, me deixa alerta. É engraçado: maconha me ajudava a dormir e agora me deixa agitado. E, no dia seguinte que fumo, fico cansado, exausto. Já está sendo difícil fazer o estágio no Departamento de Assuntos de Veteranos. É deprimente. Todos aqueles homens malditos. No que você está pensando? — pergunto, de repente, de maneira brusca.

Paolito faz que não com a cabeça, devagar.

— Em nada. Só estou ouvindo.

— Em outros dias, vou...

— Por que quer saber? — interrompe Paolito. — Por que perguntou no que eu estava pensando? O que imaginou? Ficou preocupado com algo?

— Quando perguntei no que você estava pensando?

— Sim. — Ele concorda com um meneio de cabeça.

— É. Acho que sim. Que você estaria me julgando — confesso após uma pausa. — "Terry é drogado, um terapeuta adicto."

— Por que eu pensaria isso?

— Por que não pensaria? — retruco. — É verdade.

Paolito sorri, o sorriso desgrenhado e cheio de rugas que eu tanto desejo ver e, ao mesmo tempo, tanto temo.

— "Terry é um drogado" — repete. — *Droga*, como algo que não presta? *Um lixo*?

Sinto o rubor quente da dor tomar meu rosto, mas contenho as lágrimas com firmeza.

— O que está sentindo agora? — pergunta ele com delicadeza.

— Ah, você é esperto demais pra mim, Frank — retruco.

Ele se inclina para a frente de maneira quase imperceptível.

— Por que eu o julgaria por precisar de alívio para a dor que carrega dentro de você? — Fica ainda mais difícil conter as lágrimas. — Por que eu acharia qualquer coisa, Terry? Exceto, talvez, ficar triste por você achar que tem que fazer isso consigo mesmo?

É assim com Paolito. Ao contrário dos outros terapeutas que tentei antes e que abandonei em pouco tempo, Paolito — apesar de meus inúmeros e inteligentes convites — se recusa a fazer malabarismos intelectuais comigo. Como um fio de prumo que não se altera, ele simplesmente transmite seu afeto por mim, repetidas vezes. E não importa quão confuso ou complexo eu me apresente, Paolito apenas sorri, um pouco melancólico, e devolve amor. Acho o toque do amor dele excruciante.

— Na ampla planície do Inferno — digo a ele em uma sessão —, onde estão os filósofos não batizados, onde o próprio Virgílio reside, não há tortura. Quem poderia torturar Platão, Aristóteles? Mas, ainda assim, é o Inferno. Enquanto Dante fala com as almas dos grandes pensadores, a chuva cai, e eles fogem aterrorizados. Virgílio explica para ele que a chuva que cai do céu queima a pele dos condenados, inclusive a daqueles grandes homens, pela simples razão de que eles não estão no céu e nunca estarão. Sinto sua bondade para comigo como essa chuva, Paolito. Ela queima minha pele.

— Dói se permitir confiar em alguém — responde ele com sua simplicidade típica.

— Dói me permitir sentir qualquer coisa — retruco.

Poucos meses depois de o meu pai e minha mãe me deixarem na Rutgers, quando a empolgação por ter meu quarto de concreto e lençóis da faculdade passou, tive o que seria chamado de colapso nervoso em qualquer década, exceto pelos selvagens anos 1960. Não muito diferente do rechonchudo e desgrenhado Billy Jodein, a depressão que consegui conter enquanto morava com meu pai e minha mãe me arrebatou por completo. Eu passava dias inteiros na cama, paralisado, decorando cada rachadura naquelas paredes de concreto. Pensava em suicídio todos os dias. A cada noite, eu me deitava e notava, quase com pesar, que ainda estava vivo. Os novos amigos e colegas de dormitório foram os responsáveis pela minha sobrevivência. Eles queriam avisar meu pai e minha mãe, mas eu não deixava. Queriam me levar ao hospital da universidade, mas eu não quis. É surpreendente que ninguém tenha me denunciado. Somente naquela década antiautoritária eles teriam tolerado meu comportamento como fizeram. Meus colegas levavam comida do refeitório e as anotações das aulas para mim. Eles também levavam — abençoados sejam — drogas para que eu ficasse chapado.

Aquele ano foi como estar preso no gelo, exceto pelo fato de eu estar congelado de dor. Como naqueles pesadelos em que você sente tudo sem ter o controle do próprio corpo, eu me mantive lúcido. De certa forma, nunca me senti tão lúcido antes ou depois daquilo. Minha mente, como o próprio mundo, parecia cristalina, aguçada, resistente e desprovida de calor. Não que eu estivesse paralisado, mas a sensação era a de que não havia mais nenhuma razão específica para me mover, me alimentar ou viver. Se um carro estivesse vindo contra mim, era provável que eu não encontrasse motivação para sair do caminho.

E eu me odiava — por estar naquele estado e por ser uma pessoa indigna de amor. Eu sentia que havia algo intrinsecamente monstruoso em mim, um fedor asqueroso em minha alma que eu mal conseguia encobrir com o perfume barato do meu charme. A sensação era a de que eu estava quase morto e era merecedor disso. Eu havia me tornado um objeto inanimado para mim mesmo. De alguma forma, tinha perdido a noção de que era humano.

Um inverno longo e sombrio se tornou primavera, e o gelo vazio e escuro que me envolvia começou, sem motivo aparente, a se desfazer em pedaços. Eu não sabia o que havia acontecido comigo nem por que estava acabando, simplesmente havia surgido em certo dia como uma camada espessa de nuvens. E, então, meses depois, se dissipara. Eu só sabia o seguinte: nada neste mundo me levaria por livre e espontânea vontade de volta àquele lugar.

No entanto, lá estava eu, aos 31 anos, deixando que um terapeuta me persuadisse a retornar àquela dor. Frank Paolito era velho, inteligente e seguro o suficiente para resistir à minha sedutora dança. Ele me valorizava. E tinha um objetivo em mente: me ajudar a aprender a me valorizar. Absorvi seu carinho por mim, apesar de tudo. E, como um metal enterrado subindo em direção a uma força magnética gigantesca, a dor da qual eu havia passado a vida fugindo veio à tona para encontrar seu olhar implacavelmente benevolente.

Na faculdade, minha dor me arrebatava sem ter sido convidada. Dessa vez, eu me deixei mergulhar nela. Lembro-me da manhã em que cheguei ao fundo do poço. Foi mais ou menos em nosso terceiro ano da terapia que eu fazia duas vezes por semana. Eu estava disposto a admitir a depressão da qual havia fugido a maior parte da vida, embora o desconforto e o medo fossem quase insuportáveis. Algumas semanas antes, estávamos conversando sobre medicamentos e, talvez, até uma breve internação. Naquele dia, pedi demissão do meu estágio no Departamento de Assuntos de Veteranos. Eu não suportava aquele lugar. Depois de horas na cama, consegui me arrastar até o chuveiro. Não conseguia parar de chorar. Eu sabia que, naquela implosão controlada chamada terapia, estava revivendo a solidão sombria que senti durante a maior parte da infância. Imaginando Paolito ao meu lado, resolvi deixar que meus sentimentos viessem à tona e tomassem conta de mim. Nunca me senti tão dolorosamente sozinho e assustado. Lembro-me de ter ficado no chuveiro enquanto ondas e mais ondas de dor emocional tomavam conta de mim. "Você consegue", repetia para mim mesmo. "Você consegue. Não fuja."

Lembro-me de ficar com raiva. Com raiva da minha depressão, da dor em si. Acho que estava me enchendo de raiva para suportar o terrível vazio que se abatia sobre mim. Não sei por quanto tempo fiquei curvado no chuveiro, sem nem sentir a água gelada caindo sobre mim. No entanto, pela primeira vez na vida, não tive medo. Depois de um longo tempo, a dor começou a diminuir por conta própria. Tomei consciência da água fria em meu corpo. Eu me senti um pouco inquieto, quase entediado, de cócoras ali por sei lá quanto tempo. Percebi, aos poucos, que minhas pernas estavam doendo e que eu devia estar tremendo. Fechei o chuveiro e me enxuguei, como qualquer pessoa faria. Olhei para o espelho e me barbeei. O processo natural havia, até então, seguido seu curso.

A depressão congela, mas a tristeza flui. Tem um fim. O que eu havia passado tanto tempo evitando tinha acabado de fluir por mim — e eu estava bem. Na segurança reabilitadora da companhia de Paolito, minha depressão oculta se tornou aparente. Minha depressão aparente se transformou em tristeza. E a tristeza, eu viria a entender, é a cura da depressão. Ao ter empatia com a minha parte ferida, ao dar apoio à minha parte adulta e ao evitar habilmente até a mais leve aliança com meu ódio internalizado, Paolito me deu o exemplo da cura da reversão empática que estava no centro da minha depressão oculta. Ele me ensinou, por meio do exemplo, a dar valor à minha vulnerabilidade e a ignorar discretamente as mensagens internalizadas de autodesprezo. Sei que devo minha vida a ele, assim como muitos de meus pacientes me dizem que devem a deles a mim. A cadeia de danos tóxicos pode ser derrotada por uma cadeia de graça e recuperação.

A depressão não é um sentimento em si; é uma condição de torpor, de ausência de sentimento. Em meu trabalho com homens deprimidos, diferencio entre estados e sentimentos. Os estados são globais, difusos, impessoais. A relação de uma pessoa com seu estado é passiva, desencarnada. Um estado de depressão recai sobre alguém, como o mau tempo, como aconteceu comigo quando eu estava na faculdade. Na maioria das vezes, em seis a oito meses, com ou sem tratamento, por motivos que ninguém entende, a depressão aguda costuma se dissipar. O mau tempo vai embora."[9]

Já os sentimentos são específicos, ancorados no corpo da experiência de alguém. A depressão é um estado. Tristeza e raiva são sentimentos. A ansiedade é um estado. O medo é um sentimento. A intoxicação é um estado. A felicidade é um sentimento. O sentimento de uma pessoa *tem relação* com algo. Ele está embutido nos relacionamentos; portanto, quando alguém sente algo em um relacionamento, pode adotar medidas de alívio. As emoções são sinais que emergem do contexto das nossas interações.

A cura para os estados são os sentimentos. Como descobri naquele dia no chuveiro, ao contrário dos estados, que tendem a congelar, os sentimentos seguem um curso próprio no devido tempo. Apesar do medo masculino de não contermos as lágrimas caso nos permitamos chorar, elas, na prática, acabam por diminuir quando as deixamos fluir. Os sentimentos não duram para sempre, mas nossas tentativas entorpecentes de evitá-los podem durar a vida inteira.[10]

A essência da recuperação está na arte de levar uma maturidade aprendida e praticada (o adulto funcional) ao relacionamento com aspectos imaturos e feridos do eu (tanto a criança vulnerável quanto a criança intransigente). Ao admitir o trauma e repudiar a identificação com o agressor, a dinâmica internalizada da violência é reparada; o congelamento resultante da depressão termina, e o luto simples e restaurador descongela o coração. Os pesquisadores começaram a rastrear os traços desses processos de restauração na neurofisiologia do cérebro humano. Novas pesquisas sobre a biologia do trauma sugerem que o que venho chamando de "crianças internas" e "adultos funcionais" são, muito provavelmente, circuitos distintos em nossa neuroquímica. A pesquisa neurológica também parece embasar e colaborar para explicar a ação curativa da recuperação.

Apreciar a natureza da memória traumática é fundamental para entender o processo de recuperação de um homem deprimido. De certa forma, essa memória não é uma memória de fato; é uma forma de reviver. Jeffrey é inundado por um surto fisiológico quando é rejeitado na pista de dança. Naquele instante, ele não é um homem de 50 anos que está se lembrando dos sentimentos que teve quando era um menino de 8. Por um breve momento, Jeffrey *se torna* aquele garoto. Ele olha para o mundo, para a pessoa que o rejeita, pelas lentes daquela criança abandonada. Ele está "em sua ferida", em seu estado de ego infantil. Esse fenômeno é conhecido como "aprendizagem estado-dependente".[11] Quando o veterano de guerra se vira como se tivesse uma arma nas mãos ao ouvir fogos de artifício, ele não está se lembrando do combate; ele está de volta a ele.

Bessel van der Kolk resume a literatura atual sobre memórias traumáticas:

> Pesquisas demonstraram que, em condições normais, muitas pessoas traumatizadas, inclusive vítimas de estupro, mulheres agredidas e crianças abusadas, têm um bom ajuste psicossocial. Entretanto, elas não respondem ao estresse da mesma forma que os outros. Sob pressão, elas podem se sentir ou agir como se estivessem passando pelo trauma outra vez. Assim, estados elevados de agitação parecem promover seletivamente a recuperação de memórias traumáticas, informações sensoriais ou comportamentos associados a experiências traumáticas anteriores. A tendência dos organismos traumatizados de retornar a posturas de emergência irrelevantes em resposta a um estresse de menor escala[12] também foi bem documentada em animais.

Em experimentos de laboratório com varredura térmica do cérebro, os pesquisadores rastrearam a ativação do sistema límbico quando veteranos do Vietnã foram expostos a imagens de combate vinte anos depois de suas missões. A atividade do sistema límbico voltava a se acalmar,[13] e as funções corticais superiores eram reativadas logo depois de o estímulo ser removido e de pederem aos participantes que expressassem suas experiências em palavras.

Pesquisas atuais indicam que as experiências traumáticas podem ser armazenadas em uma parte do cérebro diferente dos sistemas corticais superiores, que dão sentido a elas. Vários pesquisadores identificaram dois circuitos da memória, chamando um de "sistema de memória *explícita*" e o outro de "sistema de memória *implícita*".[14] O primeiro é responsável pela recordação de fatos, verbalizações e construção de quadros explicativos. O segundo armazena respostas habituais e fisiológicas, além de associações emocionais. Em outras palavras, o sistema de memória implícita experimenta, enquanto o sistema de memória explícita entende e explica. Hoje, uma série de estudos indica que eles funcionam como vias neurofisiológicas distintas. A memória explícita envolve o córtex pré-frontal, enquanto a memória implícita envolve o sistema límbico, sobretudo a amígdala e o hipocampo. O que os neurocientistas aprenderam com a fisiologia é consistente com o que eu e outros terapeutas aprendemos em nossa experiência clínica. Recuperação significa unir esses dois sistemas. Van der Kolk escreve:

> O objetivo do tratamento do transtorno do estresse pós-traumático é ajudar as pessoas a viver no presente, sem sentir nem se comportar

de acordo com demandas irrelevantes que pertencem ao passado. Em termos psicológicos, isso significa que as experiências traumáticas precisam ser localizadas no tempo e no espaço e diferenciadas da realidade atual.[15]

Van der Kolk segue afirmando que, em pessoas traumatizadas, o estado de hiperestimulação do organismo pode ser forte demais para permitir que a terapia conversacional seja eficaz por si só. Ele recomenda, e eu concordo, que os médicos devem se sentir à vontade para recorrer à medicação quando necessário, para dar aos pacientes uma base estável a partir da qual possam realizar a psicoterapia. Os medicamentos preferidos para o tratamento do transtorno do estresse pós-traumático não são nenhuma surpresa: o Prozac e sua família,[16] os "inibidores da recaptação de serotonina". A serotonina foi identificada como um agente essencial para auxiliar o sistema septo-hipocampal a retardar o estado de "luta ou fuga" da hiperestimulação de emergência. A serotonina é a mesma substância química cujo desequilíbrio está implicado na depressão aparente, na agressividade impulsiva, nas "personalidades antissociais", no transtorno obsessivo-compulsivo e provavelmente em alguns vícios. O que sabemos sobre esse hormônio é um tanto rudimentar, mas a única coisa que parece evidente é o fato de o rastro de seu desequilíbrio estar correlacionado, de alguma forma, à autoestima, ao trauma e à depressão — tanto a aparente quanto a oculta. Pesquisadores como Bessel van der Kolk, Robert Golden e H. M. Van Praag questionaram a ideia fundamental na psiquiatria de entidades de doenças distintas. Novas pesquisas sobre psicobiologia apontam para um conjunto de possíveis distúrbios e sintomas,[17] que vão da depressão à ansiedade e à agressividade, que compartilham uma assinatura fisiológica — o desequilíbrio da serotonina. Quanto à recuperação, a família do Prozac parece se aproximar em termos químicos de parte do que o trabalho de cura realiza nos quesitos emocional e cognitivo. Ela ajuda a acalmar o sistema de memória implícita e a fortalecer o sistema de memória explícita, ou, dito de outra forma, ajuda a diminuir a intensidade das crianças internas feridas e a reforçar as habilidades do adulto funcional.

A relação entre trauma psicológico e depressão tem sido fundamental para a teoria do desenvolvimento desde Freud. No entanto, a partir da bizarra decisão do próprio Freud de não acreditar nos relatos de abuso de suas pacientes, a teoria psicanalítica minimizou de modo severo a realidade da violência interpessoal. O trauma, embora central, permaneceu como um fenômeno abstrato. Apenas recentemente o processo real do trauma, suas repercussões e sua cura deixaram a sala de projetos da teoria sem embasamento para serem levados ao laboratório para estudo sistemático. Várias influências se juntaram para focar no processo real, e não no imaginário, do trauma e da recuperação. O movimento feminista expôs a realidade da violência doméstica contra as mulheres e, depois, por extensão, contra as crianças, corrigindo — quase cem anos depois — o erro fatídico de Freud. Milhares de veteranos do Vietnã se uniram para exigir que o transtorno do estresse pós-traumático do qual eles e seus companheiros sofriam fosse legitimado, compreendido e tratado. Em seguida, os especialistas em dependência ampliaram seu foco da preocupação exclusiva com o dependente e o alcoolista para uma preocupação com o cônjuge e os filhos. Depois de incluir questões de "codependência", bem como as consequências de ser criado em um "lar alcoólatra", esses especialistas abordaram a questão do trauma infantil. Por fim, a crescente medicalização do campo da psiquiatria deu início a uma exploração sistemática das consequências biológicas do trauma.

Embora cada um desses quatro grupos — feministas, veteranos, Alcoólicos Anônimos e psicobiólogos — tenha orientações e linguagens divergentes, e apesar de não faltar tensões políticas entre eles, muitas de suas observações reais e técnicas para lidar com o trauma são consistentes. Há uma ressonância notável, por exemplo, entre a descrição de Khantzian do distúrbio subjacente do ego que alimenta o vício, a grade de cinco pontos de Pia Mellody para analisar a maturidade e a descrição de Bessel van der Kolk e Judith Herman do *transtorno do estresse pós-traumático complexo*, que consideram envolver "desregulação crônica do afeto,[18] comportamento destrutivo contra si e contra os outros, dificuldades de aprendizagem, problemas dissociativos, somatização e distorções nos conceitos sobre si e sobre os outros". No centro de todas essas descrições está a dor. E no centro da dor está o legado do trauma infantil.

O tratamento da depressão oculta precisa envolver três camadas: a defesa viciante, a imaturidade relacional subjacente, ou distúrbio do ego, e o trauma de infância que colocou todas as engrenagens em movimento. A dor — da qual o homem com depressão oculta procura escapar — vem de todos esses três fenômenos. O trauma de infância leva a distúrbios de autorregulação, que podem ser sentidos como uma depressão aparente, ou evitados, encenados, como uma depressão oculta. O último fator a ser considerado nessa equação é o sexo. Tanto os tipos de abuso e de negligência sofridos pelas crianças quanto suas formas características de lidar com eles dependem do sexo. As meninas são empurradas para dentro, e os meninos, para fora. Parte dessa direcionalidade pode ser inerentemente biológica, mas a maioria dos estudiosos concorda que o processo é uma complexa rede do que é inato e do que é adquirido.[19] A cura do espectro de distúrbios que aflige meninas e mulheres atualmente tem, em sua essência, a afirmação renovada do eu. Já a cura para meninos e homens tem as habilidades de reconexão. Até que um homem interrompa a encenação de sua angústia, olhe para o relacionamento consigo mesmo e faça com que seu eu maduro admita e lide com as feridas antigas que permanecem muito vivas dentro dele, ele será inevitavelmente deficiente em sua capacidade de manter um relacionamento pleno e satisfatório. Como Jeffrey Robinson, Henry Duvall e eu fizemos, um homem deprimido precisa em um primeiro momento aprender a se valorizar e a cuidar de si mesmo. Só então ele estará preparado para valorizar e cuidar dos outros.

CAPÍTULO 11

Aprendendo a ter intimidade: como curar nossos relacionamentos

Narciso se debruça sobre a fonte. Desejoso, estende a mão para a criatura que ele imagina que habita a água. Narciso logo aprende que qualquer tentativa de agarrar o "duende" que deseja só faz com que este desapareça. E, assim, segundo Ovídio, ele "se contenta com suspiros". No entanto, acontece que Narciso não está só. No agradável ar primaveril, suas lamentações são repetidas por outra figura — múltiplas vezes. O duplo mitológico de Narciso é a figura de Eco. Assim como Narciso é punido pela arrogância, pelo orgulho de reter seu amor, Eco é punida pela arrogância de seus ardis. Ovídio conta que Juno a priva da fala e a coloca ao lado da fonte pela qual seu amor, o desconsolado Narciso, se lamenta. Ovídio escreve:

> Toda vez que ele grita: "Oh, eu!", a ninfa repete
> "Oh, eu!"; e quando ele agita os braços e sacode
> os ombros, ela repete seu martelar.
> Suas últimas palavras na piscina familiar,
> quando uma vez ele olhou para as ondas,
> foram estas: "Querido menino, aquele que eu amei em vão!"
> E o que ele disse ressoou naquele lugar.
> E quando ele gritou "Adeus! Adeus!" era apenas
> o que Eco imitou.[1]

Narciso está tão apartado do sentimento inato, da sensação interior autêntica, que nem mesmo reconhece o próprio rosto. Em vez da capacidade de experimentar a si mesmo de dentro para fora, Narciso busca uma união desesperada com uma fonte externa de abundância que ele acredita que o completará. O preço dessa ilusão é a morte. Incapaz de comer e dormir, como um dependente nos estágios finais de obsessão, ele definha. Sem a capacidade de dizer as próprias palavras, Eco registra e reitera cada suspiro de Narciso. Se ele é um reflexo, ela é o reflexo de seu reflexo, a sombra de sua sombra. Narciso perde a sensibilidade, e o resultado é uma paralisia fatal. Eco perde sua voz, e o resultado também é a paralisia. Nenhum dos dois é capaz de ter um relacionamento autêntico.[2]

Assim como Narciso e Eco, muitos dos relacionamentos entre homens deprimidos e suas respectivas esposas representam não uma aberração, e sim uma extrapolação das normas culturais para homens e mulheres. A mesma bifurcação de gênero que priva os homens do próprio coração priva as mulheres da própria voz, estabelecendo um *pas de deux*[3] culturalmente sancionado no qual a depressão oculta do homem, sua dependência de adereços de autoestima, se encaixa na proteção da esposa, a dependência muitas vezes ressentida que ela tem dele. Sempre que esse "toma lá, dá cá" tradicional se desfaz, o relacionamento, e às vezes o próprio homem, entra em crise. Na maioria das vezes, é nessa conjuntura que eu entro na história. A esposa de Joe Hannigan, por exemplo, optou por enfrentar a depressão do marido, em vez de tentar protegê-lo dela. E a ousadia de Barbara Hannigan provocou uma crise em Joe quase fatal. Eu o conheci em certo dia depois que sua filha de 6 anos o salvou.

Com 1,90 metro de altura e o rosto largo e corado, Joe Hannigan era o típico irlandês de South Boston, quase tão durão como era de se esperar. Gerente de obras de alguns dos maiores bancos comerciais da Nova Inglaterra, Joe era conhecido como alguém que conseguia concluir um trabalho dentro do prazo e do orçamento, apesar dos problemas com o sindicato e da carência de materiais. Era um sujeito simples e parrudo, alguém que você gostaria de ter ao lado em caso de emergência. Alguns dias antes de sermos apresentados, Joe havia passado a tarde inspecionando uma obra na região oeste do estado. Depois disso, ele se hospedou no hotel mais chique da região, falou com a esposa pelo telefone, digitou algumas anotações de última hora em seu notebook e, em seguida, alinhou os 183 comprimidos que havia estocado nos últimos sete meses. Arrumando as pílulas em fileiras longas e organizadas, Joe se serviu de um copo cheio de uísque. Naquele momento, o telefone tocou. Era Allie, de 6 anos, irritada com o fato de o pai ter dado boa-noite para a mãe, mas não para ela. E, já que eles estavam se falando, acrescentou a menina, ele se lembrava da apresentação da escola na sexta-feira, certo? Aquela em que ela cantaria? Ele *estaria lá*, não é mesmo?

Joe tinha levado meses para criar coragem para aquele momento e lá estava ele, neutralizado por uma menininha. É lógico que ele não podia dizer a verdade a ela. Além disso, era um sujeito decente demais para tolerar a ideia de que a última coisa que diria à filha seria uma promessa que não pretendia cumprir.

"Papai?", insistiu Allie.

Joe suspirou. É óbvio que estaria lá, garantiu. Mais tarde, ele me disse que, ao dizer aquela única frase, tivera a sensação de que estava deixando toda a vida voltar para dentro de si. Joe não gostou da experiência. Não se sentiu aliviado. Ele se sentiu obstruído.

Joe Hannigan se sentou na beirada da cama do hotel e bebericou seu copo cheio de uísque por um longo tempo, observando as luzes de Springfield. Depois de horas bebendo e observando, ele enfim decidiu que, se não iria se deitar e deixar a depressão tomar conta dele — o que ainda era sua primeira opção —, então teria de se levantar e encontrar uma forma de combatê-la. Continuar a viver daquele jeito estava fora de cogitação. Joe pegou o telefone e ligou para um amigo, que ligou para um amigo que me conhecia.

A depressão aparente de Joe Hannigan foi a colheita de uma vida inteira de dependência da autoestima baseada no desempenho. No campo psicológico, Joe era "o homem da casa" desde os 6 ou 7 anos. O pai dele, Bill Hannigan, um irlandês-americano de primeira geração, havia conquistado seu espaço no bairro de South Boston, onde começou como operário. Bill abriu a própria pequena empresa de construção e se saiu bem o suficiente para sustentar a si e a família. Ele havia feito, como Joe disse, "um trabalho honesto". O que fazia o modesto sucesso de Bill parecer notável era a profundidade da depressão aparente que ele enfrentava na maior parte de seus dias: o "irlandês sombrio" de Bill, como a mãe de Joe o chamava. "Ah", ela suspirava, "o irlandês sombrio do seu pai está tendo um dia ruim."

Joe se lembra de que houve momentos, como aquele após a morte do pai de Bill, em que o "irlandês sombrio" levou a melhor. Momentos em que seu pai ia para a cama, incapaz de dormir, mas também incapaz de comer ou de se levantar. No entanto, esses períodos eram curtos. Na maioria das vezes, Bill conseguia se arrastar para fora da cama pela manhã, suportar o dia de trabalho e voltar para casa, onde caía nos braços indulgentes das mulheres — a mãe e as tias de Joe —, que o envolviam em travesseiros macios, chá forte e eufemismos.

"A única coisa que ninguém fez pelo meu pai", disse Joe em uma sessão, "foi perguntar a ele por que ele estava tão triste, para começo de conversa".

Embora não deixasse transparecer, Laureen, a mãe de Joe, levava uma vida solitária. Joe, o mais velho e também o mais sensível dos três meninos, assumiu o papel de confidente, consolador e amigo dela. Ele me contou que, já aos 6 ou 7 anos, lembrava-se de "sentir pena" tanto do pai quanto da mãe. Como muitas crianças falsamente empoderadas, Joe estava mais sintonizado com os sentimentos de suas figuras parentais do que com os próprios. À medida que crescia, ele assumia cada vez mais funções paternas na família: animava o pai, consolava a mãe, cuidava dos irmãos e irmãs mais novos e até os disciplinava. Precoce, Joe ouvia com simpatia as preocupações da mãe. Ele absorveu, como se por meio de uma membrana permeável, a tristeza de ambos. Quando chegou ao início da adolescência, Joe já trabalhava na empresa da família. E, demonstrando um senso aguçado de perspicácia nos negócios, logo assumiu a maior parte das operações cotidianas — para grande alívio do pai.

Embora Bill Hannigan não tenha gerado uma receita de milhões, seu filho o fez — pelo menos por um tempo. Joe me diz que está feliz pelo pai ter morrido de câncer enquanto a Hannigan Construction ainda estava em alta, em meados dos anos 1980. Quando a recessão chegou à Nova Inglaterra, anos mais tarde, o negócio de construção estagnou, e Joe foi forçado a vender fatias da empresa para pagar o governo, os bancos e os credores. Aos 40 e poucos anos, ele assistiu ao trabalho da sua vida — e da do pai — ser levado embora, pedaço por pedaço.

Hoje, com 50 e poucos anos, Joe tenta se adaptar à depressão aparente que se tornou sua companheira desde a perda do negócio. Não deu certo. Os pequenos comprimidos cor-de-rosa que ele alinhara em fileiras eram de paroxetina, um antidepressivo da família do Prozac. Eles não tinham ajudado muito. Tampouco as tentativas esporádicas de terapia. Assim como o pai, Joe consegue se arrastar durante o expediente, mas desaba quando chega em casa. É como se, em penitência por ter perdido a empresa e "traído" o pai, Joe tivesse condenado a si mesmo a se transformar nele.

— Até hoje não sei ao certo por que não fui em frente — confessa Joe em nossa primeira conversa por telefone.
— Por que não? — questiono.
— Pela Allie, acho. Minha filha.
— E sua esposa?

Joe faz uma pausa.

— Para quando podemos marcar uma consulta? — Ele muda de assunto.

Digo a Joe que posso recebê-lo no fim da tarde, com a condição de que ele apareça com a esposa.

Ele faz uma pausa mais uma vez, irritado.

— Por quê? — contesta.

— Você contou a ela sobre a noite passada?

Outra pausa.

— Não quero deixá-la preocupada.

Joe dá um suspiro. Segurando o telefone longe da minha boca, também dou. *Olha só esse cara*, penso, *há menos de dezoito horas estava pronto para abandonar a esposa e a filha para sempre. E agora está com medo de preocupar a esposa.*

— Preciso ver vocês dois juntos — insisto.

Com relutância, Joe concorda. Marcamos a sessão.

Em um caro terninho de lã cor de ameixa, com pernas longas e cabelo preto comprido, Barbara entra em meu consultório com uma aparência elegante, bonita e enfurecida. Diante da boa aparência, a óbvia inteligência e o desprezo radiante, percebo por que um homem pode ter dificuldades de encará-la.

— Vamos direto ao ponto. — Ela logo assume o controle da sessão. — Estou furiosa com esse sujeito. Doutor...

— Me chame de Terry — respondo de maneira calorosa.

— Tanto faz. — Ela desconsidera o pedido. — Escute. Eu mesma não sou uma pessoa alheia à depressão. Assim como Joe, tomo remédios há anos, tá?

Ela olha para o marido, que assente em concordância de maneira quase imperceptível.

Eu olho para ele.

— Isso foi um "sim"? — pergunto.

— Ah, *sem dúvida*. — Ele abre um largo sorriso para mim, alfinetando-a.

Sustento o olhar exultante de Joe por um instante. Em sua cadeira, Barbara está espumando de raiva. Joe sorri para ela de forma provocadora. O ódio entre eles é palpável. O embate entre os dois, violento — ele aparentemente passivo, e ela, ativa —, tinha tal controle sobre eles que o quase suicídio de Joe (apesar de real, eu não tinha dúvidas) pode ter sido tanto um movimento no jogo deles quanto o resultado da depressão.

— Bem, Joe? — tenta ela outra vez. — Remédios? Oi? Joe? Não é? — A voz de Barbara sobe um tom.

Joe apenas sorri, olhando para uma pilha caótica de papéis em minha mesa.

— Fale tudo o que você tem a dizer, Barbara. — Ele a ignora por completo.

Barbara bufa, cruza os braços e se recosta na cadeira. Ficamos esperando.

— Quer continuar? — pergunto a ela por fim.

Ela faz que não com a cabeça, os olhos marejados.

Estendo a ela uma caixa de lenços de papel.

— Você pode dizer por que está chorando? — peço. Mais uma vez, ela balança a cabeça.

— Ela está chateada — conta Joe. — Acho que está tão brava por eu quase ter feito o que fiz que deve estar decepcionada por eu não ter feito mesmo.

Isso a afeta. Ela se vira tão depressa que acho que está prestes a bater nele — ou sair correndo do consultório. Em vez disso, ela explode:

— Lógico, Joe! Quero você morto. É esse o tipo de *megera* que eu sou! Sou muito *malvada*! Foi por isso que engravidei de novo. Só pelo tanto que odeio você.

— De novo? — indago.

— Toda mulher deixa que o marido a engravide antes de acabar com ele — continua Barbara.

— *Acabar* com ele? — pergunto.

— Não, Joe — Barbara me ignora —, eu quero você *vivo*. *Quero* ver você *sofrer*. Quero que conheça o sentimento quando eu abandonar você. E as crianças também, Joe, as duas.

— Se você tentar levar essas crianças embora, Barbara, eu...

— Com licença — interrompo, disputando a atenção deles. — Há quanto tempo isso existe?

Os dois olham para mim, sem saber o que fazer.

— Isso o quê? — pergunta Joe.

— Ódio mútuo e crescente — pronuncio cada palavra bem devagar.

Por um breve instante, eles se descontraem, envergonhados como crianças repreendidas, mas não dura muito.

— Eu não *fiz* nada no fim das contas — pondera Joe com o canto da boca, olhando para mim, como uma criança diante de um monitor de turma.

— Ah, Joe. *Joe.* — Barbara enfim se solta. Ela começa a chorar de soluçar. Toda a tensão que ela deve ter guardado desde que soube da tentativa. — Seu estúpido, seu *estúpido*. Você *quase* fez, não foi? Não acha que o *quase* deveria contar? Você não parou por *minha* causa. — Ela se engasga entre as lágrimas. — Não foi por *mim*!

— Não tinha a ver com você, querida, de uma forma ou de outra... — Joe tenta consolá-la.

Barbara se curva em sofrimento, com soluços profundos e agitados. Quando consegue falar, ela se endireita. Seu rosto está um caos.

— Meu Deus, Joe! — diz ela, por fim. — Me deixar sozinha com duas crianças, com um *filho* que ainda nem nasceu... Mas não tinha a ver comigo. Não tinha a ver comigo? — Ela o olha nos olhos, subitamente amarga, e solta: — Por que você não assume a *porra* da responsabilidade?

Observo Joe se aprumar, os dentes cerrados, enquanto ele olha para o nada. Sem dúvida, ele já ouviu aquelas palavras antes.

— E não vem me dizer que odeio você. — Barbara se vira para mim. — Estou *cansada* de ouvir como eu sinto ódio. Viva *você* com ele. Repare no quanto o ama.

Eu pigarreio, prestes a falar, mas não tenho tempo.

— Eu gostaria de *conseguir* odiar você, droga — continua ela. — Minha vida seria mais fácil se eu conseguisse. É *esse* o maldito problema!

Ela assoa o nariz e enxuga os olhos. O rímel escorre por suas bochechas em manchas escuras e irregulares. Joe lhe estende mais lenços de papel. Conforme ela se desespera, ele se acalma. O olhar que lança para ela fica mais terno. Em suas roupas sob medida e unhas vermelhas perfeitas, segurando bolos de lenços de papel encharcados, Barbara parece encantadoramente acabada.

— Filho da puta — diz ela olhando para o marido, que ousa dar um leve e gentil sorriso. — Filho da puta — murmura mais uma vez, mas está evidente que a raiva está perdendo força. Tentando mantê-la viva, ela olha para Joe, que a encara com ternura. Ela assoa o nariz outra vez — uma verdadeira buzina. Apesar de tudo, os dois começam a rir.

Se eles nunca tivessem tido filhos, talvez o casamento deles tivesse sobrevivido. Se o negócio não tivesse ido à falência, eles poderiam até ter sido felizes. Em seus 20 e poucos anos e no início dos 30, a depressão de Barbara tinha sido grave em alguns momentos, diminuindo só recentemente com a ajuda de uma nova geração de medicamentos e anos de trabalho árduo em terapia. A primeira gravidez, no entanto, a forçou a abandonar os remédios por algum tempo. Para sua surpresa, Barbara havia passado pelo período razoavelmente bem, mas estava morrendo de medo, precisando do apoio de Joe. Ele reagiu ao aumento da dependência dela e à responsabilidade da primeira filha tornando-se ainda mais deprimido. Barbara não pôde evitar sentir que era como se, de maneira consciente ou não, ao se deparar com as inevitáveis demandas da família, Joe tivesse "se deprimido" quase que de propósito.

— Você consegue *imaginar* como foi? — pergunta ela em certa sessão posterior. — Lá estava eu, diante da minha primeira filha. Morrendo de medo. Sem os remédios. Em privação de sono. Tentando amamentar. E tendo que encontrar Joe em um consultório médico para falar sobre a possível hospitalização *dele*?

— Não era uma brincadeira — protesta Joe de maneira dócil.

— Também *não* era sério o suficiente para você fazer terapia de verdade, Joe — retruca ela.

— A terapia conversacional não me ajuda — arrisca Joe.

— Teria *me* ajudado — devolve Barbara. — Se você tivesse feito terapia, isso teria *me* ajudado. Faça-me o favor, Joe! Se eu estivesse em seu lugar, teria procurado até a porra de um curandeiro. Eu *fui* a curandeiros, quero dizer, naturopatas. Você poderia ter feito *mais*.

Joe dá de ombros, como se dissesse: "Fiz o que pude."

Mal tendo conseguido se recuperar após o quase desastre da primeira gravidez de Barbara, eles corajosamente decidiram ter outro filho. Apesar de seus esforços, Joe se viu outra vez em depressão — agravada por seu medo de Barbara. Embora Joe pudesse ter assumido o papel do pai, uma geração havia se passado entre a mãe de Joe e sua esposa. Barbara não tinha nenhuma disposição para sofrer em um silêncio martirizante, como Laureen fizera. Ela deixara evidente que, por mais cruel que pudesse parecer, se Joe se afastasse de novo, como fizera durante a gravidez de Allie, ela iria embora.

Joe acreditava naquilo. Sentindo-se impotente diante do desespero cada vez maior, ele estava paralisado frente ao inevitável conflito entre eles. Em um misto de mágoa, vergonha e raiva, Joe chegou perto de abandoná-la naquela noite em seu quarto de hotel antes que ela o abandonasse. Eles estavam jogando um jogo triste e de alto risco, e seus filhos pagariam o preço se nada fosse feito para freá-los.

Ao longo dos anos, Joe havia tentado terapias cognitivas, comportamentais e de grupo, mas sem muito sucesso. Nenhuma das terapias anteriores havia incluído Barbara ou colocado a depressão de Joe no contexto de seus relacionamentos atuais. Acreditei quando ele disse que todos os tratamentos anteriores haviam fracassado. Logo, concordamos em tratar não sua depressão, para a alegria de Barbara, e sim o falso empoderamento dele — as consequências de sua grandiosidade, sua estima baseada no desempenho e seu privilégio masculino. Começamos pelos pratos.

Como Barbara descreveu, Joe não se preocupava com um único prato da casa havia anos, exceto para perguntar o que ela tinha em mente para colocar nele. Joe protestou sem convicção. Contudo, nem mesmo ele conseguia se lembrar da última vez em que havia de fato lavado um prato. Estava trabalhando mais de cinquenta horas por semana, explicou, enquanto Barbara "ficava em casa…".

— "Comendo bombons e fazendo as unhas" — completa ela.

— O negócio é o seguinte. — Eu me viro para Joe. — Você tem três opções. Um: terminar o trabalho que começou há alguns dias e se matar. Dois: ficar como está e deixar que Barbara o abandone. Três: enfrentar essa coisa e começar a reagir. O que prefere?

— Tento lutar contra isso o tempo todo — reclama Joe. — Achei que eu já estivesse fazendo isso.

— Bem, vamos ver — respondo. — Vamos começar com a influência que a depressão passou a exercer em sua vida. Vamos dar uma olhada em algumas das coisas que a depressão tirou de você. E vamos ver como ela é capaz de fazer isso.

Juntos, Joe e eu começamos a mapear a influência da depressão,[4] as táticas que ela usa para minar a vida dele. À medida que nossa conversa avança, a depressão começa a ganhar um rosto: ela se torna uma força personificada, um denominador cruel que tem a intenção de sugar a vida dele, assim como fez com seu pai. Essa é uma técnica chamada "externalização". Em vez de localizar o problema dentro do homem, fazendo dele uma pessoa má ou problemática, eu o ajudo a situar a questão como um ataque externo. Ele pode, então, escolher se juntar a mim, se quiser, para reagir e derrotar o inimigo.[5]

Como muitos veteranos acostumados à terapia, Joe acreditava que, quando "entendesse" sua depressão, seus comportamentos mudariam para melhor por conta própria. Uma crença comum é que, quando o terapeuta e o paciente "resolvem" a questão, o paciente fica "liberado" para mudar de vida. O problema era que, por mais que ele se esforçasse, os sentimentos de Joe não mudavam. E os remédios não estavam ajudando. Joe podia estar tentando ouvir a paroxetina com todas as suas forças, mas ela não estava falando tão alto assim.

O princípio central que orienta meu trabalho com homens deprimidos como Joe é simples. Se a desconexão estiver na raiz da doença, a reconexão a aliviará. Há uma infinidade de maneiras pelas quais os homens em nossa sociedade se desconectam — de si mesmos e das pessoas ao redor. Como aconteceu com o pai, Joe manteve seu papel de provedor, mas estava desconectado dos cuidados emocionais e até físicos da própria família. Em casa, tanto com a esposa quanto com a filha, ele usava a depressão como uma parede de indiferença. Eu não tinha como prever se teríamos mais sorte no tratamento da depressão de Joe do que as terapias anteriores. Contudo, havia poucos motivos para não atacar suas defesas.

Assim como a reimplantação cirúrgica de um membro amputado, nossa terapia serviu para reconectar Joe à família. Nervo por nervo e veia por veia, estabelecemos os alinhamentos e deixamos que os tecidos se unissem outra vez. Não ficamos esperando que os sentimentos dele mudassem. Os Alcoólicos Anônimos têm um ditado: "Finja até conseguir." Se um alcoolista esperasse até não sentir mais vontade de beber, poderia ter de esperar muito tempo. Acredito que em um primeiro momento mudamos os comportamentos, e, se tivermos sorte, os sentimentos vêm na sequência. O mesmo se aplica à terapia de casal. Se um homem esperasse até sentir vontade de aprender a ser mais comunicativo, eu e o casal poderíamos nos sentar e envelhecer juntos. Às vezes, um homem precisa se levantar do sofá psicológico e dar início ao trabalho, quer tenha vontade, quer não. Isso é o que se chama de disciplina.

Muitos homens foram falsamente empoderados pela crença de que a disciplina não é necessária na vida doméstica deles — que os relacionamentos não precisam ser trabalhados de modo ativo. "Um homem é o rei de seu castelo", diz o velho ditado. Embora poucos homens modernos tenham a ousadia de afirmar essa crença em público, muitos agem de acordo com ela.

Eu disse a Joe que achava que ele era uma vítima da mudança dos papéis masculinos, uma quase baixa em um momento de transição. Como muitos homens deprimidos — na verdade, como muitos homens em geral —, Joe foi pego pelo que chamo de "nova descrição do cargo". Durante toda a vida, ele havia sido criado com determinado conjunto de habilidades e expectativas, e, aos 50 e poucos anos, estava se vendo à beira do desastre, a menos que estivesse disposto a se "reconstruir".

Os rígidos papéis de gênero que damos como certos, o arranjo que contribuiu para o antagonismo entre Joe e Barbara, são, na verdade, um desenvolvimento recente. Os dois estavam prestes a se divorciar por causa da inviabilidade dos papéis que às vezes cremos existir desde tempos imemoriais, mas que, na verdade, surgiram no início do século XX.

Por volta da virada do século, as mudanças estruturais provocadas pela Revolução Industrial atingiram o coração das famílias norte-americanas e as mudaram para sempre. Na era anterior, de fazendas familiares e produções caseiras, as famílias eram organizadas em torno das tarefas que serviam ao bem-estar do grupo — cozinhar, educar, cuidar dos doentes — e das que produziam bens — plantação, criação de gado, confecção de roupas. Não havia grande distinção entre os *cuidados familiares* e a *produção familiar*. Embora existissem distinções filosóficas de papéis — as mulheres, por exemplo, eram as almas ternas mais adequadas para cuidar dos doentes —, em termos práticos, as atividades de homens e mulheres, adultos e crianças e até membros da família e empregados se sobrepunham com frequência na rotina. A vida cotidiana da casa era marcada por uma enorme fluidez de papéis.

Com a Revolução Industrial, a produção saiu de casa e, com ela, os homens se mudaram para as áreas urbanas em crescimento. À medida que eles assumiram o papel de assalariados, as mulheres e as crianças se tornaram cada vez mais dependentes dos rendimentos dos homens. Foi nesse momento que surgiram muitas das divisões[6] que hoje achamos óbvias: a divisão entre trabalho e lazer; entre o doméstico e o ocupacional; entre a vida pública e a privada; e a rígida polaridade dos papéis de gênero. Todas essas divisões já existiam, em graus variados, na retórica da sociedade. Contudo, pela primeira vez, elas passaram a ditar comportamentos reais que afetavam o funcionamento diário da vida familiar. As "esferas distintas" de homens e mulheres saíram do âmbito da filosofia de salão para moldar nossas relações mais íntimas e rotineiras.

Desde essa época de rigidez até os dias atuais — apesar da entrada das mulheres no mercado de trabalho —, o status socioeconômico da maioria das famílias é determinado pelo status do homem. Na medida em que o homem é bem-sucedido, a família prospera. Na medida em que o homem fracassa, a família padece.

Acredito que, a partir dessa grande divisão, mulheres e homens começaram a se envolver em um acordo inconsciente e quase onipresente, cujas pistas já haviam sido estabelecidas por séculos de filosofia, mas cuja atuação diária real nunca foi um fato palpável. Os homens concordaram — para o bem-estar deles e da família — em abdicar de muitas de suas necessidades emocionais mais profundas para se dedicar à competição no trabalho. Já as mulheres concordaram em abdicar de muitas de suas necessidades mais profundas de realização para se dedicarem a cuidar de todo o restante, incluindo dos maridos assalariados. Chamo esse acordo de "arranjo fundamental". Foi nessa conjuntura que nasceram os papéis do *homem provedor* e da *mulher cuidadora*.[7] A mulher cumpria seu novo e importante papel de anjo administrador do marido, atendendo não apenas às necessidades físicas, mas também as psicológicas dele. Como escreveu o psiquiatra Matt Dumont:

> Não faz muita diferença se o homem que volta para casa é um mineiro ou um professor; sua esposa, de maneira consciente ou não, tem a tarefa culturalmente definida de ler seu rosto em busca de sinais de desespero e fazer o melhor possível para que ele volte ao trabalho no dia seguinte. As mulheres são as animadoras de torcida da sociedade industrial.[8]

Se o relacionamento da maioria das esposas tradicionais com os maridos que sustentam a família é de cuidado, de "fortalecimento do ego masculino", então o relacionamento da esposa com um cônjuge deprimido representa um tipo dobrado de cuidado. A esposa de um homem deprimido tende a se culpar e tenta convencê-lo a procurar ajuda. Ela pode reclamar, se queixar. Entretanto, até que as coisas se tornem de fato angustiantes, ela não bate o pé, como Barbara Hannigan, por fim, fez. Infelizmente, a propensão entranhada na sociedade de que a mulher deve evitar o confronto muitas vezes proporciona um substrato rico no qual a disfuncionalidade do marido pode brotar e crescer.

Joe deu as costas a muitas responsabilidades familiares, e, ao longo de anos, Barbara tentou contornar esse fato. Não é difícil entender o desejo dele por uma moratória em suas obrigações. Quando pequeno, ele ocupara o vazio deixado pelo pai deprimido. O pequeno Joe se tornara, de muitas maneiras, o marido emocional da própria mãe, o parceiro de negócios do pai, o pai dos irmãos. As únicas necessidades que ele aprendeu a ignorar foram as próprias. Em troca dessa traição emocional, Joe recebeu a recompensa da grandiosidade. Como muitos homens narcisicamente feridos e bem-sucedidos em nossa cultura, ele levou ao mundo uma profunda convicção da própria superioridade, e o mundo o recompensou por isso. Contudo, então, houve um revés na sorte. Ele havia feito uma ótima exibição até o dia em que tudo desmoronou. Como seu senso de valor era sinônimo de sucesso nos negócios, quando este foi à falência, a autoestima de Joe foi junto. Ele havia pautado toda a vida na grandiosidade condicional, no sucesso presumido da autoestima baseada no desempenho, e, quando seu contrato com o mundo entrou em colapso, Joe teve poucos recursos para se manter de pé. Uma severa depressão aparente o acometeu, se apossou dele por vinte anos e quase o matou.

No entanto, como acontece em vários casos, junto com a desgraça, a depressão aparente de Joe proporcionou também um meio de escapar da rodinha de hamster do papel masculino tradicional. Ele não trabalhava mais as 60 a 70 horas semanais; não pautava mais seu senso de valor no resultado dos negócios. O problema é que ele também não havia aprendido a pautar seu senso de valor em mais nada. Joe sempre havia seguido as regras, sido um bom filho, irmão e patrão. A vida deveria recompensá-lo por esse *valor*. Joe estava preso entre uma visão de competência masculina na qual ele não acreditava mais e a vergonha da própria descrença. A depressão dele agiu como o chamado de um "tio", um sinal que dizia: "Basta!" Seu desastre representou uma crise grave o suficiente para tirá-lo do caminho que vinha seguindo sem qualquer manifestação de consciência, mas isso não lhe apresentou um novo modelo, um caminho diferente. A recusa de Joe em ser o "carvalho robusto" hiperativo foi um passo na direção certa. Entretanto, em vez de negociar ou articular suas necessidades, ele simplesmente se recusou a assumir a responsabilidade.

Eu disse a Joe que o menino de 6 anos a quem ele tinha dado as costas estava fazendo greve em vingança. O menino que havia dentro dele se recusava a agir até ser reconhecido. O problema era que a depressão-como-protesto de Joe não era mais habilidosa do ponto de vista relacional do que sua hiperatividade. Como as necessidades dele eram "encenadas", em vez de faladas, Barbara não tinha como atendê-las. E, como Joe se recusava a falar sobre seus problemas, ele forçava Barbara, em vez de pedir a ela, a cuidar dele. A parte ferida e negligenciada de Joe se recusava a ceder até que fosse reconhecida, enquanto a parte falsamente empoderada e grandiosa se sentia no direito de largar tudo. Trazê-lo de volta ao relacionamento significava desenvolver, pela primeira vez, um meio-termo muito necessário, no qual ele poderia ser responsável perante os outros e estar em contato consigo próprio ao mesmo tempo, no qual ele poderia assumir responsabilidades razoáveis e também pedir cuidado.

Depois que o cavaleiro vitorioso mata o dragão, ele parte com a bela e jovem princesa. O homem, por meio de suas conquistas, ao fim recupera as riquezas relacionais que ele mesmo foi ensinado a abandonar. Essas riquezas relacionais são, na maioria das vezes, personificadas no rosto sorridente e imaculado de uma mulher ideal que com frequência se parece com uma miragem, um pouco distante demais, fora de alcance. O romancista Tim

O'Brien começa *The Things They Carried*, seu aclamado livro de memórias do Vietnã, com esta passagem:

> O primeiro-tenente Jimmy Cross carregava cartas de uma garota chamada Martha, aluna do Mount Sebastian College, em Nova Jersey. Não eram cartas de amor, mas o tenente Cross tinha esperanças, por isso as guardava dobradas em um plástico no fundo da mochila. No fim da tarde, após um dia de marcha, ele cavava uma trincheira, lavava as mãos sob um cantil, desembrulhava as cartas, segurava-as com a ponta dos dedos e passava a última hora com luz devaneando. Ele imaginava viagens românticas para acampar nas Montanhas Brancas de New Hampshire. Às vezes, provava o sabor das pontas dos envelopes, sabendo que a língua dela havia estado lá. Mais que tudo, ele queria que Martha o amasse como ele a amava. Ela estudava literatura no Mount Sebastian e escrevia sobre os professores, colegas de quarto e as provas, sobre seu respeito por Chaucer e sua grande afeição por Virginia Woolf. Sempre citava versos; jamais mencionava a guerra, exceto para dizer: "Jimmy, tome cuidado." As cartas pesavam 300 gramas. Eram assinadas com "Com amor, Martha".[9]

Martha é aquela com quem o tenente Cross sonha em sua trincheira, a virgem a quem ele jurou servir e proteger, a princesa por quem ele luta. Ela é a normalidade, a abundância, a domesticidade, a vida entre "os pratos e copos" que ele deixou para trás, apenas para ansiar por ela de longe, na linha de frente.

Há gerações, os homens tradicionais estão dispostos a se empenhar em trincheiras de guerra, em trabalhos sujos e desagradáveis, em empregos arriscados, a sacrificar a saúde, até mesmo se matar, em nome do papel de provedor. Os homens têm desfrutado do "privilégio",[10] como cada vez mais vozes despontam para denunciar, de se matar. Em troca, o que foi prometido a eles é uma esposa agradecida e santificada — uma prostituta no quarto, uma gatinha no sofá da sala, uma cintilante companheira de eventos e uma excelente cozinheira e dona de casa. Isso não é um relacionamento maduro. No trabalho com casais, passei a me referir a isso como "pornografia emocional tradicional".

Embora parte da pornografia seja degradante de propósito, nem todo material explicitamente erótico é violento contra as mulheres. Só que a maior parte da pornografia representa, na arena da sexualidade, uma fantasia masculina mais ampla — uma fantasia de alegre e ilimitado conformismo das mulheres.

A única coisa que nunca é retratada em um filme pornográfico é uma mulher criticando o amante ou exigindo algo diferente dele. A essência da visão pornográfica das mulheres é que elas estão tão "em sincronia" com o homem, que as coisas que dão prazer a ele também a deixam alucinada. O exemplo mais evidente disso é o filme *Garganta profunda*, no qual o clitóris da mulher fica localizado no fundo de sua boca. Filmes e livros estão repletos de vampiras que habilmente se contorcem em sonhos eróticos masculinos. Chamo essas mulheres de "mães sexuais", deusas bem-dotadas como Mae West, Ava Gardner e Marilyn Monroe.

O arquétipo da mãe sexual incorpora o sonho de receber de forma ilimitada; ser cuidado, como uma criança é cuidada por uma mãe; ser considerado o amante perfeito, o marido perfeito, o Príncipe Encantado de alguém. Essa visão exclui algumas realidades desagradáveis, como a negociação das necessidades do outro, fazer coisas do jeito errado e ter de aprender a fazê-las de forma diferente, lidar com momentos de profunda solidão. A sociedade não ensina a nenhum dos membros do casal como lidar com a dor crua que faz parte de qualquer relacionamento real, porque ela nem sequer admite a existência dessa dor. Empanturrados com esse romantismo, nem homens, nem mulheres aprendem a negociar de maneira enfática suas diferenças, porque a verdadeira harmonia é encarada como a eliminação das diferenças.

Homens como Joe foram criados com a ilusão de que "suas mulheres" têm um prazer ativo em não exigir nada deles. Isso é pornografia emocional: a ideia de que uma boa mulher é aquela que fica feliz em cuidar do homem que sustenta a casa — e deixá-lo em paz.

Quando começam a se desenvolver, os homens aprendem a dar as costas às próprias necessidades emocionais, bem como às vulnerabilidades dos outros. Em troca, eles esperam — após a guerra ter sido lutada, o acordo ter sido fechado, o troféu ter sido conquistado — uma ideia de gratificação com frequência imatura.

As mulheres, tradicionalmente impedidas de entrar em confronto direto, aprenderam as "artimanhas femininas" do gerenciamento. A proteção delas é condescendente de modo inerente, uma solidariedade fraterna que diz: "A gente entende. Precisamos cuidar dessas crianças com quem nos casamos." Apesar de toda a alardeada superioridade, muitos homens presumem que as esposas os estão gerenciando. Nessa cultura, elas foram ensinadas a serem indiretas, manipuladoras e silenciosas, enquanto os homens foram ensinados a ignorá-las, puni-las ou se sentirem magoados caso elas ousem se manifestar. Nem Narciso, nem Eco estão bem equipados pela socialização tradicional para ocupar seu lugar na mesa de negociação. Barbara Hannigan oscila entre ficar em silêncio sobre suas necessidades e gritá-las com raiva quando enfim explode. O trabalho dela é aprender a ser assertiva sem ser agressiva. Joe precisa despertar para a responsabilidade de ouvir, de sentar à mesa de negociação, para começo de conversa.

Joe começou a ajudar Barbara nas tarefas domésticas, quer se sentisse deprimido, quer não. Também começou a ouvi-la no fim do dia, em vez de pegar no sono enquanto assistia ao telejornal da noite. Com um interesse renovado pela filha, planejou atividades para os três. Joe relatou que nenhuma dessas tarefas foi muito difícil depois que ele se comprometeu a realizá-las. Sua capacidade de ser disciplinado e de aprender rápido eram recursos positivos extraídos do papel masculino tradicional. Descobri que, muitas vezes, quando os homens entendem que os antigos papéis não estão mais funcionando, quando se submetem à necessidade de mudar, eles são, na maioria das vezes, excelentes alunos. Homens são criados para serem bons trabalhadores. Quando percebem que precisam trabalhar em si mesmos e em seus relacionamentos, em geral têm sucesso. Minha fé na capacidade dos homens de reaprender e reafirmar qualidades relacionais tem raízes no entendimento de que nós, seres humanos, somos muito mais parecidos do que diferentes. A gama de habilidades e comportamentos à disposição de cada sexo é muito mais ampla e flexível do que acreditávamos.

Embora nossa concepção polarizada sobre homens e mulheres contenha alguma verdade inegável, essa dicotomia facilitada ofusca as nuances e a plasticidade dos atributos humanos reais. Uma geração de pais e mães que tentou criar filhos "não machistas" ficou impressionada com as aparentes diferenças psicológicas entre meninos e meninas. "Qualquer pessoa que tenha filhas e filhos *sabe* que meninos e meninas têm sentimentos completamente diferentes!" é algo que sempre escuto. Enquanto isso, as manchetes das revistas e dos jornais anunciam, a cada semana, novas pesquisas "provando" que meninos e meninas são estrutural e inevitavelmente diferentes — com diferentes hormônios, diferentes capacidades matemáticas, diferentes cérebros. Entretanto, a ideia de que a dicotomia que causa tanto sofrimento a ambos os gêneros é um desdobramento inevitável do destino biológico faz um desserviço à compreensão tanto do inato quanto do adquirido e dá pouca esperança de mudança real além de aprender a conviver com essas diferenças. A ideia de que os homens jamais poderão ser tão emotivos ou capazes de se relacionar como as mulheres não isenta Joe de uma responsabilidade que faria bem a ele e à sua família. Sim, existem diferenças estruturais entre homens e mulheres, mas o panorama real não é de forma alguma tão simples quanto se imagina.

Existem alguns indícios, por exemplo, de que, se há qualquer diferença, os homens humanos são *mais* emotivos do que as mulheres humanas. Foi demonstrado que os bebês do sexo masculino apresentam,[11] de forma consistente, maior angústia de separação quando são deixados pela mãe, ficam mais agitados e mais perturbados com facilidade e são mais difíceis de reconfortar. E a sensibilidade comparativa dos homens às emoções pode se estender, de certa forma, até a idade adulta. Em um projeto fascinante em que se buscou mapear os correlatos fisiológicos das interações conjugais, John Gottman "conectou" uma amostra de casais e mediu suas respostas fisiológicas enquanto eles se comunicavam. Gottman descobriu que a amostra masculina apresentou, em geral, uma resposta fisiológica maior à agitação emocional do que a feminina, e que eles levaram mais tempo para retornar à linha de base fisiológica depois do estímulo. A aversão de muitos homens a emoções fortes, especula Gottman, pode não ser resultado de uma capacidade reduzida de sentir, como comumente se acredita, e sim o contrário. Como os homens podem ter uma sensibilidade biológica maior à experiência do sentimento, uma forte emoção pode ser encarada com aversão, como fisiologicamente avassaladora.[12] Quer se concorde, quer não com a conclusão de Gottman, essa pesquisa representa apenas um exemplo das formas pelas quais exames minuciosos revelam que nossas diferenças biológicas são infinitamente mais complexas do que os estereótipos que ganham as manchetes.

O foco nas diferenças gerais entre os sexos ofusca a extraordinária variação entre os membros de cada um deles. Também não leva em conta que, quando as circunstâncias mudam, cada um parece ser capaz de acessar qualidades em geral ligadas ao outro. Por fim, não considera que as tendências biológicas podem ser alteradas. O fato de uma característica humana ser "biológica" não significa, necessariamente, que ela seja aceitável. Pode-se argumentar que o racismo é uma extensão da xenofobia, o desprezo por desconhecidos, que pode ter fortes raízes biológicas. No entanto, raramente se ouve uma aceitação passiva e fatalista do racismo. Um exemplo citado com frequência de evidência da base biológica de comportamentos humanos complexos é o fenômeno da agressão de padrastos a enteados. Macacos, lobos e homens apresentam taxas consistentes de ataque a descendentes diretos de outros da própria espécie.[13] Há razões evolutivas bem documentadas pelas quais os homens podem preferir criar aqueles que carregam seus genes. No entanto, ainda não ouvi ninguém afirmar que devemos aceitar a inevitabilidade do ataque e do abuso sexual em famílias mistas porque os homens são biologicamente programados para esse comportamento. Existe, nos seres humanos, uma força cuja função é melhorar as tendências biológicas brutas. O nome dela é civilização.

Em vinte anos tratando homens e suas respectivas famílias, passei a ver as dificuldades deles em voltar a desenvolver as habilidades emocionais e relacionais negligenciadas como algo semelhante às dificuldades das mulheres em desenvolver habilidades assertivas e instrumentais. Em geral, parece ser tão difícil para os filhos de Narciso se abrirem e ouvirem quanto é para as filhas de Eco falarem.

Barbara Hannigan começou a se tornar acolhedora à medida que os esforços de Joe se mostraram sinceros. As brigas que tinham marcado o casamento deles durante anos começaram a diminuir. No entanto, mais do que o relacionamento renovado com Barbara, foi sua paixão pela filha, Allie, que derreteu o coração de Joe.

— Eu não fazia ideia de que ela era tão incrível — disse ele animado em uma de nossas últimas sessões. — Quero dizer, enquanto eu estava em meio ao meu nevoeiro, ela se tornou tão *encantadora*!

Ao entrar no último trimestre da gravidez, Barbara passou a confiar cada vez mais no marido. Ele havia se livrado da letargia da depressão o suficiente para que pudesse contar com ele. Joe se viu, inclusive, animado com a chegada da segunda filha.

— Vai ser uma experiência interessante estar presente de verdade desta vez — contou. — Tenho a sensação de que não participei da última vez. Foi só um passeio.

Patricia Hannigan nasceu cerca de sete meses depois de eu ter conhecido Joe e Barbara. Gorducha e de pele rosada, ela era a imagem decalcada do orgulhoso pai. "Parece que quase fiz o parto dela sozinho", gabou-se Joe algumas semanas após sua chegada.

— Parece — respondi — que você e Patricia passaram por uma experiência de nascimento.

Três meses após o nascimento da filha, em privação de sono por dividir as tarefas noturnas com a esposa, Joe nunca havia se sentido tão bem. Ele reduziu sua medicação para cerca de metade da dose habitual e planeja continuar assim.

Em meus pacientes, há muitas vezes uma resistência inicial, uma espécie de estremecimento, por ter de abandonar a noção tradicional de que um homem não precisa se dedicar, nem emocional, nem fisicamente, na própria casa, mas a maioria dos homens deprimidos tratados por mim é grata por encontrar novos cursos de ação que de fato melhoram a vida da família. Eles ficam satisfeitos por estarem com uma parceira mais feliz em um lar mais amoroso. Também descobri que muitos querem mais para si mesmos. Eles querem se sentir mais completos, mesmo que isso signifique se deparar com alguma dor. Da mesma forma que muitas mulheres deprimidas estão cansadas da opressão e estão dispostas a se arriscar para começar a fazer valer suas necessidades, muitos homens deprimidos estão cansados de sua desconexão e prontos para tolerar a humildade — a queda da arrogância — implícita no ato de dar ouvidos às necessidades dos outros.

— O que significa — perguntam Joe e Barbara em certa visita, com Patricia babando entre eles — quando o fator "que porre!" de virmos a essas sessões começa a superar nossa vontade de estar aqui?
— Em geral, eu diria que isso significa que chegamos ao fim — respondo.
— Foi o que imaginamos — diz Joe. Ele se abaixa para limpar o rosto rosado de Patricia com um paninho. — Criança gosmenta.
Ele dá um sorriso para ela, apontando um dedo para a barriga da filha. Patricia vagamente estende a mão para o dedo enorme do pai e gorgoleja.
— Difícil de imaginar. — Barbara olha para o marido e a filha.
— Sim. — Joe olha para a esposa cansada, lançando-lhe um sorriso gentil e apologético. — Nem me fale.

Tanto a depressão aparente como a oculta em homens evocam nas companheiras o desejo de proteger seus respectivos maridos. Se os homens com depressão aparente exigem cuidados de forma implícita, os com depressão oculta exigem disfuncionalidade de forma implícita. A esposa desse homem pode se oferecer como bode expiatório, expressando para ele suas vulnerabilidades projetadas. Esse é um fenômeno chamado de "sentimentos transportados de adulto para adulto".[14]

Em décadas de pesquisa, o psiquiatra britânico Julian Hafner detalhou os efeitos, às vezes devastadores, sobre os parceiros masculinos quando as pacientes se recuperam de fobias e transtornos de ansiedade. Um grande número de maridos de mulheres fóbicas começa a mostrar sinais de dependência, ciúme patológico, violência e, mais comumente, depressão aparente, quando o nível de funcionalidade da esposa aumenta. A pesquisa de Hafner fornece evidências empíricas[15] para um dos axiomas da terapia familiar: existe uma força que permite que uma pessoa estabilize o equilíbrio psicológico de outra — se ela estiver disposta a se contorcer das formas necessárias para executar essa tarefa.

Toda mulher sabe que poucas estratégias servem para "empoderar" um homem de forma mais eficaz do que aparentar impotência. Algumas parecem dispostas a manter a força de seus respectivos homens com depressão oculta, tornando-se menos funcionais do que eles. Esse sacrifício não é feito apenas por uma meia dúzia de insensatas. As mulheres casadas são consistentemente classificadas em uma série de medidas sociológicas como menos felizes, menos ajustadas, mais ansiosas, mais deprimidas e, em geral, mais neuróticas do que homens casados ou mulheres solteiras, enquanto homens solteiros são o recorte de maior risco no país para problemas de saúde física e psicológica. A enorme discrepância dos efeitos da vida conjugal em homens e mulheres levou a socióloga pioneira Jessie Bernard a falar sobre os casamentos "dele" e "dela". Bernard analisou dezenas de estudos e estatísticas governamentais sobre saúde e concluiu que o casamento contemporâneo parece ser benéfico para o bem-estar dos homens[16] e prejudicial para o das mulheres.

Judy começou a se tratar por causa de um transtorno de ansiedade que a acometeu logo após a morte da mãe. À medida que sua condição se tornava mais difícil de administrar, o marido, Tom, foi recrutado como motorista, responsável pelas compras e pagador das contas. Judy passou a ser a ocupação em tempo integral dele, o que, de certa forma, deu certo, pois Tom havia sido demitido uns quatro meses antes da primeira crise de Judy. Ele se recusou a participar de nossas sessões. Eu o conheci na sala de espera, onde ele estava sentado lendo revistas antigas. Tom era educado e distante. Cuidei do encaminhamento de Judy para um programa de tratamento comportamental especializado em transtornos do pânico. Esse programa, aliado a um breve período de uso de um novo medicamento, eliminou a ansiedade que ela sentia em poucos meses. No entanto, não fiquei surpreso ao ouvir falar de Judy outra vez pouco depois. Os ataques de pânico tinham voltado. Questionei Judy a fundo sobre o bem-estar dela e de Tom nos meses em que ela esteve em remissão. Foi só na terceira sessão que ela me disse que Tom passou a beber demais desde que ela tinha voltado a trabalhar.

— É muito difícil para ele ficar sozinho o dia todo, enquanto eu saio — choramingou ela.

— Então numa mesma tacada você encontrou uma forma de fazer companhia e dar um emprego a ele[17] — disse a ela. Perguntei se ela o convidaria para se juntar a nós e me deixaria conversar com Tom, uma sugestão que ela havia recusado antes.

Judy me agradeceu pela ajuda e pelos meus insights. Ela prometeu "pensar no assunto" e me dar a resposta na sessão seguinte. Nunca mais tive notícias dela. Viver com ataques de pânico e agorafobia, evidentemente, a assustava menos do que a perspectiva de enfrentar todo o peso do que Tom carregava dentro de si.

Se Jessie Bernard e dezenas de sociólogos que vieram depois dela estiverem corretos, então uma esposa como Judy é uma versão extrema das muitas mulheres que estão dispostas a se tornarem sintomáticas enquanto os sintomas do marido diminuem. Essas mulheres carregam a "disfunção" da vulnerabilidade em si[18] — qualquer tipo de vulnerabilidade emocional. O que vem à tona em muitos dos maridos do estudo de Hafner é o garotinho carente e deprimido que esses homens, como Joe Hannigan, tentaram renegar na infância. Ninguém ganha nada quando mulheres protegem a desconexão de homens deprimidos dessa forma.

Se alguma vez foi feito um acordo desse tipo entre um homem e uma mulher, meu pai e minha mãe o seguiam. Meu pai era o artista brilhante e abrasivo, o *enfant terrible* de 1,90 metro e 130 quilos. Vivendo sua vida frustrada em um primeiro momento na sombria Camden, em Nova Jersey, e depois na decadente Atlantic City, ele era uma pérola jogada aos porcos, um Prometeu entre os cretinos. Minha mãe teve sorte em encontrá-lo — um homem talentoso e inteligente. Ela, obesa, desfigurada pela cegueira em um dos olhos, com medo de dirigir, de estudar e de falar em público, precisava do "meu Edgar" como uma boneca gigante. No entanto, quando não estava em casa, ela era capaz de supervisionar um asilo com 250 leitos.

"É tudo graças ao seu pai", esquivava-se ela. "Eu estaria *perdida* sem ele." Minha mãe era "o bebê dele", e meu pai era "a estrela dela". Quanto mais ele se enfurecia, abusava dela e a colocava para baixo, mais ela se esforçava, se dedicava ao trabalho e nos mantinha vivos.

Relembrando, acho que eu deveria ter sido grato a ela, mas não fui. Como todos os outros membros da família, eu a desprezava. Não de uma forma flagrante. Ela simplesmente não contava. Ela se enterrou tão profundamente em seu papel, no desempenho da maternidade, que não havia como "alcançá-la", como tocá-la ou ser tocado por ela. Em todos os anos que passamos juntos, não me lembro de muitos momentos de conversa autêntica entre nós. Ela estava tão preocupada em manter meu pai estável que qualquer coisa vinda dos filhos que ameaçasse romper a superfície, que exigisse um contato real, qualquer demonstração de dor, confusão ou necessidade, provocava um branco nela. Ela dava as costas e saía como se não tivesse escutado.

Em grande parte, ela carregou a vergonha da família, como aprendi a fazer quando cresci. No entanto, ela não era apenas um bode expiatório. Teve participação, à sua maneira, na violência de nossa família. Meu pai era um bruto, uma força da natureza, tão irracional e, de certa forma, tão previsível quanto uma enorme fera que alguém teve a infelicidade de perturbar. Contudo, o dano que senti vindo de minha mãe era mais profundo. Era mais uma perfuração do que um corte. Parecia mais pessoal e mais cruel. Como muitas crianças de lares caóticos, mesmo que meu pai tenha sido o agressor flagrante, meus sentimentos mais mal resolvidos estão reservados para quem se recusou a me proteger. Embora eu tenha consciência de que meus sentimentos em relação a ela podem ser injustos, eles continuam sendo menos tolerantes do que aqueles em relação ao meu pai. Ele nos atacava por impulso, sem pensar, mas eu via minha mãe *decidir* nos abandonar. Podia senti-la hesitar por um instante entre o marido e o filho, e depois se afastar de todo mundo. Eu via isso nos olhos dela.

Na preparação para os rituais de espancamento, minha mãe era levada até a sala para assistir. Eles haviam aprendido em algum lugar que era importante apresentar uma frente unida para as crianças. Enquanto eu era amarrado, implorava a ela, primeiro com palavras e, à medida que fui crescendo, apenas com o olhar. Eu implorava que ela me ajudasse, que o tirasse de cima de mim. E eu observava quando a luz da consciência a deixava. Olhando diretamente para mim, de modo descarado, como se fosse um desafio, eu a via se esvaziar. Era um momento íntimo de uma forma muito estranha, quase obscena, como se ela estivesse me mostrando alguma parte devassa de si mesma que eu não deveria ver.

Para onde ela tinha ido? Essa pergunta me atormentava. Quando ela decidiu apoiá-lo, e não a mim, quando a luz em seus olhos se apagava daquela forma, para onde ela ia? Para algum território frio, eu sentia, um que não seria interessante para mim conhecer.

Pensando nisso, hoje percebo que era provável que minha pobre mãe, presa entre mim e meu pai, estivesse tão dissociada quanto eu. Só que eu era muito novo para perceber na época. Acho que ela passava boa parte do tempo dissociada — toda vez que meu pai a atacava, quando estavam a sós ou em público, gritava com ela, a chamava de estúpida. E o tempo todo ela deve ter pensado, até onde se permitia pensar, que o estava protegendo, protegendo dos golpes duros que a vida dava nele, mantendo-o ali presente e são para todos nós. E, talvez, ela estivesse mesmo.

Com o passar dos anos, misturado ao amor deles havia um rancor que envenenava os dois. Eles brigavam, rosnavam, se amavam e ficavam entrelaçados, como duas pessoas que tentam se levantar apoiadas uma nas costas da outra, sem utilizar os braços, e assim foram lutando pela vida adentro. No fim, eram tão caóticos que, como piada em nossa adolescência, meu irmão e eu cronometrávamos quanto tempo eles levavam para ir da sala até o carro. A média era de 43 minutos.

— Leah! — gritava meu pai para que ela se apressasse.
— Estou indo, não precisa relinchar, Edgar!
— Meu Deus! — gritava ele.
— Edgar, aonde você vai com essa revista? Eu estou pronta!
— Eu só preciso ir ao banheiro.
— Agora?
— Quando a vontade vem, não tem jeito.

"Não sei se vou viver muito tempo sem ele", disse minha mãe no dia em que enterramos aquele homem necessário e odiado. E tinha razão. Ela não viveu muito mais tempo sem ele.

Quando me deparo com uma família em que há uma mulher deprimida, minha primeira atitude é empoderá-la. Quando me deparo com uma família em que há um homem deprimido, antes de começar a tratá-lo, minha primeira atitude é empoderar a mulher. Ajudá-la significa dar apoio à luta dela contra as forças opressoras que a cercam. Para ajudar um homem deprimido, é preciso convidá-lo a assumir uma responsabilidade relacional maior,[19] uma postura que ele pode não estar propenso a adotar se a parceira permitir que ele a evite.

Meu pai foi arrancado do relacional ainda novo — privado de conexões devido à morte da mãe, fragmentado pela separação da família, traumatizado pelo pavor da Depressão e depois quase morto pelas mãos do próprio pai. Teria sido necessária uma mulher inimaginável para insistir que meu pai reaprendesse habilidades de conexão. Minha mãe não estava preparada para aquilo. Lutando contra a própria depressão, sem quase nenhum apoio econômico ou cultural para enfrentá-lo, ela fez o que as mulheres de sua geração tinham aprendido: o administrou da melhor forma que pôde, e resistiu.

Joe Hannigan quase tirou a própria vida em vez de se submeter à dor e à indignidade de entrar no modo relacional. Ele estava dominado por um sentimento de inadequação e de ausência de esperança; estava com raiva e era dono da razão. Ele não sabia como satisfazer Barbara e não queria "ceder". A teimosia de Joe quase lhe custou — e à família dele — a própria vida. A ironia é que as coisas que ele precisava aprender para mudar sua situação eram ensináveis, pequenas atenções praticadas repetidas vezes. A parte difícil foi trabalhar a mudança inicial em sua consciência — fazê-lo perceber que o cuidado relacional era do seu interesse. Em um primeiro momento com Allie e Barbara, e depois, com Patricia, Joe praticou o "arrependimento difícil" de D. H. Lawrence, "a libertação da repetição interminável do erro". A família Hannigan saiu vencedora.

Meu pai e minha mãe não tinham os recursos, a ajuda nem o discernimento que estavam, uma geração depois, à disposição para Joe e Barbara Hannigan. Eles tiveram uma vida infeliz, que foi aliviada por uma morte miserável. Em uma busca, não apenas um, mas muitos cavaleiros se aventuram. Alguns chegam mais longe que outros. Alguns não chegam a lugar algum.

Quando a esposa ou parceira de um homem deprimido que estou tratando me apresenta o mesmo dilema que minha mãe ou Barbara Hannigan enfrentaram, digo a ela que não há muita escolha: é necessário enfrentar a realidade da condição do marido. É do interesse dela insistir que ele aja de forma responsável dentro da família. Em uma depressão aparente, o homem pode expressar vulnerabilidades "femininas", mas, como Joe e seu pai, as associa a um direito "masculino" de se comportar de forma irresponsável. Na depressão oculta, o homem também não pode se dar ao luxo de ser responsivo em termos relacionais, por três motivos: primeiro, sua lealdade deve ser acima de tudo com as defesas que ele usa para se autorregular; segundo, a intimidade com outra pessoa desencadeará a intimidade consigo mesmo — algo que muitos homens com depressão oculta preferem evitar; por fim, como as habilidades relacionais ficam adormecidas e não são exercitadas, as demandas por intimidade em um primeiro momento exacerbam o sentimento de inadequação que já o atormentam. Apesar dos perigos e das dificuldades, nada de positivo vai acontecer nos relacionamentos de um homem deprimido até que a rede de proteção seja desmantelada. Digo a essas esposas: "Se você confrontar diretamente essa condição e não se afastar das exigências razoáveis de intimidade, talvez haja 50% de chance de seu marido deixá-la. Mas, se você não se envolver com essas questões, há 90% de chance de o relacionamento se corroer ao longo do tempo. Qual risco você prefere correr?"

Em vinte anos de prática, me deparei com muitas mulheres infelizes que, com medo de fazer exigências razoáveis aos maridos deprimidos, acabaram, anos mais tarde, sendo abandonadas da mesma forma. A maioria não consegue conter o ressentimento que, com razão, sentem. E, mesmo que consigam, o relacionamento em si acaba perdendo a vitalidade em virtude da falta de um envolvimento sincero. Em contrapartida, a menos que o paciente já tenha decidido abandonar a família, raramente encontrei um homem que estivesse disposto a entrar em meu consultório, mas que não estivesse disposto, com orientação e ajuda, a aceitar o desafio de aprimorar a própria habilidade relacional.

Tratar homens deprimidos e suas respectivas parceiras me convenceu de que o tão falado medo que os homens têm das mulheres e da intimidade não é, na verdade, um medo de nenhum dos dois; o que eles temem é a subjugação. No mundo hierarquizado da masculinidade tradicional, as relações se dão por acima/abaixo, melhor/pior, ou se está no controle, ou se é controlado. Vulnerabilidade, abertura, concessão aos desejos alheios — muitas das habilidades necessárias para relacionamentos saudáveis — podem ser encaradas por eles como convites para serem atacados. O medo dos homens de serem aprisionados, de serem engolidos pelas mulheres, não tem nada a ver com as mulheres em si. É uma transposição de um modelo masculino de interação para o ambiente doméstico. Quando temem que as mulheres os "engulam", os homens estão temendo, na verdade, que elas ajam como homens.

A maioria das mulheres não deseja "castrar" os maridos, assim como a maioria das mães não deseja "castrar" os filhos. Contudo, nem os homens, nem as mulheres aprenderam habilidades básicas para a difícil negociação de necessidades contrastantes. Vejamos o exemplo mais comum: Joe chega tarde em casa depois de um longo dia no escritório. Após o jantar, ele quer dormir. Barbara, que ficou sozinha com as crianças o dia inteiro, está sedenta por interação. Ela começa a contar sobre o dia dela, seus sentimentos e problemas. Joe fica irritado. Ele responde com alguns grunhidos concisos e vai ao banheiro. Os dois estão com raiva. Nenhum dos dois negociou nada. A imagem caricatural que Joe tem da esposa, naquele momento, é a de que ela é um poço sem fundo de carências emocionais; que tudo o que ele fizer vai estar errado de qualquer forma e que ela não valoriza as necessidades nem as contribuições dele. As imagens igualmente caricaturais de Barbara pintam Joe como um cretino que não interage. Eles ficam culpando um ao outro, em vez de se perguntarem o que poderiam fazer diferente.

Tudo o que Joe e Barbara precisavam fazer, nesse exemplo simples, era falar um com o outro. Em vez de se apressar com a demanda de uma conversa na prática, Barbara teria feito melhor se dissesse ao marido o que tinha em mente e perguntasse se ele estava disponível. Se Joe estava cansado demais para ouvir a esposa naquele momento, ele tinha de dizer isso com palavras, em vez de grunhidos, de modo a explicar o motivo e oferecer a ela uma alternativa, como: "Querida, estou cansado demais para conversar agora. Mas ficaria feliz em ouvir mais sobre isso amanhã no café." Essas habilidades rudimentares de comunicação, afirmação direta e responsabilidade podem ser aprendidas com facilidade e são ensinadas por muitos terapeutas.

A boa notícia é que, uma vez que o homem tenha algumas dessas habilidades básicas em seu currículo — sobretudo se tiver uma parceira comprometida na mesma proporção —, o relacionamento logo melhora. Essa melhora ajuda a aliviar a depressão masculina. Para muitos homens com depressão aparente e, praticamente, para todos com depressão oculta, o cuidado terapêutico por si só não basta. É passivo demais. Também é preciso haver orientação. Por mais que meu trabalho com Frank Paolito tenha evocado bastante cura, foram necessários muitos mais anos de terapia para que minha depressão começasse a ceder. Depois da terapia individual, fiz terapia de casal com Belinda por anos. E, além do nosso trabalho como casal, fiz vários treinamentos por inúmeras horas na teoria e na técnica da terapia familiar. Ficou óbvio para mim que, assim como aprendi sobre terapia individual para descobrir o que fazer com minha dor, estava aprendendo sobre a terapia familiar para descobrir o que era um relacionamento saudável. Como acontece com a maioria dos homens de quem trato, minha família não me ensinou o que eu precisava saber para manter uma intimidade satisfatória. E a sociedade em geral também não havia transmitido para mim essas habilidades. Embora eu não acredite que a maioria dos homens deprimidos precise dedicar a vida a estudar diversas escolas psicoterapêuticas, como foi o meu caso, acredito que qualquer um que tenha sofrido uma experiência profunda e central de depressão vai precisar de ajuda não apenas para aprender a valorizar a si mesmo como também para aprender a arte de valorizar os outros. Assim como o feixe de desprezo — a dinâmica internalizada da violência — pode às vezes se voltar para dentro na depressão aparente, às vezes para fora na depressão oculta, a força regenerativa da recuperação deve se voltar para dentro, rumo a uma maior maturidade, maior autorregulação, e para fora, em direção a uma maior habilidade relacional. A recuperação, em nível mais profundo, evoca a arte de valorizar, cuidar e sustentar. O relacionamento que a pessoa mantém pode ser consigo mesma, com os outros, ou até com o próprio mundo.

CAPÍTULO 12

Conclusão: onde estamos

Por que um homem deprimido optaria pelo árduo trabalho de reacessar anseios, habilidades e responsabilidades de um relacionamento maduro que foram desencorajados de forma ativa durante sua socialização? Um dos motivos pode ser que, como Joe Hannigan, ele está sendo convidado de forma inequívoca a fazê-lo. Outro motivo é que ele vai se sentir melhor com isso.

Quando um homem deprimido assume a tarefa de praticar a responsabilidade relacional total, ele não apenas transforma a dinâmica de seu transtorno como também passa para um estágio mais maduro no próprio desenvolvimento. Eu me refiro a essa mudança na orientação da vida como a *mudança para a paternidade*. A paternidade, da forma como me refiro, pode, mas não precisa, envolver a geração biológica de filhos. Ela não precisa envolver filhos e ocorre quando a questão essencial pela qual um homem vive muda. No cerne da busca está uma pergunta. Em *A busca pelo Santo Graal*, o jovem herói, Percival, atravessa a Terra Desolada, acha o Castelo das Maravilhas, que estava escondido, encontra-se com o Rei Pescador ferido e testemunha o impressionante espetáculo do Santo Graal. Todos esperam ansiosamente que o jovem faça a pergunta certa e liberte o rei, o castelo e todas as pessoas do reino. Entretanto, no início do conto, o herói é imaturo demais. Oprimido, ele deixa o castelo em desgraça por ter fracassado. É preciso o restante de sua jornada — o restante de sua vida, segundo alguns relatos — para que Percival tenha uma segunda chance.

A mudança essencial na questão que marca a transformação de um homem deprimido é a mudança de "O que *eu* vou ganhar com isso?" para "O que *eu* posso oferecer?". Entrar em um relacionamento paternal — com um filho, uma companheira, uma arte, uma causa, o planeta inteiro — significa tornar-se um verdadeiro provedor. A recuperação exige uma mudança para a generatividade.

O maior custo da dinâmica "pior/melhor" da masculinidade tradicional está em sua privação da experiência de comunhão. Aqueles que temem a subjugação têm repertórios limitados para servir. Contudo, servir é a força organizadora central apropriada da masculinidade madura. Quando as questões críticas se referem ao que será obtido, o homem está vivendo em um mundo de meninos. A partir de certo ponto da vida, para que permaneça vital, o homem precisa estar ativamente engajado na devoção a algo que não seja sucesso e felicidade próprios. A palavra *disciplina* deriva da mesma raiz que a palavra *discípulo*. Disciplina significa "colocar-se a serviço de". A disciplina é uma forma de devoção. Um homem adulto sem nada a que se dedicar[1] é um homem doente do coração. O que muitos homens em nossa cultura escolhem servir é o próprio valor refletido, que muitas vezes acreditam servir às necessidades da família, mesmo que ela esteja clamando por outra coisa.

O que a ética do homem-provedor deixou de lado foi a sabedoria do relacionamento. Essa sabedoria — compartilhada pela maioria das culturas humanas em todo o mundo — tem como princípio central que cuidar do contexto em que se vive é uma fonte de crescimento próprio. É, em essência, uma sabedoria ecológica, que ensina que não somos observadores objetivos que se posicionam acima de tudo em um mundo passivo e agem sobre ele. Não estamos separados de um sistema, como Deus, e sim dentro dele — seja esse sistema nosso corpo, nossa psique, nosso casamento, nosso país ou nosso planeta. Cuidar do bem-estar dos contextos em que vivemos é um exercício maduro de autocuidado, um sacrifício feito em interesse próprio. Nossa cultura, com sua dependência da autoestima baseada no desempenho, dá aos homens poucos modelos saudáveis de sacrifício. Costumo apresentar aos meus pacientes um exemplo simples: um pequeno fabricante se encontra na posição de poder triplicar seus lucros despejando resíduos tóxicos em um córrego próximo, só que entende que seus filhos e netos correriam um risco maior de sofrer de câncer. Qualquer homem sensato abriria mão do ganho imediato do aumento dos lucros em prol do ganho de longo prazo da segurança e de uma consciência limpa. Essa não é uma disputa entre egoísmo e altruísmo. É uma disputa entre a ganância insensata e a sabedoria de projeção. Da mesma forma, quando um homem "cede" ao desejo da esposa de ficar em casa e assistir a um filme na TV em determinada noite em vez de ir ao cinema, ele não o faz porque ela ganhou e ele perdeu, e sim porque está cuidando de um relacionamento que é do interesse dele preservar.

A maioria dos homens entende a sabedoria do relacionamento, do sacrifício para atingir objetivos maiores, quando é em relação à própria carreira. No entanto, é preciso algum esforço para transpor essa mesma sabedoria para o cuidado da família, do casamento, das amizades e até da própria saúde.

É o fato de se colocar a serviço de um contexto maior que o leva a se aprofundar em seu crescimento e potencial máximos. Estudos indicam que, embora a paternidade possa ou não ser necessária para o ajuste psicológico dos meninos, ela é muito vantajosa para o ajuste psicológico do pai. Homens que foram julgados como tendo relacionamentos carinhosos e cuidadosos com os filhos se mostraram mais saudáveis, menos deprimidos e, para a surpresa geral, mais bem-sucedidos no âmbito profissional.[2] Nos filmes populares, há uma série de heróis perdidos ou feridos que são redimidos por seus relacionamentos com filhos reais ou substitutos. Isso pode ter menos a ver com a necessidade que os meninos têm de ter um pai do que com a necessidade que os homens têm de ser pais, de viver por algo além do desempenho, do reconhecimento e da acumulação de bens.

À medida que mais e mais mulheres entram no mercado de trabalho, à medida que décadas de feminismo e mudanças culturais estimulam novas demandas das mulheres por parceiros responsáveis e íntimos, à medida que as próprias empresas rompem com as estruturas tradicionais de gestão hierárquica rumo a modelos mais colaborativos, os arranjos polarizados e as características de gênero passam por uma nova reorganização. O "homem provedor" e a "mulher dona de casa" podem ser figuras que ficaram presas nas fronteiras do século XX. Tem se tornado cada vez mais evidente que o antigo paradigma da bravura por meio do domínio e do valor é atávico. Ele não se encaixa mais em nosso mundo complexo e interdependente.

Em *The End of Victory Culture*, o analista político Tom Englehardt afirma que, com a explosão da primeira bomba atômica em Hiroshima, a cultura europeia entrou em um novo estágio histórico. A guerra nuclear deixou em evidência que a conquista e as fronteiras não eram algo infinito. Pela primeira vez, os europeus foram forçados a entender o tipo de interconexão ecológica que era a principal sabedoria dos povos originários, a quem eles consideravam selvagens. Uma nação não podia mais construir arsenais maiores e mais eficazes sem consequências para si mesma. A radiação liberada do outro lado do globo poderia explodir de volta. Uma cultura de recursos ilimitados[3] e de conquistas ilimitadas havia inegavelmente atingido seu limite.

Nossa interconexão com a natureza e uns com os outros não pode mais ser ignorada. Vivemos em uma economia global. Compartilhamos recursos globais. Enfrentamos ameaças globais. O paradigma da dominação deve dar lugar a uma ética de cuidado, ou não vamos sobreviver.

* * *

A dinâmica de domínio e submissão, que tem sido o cerne da masculinidade tradicional, pode se manifestar na psique de um homem como depressão, em seus relacionamentos interpessoais como irresponsabilidade e abuso, no desprezo de uma raça por outro povo ou no relacionamento da humanidade com a própria Terra. Abusamos do ambiente onde vivemos como se ele fosse a mãe que tudo dá e tudo perdoa, um recurso infinito, como o Santo Graal.

Em seu livro *A Terra em balanço*, cujo subtítulo é *Ecologia e o espírito humano*, Al Gore compara o problema ecológico central enfrentado pela humanidade ao processo do vício em uma família disfuncional. A definição de Gore é muito semelhante à dinâmica da depressão oculta. Gore escreve:

> Acredito que nossa civilização está viciada no consumo da própria Terra. Essa relação de vício nos distrai da dor do que perdemos: uma experiência direta de nossa conexão com a vivacidade, a vibração e a vitalidade do restante do mundo natural. O frenesi da civilização industrial mascara nossa profunda solidão pela comunhão (...), [e] o preço que pagamos é a perda de nossa vida espiritual.
>
> Os membros mais fracos e indefesos da família disfuncional se tornam vítimas de abuso nas mãos dos responsáveis por criá-los. De modo semelhante, abusamos sistematicamente das áreas mais vulneráveis e menos defendidas do mundo natural.[4]

A receita de Gore para as espécies é a recuperação.

> Se a crise ambiental global está enraizada no padrão disfuncional do relacionamento de nossa civilização com o mundo natural, confrontar e compreender esse padrão (...) é o primeiro passo para lamentar o que perdemos (...) e chegar a um acordo com a nova história do que significa ser um servo da Terra.[5]

A receita de Gore é semelhante à minha. Em um primeiro momento, as defesas viciantes devem ser confrontadas e interrompidas; depois, deve-se permitir que a dor por trás delas venha à tona; e por fim, as habilidades e responsabilidades da verdadeira intimidade — "serviço", como Gore, entre outros, a chama[6] — devem ser restabelecidas. O rapaz deve se tornar um servidor, um marido-homem. A Terra não é nossa mãe; ela é nossa esposa. Somos casados com ela e, se não tomarmos cuidado, em breve poderemos nos divorciar. Em seu discurso em uma conferência ambiental no Rio de Janeiro, o presidente da antiga Tchecoslováquia, Václav Havel, analisou os destroços ambientais deixados pelo reinado do comunismo em seu país, a devastação da ganância sem limites. Ele lamentou "a arrogância do homem moderno, que acredita que entende tudo e sabe tudo, que se autodenomina mestre da 'natureza' e do mundo. Esse era o pensamento do homem que se recusava a reconhecer qualquer coisa acima dele, qualquer coisa superior a si próprio."[7]

O que Havel descreve é a arrogância, a ilusão de controle que está no cerne da masculinidade tradicional. E é essa arrogância que é transformada no processo de recuperação de homens deprimidos.

Na terapia familiar, somos treinados a considerar uma pessoa sintomática como um sinal de que os antigos costumes e as crenças da família não servem mais ao contexto atual. Um membro da família sintomático é o portador da notícia de que uma mudança deve ocorrer, um mensageiro da transformação. Outros homens, com menos sofrimento na vida, podem se dar ao luxo de experimentar a mudança dos papéis masculinos de forma voluntária e sem pressa. Para aqueles que lutam contra a depressão, no entanto, curar-se da ferida da desconexão é uma questão urgente. Precisamos aprender a servir, a nos colocar dentro dos relacionamentos, em vez de acima deles, se quisermos aliviar nosso sofrimento.

Depois de quase uma vida inteira vagando, Percival ganha uma segunda chance. O Castelo das Maravilhas volta a aparecer, das nuvens, para ele. Mais uma vez, ele vê o Rei Pescador ferido e encontra o Santo Graal. Todos se viram para ele em grande expectativa. Dessa vez, o herói havia aprendido o suficiente para fazer a pergunta certa.

"Quem serve ao Santo Graal?", pergunta Percival. Não a quem o Santo Graal serve, mas quem serve a ele. Homens deprimidos receberam a tarefa de responder a essa pergunta com a própria vida. "Quem serve ao Santo Graal?"

Somos nós.

Epílogo

Meu pai morreu em 15 de setembro de 1989. Minha mãe nos ligou um dia depois de ele ter sido internado na UTI. Quando o telefone tocou, Belinda e eu estávamos deitados depois de um dia exaustivo e satisfatório. Estávamos dando os parabéns um ao outro por, como dissemos, "abraçar a mudança". Belinda estava grávida de seis meses de Alexander. Justin tinha pouco mais de 2 anos. Nós, dois hippies velhos e reprováveis, tínhamos de alguma forma acumulado a pequena fortuna necessária para nos mudarmos de nosso amado apartamento alugado em Coolidge Corner, Brookline, para uma casa grande e antiga em um subúrbio próspero. De uma hora para outra, passamos a ter um ótimo sistema escolar, crianças na vizinhança com quem nossos filhos podiam brincar, um gramado que precisava ser cuidado e até um jardim. Tínhamos nos mudado. Fizemos uma hipoteca. Desempacotamos a maioria das caixas. Chegamos lá, conseguimos. Na tarde do domingo que antecedeu o telefonema de minha mãe, o pequeno Justin foi correndo até o segundo andar para me chamar.

— A mamãe está triste, papai — disse ele, sem fôlego. — Vem rápido!

Eu o segui até o jardim, onde encontrei Belinda segurando uma pá, suja de terra até os cotovelos, chorando como uma criança.

"O que houve?", perguntei e coloquei meus braços sobre os ombros dela enquanto Justin se aproximava.

Belinda apontou a pá para a casa, a varanda. Ela havia crescido em uma família psicótica na mesma proporção que a minha era incompetente e ainda tinha marcas físicas das agressões que sofrera nas mãos do pai, que batia nela com um cano de metal.

— É tão *estúpido* — confessou ela. — Não sei se estou feliz ou triste. É que somos tão *normais*!

Eu a abracei e dei um beijo em sua testa coberta de lama enquanto ela chorava. Justin deitou a cabeça no colo dela.

— Está tudo bem, mamãe — disse ele. — Não tem problema ser normal.
— Só que ele dizia "norbal" na época, o que nos fez rir.

* * *

Há uma escuridão no centro do meu ser. Quando fecho os olhos, ela está lá. Quando fico sozinho por algumas horas, volto a ela. Esse sentimento bruto, vazio e assustador faz parte da minha atmosfera interna desde que me entendo por gente. Tem sido meu estado normal, estável — o *eu* do qual passei muitos anos fugindo. Acabei por entender que aquela inquietação sombria e penetrante em mim foi minha experiência de abandono emocional e o medo ao crescer em um lar perigoso. É a solidão de um menino que carreguei comigo pelo mundo nos trinta anos seguintes.

Não me culpo por fugir desses sentimentos. Ninguém se submeteria de propósito àquele desconforto, a menos que houvesse um bom motivo. Como um garotinho que fugia para as ruas e esperava pelas brincadeiras dos vizinhos, como um adolescente que escapava para as drogas que me acalmavam como uma mãe, fugi durante a maior parte da vida. Magoado, arrogante, culpando os outros por não me completarem, eu estava em busca da próxima grande jogada, em busca de amor sem ter a capacidade de amar em troca. Assim como Percival, passei boa parte de minha vida vagando, à procura da pergunta certa.

— Eles o levaram — diz minha mãe ao telefone, sempre dramática.

Eu dissociei na mesma hora. Lembro o que passou pela minha cabeça: "Que frase esquisita... 'Eles o levaram.' Faz pensar em autoridades com botas arrastando meu pai, homens de jaleco branco. Ou será que ela quis dizer 'Eles o levaram de minhas mãos'?"

Quando desperto das distrações cerebrais, percebo que a sensação é como se alguém tivesse me dado um soco no peito. Fico sem fôlego e desorientado.

— Como ele estava? — pergunto à minha mãe.

— Chegou aos pulmões. — Ela começa a chorar. — Chegou aos pulmões!

Eu a ouço chorar por um tempo, fazendo o possível para acalmá-la. Ao meu lado, Belinda observa, com a mão em meu braço.

— Tudo bem, mãe — digo. — Não deve ter nenhum voo direto a essa hora. Vou ver o que posso fazer para ir à Filadélfia e já te ligo. Já avisou Les? — Ela me diz que sim. — Precisa de alguma coisa, mãe? Alguém para quem eu deva ligar? Quer que alguém vá até aí ficar com você?

— Venha ficar comigo, Terry. Você e Les têm que vir o mais rápido possível.

— Eu vou, mãe. Ligo para você daqui a pouco.

* * *

Há algo horrível, algo excessivamente vívido, no ronco e no motor do táxi que me espera na quietude de nossa pequena rua. Passo pelo brilho de seus faróis na escuridão das três da manhã. É verão. O taxista quer conversar. Estou em estado de choque. Falamos sobre o clima, os Red Socks. Não tenho nenhuma vontade de responder, mas, como eu mesmo fui taxista por um ano, sei como essa hora da madrugada deve ser solitária para ele.

— Então, por que está indo ao aeroporto a esta hora? — pergunta o taxista.

— Meu pai está morrendo — respondo e, enfim, consigo algum silêncio.

No trajeto até o aeroporto, tento pensar em meu pai, tento me lembrar dele andando, saudável. Não me vem nada. Dou uma boa gorjeta ao taxista por me sentir culpado.

— Sinto muito mesmo — diz ele, me entregando a mala.

Eu apenas assinto.

No avião, me refugio nos detalhes. Há atendimentos agendados para cancelar, compromissos para remarcar. O que digo às pessoas? Quão sincero devo ser com meus pacientes? E se eles perguntarem sobre meu pai? Começo a fazer listas.

Les me encontra no aeroporto da Filadélfia, segurando um copo de isopor com café morno.

— Achei que você poderia precisar.

Nós nos abraçamos. Les tem sido impressionantemente eficiente: alugou um carro e reservou quartos. Estamos prontos para partir.

No carro, acelerando na via expressa rumo a Atlantic City, fico olhando pela janela.

— *Ah, você pegou a via expressa?* — *pergunta meu tio Matt em minha mente.*

— *A via expressa, como assim?* — *responde um parente sem rosto, com um copo descartável cheio de Schnapps na mão.* — *Sempre fico preso no trânsito lá. Eu pego a Pike.*

— *A Black Horse Pike ou a White Horse Pike?* — *pergunta meu pai, puxando uma de suas conversas preferidas.* — *Acho a Black Horse Pike muito mais rápida, apesar de mais longa.*

— *Acho que a White Horse Pike é a melhor escolha* — *afirma alguém.*

— *Eu costumava pegar* — *diz meu pai.* — *Mas não pego mais.*

— *Sabe, é engraçado você dizer isso, Ed...*

E, assim, em minha cabeça, os homens de minha família não param, conectando-se uns aos outros por meio de preocupações irrelevantes.

— Black Horse Pike ou White Horse Pike? — pergunto ao meu irmão.

— Ah — responde ele com falsa solenidade —, sempre pego a via expressa hoje em dia. Os novos pedágios automáticos a deixaram muito mais rápida.

Ficamos olhando para a estrada, com boa vontade, querendo dar apoio um ao outro. Parece que não há muito a ser dito.

— Você já falou com o médico? — pergunto.

Ele balança a cabeça em negativa.

— Não tive tempo — responde e então acrescenta: — Vai ter tempo de sobra para tudo isso.

— Você tem alguma ideia de quanto...

— Não — interrompe ele.

Eu me recosto no banco do carro e fecho os olhos. Passamos o restante da viagem em silêncio.

Conectado a monitores, catéteres e um tubo de oxigênio, meu pai não parece humano. Não parece mais feito de carne. Mesmo nesse momento, ele ainda é um homem grandalhão, com ombros largos e um peito enorme. Só que a barriga não existe mais, seu rosto afundou até os ossos, sua pele está esticada sobre o vazio de suas bochechas. Braços e pernas perderam os músculos. Na cama, eles parecem ripas de madeira. Lembro-me de pensar que meu pai estava se transformando em uma de suas esculturas.

— Ah! — diz ele ao me ver.

Pela inflexão, o arquear de uma sobrancelha, parece que ele se levantou para nos cumprimentar. Seu "Ah!" é um cumprimento que soa tão público como estender a mão para um vizinho que acabou de tocar a campainha. Por um momento, parece que estamos em um coquetel, mas a ilusão logo desaparece.

— Que bom que você veio! — Ele me deixa abraçá-lo. Sua voz está fraca, um sussurro rouco, mas ainda assim ele consegue não parecer enfraquecido; a força de sua personalidade continua presente. — Eu estava esperando ansiosamente por esse momento!

Les se junta a mim ao lado da cama. Conversamos sobre trivialidades — de nossa vida, e não da de nosso pai.

— Ei, então, como vocês vieram? — perguntou ele.

— Pegamos a via expressa — conta Les.

Meu pai balança a cabeça. Sinto seu dedo cravado em meu peito, embora ele esteja tão morto quanto um graveto em cima dos lençóis.

— Deveria ter pegado a Pike — diz ele.

— Black Horse ou White Horse? — pergunta Les.

— Para com a gracinha, espertinho — responde meu pai.

— Pai — acaricio seus cabelos grisalhos —, você deveria descansar. Poupe suas forças.

Ele inclina a cabeça para poder olhar para mim.

— Para quê? — sussurra ele. — Meus amigos estão aqui. Sua mãe está aqui. Minha família. Eu deveria poupar forças por quê? Vou para algum lugar?

Ao pé da cama, minha mãe chora baixinho.

— Merda — xinga meu pai.

— Eu estou bem, Edgar — diz minha mãe com firmeza.

— Onde está meu beijo? — pergunta ele à esposa.

Ela vai até a cabeceira da cama, se curva e o beija.

— Eu te molhei todo — comenta ela, enxugando as lágrimas do rosto dele.

— Não importa — responde ele.

Passamos a tarde conversando. Mostro ao meu pai fotos recentes de Justin. Les mostra fotos do filho, Daniel. Em minha mala, tenho uma foto do ultrassom de Alexander, mas não me parece correto mostrá-la agora. De repente, me dou conta de que Alexander não vai conhecer o avô. Sinto uma pontada, como uma mão apertando meu coração, não muito forte, só um pouco, de leve.

— Então, Harvey fala para Shirley: "Querida, estou trocando você por uma mulher mais nova!" — Conto ao meu pai uma série de piadas de mau gosto. Ele sempre gostou de uma boa piada suja e ri bastante. Enfim, ele se tornou um público receptivo para mim.

À medida que a doença avançava, ele se tornou um homem mais agradável com quem conviver. Quanto mais a ELA o reduzia, mais humilde ele se tornava. Perto do fim da vida, ele, de fato, fazia perguntas a outras pessoas — o que elas achavam das coisas, qual era a experiência delas. As legiões de enfermeiros e auxiliares que passaram por sua vida pareciam considerá-lo um sujeito simpático. Ele era considerado um bom paciente.

Cerca de um ano antes, criei coragem para enviar a ele um exemplar do livro *Finding Our Fathers*, de Sam Osherson. "Este livro é parecido com o tipo de trabalho que faço com os caras", expliquei.

Como era de se esperar, ele o leu de cabo a rabo, minha mãe sentada ao lado dele, segurando o livro, virando cada página. De forma inusitada, ele me ligou para dizer o quanto havia gostado do livro.

— Não desliga, querido — pede minha mãe. — Seu pai quer falar com você.

Encorajado por sua resposta atenciosa, imaginando que havia pouco tempo restante, decidi arriscar mais. Peço a bênção dele, peço que abençoe meu trabalho com outros pais e filhos, mas, pela primeira vez na vida, ele é mais esperto.

Sem desmerecer meu pedido, como teria feito durante a maior parte da vida, ele faz uma pausa. Minha mãe deixa o telefone cair no chão sem querer.

— Que *droga*, Leah! — explode ele, e eu o escuto, seguido de uma disputa insana pelo telefone.

— Não fala assim comigo, Edgar! — responde ela.

— Tudo o que eu *queria*...

— Não me importa. Estou cansada. Estou fazendo...

— Ei, vocês dois — tento me intrometer, mas eles me ignoram e ficam reclamando um com o outro por mais alguns minutos. Então, tento outras vezes, repetindo: — Ei, vocês dois.

Depois de mais discussões ininteligíveis, enfim escuto:

— *Droga*, Leah. Isso está nos custando *dinheiro*!

Então, o telefone é colocado de volta no ouvido do meu pai.

— Me desculpe, filho — diz ele.

— Tudo bem, pai.

— É que sua mãe...

— Pai — interrompo —, a bênção.

Ele leva um momento para organizar seus pensamentos.

— Está bem — diz ele, impaciente. — Aqui está a bênção. — Então, faz uma pausa e continua: — Que você e seu irmão atinjam o potencial máximo de vocês em todos os aspectos. Minha bênção para vocês é a seguinte: que nada em meu passado, ou no passado da família, possa de alguma forma atrasá-los ou pará-los. Se existe algum ônus sobre você, eu te liberto dele. Está me ouvindo? Eu te libero. Quero que você seja livre. Feliz, forte e livre. Esta é minha bênção para você, filho.

Ficamos em silêncio por um momento.

— Obrigado, pai.

— Não é pouca coisa — comenta ele, quase beligerante.

— Pai?

— O que eu disse, agora. Tudo isso... não é pouca coisa.

— Eu sei, pai — tranquilizo-o.

— Eu sei que você sabe — responde ele. — Eu sei.

* * *

Um amigo leva minha mãe à cafeteria no andar de baixo, e meu irmão e eu ficamos sozinhos com nosso pai.

— Venham cá, rapazes — chama ele.

Ficamos cada um de um lado da cama. Meu irmão segura a mão direita dele, e eu, a esquerda.

Começo a falar, utilizando as habilidades que aconselhei outras pessoas a usarem ao se aproximar de um pai à beira da morte, reconhecendo, nos momentos finais, os aspectos positivos de seu legado. Les se junta a mim. Nós nos revezamos para dizer ao nosso pai o que recebemos dele, os presentes que nos deixou. Então meu irmão e eu, talvez pela primeira vez em nossa vida, celebramos um ao outro na presença dele.

— Uma das coisas que você me deu, pai — diz Les —, foi seu grande amor pela ciência. O fato de eu ser cientista hoje tem muito a ver com você. Eu me lembro daqueles experimentos idiotas que você nos obrigava a fazer...

Papai dá uma risadinha e depois tosse.

— Eu levo comigo um apreço maravilhoso pela natureza — afirmo. — Acho que meus momentos mais felizes, pai, foram quando acampamos juntos. Fazendo uma fogueira...

E assim seguimos, com certa formalidade ritual, como uma procissão calorosa e solene.

— Não sei se você já sabe disso, pai — digo —, mas o Les foi convidado para dar aulas na Inglaterra. Nosso pequeno *idiota* de Nova Jersey vai dar aulas em Oxford.

— É bom eu ir trabalhando no meu sotaque — diz Les, acanhado.

— Você vai se sair bem — sussurra nosso pai, mal conseguindo falar.

— E você sabia, pai — retribui Les —, que o Terry teve um artigo aceito pela primeira vez?

— Escutem — diz nosso pai, depois de um tempo. — Escutem, crianças. Está mais difícil de falar. — Nós dois chegamos mais perto dele. — Quero contar uma coisa a vocês. É importante para mim.

— Tudo bem, pai — falamos. — Estamos aqui.

Meu pai demora um pouco para voltar a falar. Não sei dizer se é porque ele está morrendo ou porque está emocionado.

— Quero que saibam que a única coisa importante, a mais importante, é o amor. Isso é o que importa. O resto é besteira. Quando você está onde estou agora. É exatamente como dizem. Tudo o que importa é o amor.

Ele se recosta, fecha os olhos e se concentra em sua respiração.

— Talvez você devesse descansar um pouco — sugiro.

— Escuta — continua ele. — Eu nem sempre soube disso. Sobre o amor. Construí muitas barreiras ao meu redor. Não deixei que vocês me amassem como poderiam, e, embora eu amasse vocês, e sempre amei, às vezes não agia de acordo.

— Ah, pai... — Les começa a chorar.

— Mas é verdade. Todo mundo sabe disso — diz ele, fazendo uma pausa. Ele pede e bebe água antes de continuar: — Sinto muito. Sinto muito pelas coisas que fiz.

— Não precisa... — começo.

— Preciso, sim — interrompe ele. — Preciso, sim. — Ele faz uma pausa e reúne forças. — Agora, o problema é o seguinte, e é muito importante: vocês podem fazer melhor do que eu, entendem? Vocês dois. Quero que façam melhor do que eu fiz. Estão me ouvindo? Lembrem-se disso. Não se deixem levar por bobagem.

— Tudo bem, pai — dizemos a ele. — Vamos tentar. Vamos dar nosso melhor.

— Sei que vão. Eu sempre soube que iriam. Mas queria que vocês soubessem que... que desejo isso a vocês.

Torço uma toalha de rosto úmida e a coloco na testa dele. Ele fecha os olhos.

— Ah, isso é bom... — diz ele. — Vocês estão sendo muito gentis comigo. Eu não mereço.

Eu me curvo e dou um beijo nele.

Meu pai morreu na manhã seguinte. Entrei no quarto dele com uma saudação alegre nos lábios e o encontrei sem vida. Ele devia ter morrido minutos antes. A cabeça estava caída para trás, a boca toda aberta e os olhos fechados. Seja por causa do meu surto fisiológico, de choque ou sensibilidade espiritual, senti uma enorme onda de energia percorrer a sala, um vórtice poderoso. Era como se um portal tivesse se aberto, e eu pudesse sentir palpavelmente a vida de meu pai *se esvair* dele, como uma ventania.

— Você precisa sair — informa a enfermeira do quarto, irritada.

— Já vou — respondo. Acaricio o cabelo grisalho do meu pai uma última vez, o beijo e toco sua bochecha. — Vou fazer melhor — prometo a ele. — De sua parte está tudo feito agora. Pode descansar.

* * *

— Desde que me lembro, meu pai se identificava com a figura de Prometeu — digo ao heterogêneo grupo de pessoas que se reuniram para o velório dele.

Auxiliares de enfermagem e funcionários do hospital, em sua maioria. Um punhado de amigos da minha mãe, nenhum amigo dele. Seu irmão, Phil.

— Eu me lembro — continuo minha elegia — de uma estátua de Prometeu e a Águia feita pelo escultor preferido dele, Jacques Lipchitz. Na escultura, o herói e a nêmesis se fundem e fluem um para dentro do outro, mesmo quando se enfrentam em combate.

"Assim como Prometeu, meu pai lutou contra a força da violência durante toda a vida. Às vezes, ele conseguia levar a melhor. Em outras, não. Ninguém aqui o culpa, pai. Ninguém aqui está julgando seus defeitos. Você fez o melhor que podia. Está perdoado."

A umidade é densa, não corre nenhum vento. O sol bate em meu terno preto e o suor escorre por meu corpo.

— Antes de morrer, meu pai me deu uma bênção. Peço agora que essa bênção se torne sua elegia. Ele disse que nada do passado dele, ou do passado da família dele, impedirá a plena realização de nossos dons. Peço-lhes agora que se juntem silenciosamente a mim nessa mesma oração.

Sem que ninguém peça, as pessoas ali reunidas ficam de pé.

— Pai, que a violência contra a qual lutou seja enterrada com você aqui. Que seus filhos sejam libertados dela. Que nossos filhos sejam libertados dela. E que o senhor seja libertado dela. Rezo para que Prometeu tenha soltado a águia. Rezo para que ela volte ao lugar de onde veio e não faça mal a ninguém aqui. Rezo para que você enfim tenha encontrado a paz. Nós, que aqui ficamos, mandamos nosso amor. Amém.

— Sabe, seu pai me contou aquela história do Abe, no carro — diz tio Phil mais tarde naquela noite, depois que insisti. — Mas eu não me lembro.

— Você devia ser muito pequeno, Phil.

— Bem, eu até perguntei, e seu avô negou — conta ele.

— Isso dificilmente é...

— Eu apenas não entendo — continua Phil. — Nossos pais eram os melhores...

— Sua mãe tinha morrido — interrompo.

— Bem, quero dizer, minhas lembranças de infância são bem normais, levando tudo em consideração — comenta. — Você não sabe como era naquela época, Terry.

Dou um sorriso.

— Você é igualzinho ao papai, tio Phil — digo.

Phil dá um abraço caloroso em todos nós e promete manter contato. Nunca mais tivemos notícias dele.

Depois do enterro, estou sozinho em um cais com vista para a baía, a uma quadra e meia de casa. Fui até ali para chorar, para sentir minha dor. Dentro de casa, tudo se resume a apertos de mão e votos sinceros de felicidades — formalidades. Sinto a presença do meu pai com muita força. Eu o sinto ao meu lado, no céu, nos pássaros voando no alto. Estou repleto de pensamentos sobre ele, conversas, lembranças.

Enquanto estou sentado no cais, me pergunto se ele estava falando sério. Se de fato estava tudo bem que eu fizesse melhor que ele. Uma gaivota voa sobre minha cabeça, grasnando, e pousa na popa de um barco ancorado bem diante de mim. Sou obrigado a rir. Na popa do velho e gasto barco de pesca está pintado o nome: *Desejo do papai*.

Desde que me lembro, há uma escuridão no cerne de minha alma. Anos de terapia com Paolito ajudaram. Alguns anos de terapia familiar ajudaram. A semana que meus corajosos pais passaram em Boston, enfrentando quatro dias consecutivos de terapia comigo, ajudou muito. As técnicas de reparação ativa e de recuperação de traumas profundos da minha colega Pia Mellody proporcionaram enorme alívio.

A escuridão dentro de mim quase não existe mais. Sinto um toque dela aqui e ali. Um dia ruim de vez em quando, cócegas no fundo da minha mente, como uma ameaça. Contudo, enquanto vivo minha vida, estou essencialmente livre dela. Aquele garotinho sozinho em meio a tanta escuridão e dor está comigo agora. Aprendi a cuidar dele, a ser responsável por ele, assim como sou responsável por outras pessoas em minha vida. Ciente da dor dele, não deixo que recorra às drogas, a outra mulher ou a mais um prêmio reluzente. Aprendemos a ficar juntos em silêncio, eu e ele. Aprendemos a fazer companhia um ao outro.

Minha mãe teve um derrame cerebral grave seis meses após a morte do meu pai. Incapacitada e quase sem poder falar, foi internada no asilo que administrou por 25 anos. Eles a trataram com o máximo de cuidado e respeito possível. Um ano depois, ela teve um segundo derrame e morreu.

Na noite de seu enterro, sentados na lanchonete favorita da nossa infância, meu irmão e eu confessamos um ao outro, com certa consternação e vergonha, que nenhum de nós sentiu muita coisa. Nenhum de nós havia chorado.

Penso no meu pai e na minha mãe com frequência. Às vezes, sinto saudades deles. Também me sinto profundamente aliviado.

Termino este livro como o comecei: em meu escritório no terceiro andar, ouvindo meus filhos brincarem lá embaixo. Enquanto escrevo, os sons de suas paixões chegam até mim, suas risadas ardentes, suas vozes. Olho para eles, para a maneira como lançam seus corpinhos fortes pelo ar luminoso, despreocupados, seguros e inocentes. Profundamente benevolentes.

Sei que meus filhos vão sentir dor. Eles terão de aprender a lidar com os sofrimentos da vida, por mais difícil que seja testemunhar isso às vezes. Eu me sinto reconfortado por acreditar que a dor com que vão se deparar na vida será apenas deles. Quando tiverem idade suficiente, se estiverem interessados, Belinda e eu vamos contar tudo a eles, os detalhes de nossa infância. No entanto, percebo, ao vê-los brincando e rindo, que, de uma forma vívida e visceral, eles têm pouca experiência, poucos pontos de referência para a violência da qual o pai e a mãe vieram.

Nossa intenção é que continuem assim.

Notas

Capítulo 1: A depressão oculta dos homens

1 "Nel mezzo del cammin di nostra vita mi ritrovai per una selva oscura (...)". ALIGHIERI, D., *Inferno*, tradução de SINCLAIR, J. D. (Londres: Oxford University Press, 1972, pp. 22-23).

2 KLERMAN G.; WEISSMAN, M. "Sex Differences and the Epidemiology of Depression". *Archives of General Psychology*, jan. 1977, vol. 34, pp. 98-111.

3 GREENBERG, P. E.; STIGLIN, L. E.; FINKELSTEIN, L.; ERNST, S.; BERNDT, R. "The Economic Burden of Depression in 1990", artigo especial publicado em *The Journal of Clinical Psychiatry*, vol. 54 (11), pp. 408-18, 1990: "The Economics of Depression", 1990. Ver também: GREENBERG, P.; STIGLIN, L.; FINKELSTEIN, S. "Depression: A Neglected Major Illness", *Journal of Clinical Psychiatry*, nov. 1993, pp. 419-24. Para reações e discussões sobre o artigo de Greenberg, ver: GOLEMAN, D. "Depression Costs Put At $43 Billion". *The New York Times*, 3 dez. 1993.

4 REIGER, D. A.; HIRSCHFELD, R. M. A.; GOODWIN, F. K. *et al*. "The NIMH Depression Awareness Recognition and Treatment Program: Structure, Aims, and Scientific Basis". *American Journal of Psychiatry*, 1988, vol. 145, pp. 1.351-57.

5 EISENBURG, L. "Treating Depression and Anxiety in Primary Care: Closing the Gap Between Knowledge and Practice". *New England Journal of Medicine*, 1992-1993, vol. 326, pp. 1.080-84.

6 REIGER, HIRSCHFELD, GOODWIN *et al*. "The NIMH Depression Awareness Recognition and Treatment Program". Ver também: WEISSMAN, M. "The Psychological Treatment of Depression: Evidence for the Efficacy of Psychotherapy Alone, in Comparison with, and in Combination with Pharmacotherapy". *Archives of General Psychiatry*, out. 1979, vol. 36, pp. 1.261-69.

7 Não sou a primeira nem a única pessoa a analisar a pesquisa sobre depressão e gênero e propor essa explicação. Veja, por exemplo, os epidemiologistas Hammen e Padesky, que observam: "Não está evidente se as mulheres são, de fato, mais deprimidas do que os homens, ou se as experiências masculinas e femininas com a depressão diferem de forma a levá-las a expressar sintomas, buscar ajuda ou receber rótulos de depressão de forma diferente dos homens".; HAMMEN, C. L.; PADESKY, C. A. "Sex Differences in the Expression of Depressive Responses on the Beck Depression Inventory". *Journal of Abnormal Psychology*, 1977, vol. 86 (b), pp. 609-14. Ver também: OLIVER, S. J.; TONER, B. B. "The Influence of Gender Role Typing on the Expression of Depressive Symptoms", *Sex Roles*, 1990, vol. 22 (11-12), pp. 175-262.

8 CHEVRON, E. S.; QUINLAN, D. M.; BLATT, S. J. "Sex Roles and Gender Differences in the Experience of Depression", *Journal of Abnormal Psychology*, 1978, vol. 87, pp. 680-83. Ver também: CHINO, A. F.; FUNABIKI, D. "A Cross-Validation of Sex-Differences in the Expression of Depression", *Sex Roles*, 1984, vol. 11, pp. 175-87; e PADESKY, C. A. "Sex Differences in Depressive Symptoms Expression and Help Seeking Among College Students", *Sex Roles*, 1981, vol. 7, pp. 309-20.

9   Devo a Olga Silverstein a expressão "se reduzam à metade" e muitas das minhas ideias sobre a socialização de meninos. Ver: SILVERSTEIN, O.; ROSHBAUM, B. *A coragem de criar grandes homens* (Rio de Janeiro: Record, 1997).
10 GILLIGAN, C. *In a Different Voice: Psychological Theory and Women's Development* (Cambridge: Harvard University Press, 1982).
11 DUNER, D. L. "Recent Gender Studies of Bipolar and Unipolar Depression", *in* COYNE, J. C. (org.), *Essential Papers on Depression* (Nova York: New York University Press, 1985). Ver também: GERSHON, E. S.; BUNNEY JR., W. E. Bunney; LEHMAN, J. F. "The Inheritance of Affective Disorders: A Review of Data and Hypothesis", *Behavioral Genetics*, 1976, vol. 6, pp. 227-61.
12 GILBERT, P. *Depression: The Evolution of Powerlessness* (Nova York: Guilford, 1982).
13 A encenação é uma técnica comum utilizada por várias escolas de terapia familiar e por profissionais tão diversos quanto Virginia Satir, Peggy Papp e Salvador Minuchin. No Family Institute of Cambridge, vários colegas, incluindo Richard Chasin, Laura Chasin, Richard Lee e Sally Ann Roth, têm estado na vanguarda da aplicação de técnicas teatrais complexas, conhecidas como *psicodrama*, à terapia familiar. Para saber mais sobre a encenação, ver: WILLIAMS, A. *The Passionate Technique: Strategic Psychodrama with Individuals, Groups, and Families* (Nova York: Tavistock/Routledge, 1989); MINUCHIN, S. *Families and Family Therapy* (Cambridge: Harvard University Press, 1974); CHASIN, R.; ROTH, S.; BOGRAD, M. "Action Methods in Systemic Therapy: Dramatizing Ideal Futures and Reformed Pasts With Couples", *Family Process*, 1989, vol. 29(2), pp. 121-36; CHASIN, R.; ROTH, S. "Past Perfect, Future Perfect: A Positive Approach to Opening Couple Therapy", *in* CHASIN, R.; GRUNEBAUM, H.; HERZIG, M. (org.). *One Couple, Four Realities: Multiple Perspectives on Couples Therapy* (Nova York: Guilford, 1990).
14 A técnica aqui utilizada é chamada de "cena de reforma". Em um primeiro momento, o terapeuta faz a família encenar um encontro problemático. Em seguida, ele utiliza uma "ponte de afetos" para trazer à tona a ressonância pessoal da cena para um membro da família (por exemplo, "O que isso faz você se lembrar do seu passado?"). A cena antiga é então reencenada e "consertada" — curada de alguma forma — sob a direção do paciente. A cura da "cena dentro da cena" aumenta a compreensão e liberta as emoções subjacentes. Richard Chasin, Laura Chasin e Sally Ann Roth têm sido meus principais guias nesse tema.
15 [Lear] "Who is it that can tell me who I am?" [Fool] "Lear's shadow." *King Lear*, I, 4. *Shakespeare's Complete Works* (Baltimore: Penguin, 1969).
16 THOREAU, H. D.; apud *The Columbia Dictionary of Quotations* (Nova York: Columbia University Press, 1993).
17 American Psychiatric Association. *Diagnostic and Statistical Manual of Mental Disorders*, 4ª ed. (Washington, D.C.: American Psychiatric Association, 1994.)
18 Stanley Jackson escreveu uma história abrangente da ideia de depressão, desde os primeiros autores gregos até os dias atuais. Ver: JACKSON, S. *Melancholia & Depression* (New Haven: Yale University Press, 1986). Ver também: GILBERT, P. *Depression*.
19 Ver: GOLEMAN, D. "A Rising Cost of Modernity: Depression". *The New York Times*, 8 dez. 1992, caderno de Ciências.
20 REIGER, HIRSCHFELD, GOODWIN *et al*. "The NIMH Depression Awareness Recognition and Treatment Program", pp. 1.351-57. Ver também: WEISSMAN, N. M.; BRUCE, M. L.; LEAF, P. J. *et al*. "Affective Disorders", *in* ROBBINS, L. N.; REIGER, D. A. (org.). *Psychiatric Disorders in America: The Epidemiologic Catchment Area Study* (Nova York: The Free Press, 1991).
21 GOLEMAN, D. "A Rising Cost of Modernity: Depression."
22 National Institute of Mental Health, *Number of U.S. Adults (in millions) with Mental Disorder, 1990*, 25 mar. 1992. Ver também: SCHNEIDMAN, E. S. "Overview: A Multidimensional Approach to Suicide", *in* JACOBS, D.; BROWN, H. N. (org.). *Suicide: Understanding and Responding*, Harvard Medical Perspectives (Connecticut: International Universities Press, 1989).

23 Ver: BRODY, J. "Myriad Masks Hide an Epidemic of Depression", *The New York Times*, 30 set. 1992, para ambas as pesquisas.
24 HENLEY, W. E. "Invictus", apud *The Columbia Dictionary of Quotations*.
25 John Rush liderou o recente comitê encarregado de elaborar diretrizes federais para o reconhecimento da depressão a serem usadas pelos médicos nos Estados Unidos. Ele é entrevistado em CRONKITE, K. *On the Edge of Darkness: Conversations about Conquering Depression* (Nova York: Doubleday, 1994), p. 79.
26 National Center for Health Statistics, U.S. Department of Health and Human Services, 1993. USDH & HS (NCHS, Center for Disease Control, Division of Vital Statistics, Office of Mortality Statistics, Monthly Vital Statistics Report), vol. 40(8), sup. 2, 7 jan. 1992.
27 DOUGLAS, A. P.; HULL, D.; HULL, J. "Sex Role Orientation and Type A Behavior Pattern", *Personality and Social Psychology*, 1981, vol. 9 (2), pp. 600–04; CONRAD, F. "Sex Roles as a Factor in Longevity". *Sociology and Social Research*, 1962, vol. 46, pp. 195–202; MCCELLAND, D.; WILLIAM, N. D.; KALEN, B.; RUDOLPH, K. *The Drinking Man* (Riverside, Nova Jersey: Free Press, 1972).
28 O'BRIEN, T. *The Things They Carried* (Nova York: Penguin, 1990), pp. 20–21.
29 WALDRON, I. "Why Do Women Live Longer than Men?". *Journal of Human Stress*, 1976, vol. 2, pp. 1–13; GOOD, G. E.; DELL, D. M.; MINTZ, L. B. "Male Role and Gender Role Conflict: Relations to Help Seeking in Men". *Journal of Counseling Psychology*, 1989, pp. 295–300; HARRISON, J. "Warning: The Male Sex Role May Be Dangerous to Your Health", *Social Issues*, 1978, vol. 34, pp. 65–86.
30 Sobre músculos, ver: GLASNER, B. "Men in Muscles", *in* KIMMEL, M.; MESSNER, M. (org.). *Men's Lives* (Nova York: Macmillan, 1989). Sobre bulimia, ver: OLIVARDIA, R.; HARRISON JR., G.; MANGWETH, B. "Eating Disorders in College Men". *American Journal of Psychiatry*, set. 1995, vol. 152 (9). p. 1.279.
31 Da versão cinematográfica do romance *The Great Santini* (Nova York: Bantam Books, 1987), de CONROY, P.
32 HAMMEN, C. I.; PETERS, S. D. "Interpersonal Consequences of Depression: Responses to Men and Women Enacting a Depressed Role", *Journal of Abnormal Psychology*, 1978, vol. 87, pp. 322–32.
33 Ver Joiner para uma revisão dos estudos que embasam ou não as conclusões. Joiner e seus colegas concluem: "Quando homens com baixa autoestima estão deprimidos, espera-se que sofram em silêncio e que aceitem a situação como homens. A busca excessiva por reafirmação viola essa expectativa, bem como o comportamento masculino estereotipado em geral, e, consequentemente, pode resultar em rejeição. Em contrapartida, a busca por reafirmação por parte de mulheres deprimidas com baixa autoestima pode não violar as normas sociais estereotipadas no mesmo grau e, portanto, ser menos objetada." JOINER J. R., T. E.; ALFANO, M. S.; METALSKY, G. I. "When Depression Breeds Contempt: Reassurance Seeking, Self-Esteem, and Rejection of Depressed College Students by Their Roommates", *Journal of Abnormal Psychology*, 1992, vol. 10 (1), p. 171.
34 Ver: TAFFEL, R. "The Politics of Mood", *in* BOGARD, M. (org.). *Feminist Approaches for Men in Family Therapy* (Nova York: Harrington Park Press, 1991), pp. 153–77.
35 RUSH, J. apud CRONKITE, K., *On the Edge of Darkness*, pp. 79–80.
36 POTTS, M. K.; BURNAM, M. A.; WELLS, K. B. "Gender Differences in Depression Detection: A Comparison of Clinician Diagnosis and Standardized Assessment". *Psychological Assessment*, 1991, vol. 3(4), pp. 609–15. Ver também: WERBRUGGE, I. M.; STEINER, R. P. "Physician Treatment of Men and Women Patients. Sex Bias or Appropriate Care?", *Medical Care*, 1981, vol. 19, pp. 609–32.
37 Ver: WAISBERG, J.; PAGE, S. "Gender Role Noncomformity and Perception of Mental Illness", *Women and Health*, 1988, p. 3. Ver também: WALLEN, J.; WAITZKIN, J. D. "Physician Stereotypes about Female Health and Illness: A Study of Patient's Sex and the Informative Process During Medical Interviews", *Women and Health*, 1979, vol. 4, pp. 135–46.
38 OPLER, M. K. "Cultural Variations in Depression: Past and Present", *in* LESSE, S. (org.). *Masked Depression* (Nova York: J. Aronson, 1974).

Capítulo 2: Filhos de Narciso: autoestima, vergonha e depressão

1. OVIDIO. *Metamorphoses*, traduzido por MANDELBAUM, A. (Nova York: Harcourt Brace, 1993), p. 94.
2. Ibid.
3. A citação foi retirada da versão de Thomas Bulfinch. BULFINCH, T. *Bulfinch's Mythology* (Londres: Springer, 1964), p. 75.
4. Ibid.
5. FICINO, M. *Commentary on Plato's Symposium*, traduzido por SEARS, J. (Dallas: Spring, 1985).
6. Esse ponto de vista sobre autoestima saudável vem de uma proposta de Pia Mellody. MELLODY, P.; MILLER, A.; MILLER, J. *Facing Codependence* (San Francisco: HarperCollins, 1987). Ver também: KOHUT, H. "Forms and Transformations of Narcissism", *in* MORRISON, A. P. (org.). *Essential Papers on Narcissism* (Nova York: New York University Press, 1986).
7. A frase pertence ao grande analista infantil D. W. Winnicot. Para uma discussão sobre os aspectos fisiológicos da autoestima e sua relação com a depressão, ver: KRAMER, P. *Listening to Prozac* (Nova York: Viking, 1993).
8. Ver KOHUT, H.; WOLF, E. "The Disorders of the Self and Their Treatement: An Outline", *in* MORRISON, A. P. (org.). *Essential Papers on Narcissism*.
9. Ver KANTOR, D. "Critical Identity Image: A Concept Linking Individual, Couple and Family Development", *in* PIERCE, J. K.; FRIEDMAN, L. J. (org.). *Family Therapy: Combining Psychodynamic and Family Systems Approaches* (Nova York: Grunet Stratton, 1980), Capítulo 9. Ver também: PHILLIPS, M.; FREDERICK, C. *Healing the Divided Self: Clinical and Ericksonian Hypnotherapy for Post Traumatic and Dissociative Conditions* (Nova York: W. W. Norton, 1995).
10. MELLODY, P. *Post Induction Training: A Manual for Psychotherapists* (Wickenburg, Arizona: Mellody Enterprises, 1994).
11. FREUD, S. "Mourning and Melancholia", *in* COYNE, J. C. (org.). *Essential Papers on Depression* (Nova York: New York University Press, 1985), p. 51.
12. A literatura atual sobre a vergonha e sua relação com a depressão é vasta. A vergonha é um dos poucos conceitos que inspirou grande interesse na teoria psicanalítica, na teoria dos sistemas familiares e na teoria da recuperação de vícios. Para revisões, ver: MORRISON, A. *Shame: The Underside of Narcissism* (Nova York: Analytic Press, 1989). Ver também: WRIGHT, F.; O'LEARY, J.; BALKIN, J. "Shame, Guilt, Narcissism and Depression: Correlates and Sex Differences", *Psychoanalytic Psychology*, 1989, vol. 6 (2), pp. 217–30.
13. Para saber mais sobre alexitimia, ver KRYSTAL, H. "Alexithymia and Psychotherapy". *American Journal of Psychotherapy*, jan. 1979, vol. 33 (1), pp. 17–31. Ver também: LEVANT, R. *Masculinity Reconstructed* (Nova York: Penguin, 1995).
14. ALIGHIERI, D. *Inferno*, traduzido por MUSE, M. (Bloomington, Indiana: Indiana University Press, 1971).
15. Para evitar confusão, tomei a liberdade de substituir o termo "narcisismo" pelo termo "grandiosidade", usado por Wright e seus colegas para denotar tanto a superioridade irrealista quanto qualquer estado patológico de autoestima, seja ele grandioso, seja repleto de vergonha. Eu temia que o duplo uso do termo, embora familiar aos terapeutas, confundisse o leitor leigo. WRIGHT, F.; O'LEARY. J.; BALKIN, J. "Shame, Guilt, and Depression", vol. 6 (2), pp. 223-24. Para saber mais sobre a dinâmica dessa defesa, ver: REICH, A. "Pathological Forms of Self-Esteem Regulation", *Psychoanalytic Study of the Child*, 1960, pp. 215–32. Ver também: MILLER, A. "Depression and Grandiosity as Related Forms of Narcissistic Disturbance", *in* MORRISON, A. P. *Essential Papers on Narcissism*.
16. Para uma análise e uma importante pesquisa atual sobre o papel do gênero, ver GJERDE, P. "Alternative Pathways to Chronic Depressive Symptoms in Young Adults: Gender Differences in Developmental Trajectories", *Child Development*, 1995, no prelo.

Capítulo 3: Homens ocos: depressão oculta e vícios

1. ELIOT, T. S. "The Hollow Men", *in Selected Poems: The Centenary Edition* (Nova York: Harcourt Brace, 1988), p. 77.
2. MELLODY, P. *Facing Codependence* (San Francisco: HarperCollins, 1987).
3. A dinâmica de uma espiral de vergonha ou disforia se tornou uma observação comum no campo dos vícios. Ver: MARLAT, G. A. "Alcohol the Magic Elixir: Stress, Expectancy, and the Transformation of Emotional States", *in* GOTTHEL, E.; DRULEY, K. A.; PASHKO, S.; WEINSTEIN, S. P. (org.). *Stress and Addiction* (Nova York: Brunner/Mazel, 1987), p. 302.
4. Entrevista com William Styron em CONKRITE, K. *On the Edge of Darkness: Conversations about Conquering Depression* (Nova York: Doubleday, 1994).
5. JACKSON, S. E. *Melancholia and Depression from Hippocratic Times to Modern Times* (New Haven: Yale University Press, 1986).
6. Para mais informações, ver KHANTZIAN, E. "The Self-Medication Hypothesis of Addictive Disorders", *American Journal of Psychiatry*, nov. 1985, v. 142 (11), pp. 1.259-64. Ver também: KHANTZIAN, E.; HALLIDAY, K.; MCAULIFFE, W. *Addiction and the Vulnerable Self: Modified Dynamic Group Therapy for Substance Abusers* (Nova York: Guilford, 1990).
7. WOLFE, L. *Double Life: The Shattering Affair Between Chief Judge Sol Wachtler and Socialite Joy Silverman* (Nova York: Pocketbooks, 1994).
8. STANER, L. "Sleep, Desamethasone Suppression Test, and Response to Somatic Therapies in an Atypical Affective State Presenting as Erotomania: A Case Report", *European Psychiatry*, pp. 269-71. Ver também: STEIN, D. J.; HOLLANDER, E. *et al.* "Serotonergic Medications for Sexual Obsessions, Sexual Addictions, and Paraphilias", *Journal of Clinical Psychiatry*, 1992, vol. 6 (5), pp. 267-71.
9. Ver: MELLODY, P. *Facing Love Addiction: Giving Yourself the Power to Change the Way You Love* (Nova York: HarperCollins, 1992).
10. Ver BALCOM, D. "Shame and Violence: Considerations in Couples' Treatment". *Journal of Independent Social Work*, 1991, vol. 5 (3-4), pp. 165-81.
11. BECKER, E. *The Denial of Death* (Nova York: Free Press, 1973). Também são relevantes as formulações de Heinz Kohut sobre os fenômenos de transferência de "espelhamento" e "idealização". Ver: KOHUT, H. *The Analysis of the Self* (Nova York: International University Press, 1971).
12. HERMAN, J. *Trauma and Recovery* (Nova York: Basic Books, 1992).
13. Para mais informações, ver BALCOM, D. "Shame and Violence".
14. MELLODY, P., comunicação pessoal.
15. CAMPBELL, J. *The Hero with a Thousand Faces* (Princeton, Nova Jersey: Princeton University Press, 1973).
16. Para uma excelente análise, ver JEFFORDS, S. *Hard Bodies: Hollywood Masculinity in the Reagan Era* (New Brunswick, Nova Jersey: Rutgers University Press, 1994).
17. O crítico literário Richard Slotkin escreveu uma análise envolvente e completa desse padrão recorrente e sua ligação com a mitologia da fronteira nos Estados Unidos: SLOTKIN, R. *Regeneration Through Violence: The Mythology of the American Frontier 1600-1860* (Nova York: Atheneum, 1973); *The Fatal Environment: The Myth of the Frontier in the Age of Industrialization 1800-1895* (Nova York: Atheneum, 1985); e *Gunfighter Nation: The Myth of the Frontier in 20th Century America* (Nova York: Atheneum, 1992).
18. Donald Dutton, especialista em tratar homens agressores, escreve: "Em minha pesquisa com Jim Browning, na qual mostramos a homens vídeos de mulheres discutindo com seus respectivos maridos, (...) descobri que os homens abusivos são mais sensíveis e percebem mais o abandono do que os homens não abusivos. Por causa disso, eles reagem com mais raiva e ansiedade a essas cenas." DUTTON, D. *The Batterer; a Psychological Profile* (Nova York: Basic Books, 1995), p. 45. Para a pesquisa original, ver: DUTTON, D.; BROWNING, J. J. "Concern

for Power, Fear and Intimacy and Aversive Stimuli for Wife Assault", *in* HOTALING, G. T.; FINKELHOR, D.; KIRKPATRICK, J. T.; STRAUS, M. A. (org.). *Family Abuse and Its Consequences: New Directions in Research* (Newbury Park, Califórnia: Sage, 1988), pp. 163-75. Grande parte das minhas ideias sobre agressores derivam do trabalho de Fernando Maderos, da Common Purpose, Inc., Somerville, Massachussets. Fernando é um dos expoentes no campo da violência doméstica. Ver: MADEROS, F. *Differences and Similarities Between Violent and Nonviolent Men: An Exploratory Study.* Tese apresentada ao corpo docente da Graduate School of Education of Harvard University, 1995.

19 Ver KRUGMAN, S. "Male Development and the Transformation of Shame", *in* LEVANT, R.; POLLOCK, W. (org.). *A New Psychology of Men* (Nova York: Basic Books, 1995).

20 Sobre limites sexuais, ver MELLODY, P. *Facing Codependence.* Ver também: CARNES, P. *Out of the Shadows: Understanding Sexual Addiction* (Minneápolis: Compcare Publications, 1983). Carnes, fundador e diretor do Dallamo Hospital, o único espaço residencial que lida exclusivamente com questões de dependência sexual, escreve de forma poderosa sobre esse transtorno.

21 Colocar o agressor literalmente de joelhos na sessão familiar ajuda a romper a negação e a minimização, além de oferecer um senso de expiação espiritual. Peguei emprestada e adaptei a técnica de sua criadora, Cloe Madanes. Madanes é há muito tempo tida como uma das clínicas e professoras mais inovadoras da terapia familiar. MADANES, C. *The Violence of Men... New Techniques for Working with Abusive Families: a Therapy of Social Action* (San Francisco: Josey Bass, 1995).

22 MELLODY, P., comunicação pessoal.

23 Ver FOSSUM, M.; MASON, M. *Facing Shame: Families in Recovery* (Nova York: Norton, 1986).

24 Ver: DEYKIN, E.; LEVY, J. D.; WELLS, V. "Adolescent Depression, Alcohol and Drug Abuse", *in* KHANTZIAN, E.; HALLIDAY, K.; MCAULIFFE, W. (org.). *Addiction and the Vulnerable Self: Modified Dynamic Group Therapy for Substance Abusers* (Nova York: Guilford, 1990). Veja também: KHANTZIAN, E. "The Self-Medication Hypothesis of Addictive Disorders: Focus on Heroin and Cocaine Dependence". *American Journal of Psychiatry*, 1985, vol. 142 (11), pp. 1.259-64; ROUSANVILLE, B. J.; WEISSMAN, M. M.; CRITS-CHRISTOPH, K.; WILBER, C.; KLEBER, H. D. "Diagnosis and Symptoms of Depression in Opiate Addicts: Course and Relationship to Treatment Outcome". *Archives of General Psychiatry*, vol. 139, pp. 151-56.

25 Ver: PETTY, F.; NASRALLAH, H. "Secondary Depression in Alcoholism: Implications for Future Research". *Comprehensive Psychiatry*, vol. 122, pp. 587-95; S. Nolen-Hoeksema. *Sex Differences in Depression* (Palo Alto, Califórnia: Stanford University Press, 1990). Para uma revisão do debate em si, ver: KHANTZIAN, E. J. "A Clinical Perspective of the Cause-Consequence Controversy in Alcohol and Addictive Suffering". *Journal of the American Academy of Psychonalysis*, 1987, vol. 15 (4), pp. 521-37.

26 Jim Jensen em entrevista a K. Cronkite, *On the Edge of Darkness.*

27 Ver GJERDE, P.; BLOCK, J.; BLOCK, J. H. "Depressive Symptoms and Personality During Late Adolescence: Gender Differences in the Externalization-Internalization of Symptom Expression", *Journal of Abnormal Psychology*, 1988, vol. 99 (4), pp. 475-86; GJERDE, P.; BLOCK, J. "Preadolescent Antecedents of Depressive Symptomatology at Age 18: A Prospective Study", *Journal of Youth and Adolescence*, 1991, vol. 20 (2), 217-32, pp. 215-30; SROUFE, L. A.; RUTTER, M. "The Domain of Developmental Psychopathology". *Child Development*, 1984, vol. 55, pp. 17-29; EBATA, A.; PETERSON, A. C. *Patterns of Adjustment During Early Adolescence: Gender Differences in Depression and Achievement*, manuscrito, 1988; Ver também: GJERDE, P. "Alternative Pathways to Chronic Depressive Symptoms in Young Adults: Gender Differences in Developmental Trajectories". *Child Development*, 1995, no prelo.

28 Ver GJERDE, P. "Alternative Pathways". Ver também: NOLEN-HOEKSEMA, S. *Sex Differences in Depression.* O trabalho de Gjerde com Jack Block é de grande interesse,

porque seus dados foram extraídos de um enorme estudo prospectivo com duas décadas de duração envolvendo uma grande amostra de crianças. Gjerde e Block aplicaram uma bateria de inventários de personalidade a essa amostra a cada poucos anos e conseguiram correlacionar traços de caráter específicos no início da vida com várias condições psicológicas que surgiram mais tarde. O trabalho deles é um dos poucos estudos em larga escala que é prospectivo, em vez de retrospectivo, e, por esse motivo, seus dados são convincentes.

29 Tanto os números sobre a população carcerária quanto o comentário relatado são citados em KIMBRELL, A. *The Masculine Mystique: The Politics of Masculinity* (Ballantine Books, 1995). Ver também: FARRELL, W. *The Myth of Male Power* (Nova York: Simon & Schuster, 1993).

30 KESSLER, R. C.; MCGONAGLE, K. A.; ZHAO, S. *et al.* "Lifetime and 12-Month Prevalence of DSM III-R Psychiatric Disorders in the United States: Results from the National Comorbidity Survey". *Archives of General Psychiatry*, jan. 1994, vol. 51 (1), pp. 8-19.

31 Gráfico: "Incidentes relacionados a transtornos mentais ao longo da vida": Ibid.

Capítulo 4: Uma atadura ao redor do coração: trauma e biologia

1 Para saber mais sobre barreiras e limites, ver MELLODY, P. *Facing Codependence* (San Francisco: HarperCollins, 1987).

2 O uso de tais termos pelos homens foi apontado para mim por meu colega Jack Sternbach, Ph.D.

3 A técnica de trabalho com traumas de infância ilustrada na vinheta a seguir é chamada de "debriefing". Ela foi concebida por MELLODY, P. *Post Induction Training: A Manual for Psychotherapists* (Wickenburg, Arizona: Mellody Enterprises, 1994).

4 Ibid.

5 O papel central do trauma e da privação na primeira infância na etiologia da depressão tem sido uma formulação consistente em quase todas as teorias psicanalíticas sobre a depressão, desde Freud até os dias atuais, incluindo a teoria das relações objetais e a psicologia do eu. Para revisões, ver: JACKSON, S. W. *Melancholia and Depression: From Hippocratic Times to Modern Times* (New Haven: Yale University Press, 1986); ou GILBERT, P. *Depression: The Evolution of Powerlessness* (Nova York: Guilford, 1992). Algumas das obras clássicas sobre esse tema são: FREUD, S. "Mourning and Melancholia", *in Collected Works* (Londres: Holgarth Press, 1917), vol. 14, pp. 243-58; BIBRING, E. "The Mechanism of Depression", *in* GREENACRE, P. (org.). *Affective Disorders* (Nova York: International University Press, 1953); BOLBY, J. *Loss: Sadness and Depression. Attachment and Loss*, vol. 3 (Londres: Hogarth Press, 1980); DEITZ, J. "The Evolution of the Self-Psychological Approach to Depression", *American Journal of Psychotherapy*, 1989, vol. 43 (4), pp. 494-505; KLEIN, M. *Envy and Gratitude and Other Works* (1946-1963) (Londres: Hogarth Press, 1957); KOHUT, H. *The Analysis of the Self* (Nova York: International University Press, 1971); KOHUT, H. *The Restoration of the Self* (Nova York: International University Press, 1977).

6 SPITZ, R. "Hospitalism: An Inquiry into the Genesis of Psychiatric Conditions in Early Childhood", *Psychoanalitic Study of the Child*, 1945, vol. 1, pp. 53-74. Spitz cunhou a expressão "depressão anaclítica", que desde então se tornou o termo técnico em psiquiatria para a depressão infantil. Spitz escolheu a palavra "anaclítica", que significa "apego", para enfatizar sua convicção de que, na primeira infância, a depressão e os distúrbios de apego são essencialmente sinônimos.

7 Do filme *John at Seventeen Months*, dos produtores ROBERTSON, C.; ROBERTSON, L. Distribuído pela Windsor Total Video e disponível no Departamento de Audiovisual da Biblioteca da Universidade de Nova York.

8 Embora o *Manual Diagnóstico e Estatístico de Transtornos Mentais*, 3ª ed. (DSM III), alerte contra a confusão entre distimia e "depressão maior leve", considero essas distinções tortuosas e equivocadas. Concordo com Goldberg e Bridges, que caracterizam a distimia

como "uma nova caixa de plástico para um vinho muito antigo". A distinção entre depressão maior e distimia parece pouco mais do que a antiga distinção endógena/exógena, reembalada. Na epidemiologia, para que dois distúrbios semelhantes sejam classificados como entidades distintas, em vez de um distúrbio que se manifesta com variações ao longo de um espectro, deve haver evidências de uma *zona de raridade*, um território desprovido de características sobrepostas. É necessário demonstrar que as entidades de doenças distintas são, de fato, distintas. Não foram apresentadas evidências que diferenciem a depressão em formas crônicas mais leves da depressão em formas agudas mais graves. Ver: GOLDBERG, D. P.; BRIDGES, K. W. "Epidemiological Observations on the Concept of Dysthymic Disorder", *in* BURTON, S. W.; AKISKAL, H. S. (org.). *Dysthymic Disorder* (Londres: Royal College of Psychiatrists, 1990), p. 104; *Diagnostic and Statistical Manual of Mental Disorders*, 3ª ed. (Washington, D.C.: American Psychiatric Association, 1989), p. 789.

9   Para uma revisão acessível e de qualidade, ver KRAMER, P. *Listening to Prozac* (Nova York: Viking, 1993).

10 Para uma revisão da literatura sobre essa distinção, bem como uma revisão de estudos que detalham as consequências de longo prazo da distimia, ver: GILBERT, P. *Depression: The Evolution of Powerlessness* (Nova York: Guilford, 1984). Ver também: LEWIS, A. "'Endogenous' and 'Exogenous,' a Useful Dichotomy?". *Psychological Medicine*, 1971, vol. 1, pp. 191-96.

11 Para revisões, ver: DUNNER, D. "Recent Genetic Studies of Bipolar and Unipolar Depression"; e BALDESSARINI, R. "A Summary of Biomedical Aspects of Mood Disorders", ambos *in* J. C. Coyne (org.). *Essential Papers on Depression* (Nova York: New York University Press, 1985).

12 WINOKUR, G. "Controversies in Depression", ou "Do Clinicians Know Something After All?", *in* COYNE, J. C. (org.). *Essential Papers on Depression*.

13 CADORET, R.; WINOKUR, G. "Depression in Alcoholism", *Annals of the New Academy of Sciences*, 1974, vol. 22, pp. 34-39; WINOKUR, G.; CLAYTON, P. "Family History Studies: Sex Differences and Alcoholism in Primary Affective Illness", *British Journal of Psychiatry*, 1967, pp. 973-79; WINOKUR, G.; RIMMER, J.; REICH, T. "Alcoholism: Is There More than One Type of Alcoholism?", *British Journal of Psychiatry*, 1971, vol. 113, pp. 525-31. Para uma revisão da literatura que refuta a pesquisa de Winokur, ver: NOLEN--HOEKSEMA, S. *Sex Differences in Depression* (Palo Alto: Stanford University Press, 1990), pp. 42-46.

14 STYRON, W. *Darkness Visible: A Memoir of Madness* (Nova York: Vantage, 1992), p. 11.

15 A pesquisa de Henn e Edwards é relatada e debatida em PAPOLOS, D.; PAPOLOS, J. *Overcoming Depression* (Nova York: HarperCollins, 1992).

16 Bessel van der Kolk, ex-presidente da International Association of Trauma Studies Research, foi um pesquisador pioneiro nas consequências biológicas do trauma. Grande parte de minhas ideias sobre a natureza do trauma se deve a suas formulações. No Capítulo 2 de *Psychological Trauma*, "The Separation Cry and the Trauma Response: Developmental Issues in the Psychobiology of Attachment and Separation", uma das melhores revisões de pesquisas recentes, Van der Kolk discute praticamente todos os estudos mencionados neste capítulo. VAN DER KOLK, B. *Psychological Trauma* (Washington, D.C.: American Psychiatric Press, 1987), p. 33.

17 COE, C. L.; WEINER, S.; ROSENBERG, L. T. *et al.* "Endocrine and Immune Responses to Separation and Maternal Loss in Non-Human Primates", *in* REITE, M.; FIELDS, T. (org.). *The Psychobiology of Attachment and Separation* (Orlando, Flórida: Academic Press, 1985); e TIMERS, P. S. "The Timing of Hormone Signals in the Orchestration of Brain Development", *in* EMIDE, R. N.; HARMON, R. J. (org.). *The Development of Attachment and Affiliative Systems* (Nova York: Plenum, 1982).

18 Ver: COE, C.; MEDOZA, S.; LEVINE, S. "Mother-Infant Attachment in the Squirrel Monkey: Adrenal Responses to Separation", *Behavioral Biology*, vol. 22, pp. 256-63; KONNER, M. "Biological Aspects of Mother-Infant Bond", *in The Development of Attachment and Affi-*

liative Systems, 1982; MCKINNEY, W. "Separation and Depression: Biological Markers", *in* REITE, M.; FIELDS, T. (org.). *The Psychobiology of Attachment and Separation*; REITE, M.; SHORT, R. *et al.* "Attachment, Loss and Depression". *Journal of Child Psychological Psychiatry*, 1981, vol. 22, pp. 141-69.
19 VEN DER KOLK, *Psychological Trauma*.
20 SUOMI, S.; SEAMAN, S.; LEWIS, J. K. "Effects of Imipramine Treatment of Separation Induced Social Disorders in Rhesus Monkeys", *Archives of General Psychiatry*, 1978, vol. 35, pp. 321-25; HARLOW, H.; MEARS, C. *The Human Model: Primate Perspectives* (Nova York: Wiley and Sons, 1979).
21 ANDERSON, C.; MASON, W. "Competitive Social Strategies in Groups of Deprived and Experienced Rhesus Monkeys". *Developmental Psychobiology*, 1978, vol. 11, pp. 289-99. Ver também: MASON, M. "Early Social Deprivation in the Non-Human Primates; Implications for Human Behavior", *in* GLASS, D. (org.). *Environmental Influences* (Nova York: Rockefeller University Press, 1968).
22 Para entender a história de nossas atitudes culturais sobre o assunto, ver HERMAN, J. *Trauma and Recovery* (Nova York: Basic Books, 1992).
23 CULLEN, K. "Camp Horror Still Haunts WWII POWs", *Boston Globe*, 28 maio 1995.
24 TERR, L. C. "Childhood Traumas: An Outline and Overview", *American Journal of Psychiatry*, 1991, vol. 148, pp. 10-21.
25 GREEN, A. *Child Maltreatment* (Nova York: Aronson, 1980).
26 GELLES, R.; CORNELL, C. *Intimate Violence in Families* (Newbury Park, Califórnia: Sage, 1990). Ver também: WIDOM, C. P. *Child Abuse Neglect and Adult Behavior*. American Orthopsychiatric Association, 1989, pp. 355-67.
27 MELLODY, P. *Facing Codependency* (San Francisco: HarperCollins, 1987).
28 Para uma revisão, ver GJERDE, P. "Alternative Pathways to Chronic Depressive Symptoms in Young Adults: Gender Differences in Developmental Trajectories", *Child Development*, 1995, no prelo.

Capítulo 5: A perpetuação da masculinidade

1 BARRIE, J. M. *Peter Pan* (Nova York: Penguin, 1911), pp. 195-96.
2 COONTZ, S. *The Way We Never Were: American Families and the Nostalgia Trap* (Nova York: Basic Books, 1992).
3 GIBBS, J. "Young Black Males in America: Endangered, Embittered and Embattled", *in* KIMMEL, M.; MESSNER, M. (org.). *Men's Lives*, 2ª ed. (Nova York: Macmillan, 1992), pp. 50-66; ARCHER, J. "Violence Between Men", *in* ARCHER, J. (org.). *Male Violence* (Londres: Routledge, 1994), pp. 1-22.
4 ARCHER, J. "Male Violence in Perspective". Introdução *in* ARCHER, J. *Male Violence*.
5 AHMAD, Y.; SMITH, P. "Bullying in Schools and the Issue of Sex Differences", *in* ARCHER, J. *Male Violence*; BJORKQVIST, K.; LAGERSPTZ, K.; KAUKIAINEN, A. "Do Girls Manipulate and Boys Fight? Developmental Trends in Regard to Direct and Indirect Aggression", *Aggressive Behavior*, 1992, vol. 19 (2), pp. 117-27.
6 MOYER, K. *The Psychobiology of Aggression* (Nova York: Harper & Row, 1976); WEISFELD, G. "Aggression and Dominance in the Social World of Boys", *in* ARCHER, J. *Male Violence*, 1994, pp. 42-69.
7 FREUD, S. *Civilization and Its Discontents* (Londres: Hogarth Press, 1930).
8 "Brincadeiras brutas" é uma expressão amplamente empregada para designar as brincadeiras fisicamente mais vigorosas dos meninos, um fenômeno documentado à exaustão e que é uma das poucas observações relativamente não controversas sobre as diferenças entre meninos e meninas.
9 BEYNON, J. "A School for Men: An Ethnographic Case Study of Routine Violence in Schooling", *in* ARCHER, J.; BROWN, K. (org.). *Human Aggression: Naturalistic Approaches* (Londres: Routledge, 1989); GELLES, R.; CORNELL, C. *Intimate Violence in Families*, 2ª

ed. (Newbury Park, Califórnia: Sage, 1990); EGELAND, B. "A History of Abuse Is a Major Risk Factor for Abusing the Next Generation", *in* GELLES, R.; LOSEKE, R. (org.). *Current Controversies on Family Violence* (Newbury Park, Califórnia: Sage, 1993).

10   MELLODY, P. *Facing Codependency* (San Francisco: HarperCollins, 1987).

11   "A história de mundos separados e diferentes é sedutora. Mas, ao tentar alinhar esse modelo com minhas observações empíricas e com as pesquisas publicadas, encontrei tantas exceções e qualificações, tantos incidentes que ultrapassam e confundem as fronteiras, além de muitas ambiguidades conceituais, que acabei por questionar as premissas básicas do modelo. [O modelo de 'culturas diferentes'] incorpora as experiências dos dominantes e marginaliza muitos outros grupos e indivíduos, além de transformar 'um jogo de diferenças que está sempre em movimento' em dualismos estáticos e exagerados. A estrutura de culturas diferentes obtém muito de seu apelo a partir de estereótipos e ideologias que devem ser questionados, em vez de construídos e perpetuados como fatos sociais. Cheguei à conclusão de que ela é inadequada como um relato da experiência real e, em muitos aspectos, um beco sem saída conceitual." THORNE, B. *Gender Play: Girls and Boys in School* (New Brunswick, Nova Jersey: Rutgers University Press, 1993), pp. 90-91.

12   ROSENTHAL, R.; JACOBSON, L. "Teacher Expectancies: Determinants of Pupil's IQ Gains", *Psychological Reports*, 1966, pp. 115-18.

13   Tenho uma enorme dívida com o pensamento de minha amiga e colega Olga Silverstein por minha compreensão das forças culturais que empurram os meninos para fora do relacional. De muitas maneiras, vejo este trabalho como um complemento de seu livro, *A coragem de criar grandes homens*, que explora sob a perspectiva da mãe muitas das mesmas condições que eu exploro sob a perspectiva do filho.

14   RUBIN, J.; PROVENZANO, F.; LURIA, Z. "The Eye of the Beholder: Parent's Views on Sex of Newborns", *American Journal of Orthopsychiatry*, 1974, pp. 512-19.

15   CUNDRY, J.; CUNDRY, S. "Sex Differences: A Study in the Eye of the Beholder", *Child Development*, 1976, pp. 812-19.

16   BLOCK, J. "Another Look at Sex Differentiation in the Socialization Behaviors of Mothers and Fathers", *in* DENMARK, F.; SHERMAN, J. (org.). *Psychology of Women: Future Directions of Research* (Nova York: Psychological Dimensions, 1978).

17   FAGOT, B. "The Influence of Sex of Child on Parental Reactions to Toddler Children", *Child Development*, 1978, vol. 49, pp. 459-65; citação na p. 464. Um achado semelhante foi feito em uma pesquisa relatada por TAVRIS, C.; OFFIR, C. *The Longest War: Sex Differences in Perspective* (Nova York: Harcourt Brace, 1977). As pesquisadoras Jerrie Will, Patricia Self e Nancy Datan deram a uma pequena amostra de mães a opção de escolher entre um peixe, um caminhão ou uma boneca para dar aos seus bebês. As pesquisadoras descreveram o bebê como sendo do sexo masculino para metade das mães e do sexo feminino para a outra metade. Na maioria das vezes, as mães tendiam a dar ao bebê brinquedos de acordo com os estereótipos de gênero. Os "meninos" ganharam caminhões e as "meninas", bonecas. As participantes do estudo foram "quase unânimes" ao se descreverem como não discriminatórias no tratamento de crianças do sexo masculino e feminino. Os comportamentos de conformidade social das mães pareciam estar fora de sua percepção consciente. Embora o pai e a mãe possam não estar cientes da força de suas pressões de socialização, a partir de inúmeros estudos confirmou-se a resposta diferente de pais e mães com base no sexo, bem como a presunção intuitiva das crianças sobre as preferências dos pais. Até crianças pequenas parecem estar bem cientes delas. Ver: FLORISHA, B. *Sex Roles and Personal Awareness* (Morristown, N.J.: General Learning Press, 1978).

18   Para uma revisão destes estudos, ver LEVANT, R.; KOPECKY, G. *Masculinity Reconstructed* (Nova York: Penguin, 1995).

19   BARDWICK, J. *The Psychology of Women* (Nova York: Harper & Row, 1971).

20   Para uma revisão, ver O'NEIL, J. "Gender Role Strain in Men's Lives: Implications for Psychiatrists, Psychologists and Other Human-Service Providers", *in* SOLOMON, K.; LEVY, N. (org.). *Men in Transition: Theory and Therapy* (Nova York: Plenum, 1982).

21 CONNELL, R. *Gender and Power: Society, the Person and Sexual Politics* (Palo Alto, Califórnia: Stanford University Press, 1987), p. 195. Ver também: SILVERSTEIN, O; ROSHBAUM, B. *A coragem de criar grandes homens* (Rio de Janeiro: Record, 1997).
22 CONROY. *The Prince of Tides* (Nova York: Bantam, 1991), p. 145.
23 Ibid., p. 116.
24 SHENGOLD, L. *Soul Murder: Effect of Childhood Abuse and Deprivation* (New Haven: Yale University Press, 1989).
25 LEVANT, R. "Toward the Reconstruction of Masculinity", *in* LEVANT, R.; POLLOCK, W. (org.). *A New Psychology of Men* (Nova York: Basic Books, 1995), pp. 229-51. Ver também: LEVINSON, D.; DARROW, C.; KLEIN, E. *et al*. *Seasons of a Man's Life* (Nova York: Knopf, 1978); GOLDBERG, H. *The New Male: from Self Destruction to Self Care* (Nova York: Morrow, 1979).
26 Embora eu discorde de algumas de suas análises, Nancy Chodorow resume com precisão o processo de masculinização do menino: "A dependência da mãe, o apego a ela e a identificação com ela representam o que não é masculino; o menino deve rejeitar a dependência e negar esse apego e essa identificação. O treinamento do papel de gênero masculino se torna muito mais rígido do que o feminino. Um menino reprime as qualidades que considera femininas dentro de si mesmo, e rejeita e desvaloriza as mulheres e tudo o que considera feminino no mundo social." CHODOROW, N. *The Reproduction of Mothering* (Berkeley, Califórnia: University of California Press, 1978), p. 181.
27 BROWN, L. M.; GILLIGAN, C. *Meeting at the Crossroads* (Nova York: Ballantine Books, 1992).
28 PLECK, J. *The Myth of Masculinity* (Cambridge, Massachusetts: MIT Press, 1984).
29 Ibid. Que eu saiba, Joseph Pleck, que é, em muitos aspectos, o pai da pesquisa sociológica sobre masculinidade, foi o primeiro a questionar esse mito generalizado. Considero *The Myth of Masculinity*, de Pleck, o livro mais importante escrito sobre os homens e seu desenvolvimento. Para uma análise das aplicações mais recentes das ideias de Pleck, ver: O'NEIL, J. "Gender Role Strain"; e LEVANT, R.; POLLOCK, W. *A New Psychology of Men*.
30 THORNE, B. *Gender Play: Girls and Boys in School* (New Brunswick, Nova Jersey: Rutgers University Press, 1993).
31 Para uma revisão, ver: O'NEIL, J. "Gender Role Strain".
32 Para uma boa revisão e a pesquisa original, ver: O'HERON, C. A, ORLOFSKY, J. L. "Stereotypic and Nonstereotypic Sex Role Trait and Behavior Orientation, Gender Identity and Psychological Adjustment", *Journal of Personality and Social Psychology*, vol. 58 (1), pp. 134-43. E também SILVERSTEIN, O.; ROSHBAUM, B. *A coragem de criar grandes homens*.
33 MANDELA, N. *Long Walk to Freedom: The Autobiography of Nelson Mandela* (Londres: Little Brown, 1994), p. 28.

Capítulo 6: A perda da capacidade relacional

1 ELIOT, T. S. *Selected Poems: The Centenary Edition* (Nova York: Harcourt Brace, 1988).
2 FREUD, S. "Female Sexuality", apud SWIGART, J. *The Myth of the Bad Mother: The Emotional Realities of Mothering* (Nova York: Doubleday, 1991).
3 CONROY, P. *The Prince of Tides* (Nova York: Bantam, 1991), p. 143.
4 SEGELL, M. "The Pater Principle", *Esquire*, mar. 1995, p. 121(7).
5 O próprio Bly lamenta o enfoque desequilibrado em seus comentários sobre "machos molengas", que foram tão valorizados tanto por seus defensores quanto por seus detratores (comunicação pessoal). Juntamente com sua ênfase na necessária separação da mãe — da qual obviamente discordo —, há muito em seu trabalho que convida e celebra a intensificação de traços "femininos" nos homens, particularmente a necessidade por comunidade, compaixão e expressão de tristeza.

6   A melhor explicação desse ponto está em Silverstein. Para saber mais sobre mães lésbicas, ver: GOLEMAN, D. "Studies Find No Disadvantage in Growing Up in a Gay Home". *The New York Times*, 2 dez. 1992. Ver também: PATTERSON, C. J. "Children of Lesbian and Gay Parents", *Child Development*, out. 1992, vol. 63 (5), pp. 1.025-39, para uma revisão de mais de trinta estudos, levando à conclusão de que não há desvantagem no desenvolvimento da criança. Sobre mães divorciadas e solteiras, ver: HEATHERINGTON, M.; COX, M.; COX, R. "Effects of Divorce on Parents and Children", *in* LAMB, M. *et al.* (org.). *Nontraditional Families: Parenting and Child Development* (Nova York: L. Erlbaum, 1982). Ver também: HEATHERINGTON, M.; COX, M.; COX, R. "Long Term Effects of Divorce and Remarriage on the Adjustment of Children", *Journal of the American Academy of Child Psychiatry*, 1985, vol. 24 (5), pp. 518-30.
7   Para um rico estudo longitudinal de vinte anos sobre as qualidades que determinam a boa e a má paternidade, juntamente com suas consequências tanto para o pai quanto para o filho, ver: SNAREY, J. *How Fathers Care for the Next Generation* (Cambridge: Harvard University Press, 1993).
8   CAMUS, A. *The Stranger*, traduzido por GILBERT, S. (Nova York: Vintage, 1976), p. 1.
9   BETCHER, W.; POLLOCK, W. *In a Time of Fallen Heroes: The Re-Creation of Masculinity* (Nova York: Atheneum, 1993). Ver também: SILVERSTEIN, O.; ROSHBAUM, B. *A coragem de criar grandes homens* (Rio de Janeiro: Record, 1997).
10 Para uma abordagem comovente da questão do silenciamento maternal, ver: WEINGARTEN, K. *The Mother's Voice: Strengthening Intimacy in Families* (Nova York: Harcourt Brace, 1994).
11 Ver: SILVERSTEIN, O.; ROSHBAUM, B. *A coragem de criar grandes homens*. Ver também: BROOKS, G.; SILVERSTEIN, L. "Understanding the Dark Side of Masculinity: An Interactive Systems Model", *in* LEVANT, R.; POLLOCK, W. (org.). *A New Psychology of Men* (Nova York: Basic Books, 1995).
12 BARNETT, R. C.; BARUCH, G. K. "Correlates of Father's Participation in Family Work", *in* BONSTEIN, P.; COWAN, C. (org.). *Fatherhood Today: Men's Changing Role in the Family* (Nova York: Wiley, 1989). Ver também: PLECK, J. *Working Wives, Working Husbands* (Beverly Hills: Sage, 1985). Michael Lamb sugere diferenciar *engajamento*, *acessibilidade* e *responsabilidade*. Embora alguns homens possam estar passando mais tempo com os filhos, poucos estão cientes das questões de responsabilidade (comprar suprimentos, marcar compromissos, acompanhar questões médicas e assim por diante). Ver: LAMB, M. *The Father's Role: Crosscultural Perspectives* (Hillsdale Nova Jersey: Lawrence Erlbaum, 1987). Para uma excelente história, ver: GRISWOLD, R. L. *Fatherhood in America* (Nova York: Basic Books, 1993).
13 Devo esta perspectiva a Olga Silverstein. Ver: SILVERSTEIN, O; ROSHBAUM, B. *A coragem de criar grandes homens.*
14 VON ESCHENBACH, W. *Parzival* (Goppingen: Kummerle, 1989). Para uma análise de uma perspectiva junguiana de *Percival* como uma parábola sobre o desenvolvimento masculino, ver: JOHNSON, R. *He* (Nova York: Harper and Row, 1974).
15 Ver: LEVANT, R.; KOPECKY, G. *Masculinity Reconstructed* (Nova York: Penguin, 1995). Ver também: BALSWICK, J. "Male Inexpressiveness: Psychological and Social Aspects", *in* SOLOMON, K.; LEVY, N. B. *Men in Transition; Theory and Therapy* (Nova York: Plenum, 1982). Para saber mais sobre a alexitimia, ver: KRYSTAL, H. "Alexithymia and Psychotherapy", *American Journal of Psychotherapy*, jan. 1979, vol. 33 (1), pp. 17-31.
16 KHANTZIAN, E.; HALLIDAY, K.; MCAULIFFE, W. *Addiction and the Vulnerable Self: Modified Dynamic Group Therapy for Substance Abusers* (Nova York: Guilford, 1990).
17 VAN DER KOLK, B. *Psychological Trauma* (Washington, D.C.: American Psychiatric Press, 1987).
18 ALLGOOD MERTEN, B.; LEWINSOHN, P. M.; HOPS, H. "Sex Differences and Adolescent Depression", *Journal of Abnormal Psychology*, 1990, pp. 55-63. Ver também: DIMONCK, P. T. "Adult Males Sexually Abused as Children; Characteristic and Impli-

cation for Treatment", *Journal of Interpersonal Violence*, 1988, pp. 203-21; GREEN, A. "Dimensions of Psychological Trauma in Abused Children". *Journal of American Medical Association Child Psychiatry*, 1983, vol. 22, pp. 231-37; CARMEN, E. H.; REIKER, P. P.; MILLS, T. "Victims of Violence and Psychiatric Illness", *American Journal of Psychiatry*, 1984, vol. 141 (3), pp. 378-79.

19 Sou grato ao dr. Carl Fulwiler por seus insights sobre automutilação em presidiários. Para saber mais sobre o assunto, ver: HILLBRAND, M. P. "Self-Injurious Behavior in Correctional and Noncorrectional Psychiatric Patients", *Journal of Offender Rehabilitation*, 1993, vol. 19, pp. 95-102. Ver também: RADA, R. T.; WILLIAMS, J. "Urethral Insertion of Foreign Bodies", *Archives of General Psychiatry*, 1982, vol. 39, pp. 423-29; RITA-Y-BACH, G. "Habitual Violence and Self-Mutilation", *American Journal of Psychiatry*, 1974, vol. 50, pp. 1018-20.

20 Para uma discussão sobre os efeitos da socialização amortecedora nos homens, ver: LISAK, D. "Integrating a Critique of Gender in the Treatment of Male Survivors of Childhood Abuse", *Psychotherapy*, no prelo.

21 Ver: WARREN, L. W. "Male Intolerance of Depression: A Review with Implications for Psychotherapy", *Clinical Psychology Review*, 1983, vol. 3 (2), pp. 147-56.

22 MCCANN, I.; PEARLMAN, L. *Psychological Trauma and the Adult Survivor: Theory, Therapy, and Transformation* (Nova York: Bruner Mazel, 1990).

23 A história é atribuída a Cato e recontada por Michel de Montaigne. MONTAIGNE, M. *The Complete Works of Montaigne*, traduzido por FRAME, D. (Palo Alto, Califórnia: Stanford University Press, 1958).

24 TANNEN, D. *You Just Dont Understand: Women and Men in Conversation* (Nova York: Ballantine, 1990).

Capítulo 7: Danos colaterais

1 Bíblia, Novo Testamento, Marcos, 8:36, versão NVI.
2 A frase foi usada por David Halberstam em sua resenha do livro *Schoolgirls*, de Peggy Orenstein, um relato sobre as inibições das meninas no ensino médio. Para a crítica de Halberstam, ver: *The New York Times Book Review*, 11 set. 1994, pp. 15-18. A resenha é de *Schoolgirls: Young Women, Self-Esteem, and the Confidence Gap*, de Peggy Orenstein em associação à American Association of University Women (Nova York: Doubleday, 1994).
3 ORENSTEIN. *Schoolgirls*.
4 BROWN, L. M.; GILLINGAN, C. *Meeting at the Crossroads* (Nova York: Ballantine, 1992).
5 BROWNMILLER, S. *Against Our Will; Men, Women and Rape* (Nova York: Bantam, 1976).
6 Todos os exemplos citados são do incrível estudo antropológico de Gilmore, D. *Manhood in the Making: Cultural Concepts of Masculinity* (New Haven: Yale University Press, 1990). Ver também: MCCARTHY, B. "Warrior Values: A Socio-Historical Survey", *in* ARCHER, J. (org.). *Male Violence* (Londres: Routledge, 1994), pp. 105-20.
7 As classificações da Nielsen são a fonte desse número. Para uma discussão sobre o impacto, ver: LEVIN, D.; CARLSSON-PAIGE, N. "Developmentally Appropriate Television: Putting Children First", *Young Children*, jul. 1994.
8 A fonte é a National Coalition on Television Violence, apud MIEDZIAN, M. *Boys Will Be Boys* (Nova York: Anchor Books, 1991). A instituição estima que as crianças com TV a cabo e/ou videocassete doméstico testemunharão cerca de 32 mil assassinatos e 40 mil tentativas de assassinato até os 18 anos. Ver também: MINOW, N.; LAMAY, C. *Abandoned in the Wasteland: Children, Television, and the First Amendment* (Nova York: Hill and Wang, 1995).
9 Ver: MIEDZIAN. *Boys Will Be Boys*. Ver também: GORE, T. *Raising PG Kids in an X-Rated Society* (Nova York: Bantam Books, 1988).

10 *National Institute of Mental Health, Television and Behavior: Ten Years of Scientific Progress and Implications for the Eighties* (Rockville, Maryland: National Institute of Mental Health, 1982).
11 ERON, L.; HUESMANN, R. "Adolescent Aggression of Children". *Annals of the New York Academy of Sciences*, 20 jun. 1980, vol. 347, pp. 310–31; ERON, L. "Parent-Child Interaction: Television Violence and Aggression and Television", *American Psychologist*, fev. 1982, vol. 37, pp. 197–211; ERON, L. "Television Violence and Aggressive Behavior", *in* LAHEY, B. B.; KAZDIN, A. E. (org.). *Advances in Clinical Child Psychology*, vol. 7 (Nova York: Plenum, 1984).
12 Ver a declaração sobre a violência da mídia na vida das crianças feita pela National Association for the Education of Young Children (NAEYC) em 1991. Adotada em abril de 1990. *Young Children*, jul. 1994, pp. 18–21.
13 MELLODY, P. *Facing Codependence* (San Francisco: HarperCollins, 1987).
14 Apud MESSNER, M. "The Meaning of Success: The Athletic Experience and the Development of Male Identity", *in* BROD, H. (org.). *The Making of Masculinities* (Nova York: Routledge, 1987).
15 *The Song of Roland*, traduzida por O'HAGAN, J. (Boston: Lothrop, Lee and Shepard, 1904).
16 Para mais informações sobre valor e cortesia, ver: CURTIS, E. R. *European literature and the Latin Middle Ages*, traduzido por TRASK, W. (Nova York: Pantheon Books, 1953) (PB, Harper Torchbooks); JACKSON, W. T. H. *The Anatomy of Love: A Study of the* Tristan *of Gottfried Von Strassburg* (Nova York: Columbia University Press, 1966).
17 Campbell. *The Hero with a Thousand Faces* (Princeton, Nova Jersey: Princeton University Press, 1973).
18 BALL, D. W. "Failure in Sport". *American Sociological Review*, 1976, vol. 41.
19 Messner. "The Meaning of Success". Ver também: COAKLEY, J. J. *Sports in Society* (St. Louis: Mosby, 1978); SCHAFER, W. E. "Sport and Male Sex Role Socialization", *Sport Sociology*, out. 1975; TOWNSEND, R. C. "The Competitive Male as Loser", *in* SABO e RUNFOLA (org.). *Jock: Sports and Male Identity* (Englewood Cliffs, Nova Jersey: Prentice Hall, 1980); TUTKO, T.; BRUNS, W. *Winning Is Everything and Other American Myths* (Nova York: Macmillan, 1976).
20 EDWARDS, H. "The Collegiate Athletic Arms Race; Origins and Implications of the Rule 48 Controversy", *Journal of Sport and Social Issues*, inverno-primavera de 1984, vol. 8 (1). O documentário *Hoop Dreams* transmite a angústia muitas vezes causada pelo esporte na vida de homens negros que vivem nas cidades.
21 ORIARD, M. *The End of Autumn* (Garden City, Nova York: Doubleday, 1982), pp. 97–98. Apud MIEDZIAN. *Boys Will Be Boys*. Tenho uma enorme dívida com Myriam Miedzian por seu excelente livro e sua análise incisiva. *Boys Will Be Boys* foi um dos primeiros estudos, e é ainda o mais abrangente, sobre a relação entre a socialização dos meninos e a violência. A discussão que se segue deve muito a seu trabalho – tanto as ideias quanto os recursos materiais que ela reuniu para embasá-las.
22 MEGGYESY, D. *Out of Their League* (Berkeley: Ramparts Press, 1970), pp. 81–82. Apud MIEDZIAN. *Boys Will Be Boys*.
23 MESSNER, M. "When Bodies Are Weapons: Masculinity and Violence in Sports", *International Reivew of Sociology of Sport*, ago. 1990.
24 LUNDBERG, G. "Boxing Should Be Banned in Civilized Countries—Round 3", *Journal of American Medical Association*, 9 maio 1986, pp. 2.483–85.
25 FILENE, P. G. *Him/Her/Self: Sex Roles in Modern America* (Nova York: Harcourt Brace Jovanovich, 1975); HANTOVER, J. "The Boy Scouts and the Validation of Masculinity", *Journal of Social Issues*, 1978, vol. 34(1), p. 1.
26 MILLER, A. *Death of a Salesman* (Nova York: Viking, 1994), p. 86.
27 Ibid., p. 24.
28 Ibid., p. 25.

29 FINE, G. *With the Boys: Little League Baseball and Preadolescent Behavior* (Chicago: University of Chicago Press, 1987), p. 114.
30 Reportado por BERKOW, I. *in The New York Times*, 16 maio 1988. Apud MIEDZIAN, Ibid.
31 MEGGYESY. *Out of Their League*, apud MIEDZIAN. *Boys Will Be Boys*. Devo a Miedzian as citações de Fine, Meggyesy e muitos dos outros atletas citados neste capítulo.
32 WIESEL, E. *Night*, trad. RODWAY, S. (Nova York: Hill and Wang, 1960), p. 61. Apud HERMAN, J. *Trauma and Recovery* (Nova York: Basic Books, 1992).
33 O trecho é: "Mas, de repente, ele entendeu que no mundo inteiro havia apenas uma pessoa para quem ele poderia transferir sua punição — um corpo que ele poderia colocar entre ele e os ratos. E ele gritava freneticamente, sem parar: 'Faça isso com a Julia! Faça isso com a Julia! Eu não!'" ORWELL, G. *1984* (Nova York: Harcourt, Brace, 1949), p. 289.
34 McNurty é citado em SMITH, M. *Violence and Sports* (Toronto: Butterworth, 1983), p. 28.
35 ORIARD, M. *The End of Autumn* (Garden City, Nova York: Doubleday, 1982). Apud MIEDZIAN. *Boys Will Be Boy*.
36 LIFTON, R. J. *The Nazi Doctors; Medical Killing and the Psychology of Genocide* (Nova York: Basic Books, 1986). Para mais infromações sobre como a socialização masculina mitiga a empatia, ver: LISAK, D. "Integrating a Critique of Gender in the Treatment of Male Survivors of Childhood Abuse", *Psychotherapy*, no prelo; EISENBERG, N.; LENNON, R. "Sex Differences in Empathy and Related Capacities", *Psychological Bulletin*, 1983, vol. 34, pp. 100–31; BRODY, L. R. (1985). "Gender Differences in Emotional Development: A Review of Theories and Research", *Journal of Personality*, 1985, pp. 102–49.
37 O'BRIEN, T. *The Things They Carried* (Nova York: Penguin, 1990).
38 KOVIC, R. *Born on the Fourth of July* (Nova York: Pocket Books, 1977), pp. 166–67. Apud MIEDZIAN. *Boys Will Be Boys*.
39 MIEDZIAN. *Boys Will Be Boys*.
40 BERGMAN, S. "Men's Psychological Development: A Relational Perspective", *in* LEVANT, R.; POLLOCK, W. (org.). *A New Psychology of Men* (Nova York: Basic Books, 1995).
41 CAMPBELL, J. *The Hero with a Thousand Faces*.
42 Ver: MILLER, A. *The Drama of the Gifted Child* (Nova York: Basic Books, 1981). Pia Mellody chamou esse papel de "escravo/deus".
43 A citação é a seguinte: "O coronel Cathcart vivia com sua inteligência em um mundo instável e aritmético de olhos negros e penas em seu boné, de triunfos imaginários esmagadores e derrotas imaginárias catastróficas. Ele oscilava de hora em hora entre a angústia e a alegria, multiplicando fantasticamente a grandeza de suas vitórias e exagerando tragicamente a gravidade de suas derrotas." HELLER, J. *Ardil-22* (Nova York: Simon & Schuster, 1961), p. 186.
44 Para uma revisão desses estudos, ver: TAVRIS, C. *The Mismeasure of Women* (Nova York: Simon & Schuster, 1992).
45 MILLER, A. *Death of a Salesman*, p. 138.
46 Ibid., pp. 132–33.
47 Ibid., p. 139.

Capítulo 8: Duas crianças interiores

1 KNAUTH, P. *A Season in Hell* (Nova York: Harper & Row, 1975), pp. 33–35.
2 A perspectiva relacional à qual me refiro está mais associada à teoria relacional atualmente adotada por algumas pesquisadoras e teóricas feministas. Por isso, tem sido mais aplicada a questões femininas, com apenas uma ligeira referência aos homens. Ver: KAPLAN, A. "The Self-in-Relation: Implications for Depression in Women", *in* JORDAN, J.; KAPLAN,

A.; BAKER MILLER, J.; STIVER, I.; SURREY, J. *Women's Growth in Connection* (Nova York: Guilford, 1991); GILLIGAN, C. *In a Different Voice: Women's Conception of Self and of Morality* (Cambridge: Harvard University Press, 1982); JACK, D. C. *Silencing the Self: Depression and Women* (Cambridge: Harvard University Press, 1991). Um conjunto crescente de análises e pesquisas baseadas no desmascaramento da teoria da identidade masculina por Joseph Pleck está se consolidando como a nova teoria predominante sobre a psicologia masculina. Essa nova orientação para a psicologia masculina reconhece sua dívida com a perspectiva relacional feminista. Considero meu trabalho como parte desse movimento. Uma excelente compilação dessa perspectiva pode ser encontrada em LEVANT, R.; POLLOCK, W. (org.). *A New Psychology of Men* (Nova York: Basic Books, 1995).

3 JAMES, W. apud STYRON, W. *Darkness Visible: A Memoir of Madness* (Nova York: Vantage, 1992).

4 Os limites apropriados exigem que a membrana psicológica entre as pessoas não seja nem muito fechada e rígida nem muito aberta e porosa. Na terapia familiar, acreditamos que um limite muito rígido cria *desvinculação* e *que* um limite muito aberto cria uma fusão tóxica, ou *enredamento*. Esse conceito, inicialmente adaptado da teoria geral dos sistemas pela terapia familiar estrutural, foi reiterado pelo movimento de recuperação. Ver: MINUCHIN, S. *Families and Family Therapy* (Cambridge: Harvard University Press, 1974); FOSSUM, M.; MASON, M. *Facing Shame: Families in Recovery* (Nova York: Norton, 1986); MELLODY, P. *Facing Codependence* (San Francisco: HarperCollins, 1987); BRADSHAW, J. *Healing the Shame that Binds You* (Deerfield, Flórida: Health, Communication, 1988).

5 HERMAN, J. *Trauma and Recovery* (Nova York: Basic Books, 1992), p. 98. Ver também: MILLER, A. *The Drama of the Gifted Child* (Nova York: Basic Books, 1981); e MALONE, C. "Safety First: Comments on the Influence of External Danger in the Lives of Children of Disorganized Families", *Orthopsychiatry*, 1966, vol. 36 (6); BOWBLY, J. "Violence in the Family as a Disorder of the Attachment and Caregiving Systems", *American Journal of Psychoanalysis*, 1984, vol. 44 (1), pp. 9–27.

6 RATNER, A. M. "Modifications of Duckling Filiar Behavior by Aversive Stimulation", *Journal of Experimental Psychology* (Animal Behavior), 1976, vol. 2, pp. 266–84; HARLOW, H. F.; HARLOW, M. K. *Psychopathology in Monkey Experimental Psychopathology*, in KIMMEL, H. D. (org.) (Nova York: Academic Press, 1971); STANLEY, W. C.; ELLIOT, O. "Differential Human Handling as Reinforcing Events and as Treatments Influencing Later Social Behavior in Basenji Puppies", Psychology Reports, 1962, vol. 10, pp. 775–88.

7 HERMAN, J. *Trauma and Recovery*, pp. 102 e 105.

8 MELLODY, P. *Facing Codependence* (San Francisco: HarperCollins, 1987). Ver também: BRADSHAW. *Healing the Shame*; MORRISON, A. *Shame: the Underside of Narcissism* (Nova York: Analytic Press, 1989); FOLLSOM. *Shame*: Um exemplo vívido de vergonha transmitida é o desejo urgente de tomar banho, relatado com frequência por vítimas de estupro. Elas descrevem uma sensação de terem sido manchadas, sujas, de quererem se livrar de uma camada, de um lodo. Esse é um correlato físico da vergonha sexual transmitida.

9 CONROY. *The Prince of Tides* (Nova York: Bantam, 1991), p. 116.

10 Sobre a necessidade que a criança abusada sente de se culpar em vez de enfrentar a perspectiva aterrorizante de um ambiente hostil, ver: SYMONDS, M. "Victim Responses to Terror: Understanding and Treatment", *in* OCHBERG, F. M.; SOSKIS, D. A. (org.). *Victims of Terrorism*, (Boulder, Colorado: Westview, 1982), pp. 5–103; STRENZ, T. "The Stockholm Syndrome: Law Enforcement Policy and Hostage Behavior", Ibid., pp. 149–63; GRAHAM, D. L.; RAWLING, E.; RIMINI, N. "Survivors of Terror; Battered Women, Hostages and the Stockholm Syndrome: in Yllo and Bograd", *Feminist Perspectives*, 2.178-33; DUTTON, D.; PAINTER, S. L. "Traumatic Bonding: The Development of Emotional Attachment in Battered Women and Other Relationships of Intermittent Abuse", *Victimology*, 1981, pp. 139–55.

11 Sou profundamente grato a Pia Mellody por essa formulação.

12 A divisão da psique adulta em adulto funcional, menino vulnerável e menino intransigente é uma adaptação dos conceitos de Mellody de adulto funcional, criança ferida e criança adulta adaptável. MELLODY. *Facing Codependence.*
13 Jack e eu usamos uma variedade de formatos e técnicas na reunião, das quais essa é apenas uma. Para saber mais sobre as ideias de Jack sobre o trabalho em grupo com homens, ver: STERNBACK, J. "The Father Theme in Group Therapy with Men", *in Men In Groups,* ADRONICO, M. (org.). *American Psychological Association,* Washington, D.C., 1996, pp. 219-229.
14 Este é o "trabalho da criança interior", conforme ensinado a mim por Pia.
15 BUTTERWORTH, A. T. "Depression Associated with Alcohol: Imipramine Therapy Compared with Placebo", *Quarterly Journal Stud Alcohol,* 1971, vol. 32, pp. 343-48; OVERALL, J. E.; BROWN, D.; WILLIAM, J. D. *et al.* "Drug Treatment of Anxiety and Depression in Detoxified Alcholic Patients", *Archives of General Psychiatry,* 1973, pp. 218-21; GAWIN, F. H.; KLEBER, H. D. "Cocaine Abuse Treatment", *Archives of General Psychiatry,* 1984, vol. 41 (9), pp. 903-09; WOODY, G. E.; O'BRIEN, C. P.; RICKELS, K. "Depression and Anxiety in Heroin Addicts: A Placebo-Controlled Study of Doxepin in Combination with Methadone", *American Journal of Psychiatry,* 1975, vol. 142, pp. 447-50; EICHELMANN, B. "Neurochemical and Psychopharmacologic Aspects of Aggressive Behavior", *in* MELTZER, H. (org.). *Psychopharmacology: The Third Generation of Progress* (Nova York: Raven Press, no prelo).
16 LAWRENCE, D. H. "Healing", *in* BLY, R.; HILLMAN, J.; MEADE, M. (org.). *The Rag and Bone Shop of the Heart: Poems for Men* (Nova York: HarperCollins, 1992), p. 113.

Capítulo 9: A vitória do equilíbrio: a cura do legado

1 Ver: DIMOCK, P. T.. "Adult Males Sexually Abused as Children: Characteristic and Implication for Treatment", *Journal of Interpersonal Violence,* 1988, vol. 3 (2), pp. 203-21; LEW, M. *Victims No Longer* (Nova York: Nevramont, 1988); LISAK, D. "The Psychological Consequences of Childhood Abuse: Content Analysis of Interview with Male Survivors", *Journal of Traumatic Stress,* 1988, p. 7; e WATKINS, B.; BENTOVIM, A. "The Sexual Abuse of Male Children and Adolescents: A Review of Current Research", *Journal of Child Psychology and Psychiatry,* 1992, vol. 33, pp. 197-248.
2 A pesquisa de David Lisak é relatada em: LISAK, D.; HOPPER, J.; SONG, P. *Factors in the Cycle of Violence: Gender Rigidity and Emotional Constriction,* manuscrito em edição. Lisak descreveu o curso de sua pesquisa em "Characteristics of Abused and Non-Abusing Men". Apresentação na conferência do Massachusetts General Hospital sobre homens e trauma em Boston, Massachusetts, 1994.
3 Lisak escreve: "Uma forma de entender essas descobertas é conceituar dois caminhos de desenvolvimento que divergem de um histórico de abuso na infância. Em um caminho, a vítima masculina pode parecer confusa e preocupada com questões de identidade de gênero, mas essa preocupação pode indicar uma falta de conformidade com as normas de gênero necessárias para lidar com o legado do abuso. No outro caminho, a vítima de abuso do sexo masculino se esforça para ser estereotipadamente masculina e, portanto, precisa suprimir os estados emocionais de alta magnitude que são um legado do abuso sofrido. A supressão necessária para manter sob controle o legado emocional do abuso também pode suprimir sua capacidade de empatia com os outros. Tendo se isolado da própria dor, o agressor pode muito bem isolar sua capacidade de sentir a dor dos outros e, assim, menosprezar de forma crucial a violência interpessoal." LISAK; HOPPER; SONG. *Factors in the Cycle of Violence,* p. 17.
4 Por exemplo, em um estudo com pacientes psiquiátricos institucionalizados que foram vítimas de abuso e incesto: 33% dos homens tinham histórico de agressividade física, em comparação a 16% das mulheres. Entre as mulheres, 66% voltaram a hostilidade a si mesmas e tinham histórico de comportamento autodestrutivo, em comparação aos apenas 20% dos homens.

CARMEN, E. H.; REIKER, P. P.; MILLS, T. "Victims of Violence and Psychiatric Illness", *American Journal of Psychiatry*, 1984, vol. 141 (3), pp. 378-79. Para mais estudos e revisões, ver: GREEN, A. H. "Dimensions of Psychological Trauma in Abused Children", *Journal of the American Association of Child Psychiatry*, 1983, vol. 22, pp. 231-37; MERTEN ALLGOOD, B.; LEWINSOHN, P. M.; HOPS, H. "Sex Differences and Adolescent Depression", *Journal of Abnormal Psychology*, 1990, pp. 55-63; BLUHMBERG; IGARD. "Affective and Cognitive Characteristics of Depression in 10-11 Year Olds", *Journal of Personality and Social Psychology*, 1985, vol. 91 (1), pp. 194-202; INGRAM, CRUET, HOHNSON; WISNICKI. "Self-Focused Attention, Gender, Gender Role and Vulnerability to Negative Affect", *Journal of Personality and Social Psychology*, 1988, pp. 967-78; PANTER; TANAKA, J. S. "Cognitive Activity and Dysphonic Affect: Gender Differences in Information Processing." Artigo apresentado na 95ª Convenção Anual da Associação de Psicologia dos Estados Unidos, Nova York, ago. 1987; EDELBROCK; ACHENBACH. "A Typology of Child Behavior Profile Patterns: Distribution Patterns and Correlates for Disturbed Children Aged 6-16 Years", *Journal of Abnormal Child Psychology*, 1980, vol. 8, pp. 441-70; KOBAK, R.; SUDLER, N.; GAMBLE, W. "Attachment and Depressive Symptoms During Adolescence: A Developmental Pathways Analysis", *Development and Psychopathology*, 1992, vol. 3 (4), pp. 461-74; OSTROY; OFFER; HOWARD. "Gender Differences in Adolescent Symptomatology: A Normative Study", *Journal of the American Academy of Child and Adolescent Psychiatry*, 1989, pp. 394-98; PUIG-ANTICH. "Major Depression and Conduct Disorder in Prepuberty", *Journal of the American Academy of Child Psychiatry*, 1982, vol. 21, pp. 118-28.

5   Gostaria de enfatizar que não estou argumentando, nem a pesquisa atual embasa a ideia, que todos os homens vítimas de abuso se tornam abusivos com outras pessoas. Alguns parecem demonstrar um alto grau de resiliência por motivos que continuam sendo alvo de especulação. Outros lidam com sua experiência traumática. Outros, ainda, voltam a agressão a si mesmos, como na depressão aparente e/ou na retração social. As pesquisas atuais colocam a proporção de adultos abusadores (homens e mulheres juntos) em cerca de um terço de todos aqueles que foram vítimas de abuso na infância. Essa estimativa significa que um adulto com histórico de abuso tem cerca de cinco a seis vezes mais chances de se tornar abusivo do que um adulto sem esse histórico. Em contrapartida, essa estimativa também significa que dois terços das pessoas com histórico de abuso – a grande maioria – não reproduzem tal comportamento.

Minha única discordância com a pesquisa atual, que critica justificadamente as noções simplistas de vitimizados-vitimizadores, é que, de modo geral, as questões de abuso e negligência sobre as quais esses estudos se concentram tendem a ser extremas e abjetas. Um homem que tenha sido espancado pode não bater no filho – sobretudo devido às mudanças nas normas culturais sobre castigos corporais. Contudo, a menos que esse homem lide com seu trauma psicológico e físico, não estou convencido de que ele não causará nenhum dano. Esses danos possivelmente serão mais psicológicos do que físicos. Passivos em vez de ativos. Ou então mais brandos. Quando ampliamos a gama de danos psicológicos para incluir formas menos flagrantes de lesão, fica mais fácil entender por que, em meus anos de prática, descobri que é raro encontrar um homem que possa estar verdadeiramente disponível para os filhos enquanto ele próprio está sobrecarregado com um histórico de trauma não tratado. Essa situação é possível. Alguns homens demonstram níveis de resiliência que serão difíceis de serem explicados. Eles parecem ter passado incólumes por situações horríveis. Pessoalmente, acho que esses casos são de longe a exceção, e não a regra.

Para saber mais sobre o assunto, ver: OTNOW, D. "From Abuse to Violence: Psychophysiological Consequences of Maltreatment", *Journal of the American Academy of Child Adolescent Psychiatry*, maio 1992, vol. 31 (3), p. 3; e WIDOM, C. P. "Child Abuse, Neglect, and Adult Behavior", *Journal American Orthopsychiatric Association*, jul. 1989, vol. 59 (3), 355-67.

6   Ver: SNAREY, J. *How Fathers Care for the Next Generation* (Cambridge: Harvard University Press, 1994), para uma discussão sobre o estudo Glueck, uma análise das relações entre pai e filho que acompanhou 240 pais de Boston por quase quatro décadas. SILVERSTEIN, O.; ROSHBAUM, B. *A coragem de criar grandes homens* (Rio de Janeiro: Record, 1997); HEA-

THERINGTON, M.; COX, M.; COX, R. "Effects of Divorce on Parents and Children", *in Nontraditional Families*, LAMB, M. (org.). (Hillside, Nova Jersey: Erlbaum Pub, 1982).
7. Para o trabalho com agressores que empregam técnicas semelhantes, ver: SCHEINBURG, M. "Gender Dilemmas, Gender Question and the Gender Mantra", *Journal of Family Therapy*, jan. 1991, vol. 17 (1), pp. 33-44.
8. A fala de Henry é de "The Wasteland". O original está em *The Confessions of Saint Augustine*. T. S. *Eliot, Selected Poems* (Nova York: Harcourt, Brace, 1962).
9. RILKE, R. M. "Sometimes a Man Stands up During Supper", traduzido por BLY, R. *in* BLY, R.; HILLMAN, J.; MEADE, M. (org.). *The Rag and Bone Shop of the Heart, Poems for Men* (Nova York: HarperCollins, 1992).
10. Para mais informações sobre Percival e a lenda do Santo Graal, ver: JUNG E.; VON FRANZ, M. L. *The Grail Legend* (Nova York: Putnam 1970); JOHNSON, R. *He!: Understanding Masculine Psychology* (Nova York: Harper & Row, 1989); WESTON, J. *From Ritual to Romance* (Garden City, Nova Jersey: Doubleday, 1957). (O livro de Weston foi a principal fonte de Eliot para *The Wasteland*).

Capítulo 10: Atravessando a Terra Desolada: como curar a nós mesmos

1. Atualmente, os especialistas em vício fazem uma grande distinção entre aqueles que automedicam uma depressão oculta, aqueles que são alcoolistas e aqueles que podem ser tanto um quanto outro. Tanto o campo do vício quanto a psiquiatria tradicional utilizam um modelo de doença discreta, no qual a doença discreta "x" (nesse caso, a depressão) precisa ser diferenciada da doença discreta "y" (nesse caso, o alcoolismo). Acredito que o modelo de doença discreta está, e deveria estar, se desfazendo.
   Antes da revolução do A.A., milhares de vidas foram arruinadas quando o *establishment* psiquiátrico tentou tratar os vícios como se fossem qualquer outra neurose ou problema de caráter, ou seja, como se eles cedessem à terapia convencional. Em geral, os resultados eram ineficazes. Uma das contribuições fundamentais do A.A. foi sua recusa em se envolver na busca de um distúrbio "subjacente". A bebida era o transtorno! A necessidade de tratar a dependência como *uma doença em si* foi admitida pela primeira vez, e milhões de pessoas foram ajudadas por essa mudança de perspectiva.
   Embora eu simpatize com o arrepio que os conselheiros de vício sentem ao pensar em reavivar a ideia de que adictos e alcoolistas têm uma depressão subjacente e problemas de personalidade subjacentes, minha prática clínica me afasta de polarizações simplistas. O uso abusivo de substâncias, pessoas ou processos — por definição — se refere à automedicação de sentimentos depressivos. O uso aditivo — ao contrário do uso abusivo — também se refere à automedicação de sentimentos depressivos. Este último, entretanto, existe no contexto de um processo progressivo com um curso previsível, que exige tratamento por si só. Para meus propósitos, a única diferença real entre automedicação abusiva e aditiva é que, quando avalio o uso de alguém como de fato aditivo, sei que serão necessárias medidas mais rigorosas.
2. Fiquei impressionado com a frequência dos relatos de meus clientes sobre os efeitos benéficos do exercício físico sobre a depressão. Não tenho conhecimento de estudos científicos sobre o assunto, mas a partir de evidências anedóticas sugere-se que a atividade física regular pode ter a capacidade de melhorar o humor.
3. O termo vem de WEIDER, H. e KAPLAN, E. H. "Drug Use in Adolescents: Psychodynamic Meaning and Pharmacogenic Effect", *Psychoanalytic Study of the Child*, 1969, vol. 24: 399-431.
4. KHANTZIAN, E. J. "The Self-Medication Hypothesis of Addictive Disorders: Focus on Heroin and Cocaine Dependence", *American Journal of Psychiatry*, 1985, vol. 142 (11), pp. 1.259-64; KHANTZIAN, E. J. "Self-Regulation and Self-Medication Factors in Alcoholism and the Addictions; Similarities and Differences", *in Recent Develop-*

ments in Alcholism, vol. 8, *Combined Alcohol and Other Drug Dependence*, GALANTER, M. (org.) (Nova York: Plenum, 1990).

5 KHANTZIAN, E.; HALLIDAY, K.; MCAULIFFE, W. *Addiction and the Vulnerable Self: Modified Dynamic Group Therapy for Substance Abusers* (Nova York: Guilford, 1990).

6 Devo a minha esposa, Belinda Berman, tanto o conceito quanto a expressão "heroísmo relacional".

Parece haver uma consciência cada vez maior de que a psicoterapia com homens exige uma abordagem mais ativa e instrutiva do que os modelos tradicionais de terapia. Ver, por exemplo, o excelente trabalho de Ron Levant sobre como ensinar os homens a sentir e expressar suas emoções. LEVANT, R.; KOPECKY, G. *Masculinity Reconstructed* (Nova York: Penguin, 1995).

7 MELLODY, P. *Facing Codependence* (San Francisco: HarperCollins, 1987).

8 O *trabalho de redução da vergonha* e o *trabalho de redução do sentimento* são os nomes dados por Pia Mellody a essas técnicas de remoção de introjetos internalizados. Ao se concentrar no momento exato em que a interação traumática se torna internalizada, o trabalho de Mellody une a perspectiva dos sistemas individual e familiar e oferece um poderoso conjunto de ferramentas terapêuticas. Não tenho dúvidas de que surgirão muitas técnicas novas e eficazes de cura à medida que o estudo do trauma continuar a se expandir.

Para outras técnicas inovadoras sobre o trabalho de liberação de trauma, ver: JANOY-BULMAN, R. *Shattered Assumptions: Towards a New Psychology of Trauma* (Nova York: The Free Press, 1992); JENSEN, J. "An Investigation of Eye Movement Desensitization and Reprocessing (EMD/R) as a Treatment for Posttraumatic Stress Disorder (PTSD) Symptoms in Vietnam Combat Veterans", *Behavior Therapy*, 1994, vol. 25 (2), pp. 311-25.

9 Ver: GILBERT, P. *Depression: The Evolution of Powerlessness* (Nova York: Guilford, 1984).

10 Ver: MILLER, B. *From Depression to Sadness in Women's Psychotherapy* (Cambridge: Stone Center for Developmental Series and Studies, Wellesley, 1988). Sobre o luto no processo terapêutico, ver: MILLER, A. *Drama of the Gifted Child* (Nova York: Basic Books, 1981).

11 American Psychiatric Association. *Diagnostic and Statistical Maunual of Mental Disorders*, 4ª ed. rev. (Washington, D.C.: American Psychiatric Association, 1994).

12 VAN DER KOLK, B. "The Body Keeps the Score: Memory and the Evolving Psychobiology of Posttraumatic Stress", *Harvard Review of Psychiatry*, jan./fev. 1994, p. 259.

13 VAN DER KOLK, comunicação pessoal.

14 Van der Kolk resume: "Em 1987, Kolb postulou que os pacientes com TEPT sofriam de deficiência no controle cortical sobre as áreas subcorticais responsáveis pelo aprendizado, pela habituação e pela discriminação de estímulos. (...) O TEPT de início tardio pode ser a expressão das respostas emocionais mediadas subcorticalmente que escapam do controle inibitório cortical e, é possível, do hipocampo." VAN DER KOLK. "The Body Keeps the Score", p. 261. Ver também: L. C. Kolb. "Neurophysiological Hypothesis Explaining Posttraumatic Stress Disorder", *American Journal of Psychiatry*, 1987, pp. 989-95; LEDOUX, J. E.; ROMANSKI, L.; XAGORARIS, A. "Indelibility of Subcortical Emotional Memories", *Journal of Cognitive Neuroscience*, vol. 1 (3), pp. 238-43; SQUIRE, L. R.; ZOLA-MORGAN, S. "The Medial Temporal Lobe Memory System", *Science*, 1991, pp. 2.380-86.

15 VAN DER KOLK, B. "The Body Keeps the Score", p. 261.

16 Ibid.

17 Robert Golden e seus colegas resumem a pesquisa liderada por Van Praag: "[Há] argumentos convincentes para evitar as limitações impostas por nossa nosologia atual [ou seja, o conjunto de critérios diagnósticos]. Os marcadores biológicos, inclusive as medidas da função serotoninérgica, podem estar mais intimamente relacionados às dimensões psicopatológicas básicas, como impulsividade, tristeza e desregulação da agressão, do que às categorias diagnósticas específicas atuais. Em apoio a essa perspectiva, [o grupo de Van Praag] demonstrou recentemente intercorrelações significativas entre várias dimensões psicopatológicas que se acredita estarem ligadas à serotonina, incluindo suicídio, potencial de violência, impulsividade, humor deprimido e ansiedade." GOLDEN, R. N.; M. D.;

GILMORE, J. H.; CORRIGAN, M. H. N. "Serotonin, Suicide and Aggression: Clinical Studies", *Journal of Clinical Psychiatry*, dez. 1991, supl. Ver também: VAN PRAAG, H. M.; KAHN, R. S.; ASNIS, G. M. et al. "Denosologization of Biological Psychiatry or the Specificity of 5-HT Disturbances in Psychiatric Disorders", *Journal of Affective Disorders*, 1987, vol. 13 (1), pp. 1-8; APTER, A.; VAN PRAAG, H. M.; PLUTCHIK, R. et al. "Interrelationships Among Anxiety, Aggression, Impulsivity and Mood. A Serotonergically Linked Cluster?", *Psychiatry Research*, 1990, pp. 191-99.

18   A citação é de Van der Kolk, e o conceito de TEPT complexo foi desenvolvido pela colega e colaboradora de Van der Kolk Judith Herman. VAN DER KOLK, B. "The Body Keeps the Score", p. 258; HERMAN, J. *Trauma and Recovery* (Nova York: Basic Books, 1992).

19   Para uma revisão, ver: GJERDE, P. "Alternative Pathways to Chronic Depressive Symptoms in Young Adults: Gender Differences in Developmental Trajectories", *Child Development*, 1995, no prelo. Para uma revisão acessível que se apoie mais fortemente na biologia das diferenças de gênero, ver: POOL, R. *Eve's Rib: Seaching for the Biological Roots of Sex Differences* (Nova York: Crown, 1992).

Capítulo 11: Aprendendo a ter intimidade: como curar nossos relacionamentos

1   OVID. *Metamorphoses*, traduzido por MANDELBAUM, A. (Nova York: Harcourt Brace, 1993), p. 97.

2   Um paradoxo central para os meninos é que eles precisam conquistar a conexão por meio da autoestima baseada no desempenho indo além, o que intrinsecamente corrói a conexão. Um paradoxo complementar para as meninas é que elas precisam repudiar a própria voz, a expressão de muitas ambições, conflitos e verdades legítimas, a serviço da afiliação. Essa servidão pode, de maneira superficial, parecer estar "relacionada", mas, como Carol Gilligan e outros concordam com veemência, essa tirania também corrói relacionamentos profundos e autênticos.

3   TAFFEL, R. "The Politics of Mood", *in Feminist Approaches for Men in Family Therapy*, BOGARD. (org.). (Nova York: Harrington Park Press, 1991, pp. 153-77); PAPP, P. "Gender Differences in Depression Presentation", *American Marriage and Family Therapy Association*, 1994.

4. Essas são as "perguntas de influência relativa", uma técnica criada pelo terapeuta familiar Michael White. Ver: WHITE, M. *Narrative Means to Therapeutic Ends* (Nova York: Basic Books, 1992).

5   Novamente, de Michael White. Fui profundamente afetado pelo trabalho de White, que envolve os pacientes em uma colaboração com o terapeuta contra histórias culturais e mitos que os atormentam — histórias sobre a subjugação do corpo das mulheres expressas como anorexia, mitos do patriarcado representados como violência doméstica. Ver: WHITE. *Narrative Means*. Uma abordagem narrativa e *externalizadora* da violência masculina é elaborada em: JENKINS, A. *Invitations to Responsibility, The Therapeutic Engagement of Men Who Are Violent and Abusive* (Adelaide, Austrália: Dulwich Centre Publications, 1990).

6   Para mais histórias detalhadas, ver: DEMOS, J. *Myths and Realities in the History of American Family-Life*, in GRUNEBAUM, H.; CHRIST, J. (org.), *Contemporary Marriage: Structure, Dynamics, and Therapy* (Boston: Little, Brown, 1976); BRAVERMAN, H. *Labor and Monopoly Capital; the Degradation of Work in the Twentieth Century* (Nova York: Monthly Review Press, 1975).

7   SILVERSTEIN, O. *A coragem de criar grandes homens*.

8   Matt Dumont sob o pseudônimo DRUMMOND, H. "Diagnosing Marriage". *Mother Jones*, jul. 1979, pp. 16-17.

9   O'BRIEN, T. *The Things They Carried* (Nova York: Penguin, 1990).

10 Embora eu discorde veementemente da tentativa de Farrell de virar o machismo de ponta-cabeça com sua afirmação de que os homens são vítimas das mulheres, Farrell consegue apontar muitos dos custos para os homens de seus papéis tradicionais. FARRELL, W. *The Myth of Male Power: Why Men Are the Disposable Sex* (Nova York: Simon & Schuster, 1993).
11 Para uma revisão da literatura, ver: HAVILAND, J. J.; MALATESTA, C. Z. "The Development of Sex Differences in Nonverbal Signals: Fallacies, Facts, and Fantasies", *in* MAYO, C.; HENLY, N. M. (org.). *Gender and Nonverbal Behavior* (Nova York: Springer, 1981), pp. 183-208. Ver também: LEVANT, "Toward the Reconstruction of Masculinity."
12 GOTTMAN, J.; LEVENSON, R. "The Social Psychophysiology of Marriage", *in* NOLLER, P.; FITZPATRICK, M. A. (org.). *Perspectives on Marital Interaction* (Clevendon, Reino Unido: Multilingual Matters, 1988), pp. 182-200; NOTORIUS, C. L.; JOHNSON, J. "Emotional Expression in Husbands and Wives", *Journal of Marriage and Family Therapy*, 1982, vol. 44, pp. 482-89.
13 DALY, M.; WILSON, M. "Evolutionary Social Psychology and Family Homicide", *Science*, out. 1988, vol. 242 (4878), 519-524.
14 O termo que corresponde aos "sentimentos carregados" de Pia na psicologia analítica seria "identificação projetiva". MELLODY, P. *Post Induction Therapy*; OGDEN, T. *Projective Identification and Psychotherapeutic Technique* (Nova York: J. Aranson, 1982).
15 HAFNER, J. "Sex Role Stereotyping in Women with Agoraphobia and Their Husbands", *Sex Roles*, jun. 1989, vol. 20 (11–12), 705-711, p. 705; HAFNER. *End of Marriage: Why Monogamy Isn't Working* (Londres: Century, 1993).
16 BERNARD, J. *The Future of Marriage* (Nova York: Bantam, 1972).
17 Na terapia familiar, essa técnica é chamada de "reenquadramento positivo" do sintoma, ou seja, observar a consequência negativa da mudança para o sistema como um todo. Ninguém usa essa técnica com mais habilidade do que uma de suas arquitetas, Olga Silverstein. Ver: PAPP, P. *The Process of Change* (Nova York: Guilford, 1993); e SILVERSTEIN, O.; KEENEY, B. *The Therapeutic Voice of Olga Silverstein* (Nova York: Guilford, 1986).
18 MILLER, J. B. *Toward a New Psychology of Women* (Boston: Beacon, 1986).
19 Uma adaptação de JENKINS, A., *Invitations to Responsibility*.

Capítulo 12: Conclusão: onde estamos

1 O psiquiatra Victor Frankl construiu toda uma escola de psicologia em torno dessa mudança. No relato comovente de seu confinamento em um campo de concentração nazista, Frankl relembra como salvou muitas vidas ao direcionar outros prisioneiros para a pergunta: "O que a vida está pedindo de você?" Naquele ambiente sem esperança, a pergunta "O que a vida reserva para você?" não produziria nenhuma resposta útil. Para um homem, a vida exigia que ele sobrevivesse para procurar um parente; para outro, que ele honrasse um talento dado por Deus; ou para que se vingasse ou se tornasse testemunha dos horrores sofridos. Frankl conta que aqueles que não conseguiram encontrar uma resposta morreram. FRANKL, V. *Man's Search for Meaning* (Nova York: Pocket Books, 1985).
2 SNAREY, J. *How Fathers Care for the Next Generation* (Cambridge: Harvard University Press, 1993).
3 ENGENDER, T. *The End of Victory Culture* (Nova York: Basic Books, 1995).
4 GORE, A. *A Terra em balanço: Ecologia e o espírito humano*. (São Paulo: Editora Gaia, 2008).
5 Ibid, p. 236.
6 Ibid. Ver também: KIMBRELL, A. *The Masculine Mystique* (Nova York: Ballantine Books, 1995).
7 HAVEL, V. "Rio and the New Millennium (Earth Summit, 1992)", *The New York Times*, 3 jun. 1992.

Índice remissivo

#
1984 (Orwell), 153-4

A
A. A. (Alcoólicos Anônimos), 71, 256, 267
abandono, medo do, 157-9
abuso de álcool:
    busca de liberação emocional por meio de, 128-9
    como automedicação para depressão, 52-4, 128-30
    consumo recreativo de álcool *versus*, 53, 168
    crianças afetadas por, 45-6, 234-6, 256
    depressão como motivo e resultado de, 70
    depressão oculta ligada ao, 20
    intolerância física desenvolvida por meio do, 53-4
    masculinidade tradicional e, 32-3
    por homens *versus* por mulheres, 36-7, 74-5, 128-9
    posturas sociais em relação ao, 31-2
abuso de drogas:
    depressão oculta ligada a, 20
    escalada do, 70
    experiência do autor com, 16, 171-2, 227-8, 248-9, 290
    por homens *versus* por mulheres, 74-5, 128-9
    teoria "hipermasculina" do, 122
    ver também abuso de substâncias; vícios; *drogas específicas*
abuso de poder, 145-6
abuso de substâncias:
    autodesregulação controlada por meio de, 243-4
    depressão oculta ligada ao, 20
    taxas de homens *versus* mulheres, 74-5
    ver também abuso de álcool; abuso de drogas; *drogas específicas*
abuso doméstico:
    dependência química e, 58-60
    depressão oculta ligada a, 20
    entre irmãos, 50
    identidade masculina e, 205-9
    impressão da infância sobre, 180-3
    legados geracionais de, 26-8, 206-10
    medos de abandono associados a, 58-9, 61
    trauma passivo extremo e, 94-5
abuso físico:
    controle experimentado por meio de, 57-9
    em esportes competitivos, 148-9
    musculação como defesa contra, 50-1
    ver também abuso doméstico; violência
abuso sexual:
    de crianças por adultos, 92
    entre irmãos, 65-8
    rejeição freudiana de relatórios sobre, 92, 256
Addictive Behavior Research Center, 53
adrenalina, 60
afeto, demonstrações de, 95
afiliação:
    desempenho *versus*, 141-2
    sucesso como requisito para a, 157-9
agorafobia, 75
agressão por dominância, 103
agressão:
    aculturação para a, 103-4
    como entretenimento esportivo, 149
    como imperativo biológico, 102-3
    contra si mesmo, 48-9, 174
    violência na televisão relacionada à, 144-5
agressores *ver* abuso doméstico; violência
alexitimia (entorpecimento), 49, 54, 128-9, 252-3
Allen, Woody, 72
amarração dos pés, prática chinesa de, 142
American Medical Association, 149
amígdala, 254

"androginia", 116-7
anfetaminas, 92
anorexia, 34
antidepressivos, medicamentos:
    ciclo de vergonha viciante e, 71
    comportamentos viciantes atenuados por, 55, 78
    eficácia das técnicas de psicoterapia *versus*, 89-92, 198, 248, 255
    estudos em animais sobre a eficácia de, 90-2
    para distimia *versus* para depressão maior, 87-8
    Prozac, 87-8, 91, 198, 255, 261 [aparece só o princípio ativo: fluoxetina]
    resistência a, 203
"aprendizagem estado-dependente", 253
aprisionamento, rituais de iniciação feminina como reforço do, 142-3
Arbus, Diane, 216
Ardil-22 (Heller), 160
Aristóteles, 54
armas de fogo, 77-8, 99
arquétipo da mãe sexual, 271-2
"arranjo fundamental", 268-9
arrogância, 288
assassinato:
    de crianças, 99
    representações televisivas de, 144
"assassinato da alma", 113, 166
Associação Americana de Psiquiatria, 30
atividades, vícios em, 54, 71-2
Auschwitz, 153, 183
autismo, 151
autoestima:
    com base no desempenho, 159-68, 240-1, 243-4, 260-1
    como internalização da consideração incondicional dos pais, 159-60
    desenvolvimento infantil da, 39-40, 159-60
    físico e, 34, 50-1
    substitutos externos para a, 39-40, 51
    técnicas de gerenciamento da, 246-7
    vícios para regulação da, 52-3, 238-9
automutilação, 22, 129-30
autoridade, de pais *versus* de mães, 118-9, 125-6
autossuficiência, vulnerabilidade *versus*, 130

B
babá quase perfeita, Uma, 145
Barrie, J. M., 99

bebês:
    efeitos fisiológicos da separação materna de, 91-2
    expectativas sobre o papel sexual projetadas em, 107
    síndrome de falha no crescimento observada em, 86
Becker, Ernst, 57
Beckett, Samuel, 163
Bela Adormecida, A, 144
Bergman, Steve, 157
Berman, Belinda, 81, 220-1, 283, 289-90, 299
Bernard, Jessie, 277-8
bile, 54
bile negra, doença da (melancolia), 31
Block, Jeanne, 107-8
Bly, Robert, 115, 123, 126
Bolby, John, 86
bomba atômica, explosão da, 286
Boy Scouts of America, 148-9
Boys Will Be Boys (Miedzian), 155-6
brincadeiras, expectativas dos papéis sexuais em relação a, 108, 113-4
Brown, Lyn, 115, 141
bulimia, 34
bullying, por colegas de escola, 100-3
"busca por sensações", 129, 243

C
Camille Claudel, 56-7
Campbell, Joseph, 60, 147, 157
Campo dos sonhos, 218
campos de concentração, 153, 183
Camus, Albert, 124
"Canção de Rolando", 147
Carlsson-Paige, Nancy, 145
carreira:
    autossabotagem da, 20
    foco excessivo na, 41
casais de lésbicas, meninos criados por, 123
casamento:
    casos extraconjugais e, 131-2, 144, 240-2
    depressão dupla no, 262-5
    dificuldades de intimidade emocional no, 131-40, 240-2, 267, 270, 272-7, 281-3
    hábitos de trabalho compulsivos no, 41
    papéis de gênero no, 266-83
    vício em sexo no, 61-8, 133
casos:
    Alice Blake, 127-8
    Ann Buchet, 120-1, 124-5 [Bouchet]
    Ben, 103-6

Billy Jodein, 169-70, 172-9, 181-98, 200, 250
Brad Gaylor, 50-2
Damian Ash, 210-1, 245
Damien Corleis, 61-8, 75, 89
David Ingles, 22-32, 35-7, 47-9, 56, 75, 165
Frank Riorden, 130-40, 149, 154
Henry Duvall, 211-9, 230, 240, 257
Janie, 118-9, 125
Jason, 156
Jeffrey Robinson, 232-40, 244-8, 253, 257
Jimmy, 58-61, 75
Jonathan Ballinger, 202-4, 245
Joseph Hannigan, 259-67, 269-70, 272-6, 278, 280-4
Judy, 277-8
Kyle Jarmine, 243
Michael, 76-85, 87-9, 91, 93-4, 97-8
Russell Whiteston, 240-2 [Russel, em algumas ocorrências]
Ryan, 95-6
Thomas Watchell, 40-52, 55-6
Tom, 96
Tracy Deagen, 208-10
Catão, 138
cenas primordiais, 44
China, práticas de enfaixamento de pés, 142
Chodorow, Nancy, 115
circuncisão, 117
Claudel, Camille, 57
cocaína, 54, 71, 128
codependência, 256
colegas de quarto na faculdade, estudo sobre depressão entre, 34-5
"comédias drag", 145
competitividade:
    desencorajamento da, em meninas, 141-2
    domínio atlético e, 146-9, 154, 156
    estima baseada no desempenho e, 161-8
    inflição de dor associada à, 167-8
comportamentos compulsivos, 56
comportamentos de risco:
    identidade de gênero masculina procurada em, 121-3
    intensidade emocional obtida por meio de, 129
    tradição masculina de, 32-4
comunicação:
    dor internalizada como barreira, 22
    expressividade emocional, 127-8
    técnicas de, 283
comunidade:
    heroísmo tradicional ligado à, 147, 230
    potencial de cura pela, 130
comunismo, destruição ambiental sob o, 288
conexão:
    demonstração de domínio como condição para, 156-9, 161
    desamparo associado à, 145
    diferenças de socialização de gênero na, 21, 114-6, 118-9
    formas maduras de, 126-7
    por meio de desempenho especial, 161-2
Connell, Bob, 109
Conroy, Pat, 34, 121
consideração positiva incondicional, 39, 159-60
consumo de álcool:
    alterações de humor, 52-3, 57
    efeitos de traumas na infância atenuados por, 91-2
conto do Graal, 126, 204, 216, 218, 284, 287-8
controle:
    comportamentos abusivos e, 57-9
    sessão terapêutica sobre, 79-80
coragem de criar grandes homens, A (Silverstein), 11, 126
córtex pré-frontal, 254
Costner, Kevin, 218
criação de filhos:
    autoridade disciplinar na, 125-6
    consideração positiva incondicional na, 39, 159-60
    desenvolvimento da autoestima na infância e, 39-40
    negligência emocional na, 47, 183-6
    três elementos básicos da, 95
criadores(as):
    como modelos de papéis sexuais, 117-9
    lésbicas, 123
    solteiros, 123
    trauma psicológico transmitido por, 174-86
    viés do papel de gênero nas reações dos, 106-8
    ver também criação de filhos; mães; relacionamentos entre pai e filho
criança interior, aspectos duplos, 182, 187-97, 244

crise de ansiedade, sintomas de, 82-3
cultura popular, estereótipos sexuais reforçados por meio da, 143-6
Cundry, John, 107
Cundry, Sandra, 107

D
Daimes, Tommy, 172
danos no relacionamento, 244
Dante Alighieri, 19, 49, 98, 129, 157, 238, 248, 250
De Niro, Robert, 60
Dean, James, 122
defesa narcisista, 49-50
delinquência juvenil, supercompensação como, 122
demonstrações de agressividade, 103
dependência química ver abuso de álcool; abuso de drogas; abuso de substâncias; vícios
depressão:
    aumento mundial da, 31
    como agressão contra si mesmo, 48-9, 174
    como estado de dormência, 252-3
    como transtorno obsessivo, 198
    critérios de diagnóstico clínico para a, 30
    custos sociais da, 20-1
    dependência como resultado e motivo da, 71
    diferenças de gênero na manifestação da, 21, 73-5; *ver também* depressão feminina; depressão masculina
    encoberta *ver* depressão oculta
    evidente *ver* depressão aparente
    fatores biológicos *versus* ambientais, 93
    índices norte-americanos de, 31, 74-5
    julgamento cultural da, 31-2
    julgamentos moralistas sobre, 31-2
    medicina *versus* psicoterapia para a, 89-92, 198, 248, 255
    privação de cuidados precoces relacionada à, 85-7
    questões de inato *versus* adquirido e, 86-94
    reconhecimento antigo da, 30-1, 54
    taxas anuais de, 20-1
    taxas de sucesso de tratamento para a, 21
    uso de álcool e, 20, 53-4, 70, 128-9
    vulnerabilidade herdada para a, 19, 22, 28, 88-9
    ver também depressão aparente; depressão feminina; depressão masculina; depressão oculta
depressão aparente:
    abuso de desempoderamento como causa da, 146
    após depressão crônica de longo prazo, 40, 47-8, 55-6, 66-7, 78, 336
    ataque a si mesmo, 48-9
    diagnóstico da, 30-1, 37
    internalização ligada à, 73-4
    paralisia causada pela, 174, 232
    taxas mundiais de, 31
"depressão caracterológica subjacente", 37
depressão feminina:
    aceitação cultural da, 34
    diagnóstico excessivo de, 36-7
    dor internalizada na, 22, 72-4
    reações do cônjuge à, 276-7
    sintomas óbvios de, 28
    taxas de, 20
depressão mascarada, 37
    ver também depressão oculta
depressão masculina:
    aspectos autoagressivos da, 173-200
    como estado de entorpecimento, 49
    desconhecimento do indivíduo, 28-30, 36-7, 49
    encobrimento cultural da, 20
    falta de reconhecimento da, 20, 35-7
    invulnerabilidade masculina tradicional ameaçada pela, 32-6
    legados familiares da, 21-2, 134-9, 201-2, 230-1, 267
    manifestações físicas da, 29
    processos de recuperação para a, 198-202, 266-7
    reações do cônjuge à, 259-83
    subdiagnóstico da, 36-7
    suicídio e, 32
    taxas de depressão feminina *versus*, 20
    traumas na origem da, 76, 81-6, 88, 92-8, 174-86
depressão oculta:
    abuso do falso poder como caminho para a, 145-6
    como desconexão internalizada, 73
    dependência e, 52-75
    depressão evidente desenvolvida a partir da, 40, 47-8, 55-6, 65-7, 78, 252
    esforços de defesa da, 48-50, 52, 238-40, 243-4
    externalização ligada à, 73-4, 174

Mito de Narciso como arquétipo da, 38-40
necessidades de validação externa na, 40, 50-1
outros termos para, 37
técnicas de recuperação para a, 245-8, 256
vergonha canalizada para a grandiosidade, 49-50
desempenho:
afiliação *versus*, 141-2
estima baseada em, 159-68, 240-1, 243-4, 260-1
desenvolvimento infantil:
autoestima e, 39-40, 159-60
comportamento abusivo impresso no, 180-3
desempenho *versus* afiliação, 141-2
dois aspectos para a criança interna e, 182-3, 187, 189-98, 244
efeitos fisiológicos do trauma no, 90-2, 94
estereótipos culturais populares e, 143-6
papel das pressões de conformidade no, 106-8
socialização relacionada ao gênero no, 21-2, 141-2
dia de fúria, Um, 60-1
disciplina:
autoridade parental para a, 125
de meninos, 110-3
de serviço, 285
distimia, 75, 87-8
doença autoagressiva, 48, 174 [entre aspas. padronizar]
doença cardíaca, 20
doença maníaco-depressiva, 57-8
doenças físicas:
depressão oculta associada a, 20, 29-30
relutância masculina em relação ao tratamento para, 32-3
dominância:
competições esportivas e, 146-50, 152-4, 156, 161
conexão após a demonstração de, 156-9
estima baseada no desempenho e, 161
objetificação de outros necessária para a, 154-5
questões ambientais globais e, 286-8
dor:
confronto terapêutico da, 202-5, 251-2
estoicismo masculino em face da, 20

ética masculina de ocultação da, 110, 117-8
externalização masculina da, 22, 72-3, 174
inflição baseada na competição, 167-8
internalização feminina da, 22, 72-4
invulnerabilidade masculina como negação da, 32-6
legado geracional da, 180-1
rituais de iniciação e, 142-3
dormência *ver* entorpecimento
Douglas, Michael, 60
DSM IV (*Manual Diagnóstico e Estatístico de Transtornos Mentais*), 30-1, 37, 87
Dumont, Matt, 269
duplicação, 154-5

E

Eastwood, Clint, 61, 128
Édipo Rei (Sófocles), 216-7
educação, em salas de aula com pessoas do mesmo sexo ou mistas, 141-2
Edwards, Emmeline, 90
Efron, Leon, 144
elevação, 57-9
Eliot, T. S., 52, 120, 212 [padronizar miolo]
emocional, pornografia, 271-2
empatia, desconexão com a, 152-6
End of Victory Culture, The (Englehardt), 286
endorfinas, 60, 129
Eneida (Virgílio), 147
Englehardt, Tom, 286
entorpecimento (alexitimia), 49, 54, 128-9, 252-3
erotomania (vício em amor; vício em sexo), 54
casamento e, 61-8, 133
experiências de abstinência da, 78, 89
intoxicação experimentada na, 57-8
violência doméstica associada à, 59, 61
escotismo, instituição do, 148-9
especialidade, necessidades relacionais e, 162-8
esportes:
ideologia do sucesso e, 146-50, 163-8
incapacidade física permanente para, 148-9
trabalho em equipe *versus* realização individual nos, 147-8
traços femininos ridicularizados nos, 150-2
tradição moral heroica *versus*, 146-9

treinadores como modelos de comportamento nos, 151-3
valores de dominância perpetuados através de, 146-50, 152-4, 156, 161
Esquire, 122-3
esquizofrenia, 72, 75
estereótipos étnicos, 145
esteroides, uso abusivo de, 50
estoicismo, 32
estrangeiro, O (Camus), 124
estresse, 29
estrutura cerebral:
    influências do desenvolvimento na infância, 90-4
    recuperação de traumas e, 253-5
estupro, 142
ética de serviço, 285, 288
eu:
    agressão contra o, 48-9, 174
    cinco funções maduras do, 246
    compartimentalização do, 154
    desconexão dos meninos em relação a aspectos do, 120, 127-30, 173-200
    desregulação de, 244
    divisão relacionada ao gênero, 198-9
expectativa de vida, diferenças baseadas no sexo, 33
expressividade, rejeição dos meninos à, 127-8

F

Fagot, Beverly, 108
falso empoderamento, 145-6
Family Institute of Cambridge, 11, 50
Fausto, 157-8
"ferida paterna", 124-5
ferimento, experiência ritual do, 117-8, 142-3
Ficino, Marsilio, 39
Filhos Adultos de Pais Alcoólatras, 132
filmes, invulnerabilidade masculina perpetuada por, 33-4
Finding Our Fathers (Osherson), 293
Fine, Gary, 150-1
Fischer, Bobby, 167
físico muscular, dependência para a autoestima, 34, 50-1
fluoxetina, 87-8, 91
    ver também Prozac
fobias, 75, 276
Ford, Harrison, 160
Forrest Gump, 160
fracasso:
    como fase de transformação necessária, 215-7
    isolamento do, 158-9
    ver também sucesso
Freud, Sigmund:
    agressão aceita por, 103
    componentes da psique descritos por, 72
    cura pela fala desenvolvida por, 73
    mito de Édipo analisado por, 216
    relacionamento mãe-filho atacado por, 120
    relatos de abuso de pacientes desconsiderados por, 92, 255-6
    sobre a castração dos pais, 122
    sobre depressão como autoataque, 48-9
    sobre o desenvolvimento masculino, 115
    sobre trauma infantil, 86
"funções do ego", 244
fusão, 56-9 [padronizar ocorrências]
futebol americano, 148-9, 154

G

gangues, 122
Gardner, Ava, 272
Garganta profunda, 272
gastos, vício em, 54
Gelles, Richard, 95
gestão ambiental, 287-8
Gilligan, Carol, 115, 141
Glassner, Barry, 34
Golden, Robert, 255
Gore, Al, 287-8
Gottman, John, 274
grandiosidade:
    abuso físico e, 58, 61
    como defesa narcísica contra a vergonha, 49-50, 161
    condicional, 158
    desempenho esportivo e, 146-54
    desenvolvimento de meninos e, 141
    doença maníaco-depressiva e, 57-8
    vitimização evitada por meio da, 73
Great Santini, The (Conroy), 34
guerra nuclear, 286
guerra, perda de empatia necessária para a, 155-6

H

Hafner, Julian, 276, 278
Halberstam, David, 141
Hammen, C. I., 34

Havel, Václav, 288
"Healing" [Cura] (Lawrence), 200
Hearst, Patty, 183
Heller, Joseph, 160
Henn, Fritz, 90
Herman, Judith, 58, 180-1, 256
heroína, 54, 56
heróis:
    cultura popular moderna e, 143
    desempenho esportivo e, 146-9
    invulnerabilidade masculina incorporada em, 33-4, 143
    mitologia da transformação e, 60-1, 216-8
    retornos triunfantes de, 157
    valores comunitários e, 147, 230
    valores espirituais e morais incorporados em, 146-7
"heroísmo relacional", 202, 245
hiperexcitação, 129, 254-5
hipermasculinidade, 122, 206
hipnose, 44, 189
hipocampo, 254
Hipócrates, 30-1
hipótese da automedicação, 54, 242-4
Hiroshima, explosão de bomba atômica em, 286
History (Hoffman), 7
Hoffman, Richard, 7
homens:
    amizade entre, 132-3
    como pais *ver* paternidade; relacionamentos entre pai e filho
    juventude de *ver* infância; meninos
    pressões de desempenho vivenciadas por, 158-68
    prisioneiros, 74, 99, 129-30
    reações de estresse externalizadas por, 72-4
    responsabilidade relacional por, 284-6
    terapia de grupo para, 76, 84-5, 187-97
homens negros:
    ambições atléticas irrealistas depositadas em, 148
    homicídios de, 99
homicídio:
    de crianças, 99
    representações televisivas de, 144
homossexualidade:
    culpa da mãe feminizadora pela, 121-3
    intolerância militar à, 112
"hospitalismo", 86

I

"identidade de gênero", "identidade sexual" *versus*, 116
identidade masculina:
    autoexigência de divisão para a, 198-9
    como filiação sujeita a revogação, 159
    como realização negativa, 114-6
    "compensação em excesso" por falta de, 122, 205-6
    ideologia esportiva como modelo para a, 146-53
    mães como ameaça à, 120-4
    padrões irrealistas para a, 159
    papéis domésticos e, 267-9
    reconstrução da, 205
"identidade sexual":
    dificuldades conjugais na, 266-83
    "identidade de gênero" *versus*, 116
identificação com o agressor, 182-3
"identificação projetiva", 181-3
imperdoáveis, Os, 61
infância:
    abuso físico na, 23-8, 50
    abuso sexual por parte de adultos na, 92
    abuso sexual por parte de colegas na, 65-8
    comportamento lúdico na, 107-8
    estatísticas de assassinatos, 99
    negligência psicológica na, 47, 183-6
    privação de cuidado na, 86, 91-2, 94-7
    recuperação de trauma de cenas primárias da, 44-6, 81-6
    ver também meninas; meninos
inibidores da recaptação de serotonina, 255
Inscriptions for the Tank (Wright), 7
interconexão global, 286
interpretação de papéis, 25, 135-8
intimidade:
    desconexão dos meninos da, 127
    dor externalizada como impedimento para a, 22
    maternal, 120-2, 124-7
    técnicas para a, 283
    violência mesclada à, 28
intimidade, falhas na:
    depressão oculta associada a, 20, 132-40
    falta de autoconhecimento como base para, 48, 258-9
    recuperação terapêutica para, 267, 270, 272-7, 281-3
intoxicação:
    como *elevação*, 57-9

como *fusão*, 53-8
definição, 56
introspecção, relutância em relação à, 29
irmãos:
    abuso físico, 50
    abuso sexual entre, 65-8

J
Jensen, Jim, 71
jogos de azar, vício em, 52, 54, 57, 129
Junior, 145
Juventude transviada, 122

K
Khantzian, Edward, 128, 243-4
Kingsley, Ben, 163
Knauth, Percy, 173
Knight, Bobby, 151
Kovic, Ron, 155
Kramer, Peter, 198

L
Lances inocentes, 163-7
Lawrence, D. H., 157, 200, 281
lenda do Santo Graal, 126, 204, 216, 218, 284, 287-8
lesões no boxe, 149
Levant, Ron, 128
Levin, Diane, 145
Lifton, Robert J., 154
liga infantil, 150
limites:
    experiência intoxicante da fusão e, 56
    relacionamentos parentais traumáticos e, 179-80
Lipchitz, Jacques, 69, 297
Lisak, David, 205-7
Listening to Prozac (Kramer), 198
Lombardi, Vince, 147
longevidade, mulheres *versus* homens, 33
Lucas, George, 126
Luto e melancolia (Freud), 48-9

M
mães:
    arquétipo sexual de, 271-2
    autoridade reduzida para, 118-9, 125-6
    conexões reduzidas dos meninos com, 120-2, 124-7
    lésbicas, 123
    medo da efeminização por, 121-4
    mito da influência efeminizante de, 120, 122-4
    mulheres solteiras como, 123
    negligência emocional por parte de, 183-6
    relacionamentos de filhos maduros com, 126
    solteiras, 123
Mandela, Nelson, 117-8
Manheim, Kevin, 112
mania, 57, 75
Manual Diagnóstico e Estatístico de Transtornos Mentais (DSM IV), 30-1, 37, 87
Marcos, Evangelho de, 141
Marlatt, G. Alan, 53
masoquismo:
    como internalização da dor, 73-4
    fusão *versus*, 57
maturidade:
    prática diária necessária para a, 245-6
    proximidade do adulto *versus* desconexão como, 126-7
    relacionamento consigo mesmo e, 244
    serviço e, 284-5
McMurty, John, 154
medicamentos antidepressivos:
    ciclo de vergonha viciante e, 71
    comportamentos viciantes atenuados por, 55, 78
    eficácia das técnicas de psicoterapia *versus*, 89-92, 198, 248, 255
    estudos em animais sobre a eficácia de, 90-2
    para distimia *versus* para depressão maior, 87-8
    Prozac, 87-8, 91, 198, 255, 261 [aparece só o princípio ativo: fluoxetina]
    resistência a, 203
medo da castração, 122-3
Meggyesy, Dave, 149, 151
melancolia (bile negra), 31
Mellody, Pia, 11, 145-6, 181, 220, 246, 256, 298
memória corporal, 84
Men's Movement, 143
meninas:
    agressão verbal exibida por, 102
    ambiente acadêmico para, 142
    assertividade pública desencorajada para, 115, 141-2, 257
    bullying indireto por, 102
    deferência aos homens reforçada para, 142
    habilidades de conexão incentivadas em, 21, 106, 141

incentivo à expressividade emocional por, 21, 141
reações dos pais a, 107-8
rituais de iniciação para, 142-3
ver também mulheres
meninos:
  bullying de colegas de escola, 100-3
  comportamento assertivo incentivado em, 21, 103-8
  consciência de status hierárquico desenvolvida por, 146
  desconexão necessária, 114-5, 119
  divisão psicológica necessária a, 199
  dois aspectos da criança interior desenvolvidos por, 182-3, 187, 189-98, 244
  envolvimento esportivo, 146-54
  expressividade emocional desencorajada em, 21, 114
  interações parentais traumáticas internalizadas por, 174-86
  menor cuidado com, 97
  morte por violência entre, 99
  necessidades relacionais suprimidas em, 21, 107, 115, 257
  pressões da socialização masculina, 108-10, 112-9
  redução dos vínculos maternos, 120-2, 124-7
  reforços de grandiosidade entre, 141
  ritos de iniciação para, 67, 117-8, 142-3
  sem pais, 124
  trauma ativo na vida de, 99-103, 179
  violência na socialização de, 75, 109-12, 155-6, 174
  ver também homens; infância
meninos Amhara, rituais de iniciação, 142-3
meninos sâmbias, rituais de iniciação para, 142
meninos Tewa, rituais de iniciação para, 142
mentores, 126
Messner, Michael, 148
Miedzian, Myriam, 155-6
mitologia:
  ciclo em três partes como padrão da, 157
  conexão feminizante com a mãe, 120, 122-4
  cura geracional refletida na, 216-8, 230
  Narciso na, 38-40, 48, 51-2, 60, 238, 243, 258-9
  transformação heróica e, 60-1, 216-8
mitologia da transformação, 60-1, 216-8

"modo expressivo-afiliativo", 108-9
Moisés, 157
Monroe, Marilyn, 272
morfina, 56, 91
morte do caixeiro viajante, A (Miller), 150, 162
movimento feminista, sobre abuso doméstico, 256
mulheres:
  abuso de desempoderamento vivenciado por, 146
  como mães *ver* criação de filhos; mães
  como propriedade, 142
  deferência aos homens imbuída nas, 142
  idealização de, 270-3
  incidência de transtornos mentais ao longo da vida das, 74-5
  papéis domésticos de, 267-70, 272-82
  supressão da autoestima pública em, 21
  taxas de suicídio entre, 32
  ver também meninas
musculação, 34, 50-1
mutilação genital, 142

N

Narciso, mito de, 38-40, 48, 51-2, 60, 238, 243, 258-9
Nascido em 4 de julho (Kovic), 155
National Children's Defense Fund, 93
National Institute of Mental Health (NIMH), 31, 144 [corrigir miolo: for]
neurotransmissores, 90-1
New Yorker, 158-9
NIMH *ver* National Institute of Mental Health
Novo Testamento, 141
nutrição, privação da infância, 86, 91-2, 94-7
Nuytten, Bruno, 56

O

O'Brien, Tim, 33, 155, 270-1
obsessão sexual, 56-7
Office of the Surgeon General (OSG), 144
opioides, 91-2
  efeitos tranquilizantes dos, 54
  endorfinas como, 60
  ver também medicamentos específicos
Opler, Martin, 37
opressão, vergonha da, 159
Orfeu, 157
Oriard, Michael, 148, 154, 156, 161
Ornstein, Peggy, 141
Orwell, George, 153-4

Osherson, Sam, 293
Ovídio, 38, 258

P
padrastos, 274
paixão, manifestações fisiológicas da, 129-30
Paolito, Frank, 248-52, 283, 298
paroxetina, 261, 266
Parsons, Talcott, 115
paternidade:
    biológica, 274-5
    como responsabilidade relacional, 284
    foco na carreira *versus*, 40-1, 47-8
    tempo diário dedicado à, 125
patriarcado:
    conexões entre mãe e filho diminuídas no, 125
    mãe feminizante como mito do, 120
    questões de autoridade parental e, 125
    ritos de iniciação como reforço do, 142
    violência relacionada ao, 201
Pecados de Guerra, 153
Percival, lenda de, 126, 161, 284, 288, 290 [Perceval]
perda do relacional *ver* relacional, perda masculina do
perfeccionismo, 243
perseguição, 54-5
personalidade antissocial, 72, 74-5
Peter Pan (Barrie), 99, 143-4
Peters, S. D., 34
Philadelphia Museum of Art, 69
pobreza, 125
Pollock, William, 124
população carcerária:
    comportamento automutilante entre a, 129-30
    homens negros na, 99
    predominância masculina na, 74
pornografia emocional tradicional, 271-2
pornografia emocional, 271-2
Potts, M. K., 36
povos originários, interconexão ecológica reconhecida por, 286
Power Rangers, 144
Primeira Guerra Mundial, soldados em estado de choque da, 92
príncipe das marés, O (Conroy), 110, 112, 115, 121, 124, 182
prisioneiros de guerra, 93
proeza atlética, bondade moral associada à, 147

ver também esportes
Programas de Doze Passos, 85, 132 [padronizar numeral no miolo]
programas de televisão:
    estereótipos sexuais reforçados em, 143-5
    violência retratada em, 144-5
Prometeu, 69, 297
prostituição, 51, 144
Prozac, 87-8, 91, 198, 255, 261 [aparece só o princípio ativo: fluoxetina]
psicofarmacologia:
    abordagem psicoterapêutica *versus*, 89-92, 198, 248, 255
    para transtorno de estresse pós-traumático, 255
    ver também medicamentos antidepressivos
psicose:
    "psicótico funcional", 208
    transtornos de personalidade *versus*, 72
psicoterapia:
    grupos de, 76, 84-5, 187-97
    para casais, 261-76, 283
    para famílias *versus* indivíduos, 66; *ver também* terapia familiar
    psicofarmacologia *versus*, 89-92, 198, 248, 255
    sob coação, 132
    transferência emocional *versus* assistência de autogerenciamento, 246
    três fases da, 238
    viés introspectivo na, 72-3
psiquiatria:
    preconceito contra a externalização, 72-3
    sobre homossexualidade, 123
    sobre psicoterapia *versus* psicofarmacologia, 89-92
punição de meninos, 107, 110-3

Q
"Quarta-feira de Cinzas" (T. S. Eliot), 120
Quebra-Nozes, O, 143-4
questões de natureza *versus* criação, 87-94
questões ecológicas, conexões globais de, 287-8

R
raiva:
    como estimulante fisiológico, 129
    desconexão afetada pela, 155
Rambo (filmes), 61

reação de "luta ou fuga", 94, 129, 255
Real, Abe (avô do autor), 16, 224-7, 230-1, 297
Real, Alexander (filho do autor), 113-5, 127, 155, 289, 293
Real, Edgar (pai do autor), 15-8, 68-70, 219-31
   casamento de, 69, 223, 278-81, 293-4
   depressão transmitida por, 16, 19, 22, 181, 219-20, 230-1
   esforços de cura feitos por, 221-4, 227, 230-1, 293-8
   infância de, 222-7, 280, 297 [abrir aspas no miolo: — Leah!"]
   morte de, 18, 289-98
   surras dadas por, 16, 110-2, 181-2, 228, 279
Real, Justin (filho do autor), 96-7, 105, 114, 289, 293
Real, Leah (mãe do autor), 278-81, 289-90, 293-5, 298-9
Real, Les (irmão do autor), 15, 227, 290-3, 295-6
Real, Philip (tio do autor), 16-7, 224-6, 297-8
Real, Terrence:
   carreira de, 19, 209-10, 220, 283, 295
   cura geracional e, 219-31, 293-8
   depressão familiar herdada por, 16, 19, 22, 219-20, 230-1
   experiências com drogas, 16, 171-2, 227-8, 248-9, 290
   infância e adolescência de, 15-6, 152-3, 170-2, 227-8
   paternidade de, 96-7, 105, 220-1, 293, 299
   processo de recuperação para, 248-53, 298-9
   punição física sofrida por, 110-2, 181-2, 228, 279
redução de peso, vício em, 55
Rei Lear (Shakespeare), 30, 41
relacional, perda masculina do, 120-40
   com a mãe, 120-7
   com aspectos do eu, 120, 127-30, 173-200, 244
   com outras pessoas, 120, 130-40, 244
   estima baseada no desempenho e, 162, 244-57
   processo de recuperação para a, 130-40, 188-200, 244-5
   três domínios da, 120
relacionamentos entre pai e filho:
   abuso físico em, 16, 23-8, 206-11
   conexão materna diminuída por, 121-3
   cuidado em, 95-7, 123-4
   cura espiritual de gerações em, 212-31
   família do autor e, 15-9, 22, 28, 96-7, 110-2
   meninos sem, 123-4
   práticas de punição e, 110-3
   socialização masculina em, 109-10, 112-3, 118-9
   trauma de infância transmitido, 25-8, 100-1, 112, 134-9
representação de comportamentos, 73-4, 165, 207
reversão empática, 179, 186, 207, 247, 252 [inversão] [padronizar grifo]
Revolução Industrial, distinções de papéis familiares polarizadas pela, 268
Rilke, Rainer Maria, 213
rituais de iniciação, 67, 117-8, 142-3
Rodin, Auguste, 57
Rush, John, 32, 35-6

S
sadismo:
   dor externalizada por meio do, 74
   elevação *versus*, 57
sala de aula, comportamento relacionado ao gênero na, 141-2
sangramento nasal, em rituais de iniciação masculina, 142
Santayana, George, 205
Santo Graal, lenda do, 126, 204, 216, 218, 284, 287-8
Schwarzenegger, Arnold, 128, 145
Season in Hell, A (Knauth), 173
Segell, Michael, 122-3
segunda chance, Uma, 160
Segunda Guerra Mundial, campos de prisioneiros de guerra japoneses na, 93
sensibilidade:
   comportamentos viciantes para expressão de, 128-30
   propensões biológicas para a, 274-5
   rejeição dos meninos à, 127-8
   valor cultural feminino atribuído à, 20-1
sentimento oceânico, 56
"sentimentos carregados", 181-3, 235
"sentimentos transportados de adulto para adulto", 276
separação, 126, 145
separação materna, alterações fisiológicas causadas pela, 91

serotonina, 91
sertralina, 217
serviço militar:
    efeitos do trauma do, 92-3, 205, 253-6
    homossexualidade no, 112
    valor de desenvolvimento do, 148
sexo, referências na televisão a, 144
sexo oral, 142, 272
Shakespeare, William, 30, 113
shell shock (soldados "traumatizados"), 92
Silverstein, Olga, 11, 126
Simon, Paul, 146
"síndrome do insucesso" no desenvolvimento, 86
"sistema de memória *explícita*", 254-5
"sistema de memória *implícita*", 254-5
sistema límbico, 254
sistema nervoso autônomo, 60
sistema septo-hipocampal, 255
sistemas de memória, *explícito versus implícito*, 254-5
sistemas neurológicos, recuperação de trauma e, 253-5
situações sociais, comportamentos de dominância em, 156
socialização de gênero:
    dificuldades conjugais e, 266-83
    influências da cultura popular na, 143-6
    padrões de internalização/externalização da dor relacionados a, 72-4
    pressão dos pares e, 114-5
    sensibilidade/conexão *versus* assertividade pública como objetivos na, 21-2, 105-8, 115, 257
Sociedade dos poetas mortos, 112-3, 127, 165
soldados:
    medo da vergonha como motivação para, 33
    perda de empatia experimentada por, 155-6
    reações ao trauma entre, 92-3, 205, 253-6
soldados do Vietnã, 33
    perda de empatia experimentada por, 155-6
    transtorno de estresse pós-traumático vivenciado por, 92, 254, 256
solitária, confinamento em, 129
Spitz, Rene, 86
Spitzer, Robert, 54-5
Springle, Ira, 170-1
Stallone, Silvester, 61

Staner, Lewis, 55
Star Trek, 143
Star Wars (trilogia), 126, 143, 147
Sternbach, Jack, 11, 187-8
Styron, William, 53-4, 75, 89, 173
sucesso:
    estima baseada no desempenho e, 240-1
    ideologia esportiva e, 146-50, 163-8
    recompensas afiliativas para o, 157-9
sucesso nos negócios, 147-8
suicídio, 50-1, 57, 78
    de homens *versus* de mulheres, 32
    violência do, 75
superego, 72

T
Tannen, Deborah, 139
Taxi Driver, 60, 72
terapia de casais, 267, 283
terapia familiar:
    problemas de separação e, 126
    reencenações empregadas na, 24, 135-9
    traumas do passado coletivoabordado na, 66, 88
Terra em balanço, A (Gore), 287-8
Terras Altas Ocidentais da Papua-Nova Guiné, rituais de iniciação masculina nas, 142
Things They Carried, The (O'Brien), 33, 155, 271
Thoreau, Henry David, 30
Thorne, Barrie, 106, 116
Tootsie, 145
toque, 95-6
tortura, 57-8, 93
trabalho, relações familiares negligenciadas pelo, 40-1, 47-8, 54-5, 133, 241
"transtorno do espectro depressivo", 88-9
transtorno de estresse pós-traumático, 92, 253-6
transtorno do estresse pós-traumático complexo, 256
"transtorno narcisista", vícios como, 52, 238-9
transtornos afetivos, 21, 74-5
transtornos de ansiedade, 75, 276-7
transtornos de personalidade:
    como comportamento depressivo encoberto, 74
    transtornos neuróticos *versus*, 72
transtornos do ego, 48-9, 238-9
transtornos do pânico, 75, 277-8

transtornos mentais:
    diagnósticos masculinos *versus* femininos na incidência ao longo da vida de, 74-5
    estigma cultural, 20
transtornos neuróticos, transtornos de personalidade *versus*, 72
transtornos obsessivo-compulsivos, 198, 255
trauma, 76-98
    catastrófico *versus* crônico, 93, 97
    consistência entre técnicas de recuperação para, 256
    experiência de combate e, 92-3, 255-6
    falhas de limite envolvidas no, 179-80
    negações culturais do, 92-3
    passivo versus ativo, 94-6, 179
    privação de cuidado precoce e, 86, 91-2, 94-7
    reações físicas a lembranças de, 82-6, 253-5
    respostas de hiperexcitação estimuladas por, 129, 254-5
    Tipo I, 93, 97
    Tipo II, 97
    transe hipnótico usado na recuperação do, 44-6, 81, 189
    vergonha transmitida em, 180-1
    vício em, 129
Trauma and Recovery (Herman), 58
trauma ativo, 94-5, 99
    ver também meninos; violência
trauma passivo, 94-5, 97, 106, 114, 125, 179

U
Ulisses, 157
Universidade de Indiana, 151
Universidade de Notre Dame, 148
Universidade de Washington, 53
Universidade Estadual de Nova York, em Stony Brook, 90

V
Van der Kolk, Bessel, 91, 129, 254-6
Van Praag, H. M., 255
vergonha:
    carregada, 180-2
    como autoataque, 49
    depressão em homens e, 20, 31-2
    doença maníaco-depressiva e, 57
    grandiosidade como compensação pela, 49-50
    opressão e, 159
    padrão cíclico de dependência e, 70-1
    participação militar como forma de evitar a, 33
    sentimentos apropriados de, 68, 105
    transmissão traumática da, 180-1
    vulnerabilidade e, 130
vergonha apropriada, 68, 105 [entre aspas. padronizar]
"vergonha carregada", 181-2
veteranos de guerra, efeitos do trauma em, 92-3, 205, 253-6
vício em amor (erotomania; vício em sexo), 54
    casamento e, 61-8, 133
    experiências de abstinência da, 78, 89
    intoxicação experimentada na, 57-8
    violência doméstica associada à, 59, 61
vício em sexo (erotomania; vício em amor), 54
    casamento e, 61-8, 133
    experiências de abstinência da, 78, 89
    intoxicação experimentada na, 57-8
    violência doméstica associada à, 59, 61
vícios, 52-75
    abordagens terapêuticas tradicionais para, 71
    álcool *ver* abuso de álcool
    ciclo da vergonha, 70-1
    codependência e, 256
    como automedicação para a depressão, 52-4, 128-30, 243-4
    comportamentos normais *versus*, 53, 168, 239-40
    consumo global de recursos como, 287
    drogas e *ver* abuso de drogas; *drogas específicas*
    experiências de abstenção, 78, 89, 239-40
    experiências de intoxicação e, 55-8
    experiências emocionais buscadas por meio de, 128-30
    para aumentar a autoestima, 52-3, 238-9
    problemas de intimidade conjugal e, 133
    programas de recuperação para, 71, 85
    tolerância cultural para, 55, 240, 242
    trauma e, 129
    variedades de, 54-6, 238-9
    vieses do diagnóstico psiquiátrico padrão e, 71-5
vida familiar:
    compromissos de trabalho *versus*, 40-1, 47-8, 54-5, 133, 241
    modelos de papéis sexuais na, 117-9, 267-9

representações televisivas da, 145
Vila Sésamo, 143
violência:
    autonomia ligada à, 145
    bullying entre colegas de escola, 100-3
    como a principal causa de morte de meninos e homens, 99
    como liberação emocional, 129-30
    dependência de, 54, 57-61, 71
    dinâmica internalizada da, 181-3
    dominância atlética e, 146-50, 152-4, 156, 161
    dor externalizada por meio da, 22, 174
    estatísticas de homicídios e, 99
    extremos de, 208-9
    pacientes psiquiátricos do sexo masculino *versus* feminino, 22
    patriarcado e, 201
    prisão e, 129
    resistência *versus* desvio da, 174
    socialização masculina vinculada à, 75, 109-12, 155-6, 174
    suicídio e, 75
    televisão e, 144-5
    transformação heroica por meio da, 60-1
    uso pelos pais, 23-8, 207-10
    valor evolutivo da, 102-3
    ver também abuso doméstico
Virgílio, 238, 248, 250
vitimização:
    depressão aparente como experiência psicológica da, 73-4
    dinâmica da violência internalizada na, 182-3
    representações televisivas da, 145
vulnerabilidade:
    estigma social da, 20, 130
    mulheres e, 278
    musculação como defesa contra, 50-1
    negação de meninos à, 127-8
    negação masculina da, 32-5, 130-40
    potencial de cura da, 130

W
Wachtler, Sol, 54-5
Waitzkin, Josh, 163-8
Weissman, Myrna, 31
West, Mae, 272
Wiesel, Elie, 153, 183
Winokur, George, 88-9
Wright, James, 7

1ª edição	MAIO DE 2025
impressão	BARTIRA
papel de miolo	HYLTE 60 G/M²
papel de capa	CARTÃO SUPREMO ALTA ALVURA 250 G/M²
tipografia	ADOBE KIS